天津南开中学人物志

天津南开中学 编

人民出版社

南开学校主楼（始建于1917年）

范孙楼（始建于1929年）

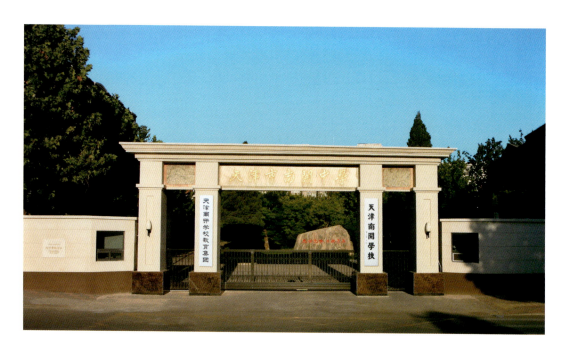

天津南开中学校门

全国重点文物保护单位标志牌

周恩来铜像

严修、张伯苓铜像

南开中学英烈纪念碑

目录

contents

天津南开中学人物志

目 录

序

王大中

  经过几年的努力，《天津南开中学人物志》一书终于和大家见面了！这是南开中学文化建设的又一丰硕成果，可喜可贺！这也是今日南开人对南开精神的最新诠释和传承，可嘉可赞！

  天津南开中学是我的母校，我始终感恩母校对我的教育。尽管毕业离开母校已经六十多年，但在南开学习与生活的日日夜夜，至今依旧萦回脑海，在南开，我度过了人生最难忘最宝贵的时光。近年来，我荣幸受邀担任南开中学理事会荣誉理事长，多次回母校参加活动。每次回到南开中学，我都为南开师生朝气蓬勃的精神面貌和母校日新月异的变化，而倍感欣慰。

  南开中学办学历史悠久、育人成绩卓越、教育特色鲜明。学校始终与国家民族同呼吸共命运，以育才兴国为使命，被誉为"最爱国的学校"。国家最高科学技术奖获得者、1935届校友叶笃正先生曾说：受了南开教育，懂得了祖国，懂得了中华民族。南开中学的办学理念和成绩得到社会各界的赞誉，社会贤达争相将子女送进南开求学。著名思想家梁启超先生曾将梁思达、梁思懿、梁思宁、梁思礼四个子女送进南开接受教育，个个都成为人中翘楚。

  一代代南开人接续奋斗，共同绘制了一幅壮美的教育诗篇—— 百余年弦歌不辍的办学历程令人敬仰，处处皆教育的校园景观令人流连，矢志办模范中学的南开人令人钦佩。今日南开中学师生珍惜办学的经验成果，自觉总结记录办学的探索历程。在理事会的带领下，近年来深入挖掘校史文化，2014年编撰了《天津南开中学志》，完整记录南开历史上有代表性的"事"；2019年又编撰《走进天津南开中学》，全面介绍南开中学有代表性的"物"；此次编撰的《天津南开中学人物志》，将带领人们了解南开中学各个发展阶段上有代表性的"人"。"人""事""物"是一个有机统一体，它们共同构成了南开中学的教育史诗，立体呈现出南开中学公能教育的奋斗足迹。这些书籍与南开公能讲坛、体验创意中心、校史馆、周恩来中学时代纪念馆、西斋校友纪念室、南开中学英烈纪念碑等，共同构成今日南开中学立德树人的新载体。

  翻阅《天津南开中学人物志》一书，我们能够拜会那些令人仰望的南开先贤，也能认识那些从南开中学走出的各界精英。其中有我尊重的学界前辈，有我熟悉的科技、教育战线同事，也有陪伴我成长的南开老师和同学。这些人物，经历各不相同，但都有着浓郁的家国情怀和追求梦想的执着精神，他们身上深深打上了南开教育的文化烙印。这些熠熠发光的名字紧紧地与南开中学连在一起，他们是同学们的奋斗榜样，相信大家一定能从他们身上汲取力量，从而更加珍惜在南开中学的学习时光。

南开人是南开中学的忠诚守护者，是南开教育发展的见证者和参与者，是南开精神的坚定传承者。希望今日全体南开人继续秉承"允公允能、日新月异"的南开校训，发扬南开精神，乐于探索，勇于实践，严谨治学，诚信为人，期待南开人在新时代的教育征程上再创辉煌！

作者系天津南开中学 1953 届毕业生、中国科学院院士、国家最高科学技术奖获得者、清华大学原校长、南开中学理事会荣誉理事长

凡　例

一、《天津南开中学人物志》是天津市南开中学编纂的关于南开中学杰出人物的志书。本书记载的是 1904—2000 年在南开中学工作和学习过的师生中代表性杰出人物的事迹。

二、本书坚持辩证唯物主义和历史唯物主义，力争全面、客观、鲜明地体现南开中学一百多年历史中杰出人物的业绩，期望通过本书弘扬一代代南开人的优秀品质和精神传承，并以史为鉴，推动南开中学的教育事业得到新的发展。

三、本书以人物为写作单元，每位人物包括简历和业绩两个部分。人物简历按年编排，力求厘清时间脉络。同一年内发生的事件，以月份先后排序。业绩部分以叙述史实为主，一般不附加编写者的评论。叙述中注重真实，避免虚构，力求资料翔实、丰富、可读。

四、本书目录以办学者、教师和学生分别排序，办学者和教师在前，学生在后，有本校学生毕业后又在本校任教的，一般排在学生部分。办学者和教师按入职时间排序，学生按毕业时间排序。为方便读者查阅，本书还以人物姓氏字母为序编制人物索引列于书后。

五、关于学校的称谓，1949 年以前分别按照南开学校发展过程中相应阶段的名字称呼，1949 年以后一律称为天津南开中学。

六、本校有的学生和教师使用过不止一个名字（1949 年以前这种情况较多），如：彭雪枫在校名彭修道，林枫在校名郑伯侨、郑伯樵，杨十三在校名杨彦伦，金焰在校名金德麟，等等。为弘扬杰出人物的社会影响，编写本书时使用了大家熟知的名字，其余一律使用在校注册时的姓名。

七、本书的素材主要依据南开中学所存档案，部分来自其他档案馆和图书馆所藏资料，以及南开中学编撰的《天津南开中学志》《天津南开中学年鉴》《南开公能讲坛录》及各个年代的校史资料、校友回忆录、访问记录等，各种资料在本书定稿前业经核实，一般不再注明出处。

八、关于毕业期的表述，南开中学历史上曾有次、年、级、届等不同称谓，本书除保留了"次"的称谓以外，其他统一称为"届"，哪一年毕业即为哪一届，如 1964 年的毕业生称为 1964 届。

九、本书历史纪年，一律采用公元纪年。

十、本书文字一律以国家语言文字工作委员会 1986 年重新发布的《简化字总表》为准。本校 1949 年以前的资料多使用繁体字，本书引用时均已改为简体字。

天津南开中学人物名录

严 修
（1860—1929）

· 简 历 ·

严修，字范孙。天津人，祖籍浙江慈溪。

1860 年 4 月 2 日生于河北三河县严家盐店。

1894 年，任贵州学政。

1897 年，发表《奏为时政维新破格迅设专科敬陈管见事》，发科举改革，戊戌新政之先声，主张"欲强中国必变法维新，而变法维新，则非创办新教育不可"。

1898 年，在天津开办严氏家塾。

1902 年，赴日本考察教育，参与创办天津民立第一小学堂。在天津家中开办严氏女塾。

1904 年，出任直隶学校司督办。创建私立敬业中学堂（即南开中学前身，下文同），揭开了中国近代教育史新的一页。

1905 年，署理学部右侍郎。将严氏女塾改为严氏女学——天津最早的女子小学堂。创办严氏保姆讲习所——天津最早的幼儿师范学校。创办严氏蒙养院——天津最早的幼儿园。设各县劝学所，筹办天河师范学堂、北洋师范学堂、北洋女师范学堂。

1906 年，任学部左侍郎。

1907 年，学校迁入新校舍，更名为私立南开中学堂。带头捐赠藏书 1200 余部，共 50000 多卷，为直隶天津图书馆的成立奠定了基础。

1910 年，辞职回津，从此告别官场。

1910 年，南开中学堂 300 多名学生游行请愿，要求速开国会，设立责任内阁，此为中国近代最早的中学生爱国运动。直隶总督陈夔龙请严修开导学生。严修答，开导学生不难，但朝廷宜从根本上着手，应将成立责任内阁的期限明白宣布，学潮自然平息。

1912 年，赴日本考察教育。

1918 年 4 月，以花甲之年赴美国考察教育长达八个多月，为创办大学部做准备。翌年南开学校大学部成立。

1923 年，创办南开学校女中部。

1928 年，创办南开学校小学部。

1929 年 3 月 15 日，在天津文昌宫西家中逝世，享年 70 岁，被尊为南开学校"校父"。全校师生和遍及国内外的南开校友深致哀悼，捐款在南开中学建"范孙楼"，并铸铜像纪念。

·业绩·

严修，中国近代著名爱国教育家，近代新式教育的倡导者和开拓者，南开中学、南开学校创始人。他力主兴办民立中学堂"以作中学之模范"，续办大学、女中、小学、研究所，连同严氏女学、蒙养园、师范班，形成民国时期完备的新学体系。

1904年，严修以严氏家塾和王馆为基础，创立了天津第一所私立中学堂，严修任校董，为学校制定了董事会制的管理制度，聘张伯苓任监督，1912年后称南开学校。

1919年，严修找时任民国总统徐世昌与教育部部长傅增湘，为南开学校大学部立案，又遍访各省筹款，使大学部得以开办。此后，南开董事会决议建立女中部。他动员好友言仲远捐款1000元，南开师生捐赠20000余元，从社会各界共筹集34700元，使女中部建筑费等得以落实，1923年9月女中部开学。1927年5月，严修邀请天津绅商王心容等4人为建立小学部共捐款30000元，1928年8月小学部成立招生。至此，形成了完整的私立南开教育体系。

南开学校自开办至1927年共得捐款120万元，多为严修个人所捐和运用其社会关系和影响力筹捐。从创建南开中学到逝世的二十五年间，他先后捐助白银32000两，是私立南开学校的主要捐资人。

严修认为，"中国之最缺而亟宜箴贬以图振起者有三：曰尚公、尚武、尚实"。此即教育救国论中民德、民力、民智"三育"之说的变体。

严修主张因材施教，鼓励优秀学生。1916年全校国文会考，周恩来《诚能动物论》获第一名，即由他阅卷选拔。五四运动中周恩来被捕出狱后，他设立"范孙奖学金"，资助周恩来、李福景赴法国留学，体现了严修作为教育家识才、爱才、育才的高尚师德，对南开学校优良校风的形成具有重要影响。

作为校董，严修不负责学校日常具体事务。但他通过多种方式，尽一切努力关心帮助学校。他手书四十字的"容止格言"，成为南开学生观照自身精神面貌的标志。他倡导鼓励南开师生编演新剧，而且自己动手编撰新剧《箴膏起废》，亲自为南开新剧团修改审定剧本。他热情支持学生组织社团、创办刊物，热情指导，评论文章，为周恩来等学生所办刊物题写刊名。他所做的这一切，对南开学生的德智体全面发展起到了积极的推动作用。

为办南开中学、南开学校，严修先生终其一生心血，倾其全部家产，殚精竭虑，矢志不渝。

徐世昌

（1855—1939）

·简 历·

徐世昌，字卜五，号菊人，又号弢斋、东海、涛斋，晚号水竹村人、石门山人、东海居士。徐世昌祖籍浙江宁波府鄞县，后祖辈落户天津，1855年10月23日出生于河南卫辉。

1872年，因擅书小楷，随叔祖父充任县衙文案。

1879年，为淮宁县知事治理文牍，遇袁世凯，二人结为异姓兄弟。

1882年，在袁世凯资助下，考中举人。

1886年，中进士，授翰林院庶吉士。

1889年，授翰林院编修。

1897年，兼任新建陆军稽查全军参谋军务营务处总办，佐理袁世凯小站练兵。

1905年，授军机大臣，署理兵部尚书。

1906年，任钦差大臣、东三省总督兼管东三省将军事务。

1908年，徐世昌开始每月捐银200两，成为南开中学堂的常年经费捐助人。

1909年，任协办大学士，补授军机大臣；后又授体仁阁大学士，加封太傅太保。

1912年，退而隐居青岛。

1915年，任北洋政府国务卿。后退居河南辉县水竹村，自号水竹村人。

1918年10月，被国会选为民国大总统，下令对南方停战，推动次年召开议和会议。

1922年6月，通电辞职，退隐天津租界以书画自娱。

1939年6月5日，在天津去世。

·业 绩·

徐世昌幼年丧父，母教甚严，亲自督课。27岁时考中举人，31岁中进士，入翰林院。1897年，袁世凯力邀其兼任新建陆军稽查全军参谋军务营务处总办，佐理小站练兵，徐世昌从此走上政治舞台，历任清廷军机大臣、东三省总督、北洋政府国务卿、民国大总统等职，在清末民初政坛上产生了广泛影响。

徐世昌总督东北期间，全面实施新政，兴办实业，东北三省面貌焕然一新。在应对日俄侵略方面，徐世昌"以保卫主权为第一急务"，对日本明目张胆的侵略行径予以坚决反击，在维护领土主权等原则问题上寸土不让，遏制了日本蚕食中国边境领土的阴谋。1918年10月，徐世昌当选民国大总统后，即下令对南方停战，并推动次年召开议和会议，虽最终未能功成，但力争和平之决心可嘉。

1904年，徐世昌向直隶总督兼北洋大臣袁世凯推荐聘请严修出任直隶省学务公所督办，在天津推行创办各类新式学堂系统工程，同年严修创办敬业中学堂（今天津市南开中学）。1906年，南开中学前身私立中学堂的新校舍开工建设，徐世昌捐银1000两。1908年初，严修致函徐世昌，请其为南开中学捐款。徐世昌答应自本年起，每月捐银200两。自此，徐世昌成为南开中学的常年经费捐助人，对南开初期的发展起到重要支撑作用。他还参与了设立"严范孙奖学基金"。

徐世昌在诗学、史学、道学、收藏等方面都颇为精深，著述丰富，成就突出，被誉为"总统诗人""文治总统"。

王益孙

（1876—1930）

·简 历·

王益孙，天津人，原籍山西洪洞，1876年生，名锡瑛。天津"新八大家"中"益德王"家第三代，王益斋之孙。

1904年，将王氏家馆（王馆）与严馆合并，定名为私立中学堂，为南开系列学校前身。

1906年，同严修、张伯苓共同决定将私立中学堂迁址至"南开洼"，为改建新校，捐款10000两白银。1907年，"私立第一中学堂"因所在地名改称"私立南开中学堂"。

1919年，捐款100000两白银（时为南开学校大学部），并任校董。

1930年，病逝于天津。

·业绩·

王奎章非常重视子弟们读书教育，为改善门风，礼聘张伯苓到自己的家馆教书，与严修的私塾并称"严馆"和"王馆"。

王益孙受到父亲王奎章的影响，对子女的教育也十分重视。除继续聘请张伯苓外，又聘请了一位英国人教英文、一位德国女士教德文，还聘请了语文、数学、物理、化学教师来"王馆"教书。同时还从国外购买了大量的先进科学仪器，订阅了大量的外文书籍杂志。

1904年8月，严修、张伯苓从日本考察教育归来，产生了创立中学的想法。严修力邀王益孙共同创办一所私立中学堂。严修为私立中学堂捐助改建费及办学用具，王益孙为私立中学堂捐助理化仪器、书桌、书橱及订阅的外文书籍杂志。严修与王益孙两家每月各出银100两作为学校的常年经费。随着学校规模的扩大，每月两家各增加出银100两。为了给师生联合组织的军乐会购置乐器，两家再一次各捐银500两。

1906年，学校接受郑炳勋（郑菊如）家族捐助南开水闸旁15亩空地，严修、张伯苓、王益孙一致同意在这里迁建新校址。后调换至天津城西南电车公司附近12亩土地"南开洼"起建学校。王益孙鼎力相助，出银10000两，在他的带动下，天津盐商纷纷慷慨解囊。通过天津各界的共同努力，学校共筹得经费26000余两白银，教室、办公室、宿舍、礼堂等很快建成。

1919年6月，南开大学（时为南开学校大学部）各项筹备工作全面展开，王益孙捐银100000两并游说盐商富户捐地捐物捐款。同年10月17日，南开大学（时为南开学校大学部）正式成立，王益孙任校董。

张伯苓

（1876—1951）

·简 历·

张伯苓，名寿春，字伯苓，后以字行。1876 年 4 月 5 日出生于天津，祖籍山东。

1895 年 9 月，毕业于北洋水师学堂。

1898 年，从海军退役，应聘严氏家馆教授英文、数理化和体育。

1901 年，应聘王氏家馆教授西学。

1904 年 10 月，严、王二馆合并成立私立中学堂，严修为校董，聘张伯苓任监督，并教授英文、算数、史地、体育等课程，后由监督改称校长。

1914 年 11 月 17 日，组建南开新剧团。

1927 年，亲赴东北考察，成立东北研究会，组织东北视察团编写《南开中学东北地理教本》（上下册），作为南开中学教本。

1929 年 3 月 15 日，严修逝世。张伯苓在美得知噩耗，哀恸万分，对旅美南开校友说："南开之有今日，严先生之力尤多，严公逝世，在个人失一同志，在学校失一导师，应尊严先生为校父。"

1934 年春，第十八届华北运动会在津举行，张伯苓任副会长兼总裁判长。南开学校 900 余人组成啦啦队，以手旗组字方式展示"毋忘国耻、毋忘东北，收复失地，还我河山"巨型标语，张伯苓对学生的爱国行动予以保护和支持。

1936 年 9 月，南渝中学建成开学，1938 年更名为重庆南开中学。

1944 年 10 月 17 日，发表《四十年南开学校之回顾》一文。

1945 年 9 月 6 日，毛泽东、周恩来看望张伯苓。同年 10 月，张伯苓委派伉乃如、黄钰生、喻传鉴、丁辅仁等人回津复校。

1946 年 6 月 4 日，接受哥伦比亚大学授予的名誉博士学位。

1950 年 9 月 15 日，返回天津。9 月 16 日，巡视南开中学和南开大学。

1951 年 2 月 23 日下午六时，张伯苓在天津病逝。

·业绩·

张伯苓，著名爱国教育家，中国现代教育先行者。南开中学、南开学校、重庆南开中学创始人。1904年10月，严修创办私立中学堂，严修任校董，聘张伯苓任监督。1912年改称南开学校，监督改称校长。自1919年起，随严修先生创办大学、女中、小学。

张伯苓担任南开中学、南开学校校长45年，始终坚持办一所"中学之模范"新学堂的初衷，对教育理论和教育实践做了艰辛探索。他早期办学，旨在痛贬时弊，育人救国。他主张灌输爱国思想，培养救国力量。南开中学初创时四年学制，有完整的文理兼修的课程设置，重视人格塑造和修身教育，重视体育锻炼，重视开展课外活动，组织进行社会实践调查。引进高水平的师资队伍，努力使用有国际水准的先进教材，大力改善教学设施和仪器图书设备。自1922年起全面推行初中三年、高中三年的六年制中学教育，学制渐趋稳定和完善。

严修去世后，张伯苓独撑大局。1934年10月，张伯苓积三十年之办学经验，提出南开校训为"允公允能，日新月异"，形成了南开独有的教育思想体系。突出"公""能"二字，使它形成一种南开精神，是张伯苓教育思想极其显著的特色。1936年，抽调南开中学骨干教师赴重庆创办南渝中学，后更名重庆南开中学；接办四川自贡蜀光中学。日本全面侵华战争爆发后，日军轰炸焚烧南开学校。张伯苓坚守民族气节，愤然陈词："敌人所能毁者，南开之物质；敌人所不能毁者，南开之精神。"南开大学同清华大学、北京大学同赴昆明组办"国立西南联合大学"。南开中学、南开女中师生数百人辗转赴渝，共办重庆南开中学。1945年10月2日，张伯苓委派工作团回津主持南开复校，学校工作开始走上轨道，恢复了较高的教育水准。

张伯苓是我国近现代体育事业的先驱者。早在1907年，他就在天津第五届校际运动会上发表著名演说，介绍现代奥运理念，提出中国应争取早日派团参加奥运会。他是中国第一个民间体育组织——全国学校区分队第一次体育联盟会的创始人之一，继而担任中华业余运动联合会会长和中华体育协进会会长。在华北运动会、全国运动会、远东运动会等赛事的组织与运作中，在第十、第十一和第十四届奥运会的中国参赛组织中发挥了重要作用。他以毕生的奋斗和追求，传播了奥林匹克精神，推动了近代中国体育的发展。

王劭廉

（1866—1936）

·简 历·

王劭廉，字少荃、少泉，1866 年生，天津人。南开学校校董。

1886 年，于天津北洋水师学堂第一期毕业，毕业后被派往英国深造，在格林威治海军士官学校学习造船工程，并在海舰上实习。毕业后又攻读法律、政治。学成归国后，先后任威海水师学堂、北洋水师学堂教习，讲授英文、数学等课程。

1900 年，因八国联军入侵，北洋水师学堂停办，王劭廉应邀赴北京，先后任五城学堂（北师大附中前身）、顺天学堂洋文总教习。

1906 年，赴天津接任北洋大学堂教务提调（教务提调系清末各学堂负责教务之职官，又名教务长）。任职期间对教务严格管理，主持重新厘定功课，主张办学面向社会需要，重视选派优秀学生出国深造，按中国风俗习惯改革学年假期。

1909 年，清政府因其"兴办教育持久"，特奖予其进士出身。同年 10 月，当选为直隶咨议局局长，积极投入立宪请愿活动。

1910 年 3 月，主持成立天津国会请愿同志分会，推举上京请愿代表。

1914 年，辞去北洋大学堂教务提调之职，后担任开滦矿务局协理十年。

王劭廉还先后担任直隶学务公所议长、天津县议事会副议长、教育部教育会议议长等职。

1936 年 11 月，病逝于天津。

·业 绩·

王劭廉是我国早期新式教育的先驱。他早年在北洋水师学堂学习，毕业后被派往英国深造，学成归国后任威海水师学堂、北洋水师学堂教习，讲授英文、数学等课程，对学生严格要求。1900年赴北京，先后任五城学堂、顺天学堂洋文总教习，成为当时北京有名的西学教师。

1906年，北洋大学堂总教习、美籍教育家丁家立辞职，王劭廉接任总教习之职，后改称教务提调。王劭廉接掌北洋教务期间，严格管理，对中外教员实行同等要求。1908年春，他主持重新厘定功课，提高了课程难度。王劭廉主张办学面向社会需要：1906年应外交需要开办法文班和俄文班，培养翻译人才，培养出法文毕业生13名，俄文毕业生14名；1907年、1908年为满足社会对师资的需要开办师范班，培养出师范毕业生69名，为发展我国师范教育做出了贡献。王劭廉还重视选派优秀学生出国深造：1907年派14人到国外留学，1908年在师范班第二班中选出7人出国留学，1914年选派2人赴日留学。这些留学生中包括后来著名的经济学家马寅初，铁路专家刘景山，师范教育家李建勋、齐璧亭，法学家冯熙运等。北洋大学工学院院长李书田评价王劭廉道："王氏学问渊博，治校严明，校章所定，贯彻始终，不惟学生敬畏如神明，外籍教授莫不心悦诚服，不稍迟误。北洋功课以森严闻世，望门墙者愈多，良风所播，直迄今兹。"

此外，王劭廉还先后担任直隶学务公所议长、天津县议事会副议长、直隶咨议局局长和教育部教育会议议长等职，为民国初年的教育改革提出过不少议案。

卢木斋

（1856—1948）

·简 历·

卢木斋，名卢靖，字勉之，号木斋。原籍湖北沔阳，生于 1856 年（清咸丰丙辰）3 月 31 日。

1883 年，编著完成《火器真诀释例》一书，受湖北巡抚彭祖贤聘请，讲述算学。

1884 年，调入经心书院学习。

1885 年，在乙酉科乡试中举，被直隶总督李鸿章委任为天津武备学堂算学总教习。

1887 年起，先后任直隶省赞皇、南宫、定兴、丰润知县。

1903 年，任保定关东大学堂监督。

1905 年，率直隶官绅赴日本考察教育。

1910 年，作为直隶提学使，公款拨助私立南开中学堂经费每月银百两。

1911 年起，在天津、山海关、秦皇岛、海口、北京等地广置地产，同时投资开滦煤矿，启新、济安自来水厂，耀华玻璃公司，张家口电灯公司。

1912 年，担任南开学校董事。

1916 年，在天津办卢氏小学（后命名为木斋学校）。

1925 年，在北戴河捐资办单庄小学，捐款在家乡仙桃镇汉江南岸修筑矶头，抵御洪水，人称"卢公矶"。

1927 年，捐款 10 万元兴建南开大学图书馆（后命名为木斋图书馆）。

1928 年，为南开大学木斋图书馆捐书 10 万余卷。

1936 年，创办北平木斋图书馆。

1947 年，捐巨款给清华大学建造数学研究所。

1948 年，病逝于北京。

·业绩·

卢木斋是著名教育家、数学家。卢木斋自幼天资聪颖，勤奋刻苦，对一些有实用价值的书籍非常感兴趣。1883年，卢木斋编著完成《火器真诀释例》一书初稿，时任湖北巡抚彭祖贤认为此书是军务所急需，予以赞助付印，被聘请到书院主讲算学。卢木斋29岁中举，张之洞以"博学异才"奏荐，由直隶总督李鸿章委为天津武备学堂算学总教习。从1887年起，卢木斋便步入官途，注意兴建学堂，创办县立图书馆，提倡地方的文教事业。

卢木斋为清廷废除科举考试制度做出了巨大的贡献。在1905年率直隶官绅赴日本考察教育前，向袁世凯力陈中国办学不振的原因在于落后的科举制度，后经多方人事联名上奏，清廷决定废除科举考试制度，在全国推行学校教育。

1906年，适逢天津邑绅郑菊如将坐落在旧城西南城角的10余亩空地捐赠给南开中学堂作新校址，卢木斋与严修、王益孙、徐世昌等人共捐银26000两修建新校舍。出任直隶提学使后，卢木斋从直隶学务款项中拨助私立南开中学堂经费每月银百两。1912年，卢木斋担任南开中学校董。他还先后办蒙养院，兴办师范、法政、农、工、商、医、美术、水产等专科学堂数十所，官立中小学数百所，建立天津、保定、奉天图书馆。其中直隶图书馆为天津第一座近代图书馆，也是长江以北最早建立的图书馆。卢木斋于1927年捐款10万元兴建南开大学图书馆（后命名为木斋图书馆），并捐书10万余卷。后又为清华大学捐书1600余部，23000多册。1947年捐款为北京大学建数学研究所。卢木斋一生致力于出版图书，刊印严复译《天演论》，为我国最早版本。著有数学方面的论著《万象一元演式》《割圆术辑要》《微积溯源补草》等。

卢木斋在生前立有遗嘱："死后遗产全部用于教育事业，不传子孙。"

郑菊如

（1866—1954）

·简 历·

郑菊如，名炳勋，号菊如，天津人，1866 年 10 月 10 日生。

幼承庭训，9 岁出就外傅，23 岁考取天津县学附生。

1903 年，经严修先生的举荐赴日本，入东京弘文学院学习师范专业。

1904 年归国后，历任天津慈惠寺两等小学堂监学、城隍庙半日学堂董事、正定府视学、直隶工艺总局天津教育品陈列馆管理。

1906 年，捐赠城西南"南开洼"地 10 余亩，几经周折，起建校舍，即为后来的南开中学。"南开"地名亦由此而来。

后游走于京津之间，专门从事文化教育工作，任北京畿辅学堂国文史地教员、天津北洋优级师范学堂监学兼附属小学主事。

民国成立后，历任北洋政府农工商部商品陈列馆庋设课课长、京师蚕业讲习所管理兼国文教员、天津劝学所海河区劝学、北京国立高等师范学校庶务长兼管各专修科教务、河北省立第一中学国文教员、天津私立耀华中学教务主任兼国文教员、天津市立第一贫民救济院主任、河北省教育厅秘书兼第四科主任科员、天津国学研究社诗经讲师、天津崇化学会经学讲师、天津市第二图书馆馆长、天津北洋大学工学院国文教授。

1946 年创办天津私立崇化中学。

中华人民共和国成立后，任天津特一中学、众成中学教员，被公推为崇化中学董事会董事长。

1952 年 8 月被聘任为中央文史馆馆员。

1954 年 1 月 21 日病逝，终年 88 岁。

·业 绩·

郑菊如幼承家学，虚龄 9 岁时，因上德堂药铺设馆授徒，外出就傅。后入天津县学，曾参加乡试二次，一以荐卷落选，一以额满见遗，此后即弃举业。

1903 年，经严修先生的推举，与李琴湘（金藻）、胡玉孙（家祺）、刘竺笙（宝慈）、陈筱庄（宝泉）等 21 人赴日本，入东京弘文学院深造，翌年回国。后入当时新成立的天津教育陈列馆任管理；其间，写有《教育品分级编目》，印行并分发至直隶各学校。

1906 年，严修先生在私宅偏院创办的私立第一中学堂，因地狭不敷应用，决定筹款扩建，并选址于西南城角外的"南开洼"。郑菊如先生闻讯，即慷慨允将南开水闸旁隙地 10 余亩捐赠，几经周折，新校舍遂得以建成，这就是后来闻名遐迩的南开中学。

辛亥革命后，郑菊如游走于京津之间，专门从事文化教育工作。在北京新街口北小七条购地数亩，建书斋"书带草堂"，在天津罗底铺胡同老宅则有"小书斋"。今天见到的郑菊如先生关于《诗经》《礼记》等研究成果，以及记录着许多历史瞬间的诗篇，大多是这一时期完成的。

抗战爆发后，天津沦陷，地方文化教育事业饱受摧残。郑菊如临危受命，于1939 年春出任天津市第二图书馆馆长。图书馆内除各省督抚送书及自购书外，还有严修先生捐赠的家藏图书 12000 多部，计 50000 余件，因多系善本而最为珍贵。图书保存不易，平安度日更难。沦陷期间，郑老仅让下属上缴了一些无足轻重的宣传品，真正的进步图书则秘藏于书库的天花板内，为天津文化事业做出了贡献。

周恩来总理生前对郑菊如先生十分尊重，20 世纪 50 年代初，举荐其为中央文史馆馆员。

范源濂

（1875—1927）

·简 历·

范源濂，又名源廉，字静生，1875 年生于湖南湘阴。

1898 年，进湖南长沙时务学堂学习，戊戌变法失败后流亡日本，先后入东京弘文学院速成师范科、日本法政大学法政科学习。

1904 年回到湖南，招募十余名湘籍女生入东京实践女校留学。

1905 年后，任清廷学部主事、参事，参与创办清华学堂，并在京师大学堂任教。

1909 年，与梁启超等发起组织"尚志学会"，开办附设医院和学校，编译科学文化书籍，创办殖边学堂。

1912 年，任北洋政府教育次长、总长，参与制定并颁布《壬子癸丑学制》。次年辞职赴上海任中华书局编辑部长。

1915 年冬，与梁启超等共同发起讨袁运动，次年初任护国军务院驻沪委员。

1916 年，再任教育总长，次年 1 月兼署内务总长。力邀蔡元培出任北京大学校长。

1917 年 5 月，与黄炎培、蔡元培等发起组织"中华职业教育社"。11 月辞教育总长职。

1918 年，随严修等人赴美考察教育。

1920 年，再任教育总长，次年 12 月辞职。1920 年开始，连任南开学校董事会董事，1921 年当选为董事长。

1923 年，到英国，与英国政府商洽将庚子赔款用于教育事业。同年，任北京师范大学校长，次年 9 月辞职。后任中华教育文化基金董事会董事、国立京师图书馆委员会委员等职。

1927 年 12 月 23 日，在天津病逝。

·业 绩·

范源濂留日归国后致力于文化教育事业，孜孜以求，贡献卓著：1904年，招募十余名湘籍女生入东京实践女校，开中国女生留学之先河；1905年后，任清廷学部主事、参事，参与创办清华学堂，并在京师大学堂任教；1909年，与梁启超等发起组织"尚志学会"，并开办附设医院和学校，编译科学文化书籍；创办殖边学堂，开设蒙文藏文及垦殖诸科，培养边疆开发人才；1913年，任中华书局编辑部长；1917年，与黄炎培等发起组织"中华职业教育社"，这是我国第一个倡导和推行职业教育的专门机构；他还曾任北京师范大学校长、中华教育文化基金董事会董事、国立京师图书馆委员会委员等职。

民国时期，范源濂三任教育总长：1912年任职期间，参与制定并颁布《壬子癸丑学制》及各类学校法令，初步构建起新式学校教育体系；鼓励私人开办法政学校及讲习所、养成所，促进职业教育的发展。1916年再任教育总长，撤销原《教育纲要》，重新制定、颁布大学章程，规定大学按专业分科，并且力邀蔡元培出任北京大学校长。1920年第三次出任教育总长，规定分年筹办义务教育，致力于发展普通教育，公布招生资格，制定招生章程，又着手汉字改革，公布国语注音字母。

作为南开学校校董，范源濂为南开学校大学部的创建与发展做出了不可磨灭的贡献。1918年，范源濂随严修等人赴美考察，与先期抵美的张寿春会合，共同考察研究美国大学的教育、组织与发展情况。他们回国后，商议筹办南开大学的具体事宜。在南开大学（南开学校大学部）创建的过程中，范源濂多方筹措教育经费，并自愿认捐数万元。1920年开始，连任南开学校董事会董事。1921年南开学校董事会改选，范源濂当选校董事会董事长。范源濂多次在南开演讲，给学生留下深刻的印象。

范源濂一生从事教育事业，是为中国近代教育做出杰出贡献的教育家。

李琴湘

（1871—1948）

·简 历·

李琴湘，名金藻，字芹香、琴湘，号择庐，1871 年生，天津人，南开学校校董。

1903 年，赴日留学，入弘文学院师范科。归国后任直隶学务处省视学与总务课副课长。

1908 年，奉派参加在美国召开的万国渔业会，并随行考察教育。

1910 年，受南洋劝业会之聘为专门研究员，赴沪、苏、杭等地调查学务。

1912 年，任直隶巡按使公署教育科主任。

1917 年，再赴日本考察教育，回国后任职于直隶社会教育办事处。

1919 年，奉命接管德华中学并任校长。

1920 年，被聘为铁路扶轮教育会顾问、教育部编审员。

1921 年，出任江西省教育厅厅长，1925 年辞职回天津。

1927 年，严修、华世奎等人创办天津崇化学会，李琴湘等 14 人被推举为常务董事。

1929 年，任河北省教育厅主任秘书兼天津广智馆馆长。

1935 年，任河北省第一图书馆馆长、天津市教育局局长。

1936 年，任河北省政府委员兼教育厅厅长。抗战期间一度赴河南郾城，为流亡学生筹建临时中学。

1945 年，抗日战争胜利，崇化学会组成新董事会，被推举为董事长。

1947 年，筹建私立崇化初级中学，任董事长。

1948 年 9 月 28 日，在天津病逝。

·业绩·

李琴湘，天津近代著名教育家、诗人、学者，是南开学校的早期校董之一。

李琴湘任南开校董之时，非常赏识周恩来，曾大力资助其学业。李琴湘的长子李福景和周恩来是同学，二人志趣相投，周恩来常跟李福景去看望李琴湘，跟李琴湘学习，李琴湘也对周恩来关爱有加，两辈人之间亲如家人。

1927年，严修、华世奎等人创办天津崇化学会，李琴湘被推举为常务董事。抗日战争胜利后，崇化学会组成新董事会，李琴湘被推举为董事长。1947年，筹建私立崇化初级中学，李琴湘为学校建校事宜奔波操劳，不辞辛苦。为了学校能够按时招生和开学，李琴湘不顾年迈，亲赴教育局面见局长，及时将备案手续办妥，使学校得以获批。

李琴湘在社会教育方面卓有贡献，除此之外，他在诗词歌赋、书法绘画、戏曲改良等方面也颇有建树，曾是天津城南诗社最早的成员之一，著有《择庐诗稿》《重阳诗史》《诗缘》《择庐联稿》《五雀六燕集》等。

严智怡

（1881—1935）

·简 历·

严智怡，字慈约、茈玥，后改为持约。1881 年生于天津，南开学校董事。

1898 年 10 月，严修在天津西北城角文昌宫西家宅开办严氏家塾，礼聘张伯苓主持家塾，学生有 6 人，其中有严修子侄 5 人，严智怡即为其中之一。严氏家塾即为南开中学的前身。

1903 年，留学日本，进入东京高等工业学校，攻读应用化学专业。在日本期间，与父亲严修、兄长严智崇一起参观了大阪和东京的博物馆和相关场所。

1907 年，学成归国，任天津造胰公司技术主管，后又担任厂长。

1911 年，任直隶实业司工商科长。

1913 年，改天津劝工陈列所为直隶商品陈列所，出任所长。

1914 年，被任命为巴拿马太平洋万国博览会直隶参会专员。以征集展品为主要任务。6 月 14 日，在天津河北公园举办参会展品的预展。至 7 月 15 日展会结束，有逾 10 万名市民购票参观。

1915 年，作为直隶总代表，随中国代表团参与在美国旧金山举办的巴拿马万国博览会，是天津参与世博的第一人，在美期间考察美国教育与实业，携回印第安人民俗文物多种，把征集民俗文物的范围扩大到国外。

1916 年，任农商部工商司长。4 月，组织成立天津博物院筹备处。

1917 年，任直隶实业厅厅长。

1920 年，开始任南开学校董事。

1921 年，主编《巴拿马赛会直隶馆会丛编》。

1922 年，任天津博物院院长，兼任天津公园董事会会长。

1925 年，任天津广智馆董事会董事、董事长。

1928 年，天津博物院改名为河北第一博物院，严智怡仍为院长。

1931 年，兼任河北省教育厅厅长。

1935 年 3 月，在天津病逝。

天津南开中学人物名录

·业绩·

严智怡早年在严氏家塾受教于张伯苓先生。1903 年留学日本，进入东京高等工业学校，攻读应用化学专业，因为在校时的优异表现，毕业时获优秀奖，是中国学生在日本文部省直辖学校得奖的第一人。毕业后，他先后进入制革、造纸、瓦斯工厂实习，从事科技工作。

1907 年学成归国，在父亲严修参股的天津造胰公司任技术主管，后又担任厂长，他主持引进先进设备和人才，使产品在国内畅销，成为"华北大规模经营肥皂工业的先锋"。1908 年，天津造胰厂出产的"黑方块"胰子申请为专利产品，获得天津直隶工艺总局授予的优等金奖产品荣誉称号。

在日本期间，严智怡与父亲严修、兄长严智崇一起参观了大阪和东京的博物馆和相关场所，对博物馆学产生了浓厚的兴趣。1913 年，他出任直隶商品陈列所所长，组织调查员分赴直隶各地调查物产，收集民族、民俗实物材料，出版《直隶实业杂志》，派人赴东京、名古屋学习办馆经验。

1914 年，美国为纪念巴拿马运河开通，举办万国博览会，严智怡被任命为直隶参会专员，以征集展品为主要任务。1914 年 6 月 14 日，在天津河北公园举办预展，有逾 10 万名市民购票参观。1915 年，严智怡作为直隶总代表，随中国代表团参加了巴拿马万国博览会，是天津参与世博的第一人。在美期间，他前往各地考察美国实业与教育，并携回印第安人民俗文物多种，把征集民俗文物的范围扩大到国外。

1916 年 4 月，严智怡组织成立天津博物院筹备处。以民办公助方式搜集天然物品 1400 余件、古器 2300 余件。1918 年 6 月 1 日，天津博物院正式开幕，因院址尚未确定，在河北公园内成立展览会，会期两个月，吸引观众 43308 人。严智怡在言及博物院性质时称："本院乃普通之博物院，而非专门之博物院，其天职，盖在阐明文化，发扬国光，以辅助学校教育和社会教育之不逮，所负之使命至重且大也。"博物院主要分为自然科学和历史学术两大纲。展品涉及动物、植物、矿产的利用，包括动植物标本，也有历史文物、古代器具，体现了全新的文化理念和西方先进的教育思想。

1920 年开始，连任南开学校董事会董事。

1928 年，天津博物院改为河北第一博物院，严智怡仍为院长。他努力推进院务，扩充陈列，使博物院初具规模。同时竭力倡导保护地方文化古迹，多次组织河北各县古物遗迹调查及植物标本采集。并在兼任河北省教育厅厅长后，努力保证博物院经费。于 1931 年正式出版院刊《河北第一博物院半月刊》。

1935 年，正当博物院"方将广拓规模"之际，严智怡突然病故，年仅 53 岁。人们特为他在博物院院内建立"严持约先生纪念碑"和"持约堂"，并在院刊出专号，以示缅怀。

魏云庄

（1866— ？）

·简 历·

魏云庄，名爌、金题，字云庄。生于 1866 年，天津人。

敬业中学堂建校初期即任教员，教授历史。是当时"教员九人"中的一员。南开中学首届毕业生的毕业文凭上有他的签名。

长期担任南开中学文牍科主任、张伯苓校长的秘书。

撰有《本校历史存草》《本校创立之原起》，1914 年发表于《南开星期报》上。

1915 年，任周恩来所在班历史教师。

1916 年，担任《校风》报社访事团特别赞助员，承担访告新闻事宜。

1918 年末，应张伯苓之邀，撰写南开中学校歌歌词。

1920 年开始，连任南开学校董事会董事。直至 1936 年，魏云庄仍在南开中学就职。

·业绩·

魏云庄，少时进学。1903年，直隶天津校士馆选拔贡生，按考试等级排名，魏云庄成绩优秀，被列为特等。

1904年，南开中学的前身敬业中学堂创办，建校伊始，魏云庄即在敬业中学堂任教员，教授历史，并兼职处理学校的文案工作，他为学校撰写了《本校历史存草》《本校创立之原起》等文，为建校初期的学校风貌留下了珍贵的记录。魏云庄是建校初期员工名册上的"教员九人"之一。在南开中学首届毕业生的毕业文凭上就有他的签名。

魏云庄在南开中学长期担任校长张伯苓的秘书，深受张伯苓校长信任。1918年，张伯苓在赴美考察期间，深感南开需要有一首校歌，为"于聚会之时，千人合唱，以期神会而铸就南开真精神"。1918年年末，张伯苓刚刚归国即嘱托魏云庄创作校歌歌词。魏云庄极为出色地完成了这个任务，词云："渤海之滨，白河之津，巍巍我南开精神。汲汲骎骎，月异日新，发煌我前途无垠。美哉！大仁、智勇、真纯，以铸以陶，文质彬彬。渤海之滨，白河之津，巍巍我南开精神。"配以德国民间圣诞歌曲《圣诞树》的曲谱，造就了传唱至今、脍炙人口的南开校歌。

魏云庄长期担任南开中学文牍科主任一职，从教员转为职员，大部分时间和主要精力用在处理学校事务上，与学生打交道的机会并不像任课教师那么多。但在《校风》杂志等的记载中，仍然留下了他参与学生事务的身影。周恩来任《校风》报总经理时，他曾担任《校风》报社访事团特别赞助员，承担访告新闻事宜；后又协助学生评定国文会考等级；担任童子军教练；参与学生组织的募捐活动……他在做好本职工作的同时，也在悉心扶助学生成长成材。

时子周
（1879—1969）

·简 历·

时子周，1879 年 5 月 19 日出生，又名作新，回族，天津人，世居城西北角文昌宫西。幼年就学于私塾，后于清末保定优级师范学堂毕业。与严修为近邻，曾在严氏家塾教授物理、算数、几何、代数等课程，与张伯苓共事。

1904 年，进入南开中学任教。

1914 年，南开新剧团成立，出任团长。

1917 年 4 月，同马千里等赴日本考察教育。

1919 年，积极投身五四爱国运动。

1920 年 1—7 月，时子周与周恩来、马骏、马千里等各界代表被天津反动当局逮捕。羁押期间，时子周辞去在学校担任的教职员职务。

1927 年，出任天津河东中学教务主任兼英文教师。

1928 年，出任天津市立师范学校校长。

1931 年，九一八事变后，出任国民党天津市党部委员，走上从政之路。

1935 年，当选国民党第五次全国代表大会主席团成员，中央委员；先后担任宁夏省、湖北省教育厅厅长。

1939 年，在重庆接任国民党中央政治学校附设边疆学校主任、中国回教协会副理事长。

1945 年，日本投降，任国民党天津市党部主任委员。

1946 年，当选为制宪国民大会代表及天津市参议会议长。

1969 年 9 月 29 日下午，因心脏衰弱医治无效，在台湾大学医学院附设医院去世。

·业 绩·

时子周，早年为天津教育界知名人士，后任国民党中央委员，国民政府宁夏省、湖北省教育厅厅长。1904 年起任南开中学数学、物理教师，桃李满门，施奎龄、赵光宸等均为其学生。他对敦品励学、出类拔萃的学生周恩来格外器重，关爱有加，教学相长。作为学校文娱体育课部负责人，他时常和周恩来在运动场上相遇，切磋探讨体育运动的理论问题。任教期间，积极参加校内及社会上各种活动，同时投身于学校庆祝活动的戏剧排演工作。1914 年，南开新剧团正式成立，被推选为团长。他推举周恩来担任布景部副部长。1914 年新剧团编演《恩怨缘》，声誉鹊起。1915 年演出《一元钱》，大得社会人士好评，南开新剧名声大噪。1916 年 8 月，由时子周提议，张彭春当选为南开新剧团副团长。时子周热心组织学生练习演讲，南开学校的演说竞赛会，就是在这个基础上产生的。时子周善于演讲，口齿清楚，能吸引听众，他除在校内作示范演说外，常参加学校组织的讲演团，到城市附近和四乡各村镇，做启发民智的讲演。他所讲演的内容，能深入人心，收到良好的效果。在此期间加入同盟会，追随孙中山先生奔走于革命。

1917 年 4 月，同马千里等赴日本考察教育，吸取了许多教学经验，归国后任南开中学教务主任。1919 年五四运动中，与爱国学生并肩战斗，被周恩来称为"五四先导"。他以回民团体代表身份参加天津各界联合会，被推为评议员，又经各界举荐为国民大会委员。他在群众集会上针对巴黎和会与日本侵华等问题发表讲演，慷慨陈词，并率众参与抵制日货运动，迫使商贩答应停售日货。由于日本人殴打检查日货的学生，酿成风潮。1920 年 1—7 月，时子周与周恩来、马骏、马千里等各界代表被天津反动当局逮捕羁押。他与难友们一起绝食抗议，参加难友们组织的读书会、演讲会和其他各种活动，并为难友们连续讲述世界工业革命史。

获释后辞去在南开中学的教职。后任《华北新闻》《泰晤士报》《新民意报》等报刊主笔。1927 年，出任河东中学教务主任，将南开办学经验施展到河东中学，使该校声誉为之一振。1928 年，天津创办市立师范学校，推行义务教育，被任命为校长。

伉乃如

（1890—1947）

·简 历·

伉乃如，1890 年 3 月 2 日出生于天津，名文翰。

1911 年，以名列第一的成绩毕业于直隶高等工艺学堂化学科。受聘为南开中学化学教员。

1914 年，作为敬业乐群会成员与周恩来相识并成为挚友。同情周恩来的生活困境，常在经济上给予帮助。1915 年，任南开新剧团演作部部长。

1917 年，一年多的时间里与周恩来互相通信百余封，给困境中的周恩来以极大的精神安慰和鼓励。周恩来也将在日本所得和新思想推荐给伉乃如。

1919 年，经伉乃如奔走，其兄伉聘卿开设的协成印刷局接受了周恩来主编的《天津学生联合会报》承印业务，并提供编辑部用房等便利。

1920 年 9 月，兼任校长秘书，后任大学注册课主任。一度代理男中、女中教务课主任。

1921 年，受校长指派参加南开学校大学部评议会，承办各项具体工作。同年 12 月，协助校长接待美国著名教育家门罗教授。

1929 年 11 月 3 日至 12 月 1 日，以注册课主任身份赴日本考察教育。

1930 年，任南开学校职业介绍委员会委员，承担为毕业生介绍职业事宜。

20 世纪 30 年代，经常冒险为秘密来天津活动的周恩来提供掩护。

1938 年，随校长赴重庆，受命办理西南联大南开大学办事处有关大政方针等主要事宜，并兼管财务。

1940 年，住进重庆南开中学津南村 7 号，家中成为周恩来到南开开展革命工作的落脚地。其间，曾将对当时黑暗社会不满的南开中学校医王慈吾（张伯苓内侄）引荐给周恩来，并经周恩来安排到延安参加革命。

1946 年，返津，与孟广喆、黄钰生等实际主持学校复原的具体工作。

1947 年 10 月 28 日因胃穿孔去世。

·业 绩·

伉乃如，1911 年受聘为南开中学化学教员。曾兼任校长秘书，男中、女中教务课主任，大学部注册课主任，终生供职于南开。

1915 年下半学期，他开始给周恩来所在的丁二班授课。据南开中学校友、中科院院士、著名数学家江泽涵回忆："伉乃如先生是学化工的，有着渊博的实际知识。当他讲某一化学药品的时候，总是先谈它在工业上的用途，何处生产以及制造方法的概略等。他不是照本宣科，讲得毫不枯燥……总是能让学生精神集中地听课。"

伉乃如多才多艺，热心各种课外活动，擅长参演和导演话剧。1915 年，在大型话剧《仇大娘》中，周恩来演女角"华娥"，伉乃如饰"大仇富"；上演《一元钱》时，伉饰"胡柱"，周饰"孙慧娟"。1916 年，排演《老千金全德》时，周恩来扮童男，伉乃如扮童女兼扮仆人；开排《一念差》时，伉演王守义，周负责布景幕务。他们常在一起探讨剧情，切磋演技。1927—1943 年，伉乃如在天津和重庆南开导演了《可怜的裴迦》《艺术家》《日出》《娜拉》《雾重庆》《大地回春》等许多剧目。

他在剧中多为配角，着力增长学生才干，领悟哲理。学生们把他看成良师益友，亲切地称他为"乃如夫子"，或称其为长兄。伉乃如赏识周恩来的远大志向和敦品励学，周恩来仰慕伉乃如的为人和能力，他们以"与有肝胆人共事，从无字句处读书"共勉，成为无话不谈的兄弟。

五四运动中周恩来等被捕入狱，伉乃如冒险探监，并参与营救活动。抗战期间，周恩来与伉乃如的交往成为共产党人广泛开展抗日民族统一战线工作的需要。当时不少社会各界名流居住于重庆南开，周恩来经常向伉乃如了解学校情况，通过他结识了许多各界人士。抗战后期，国共关系日趋紧张，有的校友开始疏远周恩来，而伉乃如仍然一如既往。

伉乃如具有很强的组织能力，他长期任"机要秘书"，是工作在校长身边的核心人物。受理校长交办的各项事务，承担文字工作，处理内务、外事，深受校长信赖。他还为南开学校大学部的筹建和战后复原付出了很大精力。

伉乃如工作精干高效，尽职尽责。在处理大量烦琐的日常事务中，体现了南开人的"公""能"精神。他对教育事业无限忠诚，为人勤奋练达，为南开学校的早期发展和复原默默奉献了一生。

韩慕侠
（1877—1947）

·简 历·

韩慕侠，慕侠之名是由其第九位师父所赠。1877 年生于天津市西青区（原属静海县）王稳庄乡大泊村一个贫苦的农民家里。

12 岁时，随父进津卖柴巧遇周斌义镖师，习艺 3 年后投师张占魁、李存义，学得八卦掌、形意拳。

20 岁时，技成犹不自满，去南方云游，遍访名师。先后拜李广亭、宋世荣、车毅斋、应文天等 9 位名师，尽得国术真谛回津。

1912 年，在天津市河北区创办武术馆，以强身健体、振兴中华为宗旨，实行免费授徒。

1916 年，受聘南开学校国术课武术教练。正在南开中学求学的周恩来痴迷学习，不仅在校内习武，还经常到武术馆跟其练功。

1918 年，在北京第二次万国赛武大会上，击败号称"震环球""世界第一"的俄国大力士康泰尔，勇夺 11 块金牌，名声大振，被誉为"北方大侠"。

抗战期间，受张学良之请，组建了一支有千名士兵的武术团，编成几支"大刀队"，将形意拳"劈、崩、钻、炮、横"五种拳法和枪法，改革简化为实战价值极高的"刺、拨、挑、崩、劈"等动作，有针对性地训练大刀队冲破日军的拼刺。后被编入宋哲元的二十九军，在抗战初期喜峰口战斗中，重创日军。

1947 年 10 月，因病逝世。

·业绩·

韩慕侠先后师从张占魁、应文天等9位名师，尽得国术真谛后回津创办武术馆，以强身健体、振兴中华为宗旨。

1915年冬季，南开学校校董严修和校长张寿春研究学校工作时，决定开展传统武术的教学，提高学生爱国意识。此时，韩慕侠应日本柔道九段高手东乡平三郎的邀请，登上了天津日租界须磨街学校院内日本人设的擂台，在柔术和剑术上，都打败了东乡平三郎。这一消息让严修和张寿春感到非常振奋，他们决定，先请韩慕侠到学校做一次讲座，让学生们掌握一些武术的基础知识；同时，再给同学们增设一门柔术课，聘韩慕侠为柔术课的客座教师。

校长张寿春亲自登门来请韩慕侠，韩慕侠听说南开学校要聘他，不由心中一动。他知道，校董严修和校长张寿春是秉承教育救国思想，提倡中国要强，必须兴办学校，推广新学，启发民智，唤醒民众。南开是全国闻名学校，此次应聘岂不是推广国术、普及国术的机会？韩慕侠对张校长说："我慕侠是个鲁莽武夫，你们愿增设国术，我也愿为普及国术尽绵薄之力。你们教育救国，我是以武术救国。"韩慕侠被聘南开学校任教，成了天津的一桩新闻。南开学校师生皆感荣幸。

韩慕侠到南开学校任教后，正在南开求学的周恩来就跟着韩慕侠学武术。师徒二人一起谈论时局，谈论前途，谈论以武治国的道理。韩慕侠曾感慨地说："翔宇（周恩来）年少志高，深谋远虑。我教他怎样强身，他却教我怎样做人。"

张皞如

（1878—1934）

·简 历·

张皞如，名穆熙，字皞如。1878年生于河北盐山大许孝子村。青年时曾参加童子试，中秀才。后放弃科考，改学新学。

1905年，赴保定深造，成绩优异。1907年学习期满，回到原籍，创办盐山县"劝学所"，任所长；后又创办许孝子高等学校，任校长。

1916年，被选为直隶省参议会第一届议员。后接受张寿春的聘请，到天津南开学校任教，是周恩来的国文教师。积极支持学生的进步社团活动，曾应周恩来主持的敬业乐群会邀请，加入该会的诗团。

1919年，五四运动爆发。在张皞如信件的激励下，他创办的许孝子高级小学罢课三天，声援京津的学生运动。

1920年，周恩来在领导天津各校学生数千人赴直隶省公署、要求释放被逮捕的请愿代表时，被反动军警逮捕。张皞如联合各界进步人士，呼吁营救。同年华北地区大旱，张皞如联系天津的华洋义赈会救济灾民。

1923年，被特约担任《华北日报》社论主笔。

1925年，任河北省永年县县长，不久以母忧去职。其后，在天津任特二区警务主任。

1928年后，被聘为天津土地局秘书，并在大专院校兼课。

1933年，任安徽省财政厅秘书长。

1934年，因病去世。

·业 绩·

　　张皞如抱着教育救国的信念，在家乡大力兴办教育：他首先创办了全县的"劝学所"，任所长；后又创办许孝子高级小学，任校长。他艰苦办学，聘请县里博学之士到校任教，并自筹经费，捐献家资，给学校添置了图书仪器、体育器材等，使学校日臻完善。

　　后来，张皞如接受张寿春的聘请，到天津南开学校任国文教师。张皞如思想进步、博学多才，深得学生尊敬。南开热爱文学的师生组织了"国文学会"，张皞如被推选为会长，组织了作文比赛等活动。当时周恩来正在南开学校读书，是张皞如的学生，深受张皞如的赏识。他应周恩来主持的敬业乐群会邀请，加入该会的诗团，并常为周恩来主编的《敬业》审稿。1916 年，张勋拉拢各地军阀，订立北洋七省军事攻守同盟，妄图复辟帝制。张皞如为国而忧，写了《伤时事》一诗："太平希望付烟云，误国人才何足云。孤客天涯空涕泪，伤心最怕读新闻。"周恩来用原韵和诗一首，名为《次皞如夫子伤时事原韵》："茫茫大陆起风云，举国昏沉岂足云。最是伤心秋又到，虫声唧唧不堪闻。"这两首诗共同发表在 1916 年的《敬业》第五期上。1920 年，周恩来在领导学生包围直隶省公署、要求释放被逮捕的请愿代表时，和另外三人一起被反动军警逮捕。张皞如听闻消息，立即联合进步人士，呼吁营救，并发动学生，联合各界，持续向省政府请愿。最后当局被迫无条件释放被捕的学生和代表。

　　1920 年华北地区大旱，张皞如向有关当局书面陈词，呼吁赈灾。他联系天津的华洋义赈会救济灾民，使津南一带许多灾民度过荒年。1923 年，被特约担任《华北日报》社论主笔，写下许多时评文章，后来这些文章汇编为《心声集》，刊行于世。1925 年后，先后任河北省永年县县长、天津特二区警务主任、天津土地局秘书、安徽省财政厅秘书长等职。临终之际，张皞如叮嘱家人：将一生所积存的图书文物若干箱，全部捐赠给他所创办的许孝子高级小学，充实"皞如图书馆"，以勉励后学。

董守义

（1895—1978）

·简 历·

董守义，1895 年 11 月 20 日出生于河北蠡县郑村一农户家。11 岁时进入郑村小学，之前念了几年《三字经》《百家姓》和《论语》。

1907 年初，入保定同仁学堂。1910 年初，入通县协和书院中斋部。就读两年的时间里，球艺和身高长得很快。升入大学部后即成为校篮球队长和中锋、学生体育委员和足球队中锋，参加了第二届华北运动会。

1914 年，在第二届全国联合运动会上，担任游击手的华北棒球队获冠军，他作为中锋兼队长的华北足球队获亚军。

1916 年，大学毕业，到天津青年会体育部工作，并应邀到南开学校任教。

1923 年，被青年会推荐到美国麻省春田学院进修。曾获三次网球冠军。

1925 年，回津担任青年会体育部主任，并继续指导南开学生课外活动。

1934 年，5 名南开队员入选第十届远东运动会中国篮球队。带该队两胜日本队获亚军。

1935 年，任第六届全运会审判委员兼篮球裁判长。

1936 年 7 月 9 日，作为中国代表团篮球队教练参加柏林第 11 届奥运会，当选国际篮球裁判会会员。和清华大学马约翰自费考察欧美 16 国体育。

1941 年，任全国体育协进会副总干事。

1947 年 6 月，当选为国际奥委会委员。

1948 年 7 月，作为中国代表团总干事参加伦敦第 14 届奥运会。

1952 年，作为参加第 15 届奥运会和第 47 届国际奥委会会议的中国代表团成员，受到周恩来总理接见。奉调北京体育总会和国家体育运动委员会工作。此后至 1956 年，参与筹备和组织大型运动会 13 次。

1954 年，当选为中华全国体育总会副主席。并先后当选为全国政协第二、四、五届委员。1959 年起，参加第一、二届全运会筹备工作。

1961 年，担任国家体委运动司副司长和全国武协主席。

1973 年 8 月初，陪同周总理接见日本体育协会代表团。总理叮嘱他要保重身体，又对体委领导人说："当年我在南开读书时，董守义先生就在南开工作了，董先生是我的先生。"

1978 年 6 月 13 日，因癌症逝世。

·业绩·

董守义，南开中学体育教师，篮球教练，被誉为"中国篮球之父"。曾任国际奥委会委员，中华全国体育总会副主席。

1916 年，从天津青年会体育部应邀到南开中学任教。每天领做课间操，每周三个下午指导各代表队训练。在董守义和章辑伍等教师共同努力下，南开学校的篮球水平迅速提高。1922 年天津学校联合运动会中，南开队初露锋芒，连克青年会队、华北运动会冠军高等工业学校队、官立中学队以及称雄津门多年的新学书院队、北洋大学队等多支劲旅，一举夺魁。

1928 年，在董守义的指导下，南开队在天津篮球联赛中异军突起，荣登冠军宝座，并获代表天津参加华北球类运动会资格。1929 年 4 月，第五次华北球类运动会在太原举行，董守义任裁判长，齐守愚担任南开队指导。在战胜山西的山左、山右两队和东北冯庸大学队之后，同北师大队进行决赛，以13分优势夺得篮球冠军。

1929 年 6 月底，应上海体协和在沪南开校友特邀，南开队由体育主任章辑伍率队赴沪访问，董守义担任指导，连胜上海篮球三强华东冠军沪江大学队、西桥青年会"海贼"队和美国驻沪海军陆战队"皮斯堡队"，名噪上海。随后，在接战菲律宾托马斯大学冠军队的比赛中，以六分领先战胜对手。南开队在沪四战四胜，声名鹊起。五名队员——刘建常、唐宝坤、魏蓬云、王锡良和李国琛被誉为"南开五虎"。

1952 年，第 15 届奥运会在赫尔辛基举行。国际奥委会主席艾德斯特隆发电阻挠中华人民共和国运动员参加奥运会，说："你们的奥林匹克委员会尚未获得承认，去赫尔辛基是徒劳的。"时任国际奥委会委员的董守义针锋相对地亲笔签名发电报："依据奥林匹克宪章，你们是无权阻止中国运动员参加奥运会的。"

1956 年 1 月底至 2 月初，国际奥委会第 51 届会议在意大利科蒂纳举行，董守义等广泛接触国际奥委会委员，新中国的体育成就引起了普遍注意。11 月，参加在墨尔本举行的国际奥委会会议，阐述了中国奥委会的原则立场，与企图制造两个中国的阴谋进行针锋相对的斗争。

1958 年 8 月 19 日，董守义在给时任国际奥委会主席布伦戴奇的信中声明："今天……奥林匹克精神已经被蹂躏无遗。为了维护奥林匹克的精神和传统，我正式声明拒绝同你合作，拒绝同你把持的国际奥委会发生联系。"他宣布辞去国际奥委会委员的职务。时任国务院副总理兼国家体委主任贺龙评价他说："董先生参加几次国际奥委会会议，表现很好，是站在社会主义国家立场上发言的。"

董守义的主要著作有《国际奥林匹克》《欧洲考察日记》《篮球术》《最新篮球术》《篮球训练法》《足球术》《田径赛术》等，并系统整理体育资料，发表文章多篇。

易 白 沙

（1886—1921）

·简 历·

易白沙，原名易培荃，又名坤，字越村。1886年生于湖南长沙，天资聪颖、刻苦好学，12岁即通读"九经"、《资治通鉴》等经典，深获当地耆宿赞誉。

1902年，时年16岁的易白沙应邀主持永绥师范学院，次年又应邀赴安徽主持怀宁中学。此后相继出任安徽师范学堂、旅皖湖南中学校长等职。在皖期间，易白沙在与孙中山、陈独秀等人的交往中产生了对民主革命的深刻认同。

1911年武昌起义后，安徽巡抚逃跑，怀宁当地社会混乱，兵痞横行，易白沙与革命党人将进步青年学生组织起来，成立青年军，并率军打击乱军头目，保护百姓生命财产。

1913年讨袁之役爆发，易白沙奔走于湘、皖之间，号召开展反对袁世凯的斗争，并因此受到袁世凯当局的通缉。后逃亡至日本，与章士钊创办《甲寅》杂志，启发国人觉悟，以此继续斗争。

1915年《新青年》创刊后，易白沙在《新青年》杂志上发表大量文章，影响很大。

1917年，任长沙县立师范学校、省立第一师范学校文史教习，后曾在天津南开学校、上海复旦大学任教。

1919年，从南开中学离职，后从上海回到长沙，编写《帝王春秋》一书，矛头直指封建君主专制，意在倡导民主、启迪民智。

1921年4月底，独自潜赴北京，欲谋刺北洋军阀头目。但因戒备森严，未能得手。

1921年端午，乘船赴新会县陈村蹈海自尽，以死明志。

天津南开中学人物志

· 业 绩 ·

易白沙少年早慧，才名远播，未即弱冠即应邀主持多所学校。17 岁离家赴皖地就校长任后，更是接触到了不少革命要人，如孙中山、陈独秀等。在当时革命志士的启发下，易白沙产生了对民主革命的深刻认同。

1911 年武昌起义爆发后，易白沙积极游说皖中诸将领应援武昌，响应革命，安徽革命形势仅次于湖南。易白沙与革命人士韩耆白组织进步学生成立了青年军，铲除强盗兵痞，安宓闾里。

易白沙还撰写了大量文章呼吁民主，启迪民智，与章士钊创办革命刊物《甲寅》，1915 年陈独秀创办的《新青年》杂志也向其约稿，易白沙积极应允，先后撰写了《述墨》《战云中之青年》《我》《诸子无鬼论》《孔子平议》等文章，在五四运动中影响很大。

1917 年至 1918 年易白沙曾先后在湖南第一师范学校、天津南开中学、上海复旦大学任教。在南开中学任教时担任国文国学教师。1919 年易白沙从南开中学离职，其职位由熊十力接任。离职后易白沙回到长沙，编写《帝王春秋》一书，回溯历史，旨在启迪当今，他将矛头直指封建君主专制。其间孙中山两次致信邀他前往广州，参与广州军政府工作，由于《帝王春秋》尚未完成，易白沙未能立刻应允。

1921 年 5 月，《帝王春秋》完稿，怀着对民主政治的期盼和对军阀头目的强烈恨意，他孤身一人北上行刺，但终因对方守备森严，未能成功。在无尽的失望与痛苦中，易白沙乘船于是年端午（6 月 10 日）前往陈村，即他一直仰慕的明代大儒白沙先生陈献章故里，蹈海而死。

易白沙端午蹈海的消息传出以后，引起了社会各界的震动，毛泽东写下挽联："无用之人不死，有用之人愤死，我为民国前途哭；去年追悼杨公（毛泽东之师，杨开慧之父杨昌济），今年追悼易公，其奈长沙后进何。"南方政府大总统孙中山发函给其家人表彰易白沙，并以《易白沙饰终之典》为题在《大公报》刊发。

孙凤藻

（1884—1932）

·简 历·

孙凤藻，字子文，1884 年生，天津人。天津育才馆及北洋大学毕业。

1903 年，受聘为北洋工艺学堂教习。

1909 年，任直隶工艺局参议兼直隶高等工业学堂庶务长期间，受命创办直隶水产讲习所。11 月，赴日本调查水产讲习所、试验场及制造厂等事宜。1910 年 2 月回国，筹办直隶水产讲习所，当年 9 月就绪，随即开学。后再次赴日本考察水产教育。

1911 年 3 月，直隶水产讲习所改为直隶水产学堂，为首任监督（校长）。

1911 年，任天津议事会副会长。继任大总统府及国务院顾问。

1917 年 5 月，率领直隶水产学校渔捞、制造两科毕业生 10 人东渡日本留学，并调查日本及菲律宾的水产教育。

1918 年，与严修、范源濂一起赴美考察教育。

1920 年，被选为南开学校董事会成员，担任南开学校校董。

1921 年，任直隶教育厅厅长。

1923 年，任津浦铁路局局长。在任期间，妥善平息了 1923 年山东临城劫车案，使被土匪劫持的津浦铁路客车上的外国旅客脱险。

1930 年，任开滦煤矿局协理。

1932 年，在天津病逝。

·业 绩·

孙凤藻长期担任南开学校校董，曾与严修、范源濂一起赴美考察教育。

孙凤藻一生致力于水产教育，为造就水产人才、发展水产事业做出了突出的贡献。1909 年，他被委派赴日本调查水产讲习所、试验场及制造厂等事宜，搜集了丰富的水产教育资料。1910 年回国，筹办直隶水产讲习所，当年 9 月就绪，招录学生 96 名，借黄纬路天津长芦中学堂之一角为校舍，直隶水产讲习所随即开学，这是中国最早的水产教育机构。后孙凤藻再次赴日本考察水产教育。1911 年 3 月，直隶水产讲习所改为直隶水产学堂，孙凤藻为首任监督（校长），设渔捞、制造两科，学制四年。后经直隶总督陈夔龙批准，由河北种植园内划地五十余亩，建筑校舍。1912 年 3 月，直隶水产学校（民国后"学堂"改为"学校"）迁入新校区。1913 年 5 月，学校后院工厂落成，开始生产实习。孙凤藻任职期间，该校生产的 9 种食品罐头及渔具模型，在 1915 年美国"巴拿马太平洋万国博览会"上获银牌奖。1931 年，该校创办了我国最早的水产学术刊物《水产学报》，被誉为"凤毛麟角，不可多得"。孙凤藻为创刊号写序，指出："水产学报，乃研究渔业学术之先导，可以交换世界上之新学问，灌输渔民之新智识……"

1923 年，孙凤藻任津浦铁路局局长。任职期间，发生了震惊中外的山东临城劫车案。1923 年 5 月 6 日，山东临城的土匪武装劫持了津浦铁路客车，诸多外国旅客被绑架。此事件事关外交，关系重大，作为铁路局长的孙凤藻很快付诸行动。经过多轮谈判，6 月 12 日，官方代表和土匪代表签订协议，当晚被绑旅客全部获释。至此事件得以平息，避免了一场外交风波。

严智开

（1894—1942）

·简 历·

严智开，字季聪，1894 年生于天津。近代教育先驱严修的第五子，南开中学堂早期学生。

1903 年，严修参照日本的新式教育模式，在家中设"蒙养园"，所设课程有音乐、体操、游戏、手工等。在园中学习的严智开首次接触到文化知识之外的艺术课程。后成为南开中学堂的早期学生之一。

1912—1917 年，就读于日本东京美术学校西洋画科。

1918 年，留学美国，入纽约哥伦比亚大学，专攻西方绘画。

1921 年，考取官费生留学法国，入读巴黎美术学校。

1923 年，任北京美术专门学校西洋画系主任。

1925 年，任北京艺术专门学校筹备会成员，后历任北京国立艺术专门学校教授、教务长、主任，北京市政府艺术专员，天津市政府顾问等职。

1928 年，受天津市长崔廷献委派，筹备天津市立美术馆，任筹备主任。

1930 年 10 月 1 日，天津市立美术馆在河北公园内正式落成。10 月 24 日，天津市立美术馆正式启用，严智开任馆长，主持美术馆的运营工作。这是中国第一所公立美术馆。

1931 年，主持出版天津市立美术馆馆刊《美术丛刊》。

1932 年，任北平大学艺术学院院长。

1933 年，任国立北平艺术专科学校筹备处主任，筹组国立北平艺专。他综合多方面意见，制定了《国立北平艺术专科学校筹备处组织章程》，决定取消戏剧和音乐专业，将北平艺专定位为较为纯粹的美术专业学校。

1934 年，任国立北平艺术专科学校校长。

1935 年，参加中国博物馆协会成立大会，并任执行委员。

1940 年，编纂出版《天津特别市市立美术馆概况》。

1942 年，因病去世。

·业 绩·

严智开是中国著名的美术教育家、现代中国艺术教育和博物馆事业的先驱。他生于书香世家，自幼受家庭氛围熏陶，接触现代教育思想，热爱文化艺术。南开中学毕业后，严智开赴日留学，毕业于日本东京美术学校，后又赴美国、法国留学，继续攻读西洋美术专业。

严智开深刻地意识到美术对于国民的重要性，他撰文指出"美术者，一国文化之度量衡也"。"美术非为娱乐，乃我等生活之全体。美术变，生活必随之而变，文化之蔚然而兴，当于此中求其消息也。是则美术之于社会民众，关系至重且大。"作为我国最早一批接受过完备的西方美术教育的学者，严智开的理想抱负却并非做一名画家，而是做一名美术教育家。1923 年他回国就任北京美术专门学校西洋画系主任，将自己毕生所学投身于美术教学，并在教学实践中不断思索，形成了自己的美术教育理论。

1933 年，严智开受国民政府教育部委托，出任国立北平艺术专科学校筹备处主任，筹组国立北平艺专。他综合多方面意见，制定了《国立北平艺术专科学校筹备处组织章程》，决定取消戏剧和音乐专业，将北平艺专定位为较为纯粹的美术专业学校。同时实践自己的教育理念，强调艺术教育的实用性，认为艺术教育并非专为造就艺术人才而设，而是含有生产之意义；故而提出养成艺术教员、造就一般人才、改良社会工艺品、须使毕业生以其所学谋生计等条目，作为学校的教学目标。

除了为中国培养投身实践的美术人才，严智开还以"美术民众化"为己任，立志要建一座"完美之美术馆"，"借以启迪一般人之爱美"。1928 年他受天津市政府委托，筹备天津市立美术馆并担任馆长，为此，他于 1930 年赴日考察美术馆制度，并在归国后立即制定出建立美术馆的计划，美术馆日常包括陈列、展览、研究、征集、调查、编辑、演讲七项基本工作，可依据条件依次实施。1930 年 10 月 24 日，美术馆正式举行开幕典礼，暂定名为"天津特别市市立美术馆"，并于次日举办了第一场美术展览会。

在严智开的领导下，天津市立美术馆形成了完善的管理体制，有效开展了美术作品的征集和陈列工作，坚持定期举办各种内容丰富的美术展览，开设系列研究班，聘请名师深化美术教育。天津市立美术馆自创立后的十余年里，严智开付出了大量心血，以美术馆为基地，推动了美术教育的普及与发展，使民众得以陶冶情操、培养审美、开阔眼界，为美术交流和学术研究提供了平台。

严智开毕生致力于将美的种子播撒到现代中国人的心中，为中国美术教育和博物馆事业做出了不可磨灭的贡献。

熊十力

（1885—1968）

·简 历·

　　熊十力，原名继智、升恒、定中，号子真、逸翁，晚年号漆园老人，1885 年生于湖北黄冈上巴河张家湾。1900 年，从学于邻县圻水何昆阁门下，后因家贫辍学归家。

　　1902 年，入武昌新军凯字营第 31 标为兵卒。

　　1906 年，成立黄冈军学界讲学社，加入日知会，曾参与武昌起义、二次护国讨袁运动。

　　1918 年，决心专心研究学术，以增进国民道德为己任。

　　1919 年，执教于天津南开中学。

　　1920 年，由梁漱溟推荐赴南京支那内学院，从学欧阳竟无大师研习佛学。

　　1922 年，被聘为北京大学特约讲师，主讲《唯识学概论》，开始构造别出心裁的"新唯识论"哲学体系。

　　1925 年春，赴武昌大学执教。秋，又返回北京大学任教。

　　1927 年初，在南京中央大学休养，后移往杭州养病，其间曾赴南京中央大学哲学系作短期讲学。

　　1932 年，撰写的《新唯识论》由浙江省立图书馆出版发行。11 月，返回北京大学继续教授唯识学。

　　1937 年，于湖南郴县创办十力中学。

　　1939 年，担任复性书院讲席，后前往武汉大学短期讲学。以后数年，担任过北培勉仁书院主讲、重庆黄海化学社哲学部负责人，编撰《新唯识论》《十力语要》等著述，发表多篇重要文章。

　　1950 年，应董必武、郭沫若之请，以特别邀请人士身份参加首届全国政治协商会议，后被选为全国政协第二、三、四届委员。

　　1954 年，定居上海，仍笔耕不辍。

　　1956 年，完成《原儒》一书。此后，又完成了《体用论》《明心篇》《乾坤衍》等著作的撰写。

　　1968 年 5 月 23 日，在上海逝世。

·业绩·

熊十力，幼时家境贫困，为邻家牧牛，闲时随父在家识字，后入父亲掌教之乡塾读书，初习五经章句，次及史。自幼即独具才思而又非常自尊、自信。在博览群书的过程中，他深受明清哲学家著作以及清末维新志士论著之影响，"慨然有革命之志"，决心为反清而奔走呼号。

1902年，熊十力为策动军队而投湖北新军第31标当兵，倡导救亡图存。1904年与其他志士共同创建革命团体——科学补习所，秘密宣讲革命思想。1906年，熊十力加入日知会，并组织黄冈军学界讲习社，联络各方志士，为发动起义作准备，后因事泄而遭清廷通缉，他只好潜归乡里教书。1911年，参加了震惊中外的武昌起义，并任湖北督军府参谋。辛亥革命和护法运动皆宣告失败，这给熊十力以很大打击。他逐渐坚定认为救国之根本在于学术兴盛。1918年，熊十力决然脱离政界，专攻学术，以增进国民的道德为己任。

1919年6月至1920年6月，熊十力执教于天津南开中学。在南开中学任教期间，他先后在校刊《校风》上发表了《病后对于中西医之感想》《开讲小言》《致蔡子民先生书》等文章。

从1922年起，先后在北京大学、浙江大学等学校任教，赴多所大学和全国多地讲学，创办十力中学。在50余年的治学生涯中，著有《新唯识论》《十力语要》《原儒》《体用论》《明心篇》《佛教名相通释》《乾坤衍》等书，以佛教唯识学重建儒家形而上道德本体，其学说影响深远，在哲学界自成一体。其中，1932年《新唯识论》出版发行，标志着蜚声中外的"新唯识论"哲学体系的诞生。1956年，完成了《原儒》一书，重点发掘了儒学中有价值的部分，并以"六经注我"的精神，重新阐释了儒学经典和儒学史。

熊十力面对西学的冲击，在儒学价值系统崩坏的时代，重建儒学，是新儒家的实际开山人物，最终成为中国著名哲学家、思想家、国学大师。《大英百科全书》称"熊十力与冯友兰为中国当代哲学之杰出人物"。

姜立夫
（1890—1978）

·简 历·

姜立夫，原名姜蒋佐。1890 年 7 月 4 日生于浙江平阳宜山区凤江乡麟头村（今属苍南县）。

1907 年，考入杭州府中学堂。

1910 年 6 月，参加由庚子赔款建立的"游美学务处"（清华大学前身）考试，被录取赴美留学。1911 年 9 月入美国加利福尼亚州立大学（伯克利）学习数学。

1915 年，获理学学士学位。加州大学毕业后，转到哈佛大学读研究生。

1919 年，在导师、国际几何学大师 J.L. 库利芝教授指导下，完成博士论文《非欧几里得空间直线球面变换法》，并被授予博士学位，成为中国第二个"数学博士"。

1920 年初，回国到南开中学担任算学教师，创办南开大学数学系，这是中国第二个数学系，从此直至抗战胜利，主要在南开大学任教。

1934—1936 年，赴德国汉堡大学、哥廷根大学进修。

1938 年，主持编写了中国第一部数学名词典《算学名词汇编》，奠定了现行数学名词的基础。

1946—1948 年，赴美国普林斯顿高等研究院进修。

1942 年 3 月，兼任中央研究院数学研究所筹备主任，1948 年 1 月被任命为中央研究院数学研究所所长，同年 3 月，当选为首届中央研究院院士。

1949 年 8 月，创办岭南大学数学系。

1952 年 10 月，经全国高校院系调整，到中山大学任教授。

1978 年，因病逝世。

· 业 绩 ·

姜立夫于 20 世纪 20 年代，任南开中学算学教师。姜立夫为中国科学院学部委员，南开大学数学系与岭南大学数学系的创建者，厦门大学数学系与北京大学数学系改革的奠基人，中山大学的资深教授。

1920 年初，应张伯苓校长聘请，姜立夫到南开中学担任算学主任，并到刚创立半年的南开学校大学部创办数学系，任教授兼系主任。他和随后来校的邱宗岳、杨石先等人是南开大学理学院的奠基人。

姜立夫除早年学成便归国任教外，又先后两次分别于 1934—1936 年赴德国汉堡大学与哥廷根大学、1946—1948 年赴美国普林斯顿高等研究院进修，依然是任务完成便迅即归国。

1946 年，当时的中央研究院成立了数学研究所，任命姜立夫为所长。

新中国成立后，姜立夫在岭南大学任教三年，1952 年随院系调整到中山大学工作，任校筹备委员数学系筹备小组成员。党和人民给予了姜立夫很高的荣誉和政治地位，1950 年，姜立夫先生当选为中华全国自然科学专门学会联合会第一届委员会委员，1954 年被选为广东省第一届人大代表，1955 年以后任全国政协第二届、第三届、第四届委员。1955 年，姜立夫在北京开会时，周总理同他亲切握手，并说自己也是南开的学生。姜立夫先生时刻眷恋着自己事业的起点——南开。

范文澜
（1893—1969）

·简 历·

范文澜，1893年1月5日出生于浙江绍兴，字仲沄。出身书香门第，颇有家学渊源。自幼熟读中国古籍，深受传统文化熏陶。

1913—1917年，就读于北京大学文科预科、本科。师承刘师培先生的中国古典文学，黄侃先生的训诂学和陈汉章先生的史学，奠定了国学根底。曾直接或间接受业于蔡元培、陈独秀等人，深受进步思潮影响。

1918年，任教于沈阳高等师范学堂。1922年起任教于南开学校中学部。

1926年，加入中国共产党。次年5月，遭天津警备司令部追捕。经校长张伯苓协助离开天津，失去了组织关系。

1927—1936年，先后在北京大学、北京师范大学、女子师范大学中国大学、朝阳大学、中法大学、辅仁大学任教。

1930年9月，阎锡山派兵查抄范文澜住宅，因被指为共产党而遭逮捕，后经营救获释。1934年暑假后，又遭反动当局逮捕，经蔡元培等营救获释。

1936年，任教于河南大学，讲授中国上古史、中国文学史、经学、《文心雕龙》等课程。1939年，在竹沟镇再次加入中国共产党。

1940年1月到延安，任马列学院历史研究室主任，负责主持编撰《中国通史简编》，曾多次请教毛主席及中央其他领导同志，得到指导和鼓励。

1945年冬，任晋冀鲁豫边区北方大学校长。

1946年，编著的《中国近代史》上册在延安出版。

1947年，任华北大学副校长兼研究部主任、历史研究室主任。

1949年9月，参加全国政协第一届全体会议。1950年，任中科院中国近代史研究所所长。1951年，当选为中国历史协会副会长，主持日常工作。

1954年，当选为第一届全国人大代表。1955年，任中科院哲学社会科学部委员。

1956年，出席中国共产党第八次全国代表大会，当选为中共中央候补委员。

1959年，当选为第二届全国人大代表、第三届全国政协常委。

1969年，当选为中国共产党第九届中央委员会委员。同年7月29日因病在北京逝世，享年76岁。

·业绩·

范文澜，著名历史学家，我国马克思主义新史学的奠基人之一，中国科学院哲学社会科学学部委员。1922年至1927年任南开中学国文教员，并在课堂上传播进步思想；1925年后曾在大学部兼课。他自编讲义，旁征博引，颇受学生欢迎。他编写的《文心雕龙讲疏》由北平朴社出版，还曾编辑出版了《水经注·写景文钞》《文心雕龙讲注》《群经概论》《正史考略》等书。

1925年五卅运动爆发，范文澜由一位与世无争的学者转变为一个投身大革命的爱国反帝斗士。在南开校内和社会上，只要有大规模集会，他几乎都参加，他的思想觉悟逐渐从"国家兴亡，匹夫有责"的单纯责任感，转向同情无产阶级革命，相信共产党的领导。1926年初，中学部高中学生管亚强经范文澜介绍加入共青团，后担任校学生会主席和校共青团组织领导人，两年后转为共产党员，后管亚强改名张致祥，1949年以后曾任文化部副部长、中联部副部长、全国人大常委。1927年3月，范文澜介绍中学部初三年级学生郑伯侨入党，郑伯侨参加革命后改名林枫，后曾担任中央党校校长、全国人大常委会副委员长。

1927年后到北京，利用学者、教授身份，秘密为党组织工作。其住所成为党领导的进步团体的秘密活动场所。1930年11月，鲁迅曾在范文澜家中与左联等团体的代表会谈。

七七事变后，范文澜积极投身于党领导的抗日救亡运动，创办期刊，宣传抗战，揭露和抨击国民党政府的反动政策，痛斥日本帝国主义的侵略行径。

1938年6月，开封沦陷，他与党取得联系，在遂平创办抗日训练班，培训河南大、中学生，为敌后抗战输送了一批干部。此后，随新四军到信阳一带开辟游击区，又在第五战区抗敌工作委员会做统战工作，长期奔波在桐柏山区。

范文澜以历史学家闻名于世。其主要著作有《中国通史简编》、《中国近代史》上册、《范文澜论文选集》。在延安，他还试图用马克思主义观点来研究经学，曾在中央党校以《中国经学史演变》为题给学员讲课，毛主席亲临听讲，他深以为荣。他主持编写的《中国通史简编》是我国马克思主义新史学最早的几部代表作之一，是中国史学上一个革命性的进步，它确立了范文澜在中国史学史上的地位。1945年，《中国通史简编》陆续出版了上、中两册，1949年以后几经修订再版。

王昆仑

（1902—1985）

·简 历·

王昆仑，原名王汝屿，字鲁瞻，笔名鲲、太愚，祖籍江苏无锡。1902年8月7日出生于河北定县。

1917年，考入北京大学预科班，学业期满后以优异成绩升入北京大学中文系，后转入哲学系。

1922年8月，从北京大学毕业后，应聘为天津南开中学国文教员。

1926年3月18日，组织各界人士在天安门广场举办"反对八国最后通牒国民大会"。后遭北洋政府通缉，南下赴黄埔军校潮州分校任政治教官。年底，随东路军参加北伐，历任宣传科长、代政治部主任。

1927年，四一二事变后，辞去国民革命军总司令部政治部秘书长之职，在上海发起组织"再造社"。

1932年，任国民政府立法院立法委员。

1933年，加入中国共产党。

1941年，皖南事变后，与王炳南、屈武等发起组织中国民主革命同盟。

1943年，与谭平山、陈铭枢等发起组织三民主义同志联合会。

1945年5月10日，在国民党六大上，直斥国民党当局"消极抗日，积极反共"的反动政策，由此上了国民党军统的黑名单。于1948年赴美国避难，在美期间，协助冯玉祥组织成立旅美中国和平民主同盟。

1949年1月，辗转回国，参加中国人民政治协商会议筹备会和第一届全体会议，当选全国政协常委。同年11月，当选民革中央常委兼宣传部部长。

1954年起，历任第一、二、三、四届全国人大常委会委员。

1954—1964年，任北京市副市长。

1979年起，历任全国政协第五、六届副主席，民革第五、六届中央主席。

1985年8月23日，在北京病逝。

·业绩·

王昆仑，年少时就开始关注时局，为灾难深重的祖国忧心忡忡。在北大求学期间，王昆仑参加了五四运动，反对帝国主义和北洋军阀，高举标语走在北大学生游行队伍的前列。1922 年，王昆仑从北京大学哲学系毕业，应聘为天津南开中学国文教员，老舍、范文澜等都是他当时的同事，曹禺、王瑞骧等是他当时的学生。

1922 年作为爱国学生代表，王昆仑拜见了孙中山先生。在孙中山的启发和鼓励下，他参加了国民党，积极投身于孙中山领导的民主革命斗争。孙中山逝世后，王昆仑目睹蒋介石对外勾结帝国主义、对内实行独裁统治的行径，在国民党内部开始从事反对独裁、争取民主的斗争。

九一八事变后，王昆仑在中国共产党抗日民族统一战线政策的感召和全国人民抗日救亡高潮的影响下，开始了从一个爱国的民主主义者向共产主义战士的转变，并于 1933 年参加了中国共产党。

1941 年皖南事变发生后，在周恩来的支持下，王昆仑与王炳南、屈武等在重庆发起组织中国民主革命同盟，在中国共产党的领导下，坚持抗战，推进民主革命。1943 年，王昆仑与谭平山等发起组织三民主义同志联合会，在国民党内部团结、争取爱国民主人士，开展反投降、反分裂、反内战、反独裁的斗争。在国民党六大上，王昆仑直斥国民党当局的反动政策，为此遭到国民党当局的迫害，赴美国避难。在美期间，他协助冯玉祥在旅美华侨和留学生中开展反蒋民主活动，并组织成立了旅美中国和平民主同盟。

1949 年，王昆仑经苏联回国进入解放区，参加成立新中国的筹备工作，并代表"民联"出席第一届政协全体会议，当选为全国政协常委。新中国成立后，王昆仑被任命为政务院政务委员，历任第一、二、三、四届全国人大常委，北京市副市长，全国政协第五、六届副主席，民革第二、三、四届中央常委，民革第五届中央副主席、代主席、主席，民革第六届中央主席等职务，为坚持和完善中国共产党领导的多党合作和政治协商制度，投入全部力量，耗费毕生心血。

王昆仑学识渊博，在我国古典文学方面有很高的造诣，是最早试图用历史唯物主义研究《红楼梦》的专家之一。他的著作《红楼梦人物论》、昆曲剧本《晴雯》等，得到毛泽东的赏识，在国内外颇有影响。邓颖超评价其"是个斗士，也是才华横溢的作家、诗人"。

老 舍

（1899—1966）

·简 历·

老舍，1899 年 2 月 3 日出生于北京，原名舒庆春，字舍予，满族（正红旗）。父亲舒永寿是清代皇城的一名护军，八国联军侵入北京时阵亡。从此全家只靠母亲马氏缝洗和当佣工维持生活。

1918 年，于北京高等师范学校毕业，被派任北京市方家胡同小学校长。

1921 年，升任北京市北郊劝学所劝学员，后辞职。

1922 年夏—1923 年春，入职南开中学。

1924 年夏—1929 年夏，任英国伦敦大学东方学院华语教员。五年中，创作了《老张的哲学》《赵子曰》《二马》三部长篇小说，并成为"文学研究会"成员。

1930 年夏起，在济南任齐鲁大学文学院副教授，并编辑《齐鲁月刊》。利用每年假期写出了长篇小说《大明湖》《猫城记》《离婚》《牛天赐传》；短篇小说《五九》《黑白李》《微神》等，多收在《赶集》中。同期的杂文多收在《老舍幽默诗文集》中。

1934 年夏—1936 年夏，任青岛大学中国文学系教授，并继续写作。这个时期的短篇小说有《上任》《柳屯的》《月牙儿》《老字号》《断魂枪》等，多收在《樱海集》与《蛤藻集》中。个人创作经验收入《老牛破车》一书。

1936 年夏，辞去大学的教学工作，在青岛专心从事文学创作。同年秋，长篇小说《骆驼祥子》与《文博士》开始发表。

1939 年 6—12 月，随全国慰劳总团赴西北和陕甘宁边区，受到毛泽东和朱德接见。回重庆后，将此行情景写成《剑北篇》。

1941 年秋，应西南联大邀请赴昆明等地讲演。

1946 年 3 月，应美国国务院邀请，与曹禺一同赴美讲学一年。期满后留美写完《四世同堂》第三部《饥荒》及长篇小说《鼓书艺人》；并帮助译者将《离婚》《惶惑》《鼓书艺人》翻译成英文。

1949 年 10 月，在美养病中接到周恩来邀请他回国的来信，于 12 月初返京。

1966 年 8 月 24 日，逝世。

·业绩·

老舍，杰出的小说家、剧作家。1922年就任南开中学任国文教员，兼二年七组辅导员，并和范文澜一同被校务会聘为出版部委员，参与出版校刊及教材等工作，还应邀担任学生社团"汉文演说会"的导师和评判员。同年11月16日，学生社团"自治励学会"召开成立17周年纪念会，老舍应邀出席并致祝词。授课之余，创作了第一篇短篇小说《小铃儿》，以"舒舍予"的笔名发表在1923年1月28日《南开季刊》第2—3期合刊上。从此走上文学创作之路。

1937年七七事变后，赴武汉与郭沫若、茅盾、阳翰笙等作家为组织全国性文艺界抗日民族统一战线而工作，并当选为"中华全国文艺界抗敌协会"常务理事兼总务组组长，在团结和组织广大文艺工作者参加抗日宣传、组织出版"文协"会刊《抗战文艺》等方面做出了积极贡献。其间，与周恩来相识并一直得到周恩来的爱护与帮助。

抗日战争期间，以抗日为题材创作了《残雾》、《国家至上》（与宋之的合著）、《张自忠》、《面子问题》、《谁先到了重庆》等九部话剧；《火葬》和《四世同堂》的第一部《惶惑》、第二部《偷生》等小说；短篇小说集《火车集》《贫血集》；还努力习作各种民间文艺形式的作品，如鼓书词《王小赶驴》《新拴娃娃》《张忠定计》等；京剧《忠烈图》《王家镇》等。

中华人民共和国成立后，老舍把绝大部分精力投入了戏剧创作，跨入戏剧创作的黄金阶段。1950—1966年，发表了话剧《方珍珠》《龙须沟》《春华秋实》《青年突击队》《西望长安》《茶馆》《红大院》《女店员》《全家福》《神拳》《宝船》《荷珠配》；歌舞剧《消灭病菌》《大家评理》《青蛙骑手》；京剧《青霞丹雪》。改编了《十五贯》和《王宝钏》。1957年发表的《茶馆》不但是老舍戏剧创作的高峰，也是新中国戏剧创作中具有里程碑意义的杰作。他还创作了反映抗美援朝战争的小说《无名高地有了名》；散文和诗歌集《福星集》《和工人同志们谈写作》《小花朵集》《出口成章》等。老舍一生作品总计约800万字，集为《老舍文集》16卷。

1951年12月，北京市人民政府授予老舍"人民艺术家"的光荣称号。

中华人民共和国成立后，曾任政务院文教委员会委员、全国人大代表、全国政协常委、北京市人民政府委员、中国文联副主席、中国作协副主席及书记处书记、北京市文联主席、中朝友协副会长等职。

华午晴

（1879—1937）

·简 历·

华午晴，1879 年出生于天津。

早年在张伯苓执教的王氏家馆学习，后进入当时的私立第一中学堂（后更名为南开中学）继续求学。

毕业后被张伯苓邀请留校担任会计工作，曾负责过庶务课事务，后成为整个南开学校的建筑课主任及会计课主任，总管全校基建和财务工作。

1914 年，南开新剧团成立，华午晴受聘担任新剧团布景部负责人。

华午晴统筹规划，亲自勘测、选址、设计，主管营建了天津南开中学、南开大学、南开女中和南开小学的大量房舍，做到了既典雅美观又简洁实用，为学校节省了大笔经费。

作为南开学校的财务总管，华午晴清正严谨，对于学校收入与支出的所有款项都管理得井井有条。他计算学校的每一笔开支时常会望着天花板深思熟虑，即使是张伯苓亲自提出的支出建议，他也会慎重地思考一番，南开师生取唐诗"白眼望青天"的含义，亲切地称他为"华白眼"。华午晴每年都会将学校的账目放在图书馆里，以供师生随时查阅，收支往来条分缕析，一目了然。

华午晴在南开系列学校的创建和发展中做出了重要贡献。

1937 年华北沦陷后，日军愤恨于南开师生顽强不屈的爱国御辱言行，7 月底出动飞机轰炸了天津南开中学、南开大学。华午晴满怀愤恨和无奈，奔赴重庆与此前南下的同人及亲友会合，由于旅途劳顿，加之水土不服，罹患痢疾，气病交加，于 1937 年 10 月病逝于重庆。安葬在重庆南开中学附近的南开公墓。

·业 绩·

华午晴在南开中学毕业后，接受张伯苓校长邀请，留校担任会计工作，此后数十年扎根南开，总管全校基建和财务工作，兢兢业业，鞠躬尽瘁，以毕生的精力和心血服务于南开。

华午晴为人诚实忠厚，拙于言辞，但心里对南开的每一笔支出都清清楚楚，对于一应经费的保管、使用及核查，都遵照严格的规定，与银行往来的支票及凭证，均由张伯苓签字后，亲自办理。他经管的南开账务每年还会在图书馆公开陈列，可供全校师生查阅。

华午晴没有接受过正规的建筑专业教育，但接受张伯苓校长委托担任建筑科长之职后，刻苦钻研建筑知识，天津南开中学、南开大学、南开女中和南开小学的大量房舍，都是华午晴经手营建的。他深知南开学校虽经社会各方赞助，但办学经费仍然十分拮据，设计建造中精打细算，营造的南开系列校舍既典雅美观又简洁实用。例如他主持兴建的瑞廷礼堂，庄重典丽，气韵恢宏，可供全校师生举办各类集会使用，建设费用仅6万元，而当时地处英租界的一所私立学校，建设礼堂却耗资60万元。当时南开学校有部分教师经济比较拮据，住房上存在很大困难，华午晴与张伯苓校长商定，买下了学校附近的一块空地，亲自设计建造了六所独门独院、三正两偏的小门户，建成后归有困难的教师个人所有，基建欠款由各家按月偿还。这一举措不仅解决了教师的住房难题，也凝聚了全体南开同人的心。

1914年南开新剧团成立后，华午晴受聘担任新剧团布景部负责人，他亲自参与布景、照明的设计和道具的制作工作，这些布景和道具与演员的精彩演出相得益彰。当时在校就读的周恩来也是剧团演员，而且还兼布景组成员，和华午晴先生有过共事经历。

华午晴对工作严谨负责，对学生关心爱护。他坚持在每日熄灯后，到学生宿舍查寝，看有没有学生尚未归来就寝，查看学生被子是否盖好。当时周恩来等一批南开学子积极参加革命活动，华午晴曾采取巧妙的手法隐匿这些学生的名字，应对反动当局的调查，以保护进步学生。

华午晴在南开系列学校的创建和发展中做出了重要贡献，为了纪念他，张伯苓提议把重庆南开中学的礼堂命名为"午晴堂"，得到了师生的一致赞同。张伯苓校长亲自主持了命名典礼，当时正在重庆工作的周恩来也到会发表讲话，表达对华先生的敬意。

杨石先

（1897—1985）

·简 历·

杨石先，1897年1月28日出生于浙江杭州，原籍安徽怀宁。

1910年，考入天津南开中学学习。同年，进入清华留美预备学校。

1918年，赴美国康奈尔大学攻读农科，一年后转入应用化学科学习。

1922年，获康奈尔大学应用化学学士学位。

1923年，获有机化学硕士学位。同年回国，应邀到南开大学化学系任教。

1928年，兼任南开大学理学院院长。

1929年，再次赴美国，在耶鲁大学研究院做研究员，从事杂环化合物的合成研究工作。1931年，获耶鲁大学有机化学博士学位，并被推选为美国科学研究工作者荣誉学会会员。同年回国，继续在南开大学任教。

1938年2月，随南开大学迁至昆明，被推选为西南联合大学理学院化学系主任，并兼任昆明师范学院理化系主任，后被推选为西南联大教务长。

1945年，第三次赴美，在印第安那州立大学任访问教授兼研究员，从事药物化学研究工作。1947年，被推选为美国"化学荣誉学会"会员。

1948年2月，回到南开大学任教，并担任代理校长。

1949年9月，作为教育界代表参加第一届全国政治协商会议。后继续在南开大学任教。

1952—1957年，任南开大学副校长。

1953年，加入中国民主促进会。

1955年，当选为中国科学院学部委员、化学组组长，积极参加中国科学院化学研究所的筹备工作。

1957—1980年，任南开大学校长。

1960年3月21日，加入中国共产党。

1962年，组建中国高校第一个化学专业研究机构——南开大学元素有机化学研究所，并担任第一任所长。

1980年，任南开大学名誉校长。

1985年2月19日，在天津病逝。

·业 绩·

　　杨石先曾在南开大学化学系任教，后兼任理学院院长。1929 年，受张伯苓校长派遣，赴美攻读博士学位。1931 年，获耶鲁大学博士学位并被推选为美国科学研究工作者荣誉学会会员后，怀着深厚的家国情怀返回南开深耕教坛。抗战爆发后，学校南迁，由于杨石先学识渊博，治学严谨，为人正直，大公无私，被推选为西南联大化学系主任，后又被推选兼任教务长。1945 年，抗战胜利前夕，杨石先第三次赴美，在印第安那州立大学任访问教授兼研究员，从事药物化学研究工作。1947 年，杨石先婉拒国外大学挽留，毅然返回南开。杨石先为南开大学的发展呕心沥血，殚精竭虑。1952 年他担任南开大学副校长（正校长空缺），1957 年起任校长，直至 83 岁高龄辞去校长职务，任名誉校长。

　　1949 年 9 月，杨石先作为教育界的代表参加第一届全国政治协商会议，受到毛泽东主席、周恩来总理的亲切接见，并出席开国大典。1955 年，杨石先当选中国科学院学部委员、化学组组长，积极参加中国科学院化学研究所的筹备工作。1958 年，杨石先带领南开大学化学系师生创办了"敌百虫""马拉硫磷"两个农药车间。1962 年，杨石先受周恩来总理委托，在中国高校建立起第一个化学研究机构——元素有机化学研究所，由他担任第一任所长。在杨石先的率领下，成功研制出除草剂、杀菌剂、杀虫剂和防治水稻白叶枯病的新农药——叶枯净等十多种新农药。1959 年，他出席全国第一届科学技术协会会议并被选为协会委员。1977 年，杨石先参加了邓小平召集的 30 位全国著名科学家、教育家的座谈会。在 1978 年 3 月举行的全国科学大会上，杨石先主持的十项研究成果受到大会表彰，他荣获在科学技术工作中做出重大贡献的先进工作者称号。杨石先是中国农药化学和元素有机化学的奠基人和开拓者，在全国化学界享有崇高声誉。

郑新亭
（1896—1981）

·简 历·

郑新亭，山东寿光人。

1924年，从齐鲁大学化学系毕业后到天津南开中学任教，是南开中学化学组首席教师。

1937年，天津南开中学遭日军轰炸，郑新亭随校西迁，继续在重庆南开中学任教。

1950年，到山东潍坊第一中学任化学教师。

1961年，退休后回到家乡寿光。

1981年，病逝。

·业绩·

郑新亭，1924年到天津南开中学任教。他身材魁梧，有浓重的山东口音，性情耿直豪爽，被学生们称作"郑老憨"。他以渊博的学识、高超的教学方法和丰富的人格魅力，成为南开中学化学组首席教师，被许多学生终生爱戴和铭记。

郑新亭上课时会在黑板上用清晰工整的英文书写讲课内容，让学生养成英文记笔记的习惯。他讲课风格生动，有感染力，善于从生活中举例说明化学成分的性质，令学生印象深刻。他还十分注重实验教学，一丝不苟地培养学生规范的实验操作方法，让学生养成严谨认真的科学精神。他不仅向学生传授化学知识，还在学生心中种下严谨处事、科学救国的种子。

1937年，天津南开中学遭日寇轰炸，郑新亭随校西迁，继续在重庆南开中学任教。抗战时期，在南开爱国精神、实用主义风气的影响下，许多南开学子选择理工科作为毕生志愿，渴望在科学实业领域报效国家。作为化学老师的郑新亭对学生的影响颇深，据校友统计，重庆南开校友中有近40%从事与化学有关的事业。

郑新亭在课堂之外，也是一名极具个性的老师。他在体育上是一名好手，曾任南开出汗体育会垒球队队长，平时喜欢打篮球，还是拔河比赛中不可或缺的一名"力士"。他课余时间在男生宿舍为学生讲"三国"，抑扬顿挫，表情身段恰到好处，将人物、故事表现得活灵活现。郑新亭热爱学生和教育事业，将自己丰富的专业知识和慈父般的关怀无保留地倾注给了学生，成为学生回忆里的传奇，谱写了南开教育中感人肺腑的一章。

1950年，郑新亭回到山东潍坊第一中学任教，在潍坊一中学生的回忆中，他仍是一名教学技术精湛，深受学生敬仰和爱戴的化学教师。

孟志荪

（1901—1978）

·简 历·

孟志荪，名昭聃，字志荪。天津人。1901 年出生。

早年就读于金陵大学，在校期间学业优异，曾获洛克菲勒氏奖学金，并获学校颁发的金钥匙，还曾担任《金陵风》杂志中文总编辑。

1926 年，进入天津南开中学任教，任南开中学首席语文教师。他自编学校国文教材，教学风格鲜明，学识渊博，善于用天津口音声情并茂地讲读课文，广受学生的敬爱。

1937 年，南开中学遭日寇轰炸后，随学校辗转赴重庆，继续在重庆南开中学任教，并担任教务处的领导工作。

1946 年，回津，在南开大学中文系任教，曾出任中文系副系主任、系主任，并当选天津市第八届人民代表。

1950 年 9 月，作为进步教师，加入南开大学共产主义者同情小组，后加入中国共产党。

1978 年 11 月 12 日，因病于天津去世。

·业 绩·

　　孟志荪早年就读于金陵大学，因为学行优异，1926年甫一毕业便受到天津南开中学礼聘，就任语文教师。

　　孟志荪亲自主编了南开中学的语文教材，从初一到高三，六个年级十二册书。初中选文由浅入深，白话文和文言文并重，收录许多"五四"以来的佳作。高中课本相当于中国文学史的选文读本，梳理不同时期的文学发展脉络，高一集中学习散文，高二集中学习韵文，高三集中学习论文。让学生在把握文学精髓与各时代佳作的同时，感受前人思想内蕴，提升见解与境界，铸就自主思索、研习、写作的能力。

　　除正式的语文课程之外，孟志荪还在学校开设诗词相关选修课程，吸引了一批有志于文学的青年学生。黄裳、穆旦、齐邦媛、周汝昌这些文学界的名家，都曾是他的学生，受他的影响颇深。孟志荪讲课不囿于定见，而是以渊博的知识旁征博引，而且激情澎湃。他操一口地道的天津话，声情并茂地讲读课文，时常伴以在讲台上敲击出的节拍，十分精彩，令学生印象深刻，终身难忘。他讲课注重基础和细节，从字词读写到文本分析解读能力，训练十分严格；同时又鼓励学生自主研习，指导学生自选题目做研究报告，审阅后再作专门讲评，使学生不仅增强了对作品的理解，还获得了学术研究的训练和指导。

　　1937年，南开中学遭日寇轰炸，西迁至重庆沙坪坝。孟志荪随校西迁，继续在重庆南开中学任教。1946年回津后，孟志荪到南开大学中文系任教。1950年，他作为进步教师，加入南开大学共产主义者同情小组，后加入中国共产党。在南开大学，他为学生们开设《诗经》等课程，仍保持着鲜明的教学风格，深受学生爱戴，曾出任中文系副系主任、系主任，并当选天津市第八届人民代表。

章瑞庭

（1878—1944）

·简历·

章瑞庭，名寯琛，字瑞庭，以字行，1878 年生于天津。

1915 年，在黄纬路开办恒源帆布工厂。

1916 年，在地纬路开设恒记德军衣庄。

1919 年，成立恒源纺织有限公司（即恒源纱厂）。

1920 年，相继投资永豫、肇华、余大亨银号及恒素永棉纱庄等企业。

1930 年 11 月，接办北洋纺织公司，改称北洋新记第一纺织公司，成为当时著名的工商业者。

1933 年，向南开学校捐资 10 万元修建礼堂，命名为"瑞庭礼堂"。

1944 年，病逝于天津。

·业 绩·

章瑞庭,世居天津南郊,天津近代著名实业家,民族纺织工业的重要企业家,开办有恒记德军衣庄、恒源纺织有限公司、北洋新记第一纺织公司等。

他出身贫寒,青年时为小站一家船主当伙计,后贩卖洋布,为袁世凯的小站新军运输军需物资。1915 年,章瑞庭在黄纬路开办了恒源帆布工厂。1916 年,开始涉足军装制造业,在地纬路开设了恒记德军衣庄,承办了部分奉军军装生意。自身实力和生产能力的扩大,产品销路的充分保证,加上当时国内军阀混战的巨大需求,以及一战时期西方舶来品竞争骤降,使公司获利甚丰。至民国初年,章瑞庭已成巨富。

1919 年,章瑞庭联合时任直隶省省长、直系军阀首领曹锟之弟曹锐,将直隶模范纱厂与恒源帆布厂官商合办,成立恒源纺织有限公司(即恒源纱厂)。全厂计有纱锭 3 万多枚,织机 259 台,在北方纺织企业中,规模空前。章瑞庭重视生产技术,充分发挥技术人员的作用,在企业内建立了一套行之有效的技术管理制度。

1930 年,北洋纺织公司因欠外债太多,负担利息过重,濒临倒闭。章瑞庭凭借自己的商业地位、人脉关系,入股接办北洋纱厂,于 11 月开办"北洋新记商业第一纺织公司"。章瑞庭对北洋纱厂的经营发展起到重要作用,在艰难中维持正常的生产和经营,并实现营利和分红。

九一八事变之后,日货倾销和日本商人经济侵略随日军铁蹄汹涌而至,天津的民族纺织企业几乎全部沦陷。大部分纱厂先后卖给日商,章瑞庭经营的北洋纱厂成为了天津硕果仅存的民族纺织企业。章瑞庭坚决不将北洋纱厂卖给日商,在苦苦挣扎之后,最后不得不以低价卖给诚孚信托公司。

章瑞庭一生俭朴,除了开办实业,还热心社会公益事业。章瑞庭鼎力支持南开学校,捐资助学,多有贡献。1933 年向南开学校捐款 10 万元修建大礼堂,建成后命名为"瑞庭礼堂"。张伯苓校长称赞:"章瑞庭先生之独捐巨款建筑大礼堂,蔚为中学部最庄严最宏丽之建筑。"

李爱锐

（1902—1945）

·简 历·

李爱锐，英国人。原名埃里克·亨利·利迪尔（Eric Henry Lidell）。1902 年 1 月 16 日出生于天津的马大夫医院。父母均为苏格兰人。其幼年成长在天津，1907 年，随父母回国上小学，后进入苏格兰史达灵郡伦敦中学。

1920 年，入读爱丁堡大学，是学校出色的橄榄球运动员，随后加入苏格兰国家队。

1923 年，在英格兰赢得 400 米跑冠军。

1924 年，参加在巴黎举行的第 8 届奥林匹克运动会，摘取 400 米跑的金牌。

1925 年夏，回到天津，进入英国伦敦会创办的教会学校— 天津新学书院任教。

1928 年，在大连举行的一次国际运动会上夺取 200 米和 400 米跑桂冠。

1929 年，英租界当局在天津民园体育场举办万国田径赛，李爱锐击败 500 米的世界纪录保持者、德国运动员奥拓·费尔莎，夺得金牌。

1931 年，应南开中学校长张伯苓的邀请，在南开中学做体育指导，辅导学生进行田径训练。

1934 年，李爱锐在天津联合教堂与加拿大籍女护士弗劳伦丝结婚，居住在英租界剑桥道 70 号（今重庆道 38 号），在津育有两个女儿。

1936 年柏林奥运会上，被聘为中国奥运代表团总教官。

抗战爆发后，以教徒身份在河北省中南部一处耶稣布道所参加敌后抗日、救治伤兵和接济难民的活动。

1943 年 3 月，日军决定把包括李爱锐在内的 20 余名在津敌对国侨民，分批囚禁到山东省潍县第二中学的一个集中营里作为人质。

1945 年 2 月 21 日，因病在集中营中去世。

天
津
南
开
中
学
人
物
志

·业 绩·

　　李爱锐，幼年成长在天津，儿时经常在天津伦敦会院内一个小体育场里踢球，富有体育天赋。1920 年到爱丁堡大学读书后，体育天才得以充分发挥。他是爱丁堡大学出色的橄榄球运动员，并加入了苏格兰国家队。当时，英国体育界一位知名教练在橄榄球场上发现了这个特殊人才，让李爱锐改行专攻田径。后来，李爱锐在体育界名声渐起，在田径跑道上取得了一次又一次荣誉。1923 年，李爱锐在英格兰赢得了 400 米赛冠军，被称为"苏格兰飞毛腿"。1924 年，他在巴黎举行的第 8 届奥林匹克运动会中，以 47 秒 6 的成绩夺冠，并打破了奥运纪录和世界纪录。

　　1925 年夏，李爱锐回到天津，在天津新学书院任教。在执教方面，李爱锐称得上是教师中的楷模。当时他是高中班理工科的主要教师之一，不少学生被他推荐送往英国伦敦大学学习。1925 年，李爱锐受邀参与设计民园体育场的改造工程，改建后的民园体育场成为当时亚洲首屈一指的综合性体育场。

　　1931 年，应南开中学校长张伯苓的邀请，在南开中学做体育指导，辅导学生在短距跑步等方面的技术动作，在促进南开中学田径运动发展方面起到积极作用。

　　太平洋战争爆发后，李爱锐等 7 名宣教士迁居英租界内几位英国卫理公会教友家中。1939 年李爱锐去加拿大探亲，旋即回英格兰报名参加战斗机飞行队，抗击纳粹，尽管未能如愿，但他也不愿安逸地"定在办公桌后头"，"我还有更重要的工作去做"。他们全家毅然返津，挑战危险。1943 年 3 月，日本军国主义决定把在天津的 20 余名敌对国的侨民作为人质，分批囚禁到设在山东省潍县第二中学的一个集中营里，李爱锐也被列在首批遣送人员的名单内。在 3 年的囚禁生活中，他坚持原则，伸张正义，幽默乐观。他是营区里康乐小组的主席，为所有的青年人安排各种活动，他热爱生命的热情和活力，激励大家度过了那段苦难的日子。他帮助难友，挺起胸膛，同饥寒及恐惧、失望等悲观情绪作斗争，他如一盏明灯给集中营带来了希望。李爱锐在集中营最后的日子里，曾经写过一首诗：每个人从出生到死亡，虽然都像是站在同一条跑道上，但每个人所做的事又是不同的，因此，生命的意义也便有所不同。

　　1945 年 2 月 21 日，李爱锐因患脑瘤而不幸去世。他的传奇人生被拍成了电影《烈火战车》，这部影片于 1982 年获得第 54 届奥斯卡金像奖。

丁辅仁

（1886—1947）

·简 历·

丁辅仁，生于 1886 年。

1933 年，在南开中学担任训导教师。同年 3 月，率南开学校慰劳救护队赴前线慰劳抗战官兵。

1935 年 11 月，随张伯苓由上海乘船入川，30 日抵渝，在川渝考察教育，原准备参加在重庆召开的全国禁烟会议，后禁烟会改址延期召开。

抗战爆发后，随学校一部分师生赴渝，任重庆南开中学训导主任兼学生斋舍管理老师。

1945 年 10 月 2 日，奉张伯苓之命回津，办理接收校产，并与喻传鉴、关健南等十几位原南开中学教师商讨复校事宜。喻传鉴返回重庆后，丁辅仁和关健南一起负责学校事务，并任校务主任。

1947 年，因劳累过度，患心脏病去世。

·业 绩·

丁辅仁，曾任天津南开中学训导教师。

1933 年 3 月，丁辅仁和张锋伯先生一起率南开学校慰劳救护队赴抗日前线，当时榆关失陷，前方紧急，南开中学师生组成慰劳队，为部队官兵送去本校学生工厂自制的绷带、救护床、战地手术床、药箱，以及望远镜、食品、肥皂、衣服等物资，并特制"为族争光"纪念章赠给宋哲元部，表达南开师生对他们在抗战中的战绩之敬意。

1935 年随张伯苓赴四川考察教育。在当时日寇进逼华北、平津的形势下，此行使张伯苓做出在重庆创建新校以备不虞的决定。

抗战爆发后，丁辅仁南迁任重庆南开中学训导主任兼学生斋舍管理老师。抗战胜利后，奉张伯苓之命随喻传鉴回天津筹备南开中学复校。

1945 年 10 月 2 日，他们与留守天津的关健南等十几位原南开中学教师会晤，商讨复校事宜。因当时南开中学校园已被日军飞机轰炸并占领，便暂时在接收的位于六里台的中日中学挂牌复校并正式开始招生，10 月 31 日开学。随后喻传鉴返回重庆复命，将天津南开中学的事务托给丁辅仁、关健南负责，由丁辅仁任校务主任，负责对外交涉事宜。丁辅仁一面筹备原学校校址的收复修缮，一面奔走于天津各个相关部门，联系有关人士，筹措办学经费。在回忆这段复校经历时丁辅仁说："刚来时，中学部剩下的这几所楼，破坏不堪，大礼堂里空洞洞的一无所有，窗户上连一块整玻璃都没有，图书馆被日本兵抢来做了马棚。现在呢？修理得焕然一新……一切教学设备等等全都有了，礼堂里收拾得像新建的一样，一排排的椅子，足可容纳下两千人……全亏这些社会人士们、校友们，有出钱的，有出力的，就全办好了，这不是奇迹吗？"

1947 年，丁辅仁因劳累过度，患心脏病逝世。为纪念他的贡献，南开学校女中部（南开女中）的礼堂被命名为"辅仁堂"。

张秀岩

（1901—1968）

·简 历·

张秀岩，原名张峥濔，曾用名张瑛。1901 年出生，河北霸县人。

1915 年，考入天津女子简易师范。1919 年考入北京女子师范学校。在校期间参加五四运动。1922 年，从师范学校毕业后，到厦门集美女子师范任教。

1925 年，回到北京，在郭隆真的安排下任香山慈幼院语文教师，参加中共北方区委领导的革命活动。1926 年底由郭隆真介绍加入中国共产党，同年担任香山慈幼院党支部书记。

1928 年底，被派到山西太原协助恢复被破坏的山西省委的工作。

1931 年 9 月，回到北平，任中共北平市委文委委员、北方左翼作家联盟负责人、北平左联党团书记。

1933 年，到天津，担任南开中学高中语文教师，同时担任天津文化总同盟的党团书记、中共天津市委委员，领导天津文化教育界的爱国救亡运动。1933 年底到中共天津市委工作。

1934 年初，在继续担任南开中学教师的同时，接受党组织的安排，和中共河北省委宣传部部长李铁夫一起"住机关"，后结为夫妻，以此为掩护从事党的秘密工作。

1936 年至 1937 年 7 月任天津妇女救国会党团负责人，开展抗日救亡运动。

1937 年 7 月，张秀岩到西安参加中共陕西省委的重建工作。先后任中共陕西省委委员、常委、西安市委妇女工作委员会书记、陕西省委妇女部部长、陕西省委妇女工作委员会书记、省委监察委员会委员等职。

1939 年，回到延安，先后在中共中央组织部和中共中央党校工作。

1945 年 4 月，作为晋察冀代表团的正式代表，出席中国共产党第七次全国代表大会。后曾任中共中央妇委委员、中央城市工作部第二、第四室主任。

1948 年 7 月至 9 月，任中共中央城市工作部蒋区工作组组长。12 月起任中共北平市委委员。1949 年 1 月，任北平市委妇女工作委员会书记，2 月在冀鲁豫区召开的妇女代表大会上被选为出席全国妇女代表大会的代表。后曾任中华全国民主妇女联合会常务委员、党组委员，北京市妇联党组书记，后担任中央人民政府监察委员会委员兼第三厅厅长、监察部部长助理。

1953 年至 1954 年 10 月，任中央人民政府政务院人民监察委员会党组副书记。

1956 年 9 月，作为正式代表参加中国共产党第八次全国代表大会。

1968 年 12 月 23 日逝世。

·业绩·

1919年，在北京女子师范学校读书时积极投身五四爱国运动，并担任京津两地学生代表的联络员，参加反帝反封建的斗争。

1925年，在担任香山慈幼院教师时，参加党的北方区委领导的革命活动。1926年底，由郭隆真介绍加入中国共产党，并由李大钊亲自谈话，担任香山慈幼院党支部书记，在清华、燕京等学校学生中进行爱国主义的思想教育，发展党员。大革命失败前后，参加营救被捕同志。1931年回到北平任中共北平市委文委委员，在白色恐怖中宣传马列主义，1933年到天津南开中学担任语文教师，同时担任天津文化总同盟的党团书记、中共天津市委委员，领导天津文化教育界的爱国救亡运动，1933年底到中共天津市委工作。1934年初，与中共河北省委宣传部部长李铁夫假扮夫妻，以此为掩护开展革命工作，后经组织批准结为夫妻。他们的住处小白楼附近朱家胡同内一家裁缝铺的楼上就成了党的秘密活动据点。1936年后，任天津妇女救国会党团负责人，和李铁夫一起出版了《华北烽火》《民众抗日救国报》《天津妇女》等地下刊物，推动青年妇女走上革命道路。

1937年7月李铁夫在延安因病去世以后，张秀岩到西安参加中共陕西省委的重建工作。曾担任中共陕西省委妇女、监察等方面的领导工作。1939年，张秀岩回到延安，李富春和蔡畅在代表党中央和张秀岩谈话时说："你一直在困难条件下独立开展工作，并且引导侄儿侄女走上革命道路，党是完全信赖你的。"在张秀岩的引导下，全家先后有11人走上了革命道路，毛泽东后来特意赞扬张秀岩"改造了一个家庭"。

1945年，张秀岩出席中国共产党第七次全国代表大会，并担任中共中央妇委委员。

1946年，在周恩来领导下党中央成立了城市工作部，下设4个室，张秀岩任第四室主任，负责北平、天津、保定方面的工作。

1949年9月21日，张秀岩作为中华全国民主妇女联合会的代表出席中国人民政治协商会议第一届全体会议，10月1日参加了中华人民共和国开国大典。

1949年以后，张秀岩长期担任中共北京市委、政协、妇联、监察等方面的领导工作。1956年参加了中国共产党第八次全国代表大会。

张秀岩曾担任第一、第二届全国人大代表；第一届全国政协代表，第四届全国政协常委。

张中行

(1909—2006)

·简 历·

张中行，原名张璇，学名张璿，字仲衡。1909 年 1 月 7 日出生于天津武清区河北屯镇。

1916 年，就读乡绅石显恒创立的初级小学。

1921 年，就读镇立高级小学。

1925 年，考取通县师范学校。

1931 年，通县师范学校毕业。

1935 年，北京大学中国语言文学系毕业，并改名为"中行"。8 月，至天津南开中学教书。

1936 年，至保定私立育德中学教书。

1938 年，任职于民众教育馆，期间阅读了大量西方思想著作。

1942 年，至北京大学文学院任助教。

1946 年，离开北大文学院，至北京第四中学教国文，在天津《新生晚报》开专栏"周末闲谈"。

1947 年，辞去北京四中教职，至北京贝满中学教初中修身课，开始主编佛学月刊《世间解》。

1951 年后，任人民教育出版社编辑、特约评审。

1964 年，《佛教与中国文学》完稿。

1980 年，开始编写《文言文选读》。

1982 年，完成《文言津逮》。

1983 年，开始在《中学语文教学》连载《作文杂谈》。

1988 年，《禅外说禅》完稿。

1992 年，《顺生论》完稿。

1996 年，完成《流年碎影》的写作。

2006 年 2 月 24 日，在北京逝世。

·业 绩·

张中行 1931 年从通县师范学校毕业后，考取北京大学中国语言文学系。1935年，26 岁的张中行从北京大学毕业，经胡适推荐来到天津南开中学任职国文教师，教授初中两个班和高中一个班。张中行的国文课既严谨又活泼，他学识渊博，除讲授课本之外，还融会贯通地谈及各方面知识，深受学生喜爱。张中行在南开中学任教虽只匆匆一年，但对包括黄宗江在内等许多学生影响颇深，南开中学也成为张中行职业生涯的重要起点。之后张中行先后在保定私立育德中学、北京大学文学院、北京第四中学、北京贝满中学等校任教。1938 年，还曾任职于民众教育馆，期间阅读了大量西方思想著作，1946 年在天津《新生晚报》开专栏"周末闲谈"，1947 年开始主编佛学月刊《世间解》。

中华人民共和国成立后，张中行任人民教育出版社编辑、特约评审，开始从事语文教学及古典文学、思想史研究，著述颇丰，成就斐然。曾参加编写《汉语课本》《古代散文选》等；合作编著有《文言文选读》《文言读本续编》；编著有《文言常识》《文言津逮》《佛教与中国文学》《负暄琐话》《顺生论》等。

张中行治学严谨，造诣深厚，研究遍及文史、古典、佛学、哲学诸多领域，人称"杂家"。张中行终生为文，以"忠于写作，不宜写者不写，写则以真面目对人"为信条。张中行是 20 世纪末未名湖畔三雅士之一，与季羡林、金克木合称"燕园三老"，三人又与邓广铭合称"未名四老"。季羡林称赞他为"高人、逸人、至人、超人。"

何其芳

（1912—1977）

·简 历·

何其芳，原名何永芳，1912 年 2 月 5 日生于重庆万州。幼年上过私塾。

1929 年，到上海，入中国公学预科学习。

1931—1935 年，就读于北京大学哲学系。

1935 年，大学毕业后，先后在天津南开中学和山东莱阳乡村师范学校（现鲁东大学）任教。创办刊物《工作》。

1936 年，与卞之琳、李广田的诗歌合集《汉园集》出版。

1937 年，散文集《画梦录》出版，并获得《大公报》文艺金奖。抗战爆发后，回到家乡万县任教，同时继续诗歌、散文、杂文等创作。

1938 年，北上延安，在鲁迅艺术学院任教，同年加入中国共产党，后任鲁艺文学系主任，并担任过朱德的私人秘书。

1944—1947 年，两次被派到重庆，在周恩来的直接领导下从事文化工作。历任中共四川省省委委员、宣传部副部长，《新华日报》社副社长等职。

1948—1953 年，在延安马列学院任教。

1955 年，当选中国科学院（哲学社会科学学部）学部委员。

1977 年 7 月 24 日，因病在北京逝世。

天津南开中学人物志

·业 绩·

　　大学毕业后何其芳先后在天津南开中学和山东莱阳乡村师范学校（现鲁东大学）任教，创办刊物《工作》，发表过大量诗歌与政论文章，对国民党消极抗战表示了极大愤慨。1936年他与卞之琳、李广田的诗歌合集《汉园集》出版，他的散文集《画梦录》于1937年出版，并获得《大公报》文艺金奖。他的早期作品《夜歌》《预言》《夜歌与白天的歌》等，深受读者喜爱。

　　抗战爆发后，何其芳回到家乡万县任教，继续写作诗歌、散文、杂文等。1938年，何其芳北上延安，在鲁迅艺术学院任教，同年加入中国共产党，后任鲁艺文学系主任，并担任过朱德的私人秘书，受到极大器重。他的文风在这一阶段发生显著变化，该阶段代表作是《生活是多么广阔》《我为少男少女们歌唱》等。1944—1947年，何其芳两次被派到重庆，在周恩来的直接领导下从事文化工作，历任中共四川省省委委员、宣传部副部长，《新华日报》社副社长等职。1948—1953年，在延安马列学院任教。1955年，当选中国科学院（哲学社会科学学部）学部委员。中华人民共和国成立后，主要从事文学批评、文学理论研究（红学）以及教学工作，历任中国文学艺术界联合会委员、中国作家协会理事和书记处书记、中国社会科学院文学研究所所长兼《文学评论》主编等职，当选全国政协第一、二、三届委员，第三届全国人大代表，同时担任文艺界的领导工作。

　　何其芳在艺术上不断进行新的追求和探索，在理论上也有自己的独立建树。他研究了我国古典诗歌、民歌、新诗在形式上的特点，根据现代汉语的客观规律，提出了建立现代格律诗的主张，并且在自己的创作实践中，对诗歌的形式进行了新的探索。红学方面，《论红楼梦》《曹雪芹的贡献》等产生了广泛影响，《论红楼梦》作为1963年人民文学出版社出版的《红楼梦》代序，系其红学代表作。何其芳的一生，经历了多次转折与蜕变，由新月派诗人到马克思主义文艺理论家，由一个学者而成为新中国文学研究的领军人物，他为中国新文艺、新中国的文学研究事业作出了卓越贡献。

李烛尘

（1882—1968）

·简 历·

李烛尘，原名李华揞，字竹承。曾任天津南开中学公立前最后一届董事会主席。

1882 年 9 月 16 日，生于湖南省永顺县毛坝乡。

1900 年春，参加永顺府会试，中秀才。

1902 年秋，考入常德西路师范学堂甲班就读，1906 年毕业。

1909 年，毕业于常德湘西优级师范学校，后赴北京会试不第，漫游京、津、沪等地。曾任中学教员。

1912 年，赴日本求学，进入日本东京高等工业学校电气化学专业学习。

1918 年，归国后入天津久大精盐厂任技师，后任厂长，并改名"烛尘"。

1921 年，兼任永利碱厂经营管理部部长。

1922 年起，与侯德榜轮流值年担任永利碱厂厂长，提议成立中国首个企业科研开发机构黄海化学工业研究社。

1937 年抗战爆发后，任"永久黄"团体迁川总负责人。

1945 年，任久大精盐公司总经理和永利制碱公司副总经理，与黄炎培、胡厥文等发起创办中国民主建国会，任民建中央常务理事。

1946 年，以"社会贤达"身份出席旧政协会议，参加施政纲领组讨论。

1949 年 9 月，参加中国人民政治协商会议，当选为中央人民政府委员。

1950 年，参与创建民主建国会天津分会和天津市工商业联合会。

1951 年，任天津南开中学公立前最后一届董事会主席。

1952 年 7 月，任民建中央副主委。

1953 年 10 月，任中华全国工商业联合会副主委。

1955 年，在永利、久大两公司合并为"公私合营永利久大化学工业公司"后出任董事长。

1956 年 5 月，任国家食品工业部部长。

1958 年 2 月，任国家轻工业部部长。

1964 年，当选为全国政协副主席。

1965 年 2 月，任国家第一轻工业部部长。

1968 年 10 月 7 日，在北京逝世。

· 业 绩 ·

李烛尘，幼读私塾，时受维新思潮影响，考入常德西路师范学堂，参加"湘江学会"，与林伯渠、徐特立等结识。辛亥革命后东渡日本学习电气化学。

1918年毕业回国，即加入范旭东创办的久大精盐厂，历时数十年，直至20世纪50年代公私合营，与侯德榜并称为范旭东的"左膀右臂"。李烛尘不但精通业务，而且很有管理才干。他上任后为久大确立了"工商并举，科研并进，分文必争，分秒必争"的综合经营方针。全厂从上到下，全面制定了各种规章制度，实行严格管理，处处有章可循。一改过去的混乱面貌，不仅扩大了生产，提高了精盐产量，而且还生产出肥皂、牙膏等副产品。精盐质地洁白，不含对人体有害的杂质，但老百姓存在着消费误区，不认精盐，致使产品积压。李烛尘决定利用报纸作广告，宣传吃精盐的好处；然后生产一批小包装产品，免费供消费者品尝；最后又借助政府的特许，使"久大"精盐进入南方市场，实现了精盐销售的各地联营。

1945年10月，李烛尘出任国民参政会参政员。根据国共两党协议，将召开（旧）政协会议。李作为"社会贤达"代表参会，他积极主张国共合作，和平民主建设国家。12月，在民主建国会成立大会上，李烛尘当选为理事，日后参与社会政治活动更见增多。在天津解放前夕，天津中共地下党传达党的意图，透过李烛尘在工商界的影响，对国民党的党、政、军、警上层不遗余力地进行工作，为天津解放，保护北方最大的工商业城市，做出了重要贡献。1949年9月21日，为成立中华人民共和国而召开的中国人民政治协商会议在北平正式开幕，李烛尘以"全国工商界代表"身份参加，并当选为主席团成员。在这次会议上，李烛尘被选为中华人民共和国中央人民政府委员会56名委员之一。10月1日，李烛尘与党和国家领导人一起，登上天安门参加了开国大典。

1951年，李烛尘任天津南开中学公立前最后一届董事会主席。1956年，经毛泽东提议，李烛尘以75岁高龄被任命为食品工业部部长。1958年食品工业部与轻工业部合并，又任轻工业部部长。1965年轻工业部改为第一轻工业部，李烛尘继续担任第一轻工业部部长。1964年当选为全国政协副主席。

杨坚白

（1909—1996）

·简 历·

杨坚白，名鸿琮，字坚白。祖籍浙江义乌义亭镇枧畴村，原籍天津西青区辛口镇木厂村。1909 年农历 3 月 12 日生于天津市东门里二道街贡院胡同五号。

1923 年，考入天津南开中学（时称南开学校）。

1929 年，从南开中学毕业，入燕京大学中文系师范副系，获学士学位。

1933 年，任天津南开中学语文教师。

1937 年开始，先后任耀华中学、浙江中学、达文中学、天申中学语文教师。

1945 年，任天津南开中学语文教师、训导主任，办《天琴》半月刊。

1949 年，任天津市私立南开中学校务委员会主任。

1952 年，任天津市南开中学（时市立第十五中学）代理校长、校长。

1955 年，任天津市教育局副局长，主管天津市中小学、幼儿园和教研室工作。

1960 年开始，连任天津市政协第二、三、四、五届委员会副主席，同年，任天津市师范学院副院长。

1962 年，任天津市教育局副局长。

1972 年，任天津市教师进修学院副院长。

1978 年，任天津市教育局副局长。同年开始历任第五、六、七届全国人大代表。

1980—1993 年，任天津市第九、十、十一届人大常委会副主任。

1993 年，卸任天津市人大常委会副主任。加入中国共产党。

1996 年 11 月 4 日，因病逝世，享年 87 岁。

此外，1949—1953 年任天津市第一、二、三、四届各界人民代表会议代表。1954—1992 年任天津市第一届到十一届人民代表大会代表。1957 年、1959 年、1963 年，任民进天津市第一、二、三届副主委。1979 年、1984 年、1988 年、1992 年任民进天津市第四、五、六届主委，第七届名誉主委。1964 年任第四届全国政协委员。还曾任民进中央第五届委员，民进中央第六、七届常委，民进中央参政委员会第二、三届常委。还曾任天津语言文字学会副会长等职。

·业绩·

杨坚白，天津著名教育家、社会活动家、杰出爱国民主人士。

杨坚白1923—1929年在南开中学读书，在校名杨鸿琮。在校时学习成绩优秀，受南开中学"教育救国"思想的熏陶，立志当教师，培养报国人才。从南开中学毕业后考入燕京大学读书，后由南开校务主任喻传鉴约回母校任语文教师。

抗日战争时期，在耀华中学、浙江中学等四所学校任语文教师，自编民族英雄抗击侵略的诗词文章为教材，感动学生，自言授课是"救国教育"，"育才救国之志弥坚，卧薪尝胆之意更浓"。被誉为"以教鞭抗敌"的爱国志士。

抗战胜利后，他主持正义，追求光明，不畏生命和去职，保护南开中学进步学生和校产，掩护中共地下党员，被称为正义爱国的先生。

中华人民共和国成立后，曾任天津南开中学校务委员会主任、校长，他传承南开办学传统，融入人民教育中，为南开中学成为全国重点校奠定了基础，被称为是实行"公能"校训的领军人。曾于1950年7月赴北京傅作义宅邸看望张伯苓校长；并于1950年9月22日，在南开中学全程陪同张伯苓校长巡视校园。1951年2月24日下午，周恩来总理到南开中学视察时，全程接待、陪同。

1955年出任天津市教育局副局长，主管中、小学、幼儿园教学和教研室，每周一半时间在学校或幼儿园，形成的制度沿用许久，比如周二下午学习、周备课日、幼儿园的周食谱等，是新中国天津普教事业奠基人之一。

在天津市人大副主任任上，1980年呼吁"如国家经济条件允许，将现行的普及教育改为义务教育"，1986年国家通过《义务教育法》，1987年在全国人代会上，提交有领导、有组织地对全国实施九年制义务教育进行检查的议案，得到国家教委的采纳。为推动落实国家九年义务教育制、义务教育法、教师职称制而殚精竭虑，呕心沥血。同年提出教师"既教书，也教人，既管课内又管课外"的教育思想。在此期间还多次呼吁提高普教经费、解决老师住房房源、提高教师待遇等。

在任天津民进副主委期间，率领天津民进在自身建设、参政议政方面取得了一定成效。从实践中提出"共产党把民主党派作为亲爱的友党，民主党派的领导人就要自觉地做共产党的可靠挚友"。

杨坚白说："我的一生与崇高的普教事业，与盛誉海内外的南开中学紧密相连，这是无上光荣，深感自豪的。"

杨志行

（1920—2012）

·简 历·

杨志行，1920 年 10 月 8 日，出生在河北丰润大坎庄村，当时起名杨得园。

1936 年，考入河北省立唐山中学。1939 年考入河北省立滦县师范学校。

1942 年开始，先后到乐亭县立高等小学、唐山新菜市小学任教师。

1944 年，考入北京大学中国语文系。后转入清华大学中国文学系学习。

1947 年 7 月，在清华大学加入中国共产党，任党支部宣传委员。

1948 年，经朱自清先生推荐，请示党组织并获得批准后到天津南开中学任教。刚到南开中学，因在北京列入被传讯的学生名单，遂改名杨志行。

1949 年 8 月，南开中学党支部成立，任第一任党支部书记。

1950 年，作为天津市代表之一，参加在北京举行的全国青年代表大会。受到毛主席、周总理等领导同志的接见。

1951 年，任南开中学校务委员会副主任。

1955 年，任天津第十五中学校长。

1956 年，当选中共南开区区委委员和出席市党代会代表。

1958 年 5 月，不再担任南开中学党支部书记，12 月，被借调到天津市教研室，后任教研室主任和党支部书记。仍保留南开中学校长职务。

1962 年，被调回南开中学，任校长兼党支部书记。

1966 年 4 月，任成都道中学四清工作队指导员，6 月回南开中学。

1969 年 11 月，到天津第五十二中学担任党支部书记兼革命委员会主任。

1973 年，任南开区委文教组副组长兼文教组党支部书记。

1977 年，当选南开区机关党委委员。

1978 年 8 月，再任南开中学校长兼党支部书记。

1979 年，任天津市教育局副局长，党委常委（仍兼南开中学校长）。

1981 年 5 月，不再担任南开中学党支部书记。

1983 年，被联合国教科文组织亚太教育办事处认定为亚太地区普教专家。

1984 年，改任天津市教育局顾问，因年龄原因不再担任南开中学校长。

1990 年，正式办理离休手续。

2010 年，由天津南开中学理事会授予"南开中学终身名誉校长"称号。

2012 年 2 月 15 日，因病去世。

·业 绩·

　　杨志行在清华大学求学期间，曾直接受教于朱自清先生。在求学的日子里，思想追求进步，崇尚光明，积极参加各种社团活动，还被选为"学生自治会"的理事。

　　1949 年 8 月，杨志行出任南开中学第一任党支部书记，1955 年接任校长职务。中华人民共和国成立后，南开中学的教育百废待兴，杨志行尽力抓好教学秩序的恢复和发展工作。1962 年，在时任教育部部长杨秀峰的提议下，杨志行被调回南开中学主持全面工作，回校以后，杨志行把全部精力投放到了工作上，抓政治，抓业务，抓师资，抓生源，迅速扭转改善了学校的办学局面。

　　1978 年再次回到南开中学，回校后杨志行首先抓了学校党组织的思想建设，统一办学思想，把德育工作摆在首位，南开中学党支部适时作出《关于学习周恩来在南开中学学习时的学习精神的决定》，还整顿了教师队伍，恢复健全规章制度和政策，使南开中学驶上了砥砺前行的快车道。在此期间他归纳整理总结出"一主三自""两全三高""三个建设""四个培养""一个形成"等一整套独自创新的教育理念。这是他从事教育教学工作数十年的心血结晶，也是他留给南开中学的宝贵的精神财富。

　　1979 年杨志行提任天津市教育局副局长，党委常委，分管全市中学教育，教研室和天津教育杂志社的工作，1990 年正式离休。

　　杨志行呕心沥血，为教育事业辛勤耕耘了一生，其间担任南开中学校长共计26 年。他先后被评为一级中学校长、正高级中学高级教师、全国关心下一代先进个人；1983 年被联合国教科文组织评定为亚太地区普教专家；2010 年，由天津南开中学理事会授予"南开中学终身名誉校长"称号。杨志行还曾担任天津市政府咨询委员会副主任，出版了《怎样当好中学校长》《实践、经验、理论——写给做普教工作的教师们》等著作。

天津南开中学人物志

王淑玲

·简 历·

王淑玲，生于 1934 年 1 月 21 日。

1944 年，上小学。

1949 年，考入天津女二中。

1951 年，因家庭搬迁，考入百年老校芦台一中。

1954 年，在芦台一中高中毕业，学校推荐考入河北师范大学数学系。

1958 年，大学本科毕业，分配到河北纺织工学院（后改为天津工业大学）工作。

1959 年，由河北纺织工学院保送到河北大学数学系试办的研究生班学习，结业后回原单位。

1962 年，调入天津南开中学，担任高中数学教师。

1975 年，任南开中学教务主任，同年加入中国共产党。

1982 年，任南开中学教学副校长兼教务主任，并一直兼课，还担任向量几何选修课教学工作。

1984—1989 年，任天津南开中学校长，其间曾任中共天津市委第四届、第五届候补委员。

1989 年，离开南开中学，到天津市教育局做专职督学。

1990 年，退休。

在南开中学和天津市教育局工作期间曾担任两届督学，兼任三届市教委咨询委员、市教委直属单位退管会副会长、全国教育评价委员会理事、全国高级中学委员会副理事长、市数学学会副理事长、市科学学会学校管理分会副理事长。

1996 年，经天津市教育局领导推荐，到民办学校任校长，70 岁离开教学一线。而后继续参加咨询调研和科学分会工作至 2008 年。

·业绩·

王淑玲，1949 年以后天津南开中学第三任校长。

1962 年，王淑玲从河北纺织工学院（后改为天津工业大学）调入天津南开中学工作，1989 年离开南开中学到天津市教育局任督学，其间在南开中学从教 27 年，做过数学老师、班主任、教务主任、副校长、校长，曾被评为天津市先进教师、市"三八"红旗手、模范共产党员，担任过中共天津市委第四届、第五届候补委员。

"一切为了学生"是王淑玲在几十年的教育、教学和管理工作中一贯尊崇的主线。作为一位教师，她一直秉持严谨的治学态度和对学生负责的精神，她的目标是做一名受学生爱戴的优秀教师。多年来，她为南开中学的教育事业呕心沥血，做出了重要贡献。

王淑玲为"使南开中学这所拥有光荣传统的历史名校越办越好"，坚持"默默地奉献，辛勤地耕耘"。在担任南开中学校长期间，她提出了"全面发展、学有特长、提高质量、办出特色、振兴南开、走向世界"的办学理念。还实行党政工三位一体，发挥教代会作用。在工作中遵循尊重人、依靠人、提高人的宗旨，实行人性化管理理念，十一届三中全会以后，对学校工作进行了卓有成效的整顿。80 年代初制定了南开中学第一个五年规划，1986 年又制定了第二个五年规划，提出不仅在国内办成一流，还要走向世界，实施学校整体改革：实现教育体系系列化、教学体系整体化、管理体制科学化。为提高教学质量采取了一系列行之有效的措施，包括教研组建设及管理，教研组的任务、教研组培养青年教师的基本做法；深化管理改革，试行质量评估，在大力做好思想政治工作的同时，提出科学的质量要求标准和评估方法。在南开中学任职期间注意持久地开展学习周恩来、以周恩来为人生楷模的系列活动。1986 年 5 月 4 日，在南开中学主持了周恩来总理全身铜像揭幕仪式。

在南开中学工作期间还发表过《学校管理科学化的探讨》（与纪文郁同志合写）、《南开中学整体改革》、《培养优秀生途径探讨》、《教育是全社会的事》、《教育科研是提高教育质量的先导》、《用电子计算机进行教学质量管理》、《对教师教学工作的质量评价》等论文。

1989 年离开南开中学以后，连续两届担任市教育局督学、三届市教委咨询委员。做督学期间为教育局制定过重点中学办学评估方案、教学管理评估方案、校长评估方案、教研室评估方案等十三个督导评估方案。经常参加教育工作调研，写出调研报告供上级教育部门决策参考。发表过《督导评估教研室工作的初步尝试》等论文，2007 年曾获天津社会科学界学会先进工作者称号。

纪文郁

（1930—2023）

·简 历·

纪文郁，1930 年出生，山东烟台人。

1947 年 7 月，插班考入南开中学初中二年级学习，学号 673。

1952 年 7 月，高中毕业。在校期间曾任南开中学学生会副主席、天津市第三届学生联合会副主席。毕业后留校工作任政治教员。同年 11 月，加入中国共产党。曾任南开中学工会主席、党支部委员。

1956 年 4 月，任南开中学教务处副主任，后被选送至天津市教育行政学院学习。

1957 年 7 月，从天津市教育行政学院毕业后回校，先后任南开中学党支部委员、教务处副主任、办公室主任。

1963 年初，被南开区委文教部借调参加政治运动，同时被南开区委任命为学校党支部副书记。

1966 年 8 月，回南开中学工作。

1972 年 4 月，调到南开区黄河道三中，先后任教育组组长、党支部委员。

1976 年 3 月，调到南开区红军中学（原女三中，后改为九中），任党支部委员。

1978 年 8 月，调回南开中学，任党支部副书记，后又兼任副校长（主持日常工作），其间经中共南开区委批准南开中学党支部改为党总支。

1984 年，换届任南开中学党总支书记。

1989 年，换届任南开中学党总支书记兼校长，任南开中学校长期间被聘为天津市第九届政协委员，并当选为天津市政协常委。

1993 年 12 月，换届退休。

2023 年 1 月 12 日，因病去世。

·业绩·

纪文郁，1949年以后天津南开中学第四任校长。

纪文郁1947—1952年在南开中学读书，1952年高中毕业正在准备考大学时，学校党支部找他谈话，说学校需要政治教师，希望他留校任教。纪文郁毅然放弃高考的机会留了下来，同年加入了中国共产党。留校以后，纪文郁先后担任过政治教员、工会主席、教务处副主任、办公室主任、党支部副书记、副校长等职。1984年开始担任南开中学党总支书记，1989年任南开中学党总支书记兼校长。

在担任南开中学主要领导期间，纪文郁带领全校师生坚持以周恩来为光辉榜样，坚定开展教育教学改革，坚持以培养跨世纪人才为目标，实行两级聘任制为核心的人事制度改革，调动教职工积极性。曾被授予天津市市级学校"先进领导干部"称号。

1979年1月8日学校党支部作出决定，定于每年3月5日周恩来诞辰纪念日这天召开全校大会，表彰在周恩来精神鼓舞下作出成绩的三好班级和个人，每年新生入学的第一课就是参观周恩来青年时代在津革命活动纪念馆和宣读1957年周恩来总理给学校的来信，使新生一入学就树立起以周恩来为楷模的观念，从而对学生的要求有一个高起点。

1989年天津市政府决定选择确定实施教育改革的试点单位，南开中学领导班子决定积极争取把南开中学列入实施教育改革的试点单位。列入试点单位以后，纪文郁很清楚改革面临的重重困难，他团结学校领导班子成员迎难而上，他们清醒地认识到：学校面临着种种困难，而要改变这种局面，根本的出路在于改革。在改革过程中，为进一步明确指导思想，统一步调，鼓舞士气，纪文郁提出了与学校全体员工共勉的口号："实事求是；继承发展；允公允能，日新月异；有志者事竟成。"并写成条幅悬于党总支办公室内。

纪文郁和学校领导成员、教职员工在教育教学改革中形成共识：学校的任何工作其最终目的在于培养人，改革就是要改掉那些不符合历史发展方向的东西，争取早日挣脱"升学率"这个紧箍咒，把学生从"应试教育"中解放出来，实行"素质教育"，使学生真正全面发展。在德育教育方面，纪文郁积极充分地发掘南开校友这个丰富的"矿藏"，邀请杰出校友来校作报告，用他们的事迹激励同学们立志成才，纪文郁把这称作"南开的德育特色"。在解决了办学的指导思想之后，他们还下力量抓了队伍建设，在人事制度方面重点抓了学校各级领导的聘任制和职称评定制度的改革，取得了良好的效果。

在改革的大潮中，纪文郁一心为南开中学的发展而奔走奋斗，他说："我在任一天，就要努力奋斗一天，要对得起历史！"

康岫岩

·简 历·

康岫岩，1945 年 8 月 3 日出生于辽宁省阜新市。

1962 年 8 月，就读于南开大学数学系。

1967 年 8 月，从南开大学毕业后任沈阳第十一中学教师。

1973 年 10 月起，先后任天津 26 中学教师、教务处主任、副校长。

1984 年 7 月，任天津二中副校长。

1988 年 7 月，任天津新华中学副校长。

1993 年 10 月，任天津南开中学校长兼天津市南开翔宇学校理事长。

1995 年，获全国优秀教育工作者。

1998 年，获天津市劳动模范荣誉称号。

2004 年，获全国五一劳动奖章荣誉称号。

2005 年，天津市教育工委、市教委举办"康岫岩教育思想研讨会"。

2008 年 9 月，任天津市南开翔宇学校校长兼副理事长。

2015 年 1 月起，任天津市南开翔宇学校理事长兼总校长。

2016 年，被全国教育专业学位研究生教育指导委员会授予全国教育专业学位教育突出贡献奖。

2017 年，中国教育学会、中国高等教育学会、中国职业技术教育学会、中国教育电视台、中国教育报刊社、人民教育出版社等单位在全国范围内联合推选涵盖高等教育、职业教育、基础教育、学前教育各领域"当代教育名家"，共有 90 位教育工作者获此殊荣，康岫岩位列其中。

康岫岩还曾任天津市第十届、第十一届政协常委，第十二届政协委员，市政协科教文卫委员会副主任。1997 年至 2012 年被国务院学位办聘为全国教育专业学位指导委员会委员。

康岫岩自南开大学数学系毕业后，就投身基础教育，并从此坚守在基础教育一线，先后担任数学教师、班主任、学科组长、年级组长、教务主任、副校长和校长等。

1993年，康岫岩开始担任南开中学校长，次年提出"整体素质教育"的办学思想，强调教育的整体性和差异性规律。1999年，从关注教育的整体性和差异性发展到同时关注教育的养成性，其办学思想归结为"整体高素养教育"。

2003年，康岫岩校长入选中国当代教育家（当时全国仅11人），高等教育出版社出版著作《生命因教育而精彩》一书。2005年，由天津市委教卫工委、市教委等联合举办了"康岫岩教育理念与实践研讨会"，这是天津市首次对一名在岗中学校长的教育思想举行研讨会。康岫岩作了主题为"用生命理解教育"的主旨报告，教育部师范司、基础教育司发来贺信。当时中国教育学会会长顾明远先生出席会议并讲话，给予康岫岩校长充分的肯定，全国各省市相关学校校长均参与了此次研讨会。

2008年，康岫岩校长从南开中学退下来，全身心投入南开翔宇学校教育事业中去。她在"整体高素养教育"的办学思想基础上，又融入了生命教育理念，将其提升为"生命高素养教育"的办学思想，体现了教育的整体性、差异性、养成性、主体性和开放性的教育规律。

2012年，南开翔宇学校与天津师大合作组建"天津师大翔宇基础教育实践研究所"，实行两校的双所长制，将高等教育的理论研究成果与基础教育的实践研究紧密结合。该研究所是当时中小学中唯一一所拥有研究所的单位。康岫岩以研究所为平台，参与为天津市政府编写基础教育智库蓝皮书。该校也是全国民办校中唯一一所教育硕士联合培养示范基地。

作为天津师范大学兼职教授，康岫岩多次给在校师范生作报告，在"致未来教师"的教育报告中，她这样讲道："在人类社会中，只有两种职业是直面人的生命的，一个是医生，另一个就是教师。教师直面的是未成年人的鲜活的生命，不仅包括学生的身体，更重要的是学生的灵魂。作为教师，只有用良心与学生生命相对时，才能使自己的生命更有价值，才能焕发精彩。而学生的生命也会因教师正确引导和教育而更加精彩。这个过程是相互的，统一的。再进一步，只有学生与教师共同精彩，我们中国的教育事业才精彩。"这就是康岫岩著名的"生命因教育而精彩"的理念。康岫岩校长不忘初心，始终坚持生命高素养教育的办学思想，坚持"公益办学、依法办学、专家治学、教师兴学"的办学原则，贯彻习近平总书记关于教育的讲话精神，牢记使命，为建设有中国特色的一流民办学校砥砺前行。

左景福

（1914—2012）

·简 历·

左景福，1914 年 12 月 14 日出生于湖南湘阴。

1932 年 9 月—1936 年 7 月，就读南京金陵女子大学生物和化学专业，获学士学位。

1939 年 2 月，任四川自贡蜀光中学英语教师。

1941 年 8 月，任重庆南开中学化学、生物、英语教师。

1947 年 8 月—1958 年 2 月，先后任南京中华女子中学、南京邮电学校化学教师。其间，曾获评南京市教学优胜者、南京市邮电学校特等先进工作者、江苏省邮电工会先进工作者、南京市先进教育工作者、南京市先进生产者、全国邮电先进生产者、南京市 1956 年中等初等学校优秀教师等十余个荣誉称号；当选南京市第二届妇女代表、南京市第二届人民代表、南京市政协委员。1956 年，出席全国邮电先进生产者代表大会，受到毛泽东、刘少奇、周恩来等中央领导同志接见，并在天安门观礼台观看五一国际劳动节游行。

1958 年 3 月，任教于天津第六十三中学，兼天津第七十四中学化学教师。

1960 年 3 月，调入天津南开中学任化学、英语教师，兼女六中化学教师。

1961 年 9 月，任天津南开中学化学学科组长。11 月 23 日《天津日报》、12 月 8 日《光明日报》刊登左景福老师授课的文字和图片报道。12 月，被评为天津南开中学优秀工作者和天津市先进工作者。

1969 年，任初三年级工业基础知识课（物理）教师。

1977 年，被评为南开区先进教师。获南开中学"忠诚党的教育事业"奖状。

1980 年 5 月，被评为天津南开中学先进工作者。

1983 年 7 月，光荣退休。

1988 年 3 月 15 日，在纪念喻传鉴先生诞辰 100 周年大会上作题为《怀念喻传鉴先生》的发言。

2003 年 6 月，接受电视纪录片《百年南开》摄制组采访。

2012 年 5 月 17 日，在津逝世。

·业 绩·

左景福，教学名师。从教近半个世纪，执教自贡、重庆和天津的南开系列学校 33 年。1960—1983 年任天津南开中学英语、化学教师，化学学科组长。校级优秀工作者和天津市先进工作者。

左老师初到天津南开中学时，教授初三年级五个班的化学课。她认真实行启发式教学，培养学生独立思考能力，教学效果很好。半年后学校安排她教高二年级，一年后，又担任高三年级三个班的化学课。她深悉南开教育思想的精髓，为后学留下了《在教学中如何贯彻巩固性原则》《做一名合格的人民教师》《为什么要学习化学》《初中化学教学培养能力的体会》《如何学好科学知识》《浅谈原子能基础知识》《深入了解学生 探索教学民主》等一系列阐述教学原则、教学方法和总结教学经验的著述，在教育教学实践中培养出一代又一代优秀人才。

左老师爱国敬业，严于律己，为人师表，被誉为"纯净"的人。她生于颠沛流离的旧时代，曾祖父左宗棠是清代名臣，维护国家统一的民族英雄。独特的家庭基因和人生阅历，使她树立了牢固的爱国观念，将对国家和人民的大爱及对社会的责任感，融于日常教育教学之中，为学生躬身垂范。左老师家距学校很远，每天要换乘三次公交车，车站之间还需步行一段路程，但她从未因此耽误过工作，尽管多年重复讲授旧课程，她仍坚持重新备课，充实新内容，她两次放弃学校的安排，把到外地疗养的机会让给其他老师，临退休时，她说服女儿，放弃了安排子女顶替到南开中学工作的名额，学校按政策拟分给她一套住房，领导劝说了三次，并将申请表送到家里请她签字，都被她婉言谢绝。

左老师对学生喜爱至深。她有个专门用来记载任课班学生名字的笔记本。执教南开中学 23 年，这份名单共记下 67 个班级、3150 个学生名字，长达上万字。"文革"期间，在学校停课学生们都投身运动的形势下，左老师仍然拿着一份作业找到一位同学说："你有一道化学题做错了要改过来，一定要改过来。"

南开已经融入她的灵魂深处。左老师在生命的最后时刻，昏迷数日苏醒后，执意要求家人陪她吟唱伴随了大半生的南开校歌。两个女儿眼含热泪与她同唱："渤海之滨，白河之津，巍巍我南开精神……"老人家唱得音准、歌词一字不差。唱毕，她安详地入睡了，走完了人生的旅程。

郗昌盛

·简 历·

郗昌盛，1938 年 7 月 14 日出生于河北唐山丰南区。

1952 年，就读于丰南一中。

1955 年，就读于河北昌黎一中。

1958 年，就读于河北大学数学力学系。

1962 年，大学毕业，被分配到天津南开中学任教。

1964 年，担任天津南开中学数学学科组组长。

1983 年，代表天津市出席教育部召开的中学数学教学研讨会。

1988 年，被评为中学特级教师。

1999 年，从天津南开中学退休。

2015 年，被天津南开中学授予"终身教育成就奖"。

·业 绩·

郗昌盛，天津南开中学数学教师，中学特级教师。

郗昌盛在南开中学执教37年，他在继承南开优良传统的基础上又融入了个人特色，形成了自己的教学艺术和风格。恢复高考后，一直从事高中毕业班教学。1988年被评为中学特级教师。1994年担任校教研员，兼任天津市数学学会理事，天津教研室兼职教研员、咨询委员。

郗昌盛长期担任南开中学数学学科组组长，其间带领数学学科全体教师从南开历史和现实中寻找教育思想宝藏，并在数学教学中践行南开校训"允公允能，日新月异"，落实"一主三自""两全三高"，培养的学生不仅具有较强的自主学习意识，亦有踏实严谨的作风、质疑批判的精神、深入研究的能力和整体全面高素养。

郗昌盛多年参与天津市数学补充教材编写、高考质量检测命题工作，并任天津市高中数学新教材试验指导小组成员。从1978年起，在天津奥林匹克学校任教，多次参加过全国和天津市的数学竞赛命题。从1980年开始，每年参加教研室组织的全市高三数学教师的培训工作。在《中等数学》等杂志上曾发表过多篇文章，负责编写全国15所重点学校《高中数学复习指导》，并在《高中数学解题精典》中任主编，参与《高中数学备考手册》等编写工作。2000年，参与编写《名师指点高中数学》系列丛书。

郗昌盛勤于钻研，学识渊博，不仅数学学养深厚，文学功底也了得，尤擅诗词，能够将哲学、文学、美学自然融入数学课堂教学中。他是南开精神的终身践行者，对南开有着深厚的感情，退休后仍关心着南开中学和数学学科的建设和发展。2015年被南开中学授予"终身教育成就奖"。

陶孟和

（1887—1960）

·简 历·

陶孟和，原名陶履恭，1887 年 11 月 5 日生于天津，祖籍浙江绍兴。幼时在其父陶仲明任教的严修家塾中就读。

1904 年，入读私立敬业中学堂，为该校首届学生。

1906 年，从敬业中学堂第一届师范班毕业，以官费生被派赴日本留学，在东京高等师范学校学习历史和地理。

1910 年，赴英国伦敦大学经济政治学院学习社会学和经济学。

1913 年，获经济学博士学位，同年归国后任北京高等师范学校教授。

1914—1927 年，任北京大学教授、系主任、文学院院长、教务长等职。

1924 年，兼任燕京大学教授。

1926 年，主持中华教育文化基金会社会调查部工作。

1929 年，创办北平社会调查所，任所长，主持多项社会调查。

1934 年，任中央研究院社会科学研究所所长，并担任《中国社会经济史季刊》主编。

1935 年起，担任中央研究院评议会评议员。

1948 年，当选为中央研究院院士。

1949 年 9 月，以特别邀请人士身份出席第一届中国人民政治协商会议，并被选为全国政协常委。

1949 年 10 月，任中国科学院副院长，负责社会、历史、考古和语言 4 个研究所。

1949—1952 年，兼任中国科学院社会研究所所长。

自 1949 年起，兼任中国科学院联络局局长、中国科学院图书馆馆长、中国科学院编译出版委员会主任、政务院文化教育委员会委员、国务院科学规划委员会委员、中国史学会理事、全国人大代表等职。

1955 年，当选中国科学院哲学社会科学学部委员。

1960 年 4 月 17 日，在上海因病逝世。

·业绩·

陶孟和是新文化运动与五四运动的积极倡导者和主要人物之一。他参与北京大学学校刊物的编辑，担任《社会科学季刊》的编辑员、《北京大学月刊》的顾问。1917—1920 年，陶孟和担任《新青年》编辑，在该刊上共发表文章 10 余篇，提倡科学和民主，提倡改革社会制度。

陶孟和是中国社会学、社会教育学的创始人和中国社会经济科学研究事业的开拓者。他在伦敦求学时用英文编写了《中国乡村与城镇生活》。1926 年，陶孟和主持中华教育文化基金会社会调查部工作，三年后创办北平社会调查所并任所长，1934 年任中央研究院社会科学研究所所长。陶孟和开创了以社会调查等方法研究中国社会的先河，主张通过社会调查等方法探究解决中国问题的途径。

中华人民共和国成立后，经陈毅力荐，陶孟和任中国科学院副院长，分管社会、历史、考古和语言 4 个研究所，并兼任社会研究所所长。1955 年，陶孟和当选中国科学院哲学社会科学学部委员。

陶孟和毕生治学严谨、克己奉公、廉洁自律、无畏无私、心向光明。1949 年南京解放前，陶孟和顶住压力，拒绝国民党政府要求南迁台湾的命令，使中央研究院的多数研究所都留在了南京或上海，为之后中国科学院接管工作打下坚实基础。自 1949 年起，他还兼任政务院文化教育委员会委员、国务院科学规划委员会委员、中国史学会理事、全国人大代表等职，为国家和社会发展进步殚精竭虑，贡献卓著。

梅贻琦

（1889—1962）

·简 历·

梅贻琦，1889 年 12 月 29 日生于天津，字月涵，祖籍江苏武进。幼年就读严修家馆。

1904 年，入读南开中学，成为建校当年招收的第一期学生，编在丙班。

1908 年，结束学业，成为南开中学第一届毕业生。

1909 年 9 月 4 日，考取第一批庚子赔款留美资格，翌年入美国伍斯特理工学院攻读电机专业。1914 年夏，以优异成绩毕业，获工学学士学位。

1915 年，任教于清华学校，以广博的学识、严谨的学风成为学生们的良师益友。

1921 年秋，入芝加哥大学研究物理一年。1922 年，获机械工程硕士学位，回清华继续任教。1926 年 4 月，被推举为清华第二任教务长。1928 年 11 月，就任清华留美监督处监督。

1931 年冬，任清华校长，由此开始服务于清华长达 31 年，被誉为清华的"终身校长"。

1937 年抗战爆发，受命筹建由清华、北大、南开三校合组的长沙临时大学。

1938 年 2 月，三校奉命改组为"国立西南联合大学"。联大常委会主席一职始终由梅贻琦担任，联大的管理体制和制度基本上沿用战前清华的章程。

1946 年 5 月 4 日，全体师生举行结业典礼，梅贻琦主持典礼并代表常委会宣布西南联合大学正式结束。至此，梅贻琦圆满完成了他在西南联大的历史使命。

1946 年 9 月 11 日，抵达北平。清华这只在狂风激浪中漂泊了 9 年的巨轮，在梅贻琦引领下完好的驶回了清华园。

1951 年起，在纽约专事清华基金的保管和使用事宜。

1955 年 11 月，应邀到达台湾，筹办"清华原子科学研究所"。这位年近古稀的老人，将生命的余晖照耀着新竹清华，照耀着民族教育和科学发展事业。

1962 年 5 月 19 日上午 10 时 50 分，因病医治无效，溘然长逝，享年 73 岁。

·业 绩·

梅贻琦，20世纪中国最伟大的教育家之一，国立清华大学校长。美国伍斯特理工学院工学学士，芝加哥大学机械工程硕士，伍斯特理工学院荣誉博士。就读于南开中学期间，梅贻琦勤奋读书，成绩优异，自觉修身，始终是学校里的高才生。严格的体育教育要求和充足的体育教学条件，使梅贻琦养成了良好的体育锻炼习惯和体育道德理念。经过四年新式教育的培养熏陶和自己的刻苦努力，以第一名的成绩毕业，为其后来成为杰出的教育家奠定了坚实基础。1915年10月24日，梅贻琦在北京发起组织"南开毕业同学会"，自任会长，成为开创南开校友会的第一人。1918年毕业十周年之际，约集全班同学返校看望师长，并为母校捐建纪念井。

1915年秋，进入清华学校教授物理，从此开始了由普通教师、教授、教务长、留美学生监督，到最终成为"终身校长"的光辉历程。自1931年12月—1937年7月，梅贻琦领导他的同事们积极施行德、智、体、美、群、劳诸育并进的方针，奠定了清华的管理体制和学术风格，造就出一大批各方面充分发展的杰出人才，使清华向一所正规的综合性大学迈进，并迅速跻身于世界名校之林。

抗日战争期间，梅贻琦进一步发挥了他的办学才能，团结具有不同历史、不同学风、不同性格的三校师生，在政治、经济和生活极端困难的条件下相互扶持，合作无间，相得益彰，把西南联大办成了国内外公认的"中国战时高等教育体系的光辉杰作"。

梅贻琦执掌清华31年，以大师论、通才教育、学术自由和教授治校的教育思想，忠诚无私、刚毅仁爱、由贤而圣的人格精神，奠定了清华大学的灵魂，领导清华同人开创了清华大学的黄金时代，主导了西南联大的教育奇迹，使当年的中国高等教育达到世界先进水平。

张彭春

（1892—1957）

·简 历·

张彭春，字仲述，张伯苓胞弟，1892 年出生于天津，祖籍山东。1898 年，入私塾读书。

1908 年，同梅贻琦、喻传鉴等毕业于南开中学，成为该校第一届毕业生。同年考入保定高等学堂。

1910 年，参加游美学务处第二届庚子赔款留美学生考试，名列第十，同榜有胡适、钱崇树、竺可桢、赵元任、胡明复等人。抵美后，入克拉克大学攻读教育学和哲学。1913 年，获克拉克大学文学学士学位。

1915 年，获哥伦比亚大学研究院文学硕士学位和教育学硕士学位。

1916 年，任南开学校专门部主任，南开新剧团副团长和导演。

1920 年，受聘任赴美考察教育的中国教育家顾问和翻译，周游美国各大学。

1922 年 7 月，受中国教育促进会委托，赴西欧各国研究教育制度。

1923 年，任清华学校教务长。

1924 年，获哥伦比亚大学博士学位。

1925 年，任国立清华大学教务长。

1926 年，辞清华大学职，返回南开担任中学部主任、兼女中部代理主任。

1931 年，任教美国芝加哥大学、哥伦比亚大学。

1932 年 1 月，归国任南开大学教系教授，兼南开中学部主任。

1937 年，南开学校遭日军轰炸被侵占，辗转到西南联大任教。同年，应政府聘任赴英美等国宣传中国抗战，争取国际社会支持。

1939 年 1 月，再次出国宣传抗战，并在美发起组织"不参加日本侵略委员会"，协助美国政府游说美国国会通过"对日经济制裁案"。

1940 年，调入外交部，先后出任驻土耳其、智利全权公使等职。

1945 年 11 月 7 日，回到天津，协助接收南开校产和筹备复校的工作。

1946 年 1 月，赴伦敦参加联合国大会。

1947 年 3 月，任中国出席联合国新闻自由会议首席代表。

1952 年 6 月，辞职养病。

1957 年 7 月 19 日午夜，心脏病猝发，逝世于美国新泽西州。

天津南开中学人物志

·业 绩·

张彭春，南开中学第一届毕业生。爱国教育家、戏剧家、外交家。1916—1919年、1926—1930年在南开中学任职。

1916年8月，张彭春从美国回到南开中学，担任专门部主任、当选南开新剧团副团长兼导演。

在南开中学任职期间，张彭春对南开中学的教育思想和教育实践进行认真总结，为南开精神注入了"能力"的内涵。他指出，"20世纪纯然一学术竞争之世界，而非有心无力者之所能为也"，所谓"南开精神"就是于"当今学术竞争之世界端在注意学识"。他还就改革南开教育，较系统地提出了培养现代人才的理论，明确指出教育的目的是"培养具有现代能力的人"。他提出的"将社会视察列为正式课程"的建议被校方通过并实行。1932年，张彭春提出"力心同劳"的理论，在高一班办起"新教育试验班"，开设木工、铁工、印刷等三个工厂进行试验，并于1933年发表了《教育工作的一个新方向》一文。

张彭春引入了欧美话剧演出体制，建立正规编导制度，与师生合创剧本，翻译改编外国名剧，培养了学生的戏剧爱好和编演、改译剧本才能。1918年，他创作并执导的五幕剧《新村正》公演后大获成功，被文学史誉为"纯粹新剧"，"中国现代戏剧史上第一个话剧剧本"。张彭春的话剧创作和导演活动，使南开新剧汇入了五四新文化运动的洪流，造就了蜚声中外的戏剧家曹禺和黄佐临、黄宗江、金焰、严仁颖、鲁韧、石挥等一批著名戏剧家和电影艺术家，南开中学被誉为中国"北方话剧的摇篮"。

1930—1935年，梅兰芳赴美和访苏演出，张彭春两次担任梅兰芳剧团剧目总导演和随团顾问，向美苏观众解说介绍梅剧。考虑到国外观众的需要，张彭春最早提出戏曲剧本力求精练集中、减少纯交代性场次，废除检场，净化舞台等意见，并为梅兰芳所采纳。这些改革帮助梅兰芳在国外演出获得成功。

1946年1月赴伦敦，任联合国创办会议的中国代表。会毕，任中国驻联合国经济暨社会理事会常任代表兼人权委员会副会长，参与起草联合国《人权宣言》。在联合国官方关于《人权宣言》起草委员会的简介中，作为起草委员会唯一的副主席，被列在仅次于委员会主席的位置，其介绍词为："张彭春，中国代表，人权委员会副主席，剧作家，哲学家，教育家和外交家，中国现代戏剧的著名导演。"

喻传鉴

（1888—1966）

·简 历·

喻传鉴，1888年3月16日出生于浙江省嵊县城关镇。名鑑，字传鉴，后以字行。七岁丧父，家境清寒。因学习努力，聪颖过人，获亲友资助，得以入学。

1901—1902年，在嵊县师增学堂读书，颇得邑绅姚梅夫赏识，将他介绍给北洋大学总务长潘文藻，潘公爱其才，以长女潘珍兰许之，并资助入学。先后就读绍兴附中学堂、嵊县中学、上海南洋中学。

1906年，随岳父到天津，先入北洋大学预科，后考入天津南开中学。

1908年，成为南开中学首届毕业生。入保定高等学堂读书至1910年。

1909年，岳父潘公逝世，经济拮据，被迫辍学就业，负起赡养岳父家责任。

1910年，与潘珍兰结婚。经严修先生向直隶提学史卢木斋说项，得以入赴奉天龙海中学堂任教。1912—1916年，任天津新学书院教员。

1916—1919年，在北京大学法学院读经济专业。曾积极参加五四运动。

1920—1930年，任南开中学教务主任。主持试行三三制。

1930年9月，因工作成绩卓著，获美国哥伦比亚大学师范研究院奖学金，赴美深造，入该校师范学院攻读教育专业。

1932年2月，获教育硕士学位。应抗日将领吉鸿昌之邀，同赴英、法、德、瑞士诸国考察中等教育。

1936年，受校长张伯苓委托赴重庆筹办学校。9月初，南渝中学开学，校名取南开与重庆结合之意。

1938年，自贡蜀光初中校董会聘请喻传鉴义务兼任校长。

1950年，任重庆南开中学校长。自1950年起，曾当选多届重庆市和四川省人民代表，重庆市人民委员会委员，市政协常委和全国政协委员；历任重庆市文教委员会委员，市体协主任委员；市民进首届主任委员，民盟中央委员和民进中央委员等职。

1953年，任重庆市教育局副局长兼三中（后恢复南开中学校名）校长。

1956年，被评为重庆市优秀校长。

1957年秋，在全国政协招待宴会上，周恩来向喻传鉴敬酒，并向毛泽东介绍说："这是我的老师。"

1966年4月21日，在重庆逝世。

·业绩·

喻传鉴，著名的爱国教育家。天津南开中学首届毕业生。在南开中学就读期间，笃实好学，开朗活跃，喜好发动团体组织，当选南开中学最早的学生组织"自治励学会"的会长。他热心为公众服务，颇著才干，深受老师器重和同学欢迎。1919年从北大毕业后，应校长张伯苓之邀回天津南开中学任教，讲授英语及翻译课程。次年升任南开中学教务主任，连任十年。1922年，主持试行将四年学制改为三三制。撰写了《我校之"三三制"》《南开学校之三三课程》《三三新课程》等文章，为这一与世界现代教育学制接轨的新学制奠定了理论基础。1932年赴美深造返校后，任南开学校中学部主任。讲授中等教育课程，兼大学部教育系教授。在校长张伯苓支持下，将在国外留学、考察的收获和心得，结合"公能"校训及当时的国情、校情，对南开中学的体制、课程、教材等进行了一系列的改革：一是实行初、高中六年一贯制；二是采用学点(分)制，严格考试制度；三是加强数理化和英语课的教学；四是开展多种多样的教学课外活动；五是开设社会视察课；六是加强体育活动和球类竞赛；七是开设高中选修课程；八是师生合作创办平民教育。作为学校教学质量的把关人，喻传鉴对教师授课要求十分严格，并以此作为聘请教师的依据，使南开中学的教学质量享誉天津乃至整个中国。

1936年，受校长张伯苓委托赴重庆筹办学校。从择地、购地、建校直到招生开学，不到半年时间就办起了重庆南渝中学，稍后又建起了南开小学，主持中、小学的教学和教务工作。天津南开被毁后，南开师生辗转来渝者日多，1938年10月，应校友之请，将南渝中学改为南开中学，以示南开生命延续之意，由喻传鉴全权处理校务。因办学成绩卓著，设备先进完善，要求入学者猛增，当年学生已达1600人。

1938年5月，经张伯苓推荐，自贡蜀光初中校董会聘请喻传鉴义务兼任校长。负责筹划、改组、选购新址，起建校舍，扩充内部等事宜。五年后一切就绪，即辞去职务，专心致力于南开中学教育。

抗战胜利后，返回天津主持复校事宜，使男、女中两部得以迅速恢复。从此往返于津渝之间兼顾两处校务。

喻传鉴大学毕业后即回到南开中学工作，先后任教员、校务主任、校长长达47年，为天津、重庆两所南开中学的发展建立了卓著功勋，被誉为"南开中学的柱石"。

马千里

（1885—1930）

·简 历·

马千里，1885 年 1 月 24 日出生于天津，名仁声，字千里。祖籍浙江绍兴。8 岁入私塾，练就扎实的旧学基础。

1902 年，入俄文学馆初学俄文。1904 年考入北洋大学俄文专修师范班。

1908 年，考入南开中学，编入甲班，时年 23 岁。

1910 年 9 月，与张伯苓胞妹张祝春结婚。

1911 年，以满腔热血投身孙中山先生领导的革命活动，为"同盟会"会员。

1912 年，以优等生成绩毕业留校。校庆纪念会上演出新剧《华娥传》，扮演女主角华娥。

1913 年，周恩来入学。马千里对他给予热心帮助和指导，师生二人经常在一起商讨工作，在新剧舞台上切磋技艺。

1915 年 11 月，任直隶第一女子师范学校监学，并主持校务，他以校为家，勤勤恳恳，全力以赴，三年中做了许多具有开拓性的工作。他亲自讲授修身课，经常给学生讲国内外形势和做一个师范生的责任，教育学生要关心国家大事，关心人民。当年就读女师的邓颖超回忆："他到女师来任教时，工作认真负责，对学生也非常真挚，平易近人，给我们留下了深刻的印象。"

1917 年，周恩来报考公费留日，因经济拮据尚难成行。马千里得知后立即赠他十元大洋，并出面找张彭春、华午晴、时子周等资助周恩来路费。

1919 年 2 月，筹建南开学校大学部，任庶务主任。是天津五四爱国运动领袖之一。

1920 年 1—7 月，遭天津反动当局逮捕关押。南开大学迫于当局压力开除了周恩来、马骏等学生，马千里坚决辞职以示抗议。

1920 年 9 月 15 日，《新民意报》问世，马千里任总编辑，"新民意报社"牌匾为周恩来题写。

1921 年，受聘出任天津达仁女校校长。

1927 年 1 月，教育部授予马千里金色二等奖章一枚，大总统授予"敬教劝学"匾额一方，以奖励他在教育上卓越的贡献。

1930 年 3 月 1 日，因过度劳累，突发脑溢血逝世，走完了自己 45 个春秋的短暂人生。

·业绩·

马千里，爱国教育家、社会活动家。1908—1912 年就读于南开中学。他课业成绩突出，经常参加演讲比赛、运动会、出版杂志报纸和演剧活动，在学生中享有崇高威望。毕业后留校任教，讲授算术、代数、几何、法制等课程，负责指导课外活动，任演说会会长和南开新剧团演作部部长。他讲课清新风趣，要求学生严格，是认真负责的好老师。

1919 年，与爱国学生一起投入轰轰烈烈的五四运动中。由于他在爱国运动中的声誉和地位，积极促成了天津学生联合会、女界爱国同志会和爱国工商界及其他爱国团体的联合，成立了天津各界联合会，任副会长，并任抵制日货委员会主席。1920 年 1 月，反动当局先后封查天津各界联合会和学生联合会，将马千里、马骏、周恩来等 20 余人逮捕。在监狱的恶劣环境中，马千里和周恩来、马骏等领导难友们进行绝食斗争，组织被捕者坚持体育锻炼、学习文化课程，开展演讲和文娱活动。在全国人民声援下，全体被捕者于 7 月 17 日获释。

出狱后，创办《新民意报》，发表救国言论，以舆论为武器继续战斗。1920 年 12 月 4 日起，《新民意报》陆续发表了周恩来在狱中编写的《警厅拘留记》，连载了周恩来在赴欧途中完成的书稿《检厅日录》，出版单行本，并在该报开辟《觉邮》副刊，发表周恩来同邓颖超、刘清扬等人的往来书信。邓颖超等成立"女星社"后，《新民意报》开辟《女星》旬刊，宣传妇女解放，维护女权。由于遭致反动势力忌恨，《新民意报》于 1924 年被查封。

1921 年，天津开明药商乐达仁创办达仁女校，马千里应邀义务担任校长。他聘邓颖超等进步教员任教，坚持民主办学，使该校成为我国北方著名女校。在办学的同时，马千里积极支持天津女界的活动，帮助邓颖超等人组织女星社，协助刘清扬等创办《妇女日报》。

1928 年 8 月，河北省教育厅委任马千里为创始于 1901 年的省一中（今铃铛阁中学）校长。马千里把行李搬到学校，夜以继日地工作。他从整顿教师队伍入手，制定规章制度，要求教师要以身作则，不仅要讲好课，还要以自己的高尚品德和情操去感染学生。在短短一年中，学校一改松懈懒散的状况，各项工作步入正轨。

马千里从事教育工作 25 年，一生忘我工作，积极投身革命活动，培养了大批爱国志士和优秀人才，对天津文化教育事业的发展和人才培养作出了重要贡献。

李麟玉
（1889—1975）

·简 历·

李麟玉，字圣章。1889 年 10 月 20 日出生于天津，祖父李世珍，清同治年间进士，一度在京为官，后回津经营桐达号钱铺和盐务。父李文熙，光绪年间秀才，通中医。三叔父李文涛，字书同，后出家为僧，即弘一法师。

1904 年进入严修创办的敬业学堂（南开中学前身）。1908 年毕业，为南开中学第一届毕业生，随后考入京师大学堂。

1910 年，赴法国留学，先后在南希化学院、图卢兹化学院、巴黎大学理学院学习，并获得化学工程师文凭和巴黎大学高级理化研究文凭。在法留学期间与蔡元培、吴玉章等人筹组华法教育会。

1919 年，巴黎和会期间，组织在法华工、华侨、留学生参加拒约运动，阻止北洋政府在《凡尔赛合约》上签字。1920 年冬，周恩来等来法留学，受到华法教育会的接待，李麟玉多次为校友周恩来介绍留法勤工俭学的情况。

1921 年，学成归国，应蔡元培之邀到北京大学化学系任教，兼任仪器部主任。后出任北平研究院化学研究所研究员，总务部代理部长。

1922 年，参与筹建中法大学理学院，任院长，教授化学课程。

1926 年，与进步学生一同参加"三一八"游行示威活动，反对段祺瑞政府的卖国行为。

1927 年，法国政府授予李麟玉骑士勋章，表彰他在中法学术交流方面的突出贡献。

1928 年，任中法大学代校长，兼任理学院院长，1931 年被正式任命为校长。

1951 年，担任重工业部顾问，1957 年担任北京工业学院（现北京理工大学）副院长。曾当选为北京市第一届政协委员，第三、四届全国政协委员。

1975 年 4 月 10 日，病逝于北京。

·业 绩·

李麟玉，著名学者，教育家，南开中学第一届毕业生。

1921年李麟玉旅法学成归国，应蔡元培之聘，任北京大学化学系教授兼仪器部主任。1922年参与筹建中法大学理学院，任院长。1929年北平研究院成立，他担任化学研究所所长。1931年被任命为中法大学校长，此后至1950年，近20年间一直担任该校校长，秉持"兼容并蓄"的办学方针，倡导自由的学术氛围，保护进步学生，培养了大量专业人才。

李麟玉不仅是一位杰出的学者和教育家，他还是一位坚定的爱国主义者。旅法期间，李麟玉同蔡元培等60多人筹建华法教育会，创办华工学校，推动华工教育，组织留法勤工俭学以及中法间的文化交流等事宜。1919年召开的巴黎和会主张将一战战败国德国在中国山东的权益转让给日本，李麟玉组织在法华工、华侨、留学生100余人包围使馆，向北洋政府代表团成员表达意见，坚决反对在合约上签字。迫于压力，代表团最终未在丧权辱国的合约上签字。

归国执教以后，李麟玉还和学生们一同宣传进步思想，反对军阀暴政。华北沦陷后，因拒绝参加日军占领徐州的庆祝活动，中法大学被封闭停办，李麟玉随即派人迁校昆明，自己率领一部分教师留守北平，保护校产，保持民族气节，拒不被日本侵略者和汪伪政府利用。

李麟玉一生桃李满天下，为新中国培养了不计其数的科技人才，为祖国的科技事业和人民教育事业做出了杰出贡献，到晚年，他曾饱含深情地说："一生如果有些成就，有很多地方是受益于南开教育，与母校的培养是分不开的。"

金邦正

（1886—1946）

·简 历·

　　金邦正，字仲藩，1886 年出生于安徽黟县渔亭镇玛川村。少时在天津生活，于严修家塾中求学。

　　1908 年，于私立南开中学堂毕业，为该校第一届毕业生。

　　1909 年秋，考取公费留美学生，进入美国康乃尔大学和理海大学，专攻森林学。

　　1914 年，获理学学士和林学硕士学位。期间，与留美学生胡适、任鸿隽、杨杏佛、过探先等发起组织"科学社"，并出版《科学》月刊。

　　1915 年，回国后历任安徽省立农业学校校长、安徽省农业试验场场长、安徽省森林局局长等职。

　　1917—1920 年，任国立北京农业专门学校校长。

　　1920 年，出任北洋政府外交部参事，不久被任命为清华学校校长。

　　1921 年，作为出席太平洋会议的中国代表团随员，离开清华学校赴美参加会议。

　　1922 年，赴法国、比利时学习玻璃制造技术，并创办了秦皇岛耀华平板玻璃厂，担任副总工程师。后又任北平上海商业储蓄银行经理。

　　1946 年 10 月，因病逝世。

·业绩·

金邦正是南开中学第一批学生，与梅贻琦等是同班同学。在南开学习期间，金邦正聪敏好学、品学兼优，1908年从南开中学毕业。

1909年9月，金邦正考取清华留美预备学校第一批公费留学美国学生，与梅贻琦、胡刚复、王士杰等47人同赴美国深造。金邦正入康奈尔大学林科，主修森林学，1914年毕业，获理学学士和林学硕士学位。留美期间，他与同为留美学生的任鸿隽、赵元任、杨杏佛、秉志、周仁、过探先等共9人发起成立"科学社"，并出版《科学》《科学画报》等刊物，向国内介绍留学生情况和西方的科学知识。"科学社"作为20世纪前半叶在中国覆盖面最广、参加人数最多的科学团体，对近代科技在中国普及和发展做出了系统性和奠基性的贡献。

1915年，金邦正回国后历任安徽省立农业学校校长、安徽省农业试验场场长、安徽省森林局局长等职。其间，他调查安徽山林概况，后在调查报告中建议政府劝告无地人民承领官荒山地造林，所造之林即为承领人所有，自行保护。这和1949年之后中央人民政府林业部所定的"谁种谁有"政策如出一辙，可见其作为一名林业学者的远见卓识。

1917年，金邦正任国立北京农业专门学校校长，他廉洁奉公，兢兢业业，恪尽职守，刚正不阿。他注重培养学生的道德为人，深受学生爱戴。由于教育经费有限，经济状况非常困难，他多次向教育部呈文，努力争取支持，以期改善办学条件。1920年，金邦正出任北洋政府外交部参事，不久被任命为清华学校校长。翌年离开清华学校赴美参加太平洋会议。

金邦正还是一位杰出的实业家。1922年3月，金邦正率华北农民赴法国、比利时学习玻璃制造技术，继而创办秦皇岛耀华平板玻璃厂，金邦正担任该厂副总工程师。这是中国乃至远东地区第一家用机器制造玻璃的工厂，被誉为"中国玻璃工业的摇篮"。

刘奎龄

（1885—1967）

天津南开中学人物名录

·简 历·

刘奎龄，祖籍浙江绍兴，1885 年生于天津。字耀辰，号蝶隐，自署种墨草庐主人，是中国传统工笔画一代宗师，其庭院曰"怡园"；其画斋名曰"种墨草庐""惜寒堂"。其家族在清乾隆年间系"天津八大家"之一的"土城刘家"。

1891 年，入私塾。

1904 年，进入天津最早的私立中学——敬业中学堂，刘奎龄成为首届学生。

1905 年，居家自学绘画。

1907 年，天津《醒俗画报》创刊，刘奎龄受聘为画报绘图。

1911 年，任天津东马路二十五小学教员。

1914 年，被天津新心画报馆聘为画师。

1917 年，做绢本设色《花卉巨石》，该画为迄今所见刘奎龄最早的国画作品。

1920 年，成为职业画家，以卖画为生，天津各南纸局挂有笔单。参观第一届中日绘画展，作水彩画《水果》。

1950 年，文化部在苏联莫斯科举办中国艺术展览会，作品《上林春色》参展。该展览先后在苏联、匈牙利、罗马尼亚、波兰等国家巡回展出。

1953 年，被聘为天津市文史研究馆馆员。

1955 年，任中国人民政治协商会议河北省天津市委员会委员。

1956 年，任中国美术家协会天津分会副主席。

1959 年，中华人民共和国成立十周年前夕，作《双福图》。

1960 年，作品《孔雀图》参加第三届全国美术作品展览。

1961 年，与刘子久、严六符合作《欢送光荣参军图》。为纪念中国共产党建党四十周年作《福寿图》。

1962 年，在北京举办画展，共展出作品 61 件。在天津举办画展，共展出作品 600 余幅。

1967 年，农历五月初五，因脑溢血医治无效，于天津病逝。

刘奎龄堪称自学成才的全能画家。从 4 岁就开始仿描剪纸动物和花卉，10 岁时开始描绘昆虫和家禽。1904 年刘奎龄作为首届学生，进入天津敬业中学堂学习。在校期间，全新的西方课程拓展了他的视野，尤其是解剖学、透视、西洋素描等基本知识，使其较早接受了"新式教育"，深受西学熏陶，为他以后融汇中西绘画之法奠定了坚实的基础。由于他天赋超群，中学后便开始自学绘画，并逐渐走上职业画家的道路。

　　在名家辈出的 20 世纪画坛中，刘奎龄是一位卓而不群的艺术大师。他的国画技艺全面，花卉、禽鸟、畜兽、山水画均有较高的成就。其笔下的翎毛、走兽形象逼真，神态自然，以独到的丝毛技法使质感的表现惟妙惟肖，令人叹为观止。他在时代的艺术涅槃中悄然崛起，除了具备艺术家的天分之外，更是独辟蹊径。他既不照搬自然，也不复制古人，而是全面学习西方绘画技法、郎世宁的绘画方法及日本竹内栖凤的技法，将西洋画之色彩、透视、比例融合于中国传统工笔国画之中，形成了自己特有的艺术风格。他既没有出国留洋，也没有进过正规的美术院校，却将绘画中的中西技法结合得极其优秀，这一切归功于刘奎龄先受过传统私塾教育，自幼学习郎世宁画法，研究五代、宋、元诸家；后又在南开中学接受"新式教育"，为学习西画技法打开了眼界。他将"洋为中用"运用得恰到好处。刘奎龄的绘画艺术风格映射出近代中国文化与西方文化相互融合的大趋势。

　　刘奎龄在 20 世纪 40 年代后，画技又进一步，融勾勒没骨、皴染为一体。其作品形态逼真，纤毫毕现，笔墨生动，自成一家。其中代表作《上林春色》，刘奎龄用了整整 5 年时间完成，该作品 1950 年秋被选为中国代表性艺术品赴苏联展览，深得当时负责评选工作的徐悲鸿的赞叹，1962 年刘奎龄在北京和天津分别举办个人画展，共展出作品 600 余幅，轰动世人。作品《孔雀图》入选第三届全国美展。刘奎龄在中国近代画坛独树一帜，堪称近现代中国工笔画大师。

　　中华人民共和国成立后，刘奎龄受到了党和国家的关怀和重视。曾担任中国美术家协会天津分会副主席等职务。出版《刘奎龄花鸟画手稿选》《刘奎龄画集》《刘奎龄画选》等多部画册。刘奎龄平生创作近千幅工笔画，其作品的艺术价值受到画界、学术界、出版界、收藏界的普遍关注。他的作品早已走向世界，给后世留下了珍贵的精神财富。

卞肇新

（1889—1952）

·简 历·

　　卞肇新，字俶成。1889 年 2 月 2 日生于天津，其家族是属于"天津八大家"的卞氏家族。1908 年毕业于天津南开中学。

　　1913 年，赴欧洲游历求学，曾就读于英国伦敦大学理财科。后因第一次世界大战爆发，复入美国纽约大学商学院，1917 年毕业，获商科学士学位。

　　1917 年，学成回国，任南开学校商科簿记（簿记：会计工作中有关记账的技术）教员。同时，继承祖辈创立的"隆顺榕"药业，扩大店面，开设多家分店，推行中药的标准化生产，使家族产业"隆顺榕"走向鼎盛。

　　1918 年，赴上海任汉冶萍总公司改良簿记（改良簿记：参照西式记账法对中式记账法进行改良的会计）。

　　1919 年，回天津任天津农商银行襄理。

　　1920—1937 年，连任南开学校校董并兼任新学书院、汇文中学、中西女中、培才小学等校董事。

　　1935—1941 年，任天津中央银行副理、经理。

　　1949 年，曾作为特邀代表出席天津市各界代表会议。

　　1952 年 6 月 1 日，在天津病逝。

·业 绩·

卞肇新是南开中学第一届毕业生。

1913 年，赴英美留学，攻读商科经济。1917 年学成回国，任南开学校商科簿记教员。同时，继承祖辈创立的"隆顺榕"药业，将在西方所学的管理理念运用到家族产业的经营中。他推行中药的标准化生产，在隆顺榕的制药车间，卞肇新规定把制药流程编写成图表，张贴在每个工人工作台的正上方，让每一个工人都有统一的生产标准可循。他又投资 5 万元银洋扩建隆顺榕，将原四间门面扩建成五间三层大楼，由著名书法家华世奎题写"隆顺榕成记"匾额。为扩大经营，卞肇新先后在今劝业场、和平路、西安道、建国道、东马路、大沽路等地开设六家分店，又在上海、广州、香港、台湾等地设立驻庄，经营药材批发及进出口业务，使隆顺榕快速扩张，业务遍及国内外。卞肇新执掌隆顺榕期间，大力创新，任人唯贤，使隆顺榕走向鼎盛，成为享誉八方的品牌，卞肇新也被称为"南开中学毕业的第一位企业家"。

除了管理家族产业外，卞肇新把更多的精力投入到金融行业。1919 年，任天津农商银行襄理。1935—1941 年，任天津中央银行副理、经理。1937 年 7 月底天津沦陷后，日伪当局想接管中央银行，多次逼迫卞肇新交出金库钥匙。为了躲避日本人的纠缠，卞肇新在英租界香港道（今睦南道）购买了土地一块，请南开校友阎子亨设计，建成四所平房，命名"友爱村"，全家迁居于此。1941 年太平洋战争爆发后，日本侵略势力进入租界，将卞肇新非法拘禁。卞肇新后经保释，赋闲在家。

卞肇新热心于教育事业，1920—1937 年，连任南开学校校董并兼任新学书院、汇文中学、中西女中、培才小学等校董事。

刘清扬

（1894—1977）

·简 历·

刘清扬，1894年2月15日出生于天津一个普通回族家庭，号婉如。

1905年冬入严氏女学学习。1909年，入天津直隶北洋第一女子师范学校读书。1911年加入同盟会。1915年回母校严氏女学任教。

1919年8月间，与天津、山东、北京的代表向总统徐世昌请愿，要求惩办逮捕和毒打爱国学生、枪杀回教爱国领袖的济南镇守使马良，全体代表被捕。

1920年11月23日，与蔡元培、张申府等同乘法轮"高捷号"赴法。

1921年1月，与张申府结婚。2月，加入巴黎共产主义小组。随后，成为周恩来的入党介绍人之一。1923年秋，随张申府应召回国。

1924年，受组织委派以个人名义加入国民党，在国民党中央妇女部工作。

1925年3月，参加国民会议促成会全国代表大会，当选促成会常委。4月，发起成立全国各界妇女联合会，当选执行委员和总务常驻办事。4、5月间，当选为国民党执行部委员，兼任北京市党部妇女部长。与李石曾主持北京各界20万人声援五卅惨案中上海工人、学生的大会。

1927年7月，大革命失败，退出国民党。转年6月回津，在白色恐怖十分严重的情况下，与党组织脱离了关系。

1936年1月，任北平妇女救国会主席。5月底当选全国各界救国联合会常委。翌年2月任华北各界救国联合会常务理事，分管组织工作。

1944年秋，加入民盟，次年，当选中央委员和民盟中央妇女委员会主任。

1949年3月，出席中国妇女第一次全国代表大会，当选为执行委员。9月，出席中国人民政治协商会议第一次全体会议。

1961年8月，自抗战初期多次提出申请，终于重新加入中国共产党。

1977年7月19日去世。

1979年，全国政协和中央统战部为刘清扬落实政策，同时召开追悼会。

天津南开中学人物志

·业 绩·

刘清扬，五四时期著名的女界领袖。中国共产党最早的女党员之一。大革命时期，积极组织各界妇女参加国民会议运动和支援国民革命军北伐；抗战时期，动员和组织广大妇女支援抗日战争。她的一生，为巩固和发展革命统一战线，为争取妇女解放作出了重大贡献。

刘清扬就读严氏女学期间，老师经常讲中国面临被列强瓜分的危险，讲朝鲜亡国后的惨状，使她受到爱国主义的熏陶。在天津各界发起的国民募捐和救国储金运动中，她捐出了自己的金戒指，一时传为佳话。

1919年五四运动爆发，她以其不平凡的经历和在妇女界的声望，被推选为天津女界爱国同志会会长，并当选天津各界联合会常务理事。6月27日，与天津代表联合北京代表到新华门总统府递交请愿书，要求政府拒签并取消二十一条卖国合约。经全体代表持续斗争，时任总统徐世昌答应急电出席巴黎和会的我国代表拒签合约。五四运动取得初步胜利。

1919年9月16日，刘清扬成为觉悟社第一批社员。11月10日，全国各界联合会在上海举行成立大会，刘清扬任大会主席，并当选调查科理事。从此，往来于津、京、沪之间，积极开展宣传和组织活动，还赴新加坡、吉隆坡、槟榔屿等三岛，在华侨中进行宣传。

1923年由法回国后，即与觉悟社成员邓颖超、李峙山、谌小岑等筹办《妇女日报》，刘清扬任总经理。在主持办报过程中，她发表了大量宣传马克思主义和妇女解放的文章。

1931年的九一八事变，再次激发了刘清扬的爱国救国热忱。她发起成立北平妇女抗日救护慰劳队，在清华大学教职工家属中为抗日募捐，发动梅贻琦夫人韩咏华、朱自清夫人陈竹隐等为抗日将士缝制棉被和棉袜。1937年七七事变爆发后，她通过妇救会和妇女后援会开展抗日募捐活动，捐助卫生包和医药用品送往前线，并组织慰劳团赴伤兵医院和近郊，慰问二十九军抗敌将士。

1946年12月，当选北平妇女联谊会领导人。是年底，发生美军强奸北大女生事件，刘清扬立即对新闻界发表公开谈话，强烈谴责美军在华暴行，并发动妇女积极支持学生的抗议美军暴行、驱逐美军出中国的运动。

1949年以后，历任第一至第三届全国政协委员、第四届全国政协常委、第一至第三届全国人大代表、政务院文教委员会委员、湖北省政协副主席、民盟中央常委、民盟湖北省委主委、中华全国妇女联合会副主席等职。

袁复礼

（1893—1987）

·简 历·

袁复礼，1893 年出生于河北徐水，字希渊。

1908 年，就读于天津南开中学。

1913 年，进入清华学堂高等科学习。

1915—1920 年，先后在美国布朗大学、哥伦比亚大学学习教育学、生物学、考古学和地质学，1920 年获硕士学位。

1921 年，回国任农商部地质调查所技师，并参加中国地质学会的筹建工作。同年冬，与瑞典学者安特生到河南省渑池县仰韶村发掘新石器时代文化遗址获得重要发现。

1923—1924 年，到甘肃省武威进行地质调查，首次确定我国具有早石炭世晚期地层。

1927—1932 年，参与并领导了由斯文赫定发起的"中国—瑞典西北科学考察团"。

1932 年，任清华大学地学系教授、系主任。

1938 年，任西南联合大学地质地理气象系教授。

1946 年，任清华大学地质系教授、系主任。

1952 年，任北京地质学院教授。

1964 年，当选第三届全国人民代表大会代表。

1978 年，任武汉地质学院北京研究生部教授。

1987 年 5 月，病逝于北京。

·业绩·

袁复礼，著名地质学家、地质教育家。

1921 年，袁复礼把当时新兴的地貌学引入国内，积极参加中国地质学会的筹建工作，是中国地质学会的创始会员之一。1921 年冬，袁复礼与瑞典学者安特生到河南省渑池县仰韶村发掘新石器时代文化遗址获得重要发现，后该文化遗址被命名为"仰韶文化"。1923—1924 年，在甘肃做地质调查时，袁复礼首次确定了我国具有早石炭世晚期地层，并采集到袁氏珊瑚等许多新化石种属，对我国石炭纪地层划分和古地理研究做出了重要贡献。1927—1932 年，袁复礼参加了由中国、瑞典合作组成的"中国—瑞典西北科学考察团"，并任中方代理团长 3 年，于 1928 年在新疆首次发现了水龙兽、二齿兽和袁氏阔口龙等三叠纪爬行动物化石，受到国际学术界高度称赞并获得瑞典皇家科学院颁发的"北极星奖章"，极大地提高了中国科学家在国际学术界的地位。

1932 年，袁复礼参与创办清华大学地质系，担任教授和系主任工作。抗战爆发后，他担任西南联大地质地理气象系教授，在极端困难的条件下培养了一批优秀的地质人才。抗战胜利后，1946 年学校迁回北京，他继续在清华大学任地质系教授，再次担任系主任，讲授过地文学、地理学、地貌学、地形测量学、地质制图学、普通地质学、矿床学、岩石学和地史学等课程。1952 年院系调整后，任北京地质学院教授。

袁复礼从事地质教育 60 多年并取得丰硕成果，被誉为中国地貌学及第四纪地质学的先驱。袁复礼参加过众多铁矿、煤矿、金矿、锌矿的勘察、评价及矿体圈定，完成了冀东迁安、卢龙和滦县的地质调查和地形测绘，参加了黄河三门峡、刘家峡与长江三峡水利工程的选址工作。开设了"地貌学和第四纪地质学"课程，编辑出版了中国第一本《中国第四纪地质学》教材。

阎子亨

（1891—1973）

·简历·

阎子亨，名书通，以字行。1891年生于天津。1908—1912年就读于南开中学。1914—1918年在香港大学土木工程专业学习。

1918年6月—1924年12月，先后任直隶河务局防汛委员、绥远实业处技士、陆军部建筑科办事、直隶省公署课长、天津电话局科长等职。

1925年3月，创办亨大建筑公司，任经理兼工程师。1928年10月更名为中国工程司，阎子亨为总工程师。在经营建筑事务所的同时，阎子亨还在河北省立工业学院、北洋大学等校兼职授课。

1936年，加入中国建筑师学会。

1937年七七事变后，任南开学校校友会主席，任职二十余年。

1945年，阎子亨任天津市工务局局长，一年后离职。

1949年9月—1953年4月，任天津市工程学会理事。

1950年9月—1952年7月，任天津市人民政府园林广场处处长。1950年至1955年，还先后担任天津市人民政府建设委员会计划处处长、总工程师和规划处处长。自1953年起，历任天津市建筑学会第一、二、三届理事长。自1954年起，历任中国建筑学会第一、二、三、四届常务理事。

1955—1959年，担任天津市建筑工程局副局长。

1958—1962年，任天津市建筑工程学院院长。

1960—1973年，任河北省建设工程厅副厅长兼总工程师。

阎子亨还当选为天津市第一、二、三、四届人民代表大会选举产生的市人民委员会组成人员、河北省人民代表、河北省人民委员会委员、河北省人民委员会常委、河北省政协常委等职。

1973年12月10日，在天津病逝。

·业 绩·

1925年3月，阎子亨创办亨大建筑公司（后更名为中国工程司），这是中国近代创办较早的本土建筑事务所之一。中国工程司设计建成作品百余项，遍布天津，其中包括和平路上的寿德大楼、常德道上的茂根大楼、南开中学的范孙楼、新华路上的元隆孙旧宅等，建筑以风格朴素浑厚、工程坚固耐久著称，受到同行及社会各界的赞誉。

阎子亨在经营建筑事务所的同时，还在河北省立工业学院、北洋大学、天津工商学院等学校兼职授课。他把自己丰富的工程实践经验融入教学之中，注重对学生实践能力的培养，其轻松有趣的教学使学生收获颇丰、印象深刻。

1937年七七事变后，阎子亨任南开学校校友会主席，任职二十余年。

1950年9月—1952年7月，阎子亨任天津市人民政府园林广场处处长，领导设计建设了人民公园、水上公园。直到现在，人民公园、水上公园依然是天津市重要的城市园林景观与市民休闲场所。1955—1959年，担任天津市建筑工程局副局长，其间主持了天津市人民体育馆等工程的建设工作。1960—1973年，任河北省建设工程厅副厅长兼总工程师，主持了河北宾馆、河北省大礼堂、河北医院等工程的建设。此外，阎子亨还曾经担任天津市人民政府建设委员会计划处处长、总工程师和规划处处长，天津市建筑学会理事长，中国建筑学会常务理事，天津市建筑工程学院院长等职。他在建筑设计、建设管理、建筑教育、学术活动等方面贡献颇多，是我国近现代极具影响力的建筑大家。

穆芝房

（1887—1969）

·简 历·

穆芝房，名芩园，字嘉珍，回族，1887年出生于天津，"天津八大家"之一穆家长门六代。曾任天津市政协副主席。

1908年，于南开中学毕业。考入公立保定高等学堂，后转入公立唐山路矿学堂土木科。

1917年，毕业于南京河海工程专门学校。

进入社会后，首次任职于京兆永定河防局当技士，后调顺直水利委员会任副工程师。

1928年起，先后任华北水利委员会、治淮委员会、山东运河工程局、黄河水利委员会、扬子江水利委员会的工程师及测量勘察队长等职。

抗战期间，先后在晋、陕、川、桂、赣、闽等省水利主管部门任工程技术负责职务。

1945年，抗战胜利后回津，任华北水利工程总局测量组主任。

新中国成立后，任华北水利工程局测绘科长、测绘处副处长。

1951年，任水利工程总局专员。

1954年，离开水利工作岗位，调任民族工作，先后任天津市民族事务工作委员会副主任、主任。

1960年，任河北省民族事务委员会副主任。

1969年8月，因病逝世。

·业　绩·

　　穆芝房，1908 年从南开中学毕业，为南开中学首届三十三名毕业生之一。

　　穆芝房在我国水利战线工作近四十年，奋战于水利工程第一线，历任京兆永定河防局技士，顺直水利委员会副工程师，华北水利委员会技师，治淮委员会测量队长，华北水利委员会工程师，黄河水利委员会测量队长、测量组主任，华北水利工程总局测量组主任。1948 年获得国家水利部门颁发的二等金质奖章。

　　穆芝房富于爱国热情和正义感，把国家民族利益放在首位。他不顾危险，毅然把自己的住宅作为天津市中共地下工作的联络站，为中共地下工作做出贡献。穆芝房将三十多年水利工作积累起来的我国一些重要河流的测绘图纸和历史资料，严密妥善保存，使其在国民党溃退时未被破坏和散失。

　　中华人民共和国成立后，穆芝房任华北水利工程局测绘科长、测绘处副处长。1954 年，调任民族工作，先后任天津市民族事务工作委员会副主任、主任，河北省民族事务委员会副主任。穆芝房还曾当选全国政协第三、四届委员，天津市政协第一届委员和第二、三、四届副主席，天津市第一至第六届人民代表大会代表。

石志仁

（1897—1972）

·简 历·

石志仁，字树德。1897 年 3 月 1 日生于河北乐亭。

1909—1915 年，在天津南开中学读书。

1918 年，考入北京大学预科班学习。

1918—1922 年，在香港大学机械科学习，获学士学位。

1922—1924 年，公费留美，入美国麻省理工学院机械科学习，获硕士学位。

1926—1927 年，任北洋大学机械系教授。

1927—1928 年，任东北大学机械系主任教授。

1928—1929 年，任职于北宁铁路局机务处工程司。

1929—1930 年，任皇姑屯铁路工厂副厂长、厂长。

1931—1934 年，任唐山铁路工厂副厂长、厂长。

1934—1935 年，任京沪沪杭甬铁路局机务处副处长。

1935—1937 年，任津浦铁路局机务处处长兼全国铁路总机厂总工程司。

1938—1943 年，任湘桂铁路局局长。

1944—1945 年，任交通部路政司长兼全国铁路总机厂厂长、交通部技术标准委员会委员。

1945—1946 年，任平津区交通特派员。

1946—1948 年，任平津区铁路管理局局长。

1949 年，任铁道部副部长，国家科委机械组副组长、铁道组组长。

1950 年，当选中国机械工程学会理事长。

1955 年，当选中国科学院技术科学部学部委员。

1957 年，任国家科委机械组副组长，铁道组长。

1972 年 1 月 1 日，病逝于北京。

·业 绩·

　　1928 年起，石志仁长期主持铁路科技工作，为铁路牵引动力、客货车辆、通信信号现代化，建立铁路工业，发展铁路科技事业的重大决策和实施，都做出了突出贡献。

　　在民国政府铁路部门任职期间，石志仁先后主持沈阳皇姑屯、常州戚墅堰铁路工厂的设计、修建工作。抗战爆发后，石志仁积极组织后撤的铁路职工抢修铁路，维持运输，支援抗战。抗战胜利后，石志仁任平津区交通特派员，主持接收铁路、公路、邮政、电信和航运，后任平津铁路局局长。

　　1948 年，国民党军队撤退时，命令炸毁机车、桥梁，石志仁积极保护铁路。当得知国民党要对机车进行破坏时，他让机务段把机车的特殊部件拆下，并对军运部谎报机车已破坏，从而将 10 台机车完整地保留下来，交到了人民政府手中。

　　北平和平解放后，石志仁主动配合人民政权接管铁路，恢复生产。中华人民共和国成立后，石志仁任中央人民政府铁道部副部长兼国家科委机械铁道组副组长。他致力于改变原有铁路工业的落后面貌，主持改革了机车车辆工业管理体制，合理调整布局，扩建和新建了一批修理和制造工厂，创立了我国机车车辆制造工业基地。石志仁主持和参与制定了我国机车车辆制造、维修、运营等一系列基本制度和辅助制度，参与了我国内燃机车、电力机车的设计、试制和生产，以及燃气轮机车试验和京山线（天津—山海关间）自动闭塞试验的组织领导工作，还参与了丰台、苏家屯和驼峰调车场的改造以及我国第一条环形铁路实验线的建设工作。

　　1954 年起，石志仁当选为第一、二、三届全国人大代表。1955 年，石志仁当选为中国科学院学部委员。自 1956 年起，他集中精力指导现代化新型机车车辆的研制开发工作。在他亲自指导下，研制了第一代国产机车车辆，他是当代中国铁路自行设计制造机车车辆的主要组织者和开拓者之一。

高仁山

（1894—1928）

·简 历·

高仁山，1894 年 4 月生于江苏江阴县观音寺。幼时在江阴县的立本小学读书。

1911 年，随父迁居天津，考入南开中学，在校名高宝寿，字仁山。

1914 年，南开中学第五次毕业生。

1917 年，赴日本早稻田大学，专攻文科，同年 12 月从日本回国。

1918 年，到黑龙江、吉林、辽宁、河北、山东、江苏、浙江七省调查教育状况。调查结束后就任北京大学图书馆馆事。同年冬转赴美国葛林纳尔大学学习教育。

1920 年，从葛林纳尔大学毕业，进入芝加哥大学学习，获得芝加哥大学研究院硕士学位后，由芝加哥大学送至华盛顿图书馆研究教育，研究结束后赴哥伦比亚大学，获哥伦比亚大学硕士。

1922 年，由美国赴英国，调查了英国 26 个城市的教育状况，随后赴德国、法国调查当地的教育和社会现状。

1923 年 1 月，在欧美学习调研后回国，任北京大学教育学系教授、系主任。

1924 年，被选为中华教育职业社儿童通信委员会委员。

1925 年，与陈翰笙、薛培元、查良钊、胡适等人一起创办北京艺文中学，并出任校长，还与陶行知等人创办《新教育评论》杂志。

1926 年，三一八惨案发生，他与蒋梦麟、马名海等人召开国立九校教职员代表会议，向政府办理交涉。

1927 年，出任中共地下党在北京建立的北方最高统战组织"北方国民党左派大联盟"主席。同年 9 月 28 日被奉系军阀张作霖逮捕。

1928 年 1 月 25 日，高仁山被奉系军阀控制下的北京政府杀害于北京天桥。

·业 绩·

高仁山是 20 世纪 20 年代一位著名的教育改革实践家。他 1911 年考入南开中学，1914 年从南开中学毕业，是南开中学第五次毕业生。1917 年赴日本早稻田大学留学。在日本期间，曾与童冠贤等人组织以南开中学和天津法政学校校友为主体的新中学会。

高仁山毕生忠诚于祖国的教育事业，早年留学日本、美国、英国，并考察各国的教育制度。特别是在日本，目睹日本帝国主义者处心积虑要侵略中国，深感民族危机的严重，为了救国、振兴中华，高仁山立志终身从事教育研究和改革，为最终在中国创建一种科学的教育制度而积极地探索和实践。

1923 年回国后历任北京大学教育学系主任、北京师范大学教授。又与著名教育家陶行知在中华教育改进社创办了教育图书馆，高仁山亲任馆长。1925 年，为实现"根据科学方法，办理实验学校，解决我国教育上实际问题"的夙愿，高仁山参与创办私立艺文中学（现北京市第二十八中学），并担任校长。艺文中学力求教学与训育一致，以知导行，以行证知，达到每位学生毕业后都能独立地研究之目的。艺文中学的创办是高仁山教育思想的初步实现。

高仁山怀着满腔爱国之情，积极实践其教育设想，但军阀政府种种倒行逆施的做法，尤其是摧残教育的事实，使他感到他的教育救国的思想在军阀统治下很难行得通，他又开始寻找新的希望。后来他结识了中国无产阶级革命的先驱李大钊，在李大钊的影响下，他积极参加反对封建军阀和帝国主义的斗争，在与陶行知等人创办的《新教育评论》等杂志上，高仁山大声疾呼："要想创建合理的教育制度，首先应着眼于变革教育制度所依托的政治与经济制度。"1925 年和 1926 年，相继发生五卅惨案和三一八惨案，高仁山和蒋梦麟等痛斥帝国主义者和段祺瑞反动政府的暴行，他在《五卅惨案之回顾》和《这是什么政府》等文章中说："对这种惨无人道的举动，非联合全国各界的心力来对外是不能成功的。"他还猛烈抨击北京军阀政府是摧残教育的政府。1927 年 4 月，奉系军阀杀害了李大钊，高仁山悲愤地说："革命者是杀不尽的，中国人民的正义斗争必然取得胜利。"

高仁山的言行遭到反动军阀的仇恨，1927 年 9 月 28 日，高仁山被捕。在狱中他在给妻子的信中写道："自被捕之日起，身虽囹圄之中，生死问题早已置之度外。"1928 年 1 月 15 日，高仁山在北京天桥被军阀杀害。

谭　真

（1899—1976）

·简　历·

谭真，字全甫，1899 年 9 月 26 日生于广东中山。

1911—1913 年，在天津南开中学读书。

1913—1917 年，在交通部唐山工业专门学校 (后称唐山交通大学) 读书。

1917—1919 年，在美国麻省理工学习，获硕士学位。

1919—1921 年，任天津运河工程局副工程师。

1921—1927 年，任天津允元实业公司经理兼总工程师。

1928—1929 年，任天津北洋大学教授兼秘书长、天津河北工学院机械系教授。

1929—1930 年，任天津整理海河委员会正工程师。

1931—1932 年，任唐山交通大学水利工程系教授。

1935—1945 年，任天津谭真工程师事务所经理。其间，1940—1941 年任天津工商学院教授。

1945—1946 年，任天津海河工程局顾问。

1946—1948 年，任塘沽新港工程局总工程师。

1949—1952 年，任交通部新港工程局总工程师。

1953 年，任交通部航务工程总局工程公司副经理兼总工程师。

1954—1957 年，任广东湛江港务局副局长兼总工程师。

1958 年，任交通部航务建设总局总工程师。

1959 年 8 月，任交通部技术局总工程师。

1959 年 8 月年至 1976 年，任交通部副部长。

1976 年 5 月 7 日，病逝于北京。

·业绩·

谭真，1899 年 9 月 26 日生于广东中山一个铁路职工的家庭，自幼跟随父亲"转战"南北，后在天津定居。1913 年入读天津南开中学，中学毕业后考入交通部唐山工业专门学校 (后称唐山交通大学)，后考入清华学校，被派往美国麻省理工学习，获硕士学位。

1919 年，谭真抱着满腔爱国热忱回国，投入国家建设。他先后在天津运河工程局任副工程师、天津允元实业公司任经理兼总工程师。谭真还在唐山交通大学、北洋大学、河北工学院、天津市工商学院等校任教。他基本功扎实，善于表达，全部用英语讲课，并能结合我国情况作深入浅出的讲解，他的课总是座无虚席。

抗战爆发后，谭真变卖了部分家产，开设"谭真工程师事务所"，走实业救国之路。天津不少马路、工业及民用建筑都由这个事务所承建，他所承建的每一项工程总是完成得又快又好。但谭真坚持一个原则，日租界的任何大小工程，概不承接，以示对日本侵略者的抗议。

1946 年，谭真任新港工程局总工程师，后提为副局长兼总工程师，主管新港的建设。1948 年底，南京国民政府电令谭真率队撤往台湾，并备好飞机等候。但谭真毅然拒绝，在他的影响下，一大批工程技术人员也都留下，迎接解放。

中华人民共和国成立后，谭真继续担任总工程师，主持塘沽新港的扩建和改建工作。1954 年，谭真亲自率领筑港大军，建设广东湛江港，只用不到两年时间，将新中国第一座自主设计的万吨级深水海港建成投产。谭真还先后领导与主持裕溪港、上海港、青岛港的建设、扩建和技术改造，以及长江口、天津塘沽新港的航道治理研究等。

1954 年起，谭真当选天津市政协委员及第一、二、三届全国人民代表大会代表。1959 年 9 月被国务院任命为交通部副部长。他还曾担任中国土木工程学会、中国建筑学会和中国水利学会的副理事长。1962 年初，谭真主持制定交通部科技发展规划并与茅以升、张文治等参加广州科学技术工作会议，审议国家十二年科技发展规划。

杨十三

（1889—1939）

·简 历·

杨十三，1889年生于河北迁安杨团堡村，因其在堂兄弟中排行十三，取名杨十三，后曾改名杨裕民。

1914年，杨十三就学的直隶高等工业学堂附属中学并入天津南开中学，杨十三进入南开中学读书。在校时名杨彦伦。

1915年6月，从天津南开中学毕业。

1916年，就任天津直隶省工业试验所化学工业课技士。

1919年，五四运动爆发，杨十三积极投入斗争，除参加游行活动以外，还积极开展宣传活动，通过参加斗争，他不断吸收新思想，经历了深刻的思想发展。

1920年，赴美国学习，专攻造纸专业，在美学习期间获博士学位。

1923年，回国任直隶工业试验所化工课课长。

1929年，任河北省立工业学院教授、斋务课主任。此后，曾回家乡创办了冀东第一所"立三私立平民女子学校"。

1933年，日军入侵华北，杨十三参加了著名的长城抗战。

1935年，参加一二·九运动。

1937年，卢沟桥事变爆发，杨十三组织了"工字团"，参加天津各界民众抗日救国会、华北人民自卫委员会，开展抗日活动。

1938年3月，杨十三积极参与组织了20多万人参加的震惊中外的冀东武装抗日大暴动。后应召到八路军总部担负军工工作。

1939年7月21日，在太行山作战转移时牺牲。

2014年，列入民政部公布的首批著名抗日英烈和英雄群体名录。

·业绩·

杨十三，抗日民族英雄，留美博士，大学教授，我国著名造纸专家。天津南开中学 1915 届毕业生。

杨十三 1904 年来津后，曾入天津直隶高等工业专门学堂附属工厂当学徒，后来考入直隶高等工业学堂附属中学实科，学习物理。1914 年直隶高等工业学堂附属中学并入天津南开中学后，杨十三入南开中学读书。在此期间杨十三认识了周恩来，与周恩来的这段短暂的同窗经历对杨十三的思想产生了重要影响。杨十三于 1915 年 6 月从南开中学毕业。

1919 年五四运动爆发，杨十三积极参加了游行示威活动。杨十三的侄子杨秀峰，是 5 月 4 日痛打卖国贼曹汝霖的北京学生代表之一，为此遭到反动当局的通缉。杨十三闻讯后，不顾个人安危秘密进京，将杨秀峰接回天津养伤。当听到杨秀峰揭露的反动当局残酷镇压学生的罪行和目睹侄子被警察打掉门牙的惨状时，他愤然揭露军阀政府靠出卖国家主权维持反动统治的真面目，并更加积极地投入对反动当局的斗争。

1933 年日军入侵华北，杨十三参加了全国著名的长城抗战。他还动员在北京高级产科学校上学的女儿杨效昭组织支前救护队，开到抗战前线。1935 年一二·九运动中，杨十三组织学生游行示威，以教授身份，走在队伍最前列，支持声援北平学生。

1937 年卢沟桥事变爆发，7 月 30 日日军攻占天津，杨十三义愤填膺，愤然曰："吾侪与敌决战之期至矣，吾愤累年，誓当以死报国。"他四处奔走，号召大家为抗日救国的伟大事业而共同奋斗。天津沦陷后，杨十三组织"工字团"，参加天津各界民众抗日救国会、华北人民自卫委员会，开展抗日活动，并以自家的住宅为地下活动联络点。

1938 年 3 月，杨十三积极参与组织了 20 多万人参加的震惊中外的冀东武装抗日大暴动，率队配合挺进冀东的八路军，经大小战斗 50 多次，名扬冀东。后被朱德总司令电召八路军总部，担负军工工作。1939 年 7 月 21 日，因长期劳顿，重病积疴，在太行山作战转移时牺牲于担架上。

杨十三逝世后，毛主席给他写了题为《悼念冀东抗日英雄杨十三》的挽联：国家在风雨飘摇之中，对我辈特增担荷；燕赵多慷慨悲歌之士，于先生犹见典型。

梅贻宝

（1900—1997）

·简 历·

梅贻宝，1900 年出生于天津，祖籍江苏武进。

1914 年，考入南开中学。

1915 年，考入清华学校中等科。同年，梅贻琦入职清华任教，为梅贻宝物理课业师。

1928 年，在美国获博士学位。

1929 年 7 月，梅贻宝著《墨子的伦理及政治论著》出版。

1934 年，梅贻宝著普罗赛因东方文学丛书《墨子：一位被人忽视却与孔子匹敌的对手》，在英国伦敦出版。

1934—1936 年，梅贻宝任铭贤学校代理校长，在"燕京模式"的基础上，吸收从事乡建工作的众方之长，以自身农工专业为特色，使学校整体实力得到显著提升，走出了乡村建设的"铭贤道路"，铭贤学校由此进入黄金发展期。

1936 年，任燕京大学文学院院长。1941 年，日寇举兵占领燕京大学，强行遣散学生，把教授们押往集中营。1942 年 10 月 1 日，燕京大学于成都复校开学。梅贻宝任代理校长至 1945 年。

1945 年，抗战胜利后全家回北平。同年，美国国务院约请燕京大学指派一位教授赴美报聘，燕大教授会议推举梅贻宝应邀由成都起飞前往。

1960 年 5 月，梅贻琦患病入住台大医院。1961 年春，梅贻宝由美国脱身赴台陪护兄长，至五月初离台。此行成为与五哥梅贻琦的最后一次见面。

1971 年，与薛光前、赵元任合著的《海外学人著作选刊》第一集、第二集由国立编译馆编辑，正中书局印行。

1977 年，梅贻琦去世 15 周年之际，梅贻宝等 22 位校友集资在梅贻琦墓碑前修建月涵亭。

1982 年，梅贻宝著《大学教育五十年——八十自传》出版。同年 5 月，与牟宗三等合著的《中国文化论文集（四）》由东海大学出版社出版。

1997 年，梅贻宝逝世。

·业绩·

梅贻宝，1914年考入天津南开中学。1928年在美国获博士学位后回国，受聘于基督教燕京大学，历任注册课主任、教务处主任、讲师、教授、文学院院长、成都燕京大学代校长，还先后任美国爱荷华大学东方学教授、香港中文大学新亚书院校长、台中东海大学教授等职，服务大学教育五十年。

1942年初，燕大校董会推举梅贻宝任复校筹备处主任。时值抗战中期，筹集经费，寻觅校舍，延聘名师，迎接自沦陷区千里迢迢历经艰险奔赴成都的燕大师生，招生复校工作艰巨繁重。梅贻宝遵循南开中学老校长张伯苓"我为自己向人求告是无耻，我为南开不肯向人求告是无勇"的训示，鼓起勇气发动"求告"，团结带领师生员工，群策群力。设有文、理、法三个学院十四个系的成都燕京大学终于1942年10月1日正式开学上课。三千学子投考燕大，限于种种条件仅录取一百余人，以后逐年增加。其间，中央研究院院士陈寅恪、萧公权、李方桂等名师应邀到校任教。在极短的时间内使一所中外驰名的综合性大学复校，并坚持办学到1946年师生回北京，保持了教学高质量，工作高效率，善始善终，可谓中国教育史上的一项重要成绩。

1942年10月，美国威尔基来华，向重庆成都两市大学师生发表演讲，均由贻宝校长现场翻译。当天正值燕京成都复校开学首日，全校师生听取威氏演讲及梅校长翻译，代替开学典礼。校长声音浑厚洪亮，思维敏捷，翻译准确传神，与会师生印象深刻，深感骄傲。

燕大学生周汝昌（1935—1936年就读南开中学高中）曾于1939年考入该校西语系，并获领奖学金，1941年因日寇强行封校而废读。1947年，周汝昌向时任燕大文学院院长梅贻宝及教务处递交了《申请准予复课书》，经考试获准入读西语系。因经济困难，周汝昌为申领奖学金事上书梅贻宝："……倘得援依旧案，着生仍能续领现行助学金，俾得就此最后良机，如期入学，则自今而后，脱有寸功微业，于国在人，皆莫非出于院长育才之至心，树人之懋德也。生临书不胜其激切屏营，翘企待命之至！"几日后教务处复函："……已由院长会议审查完毕，核给乙种助学金。"该复函眉处有梅贻宝用红笔写的题记：素不相识但文字绝佳人才也——梅。

梅贻宝自1949年侨居美国近50年，深知美籍华人身份的种种便利，但直至1997年去世时始终没有加入美国籍。

刘启文

（1898—1937）

·简 历·

刘启文，河南南阳人，号靖远。1898 年出生于河南南阳宋湾镇单岗村。

1912 年，由河南到天津南开中学读书。

1915 年，由南开中学毕业后，决意投笔从戎，考入保定军官讲武堂。

1918 年，由保定军官讲武堂毕业后到吴佩孚部任排长。

1921 年，考入保定陆军大学第七期。

1925 年，从保定陆军大学毕业后被分配到东北军将领董英斌部下任连长。因其治军严明，勇猛顽强，且富于爱国热忱，不断受到提拔，委以重任。

1936 年初，晋升为东北军 115 师少将师长。同年 12 月，西安事变前，张学良将刘启文部调驻西安，担任城防任务。

1937 年初，由于刘启文师在西安事变中发挥的重要作用，蒋介石将其降为 67 军 108 师 322 旅旅长。1937 年，日本发动全面侵华战争后，刘启文所部奉命调往河北沧州前线。11 月初，奉命率部驰援上海前线。11 月 8 日，冒雨开往上海高志航松江县南口阵地，阻击金山卫登陆的日军。11 月 10 日凌晨，在日军包围下向佘山口转移时，亲自率部向日军冲去，不幸胸部中弹，壮烈牺牲。

1988 年 6 月 12 日，中华人民共和国民政部批准刘启文将军为革命烈士。中国人民抗日战争纪念馆中展示了刘将军的英雄业绩。

2015 年 8 月 24 日，被列入民政部公布的第二批 600 名著名抗日英烈和英雄群体名录。

·业 绩·

刘启文，著名抗日爱国将领。

在中国共产党停止内战、一致抗日政策的影响下，刘启文和东北军大多数官兵坚决拥护中国共产党提出的团结抗日的主张，他参加了共产党员刘澜波、刘鼎在东北军成立的秘密组织——抗日同志会。

1937年7月，日本发动全面侵华战争，8月进犯上海。刘启文所部奉命调往河北沧州前线。临行前，刘启文托人给住在开封的家人捎去一封信，说：此次赴前方抗日救亡，是洗雪国耻之良机，我身为一介武夫，是中华儿女，决意率部英勇杀敌，已怀必死之心报效国家，你们回老家去要依靠弟弟把孩子抚养长大，我愿足矣。

1937年11月初，刘启文奉命率部驰援上海前线。11月8日，冒雨开往上海高志航松江县南口阵地，阻击金山卫登陆的日军。晚9时许，刘启文猝遇日军，他亲率六四四团、六四七团扼守三十号铁路桥要冲，决心予敌重创。但由于此时原驻军已奉陈诚密令撤退，溃败如潮，使刘部腹背受敌，战斗十分惨烈。

11月9日，刘启文在所部伤亡惨重的情况下，仍机智应战。后为保存实力和掩护军、师指挥部撤离，刘启文率部向松江西关转移，在松江十里长街与日军巷战，拉锯式的战斗一直持续到深夜11时。为准备次日的战斗，两天两夜未合眼、滴水未进的刘启文继续率领士兵在西关大街构筑工事。11月10日凌晨，日军冲破松江北关防线向西关大街包围过来。刘启文估计军、师指挥部可能已转移，为避免全军覆没，果断命令所部从北大街突围向佘山口转移，但在部队经过西大街转往北大街的桥梁时，部队遭受惨重伤亡。危急之中，刘启文亲自率部向日军冲去，官兵士气大振。不幸，在即将冲过大桥时，刘启文的胸部中弹，壮烈牺牲，时年38岁。

黄钰生

（1898—1990）

·简 历·

黄钰生，1898 年 4 月 15 日生于湖北仙桃，字子坚。

1912—1916 年，在天津南开学校就读（后改称南开中学）。

1916—1919 年，在北京清华学校（留美预备学校）学习。

1919 年，赴美留学，先后在劳伦斯学院和芝加哥大学学习。1923 年，获芝加哥大学教育学与心理学硕士学位。

1925 年，任南开大学哲教系教授、文科主任。

1927 年，兼任南开学校大学部主任，后改称秘书长。

1937 年 9 月，参与长沙临时大学筹备工作。

1938 年 2—4 月，三百余名临大师生组成"湘、黔、滇旅行团"，黄钰生任该团指导委员会主席，从长沙出发，步行入滇。1938 年 1—10 月，任西南联大建设长。

1938 年 8 月—1946 年，任西南联大师范学院院长。

1940 年 7 月—1946 年，兼任西南联大师范学院附设学校主任。

1945 年 10 月—1946 年 2 月，兼任天津市教育局长。

1946—1952 年，任南开大学校务委员会委员兼秘书长。1951 年兼任津沽大学师范学院院长。

1952—1990 年，任天津图书馆馆长、顾问、名誉馆长。其间 1954 年兼任天津市科学技术协会副主委。1956 年兼任天津市科学技术委员会副主委。

曾当选为第五、六届全国政协委员。历任天津市政协委员、常委。第五、六、七、八届天津市政协副主席，第八届市政协党组成员。

曾当选为中国民主促进会中央参议委员会委员，民进第七届中央委员会委员，民进天津市委员会副主委，民进天津市委员会名誉主任委员。

曾任中国图书馆学会第一、二届理事会副理事长，天津市图书馆学会理事长。

1978—1981 年，连续四年被评为天津市劳动模范。

1983 年，担任天津市联合业余大学校务委员会主任委员。

1985 年 12 月，被接受为中共预备党员，1986 年 12 月转为正式党员。

1990 年 4 月 11 日，在天津病逝。

·业绩·

黄钰生，著名教育家、图书馆学家。1912—1916年就读于南开中学，学习勤奋，深受南开浓厚的爱国氛围熏陶，被提倡社会改良和进步的书籍所吸引。曾任演说会副会长、英文学会副会长和唱歌团总干事。四年的中学生活使他的身心全面发展，毕业考试成绩跃居年级第一。

1925年任教南开学校大学部，先后教授心理学、哲学和教育史。在教育学理论方面造诣颇深。1927年，被任命为南开大学秘书长。抗日战争爆发，日军炮击南开，危急时刻不顾私人财产和个人安危，指挥并组织校产转移和师生疏散。1938年，作为长沙临时大学"湘黔滇旅行团"指导委员会主席，与部分临时大学师生步行到昆明，这是一次艰苦卓绝的长途跋涉，对西南联大精神的塑造至关重要，是中国高等教育和文化赓续不辍的象征。同年八月筹建西南联大师范学院并任院长，1940年筹办师院附校身兼主任。学院培育了大批人才，为该地区教育事业及后续发展做出了历史性的贡献。抗战胜利后，联大师范学院及附校整建制留在昆明，人们称誉黄钰生将"无限遗爱永留西南边陲"。抗战胜利后，作为南开大学复校工作主持人，黄钰生做了大量艰苦的工作。新中国成立前夕，在地下党的领导下与学校师生一道保护校产。

1952年任天津图书馆馆长，十分重视馆藏建设、目录组编和读者服务工作，为图书馆的建设与发展奠定了坚实基础。作为知名的图书馆学家，在公共图书馆科技文献检索和联合目录编撰方面都有独到的建树。他积极响应周总理"向科学进军"的号召，提出了"为科研和生产服务为宗旨"的办馆方针，主持编写《科技文献检索工具书刊介绍汇编》，为发展图书馆学研究和促进图书馆界的国内外交流做出积极贡献。耄耋之年，他在馆内开设了科技英语、图书检索与分类等培训班，亲力亲为，培养了一批图书馆工作的新生力量。

在85岁高龄，他率六所大学的校友共同创办了天津联合业余大学，并任教务委员会主任委员，以"老圃殷勤灌百花"的精神，为大学的创立和发展倾注大量心血。

黄钰生是民进天津市委员会主要领导人之一，他自觉接受党的领导，在政治协商、民主监督、参政议政、统战工作和民进组织建设等方面做了大量工作，并在87岁高龄加入中国共产党。

冯文潜

（1896—1963）

·简 历·

冯文潜，字柳猗，祖籍天津，1896 年 12 月 2 日，生于河北涿县一个没落的盐商家庭，父亲为清末秀才。

1906 年，入河北涿县养正小学读书。

1912 年，考入天津南开中学。在校期间，与周恩来一同参与社团活动，志趣相投，结为好友。两人都是"敬业乐群会"成员，又同时当选为南开校刊《校风》社成员。

1915 年，从天津南开中学毕业，入南开高等预备班学习两年。

1917 年，赴美留学，入衣阿华州葛林乃尔学院主修哲学，辅修历史，获学士学位。

1920 年，入芝加哥大学研究院深造。

1922 年，赴德国留学，入柏林大学研究院攻读哲学和历史。

1928 年 4 月，学成归国，投身教育事业，历任南京中央大学讲师、副教授。

1930 年，受聘于南开大学哲学系，任教授，讲授西方哲学史、美学、哲学概论等课程。

1937 年，南开大学遭日寇飞机轰炸，学校南迁，因病未能及时离津。

1938 年，到达昆明，任国立西南联合大学哲学系教授兼代系主任。

1942 年 6 月，与黄钰生教授等人筹划成立"南开大学文学院文学研究所边疆人文研究室"。

1946 年，任南开大学文学院院长，为南开大学重建工作奔波操劳。

1952 年，任南开大学图书馆馆长。

1963 年 4 月 30 日，因病逝世。全校 1700 余人参加了公祭大会。

· 业 绩 ·

冯文潜在南开中学期间，热心参与学生活动，因此与低自己两届的周恩来相识，因志趣相投，很快便结为好友。冯文潜曾与黄钰生、孔云卿等人共同组织名为"三育兢进会"的社团，后周恩来筹建"敬业乐群会"，冯文潜便将"三育兢进会"并入"敬业乐群会"。他与周恩来同时当选为南开校刊《校风》社成员，周恩来任总经理兼记事部主任，冯文潜任译丛主任。

从南开中学毕业后，冯文潜赴美国留学，于衣阿华州葛林乃尔学院获学士学位。1920 年起又先后就读于芝加哥大学、柏林大学的研究院，攻读西方哲学。他在古希腊哲学、德国古典哲学、美学史等方面均有颇深的造诣。1928 年学成归国后投身教育事业，入职南京中央大学。

1930 年，冯文潜受聘南开大学哲学系。1937 年，南开大学遭受日军轰炸，举校南迁，与清华大学、北京大学在昆明合并成立国立西南联合大学。冯文潜出任西南联大哲学系教授兼代系主任。1942 年，与黄钰生教授等人筹划成立了"南开大学文学院文学研究所边疆人文研究室"。他为研究所的经费筹集、物资采购出力良多，对研究所的后勤事务细心安排，为同事创造良好的科研工作环境。

1946 年，冯文潜任南开大学文学院院长，为南开大学重建工作奔波操劳。至1947 年底，文学院初具规模，设有中文、外文、历史、哲学教育四系，延请多位著名学者任教，充实了南开大学的学术力量。

1952 年，冯文潜出任南开大学图书馆馆长。这时的图书馆馆藏因之前的轰炸和搬迁损失严重，仅有图书 20 万册。冯文潜精打细算，节约图书经费，但若遇到珍贵图书，不惜重金求购。对于一些价格较贵、比较难得、对个别领域有参考价值的书，他怕动用购书经费遭人议论，就个人出资购书，赠送南开大学图书馆。他身为馆长，仍亲自从事找书、编目、布置阅览厅等工作，为工作人员做好表率。到他去世的 1963 年，南开大学图书馆馆藏书籍增加了 50 万册。

冯文潜与周恩来的友谊维持了终生。留学期间，两人就时常通信。在欧洲也曾利用难得的见面机会畅谈。1946 年，两人在重庆为赴美的张伯苓校长送行时不期而遇，周恩来对这位二十多年未曾谋面的老友记忆犹新。1959 年，已是共和国总理的周恩来视察南开大学，冯文潜一直陪同在身边。1963 年，冯文潜因病逝世，周恩来亲自领衔参加治丧委员会，并以他和邓颖超的名义送上花圈。

周恩来

（1898—1976）

·简 历·

周恩来，1898年3月5日生，字翔宇。小名大鸾。曾用名飞飞、伍豪、少山、冠生等。原籍浙江绍兴，生于江苏淮安。1913年进天津南开中学学习。1917年留学日本。1919年回国。在天津参加五四运动，组织觉悟社，从事反帝、反封建的革命活动。1920年至1924年先后去法国和德国勤工俭学，在旅欧的中国学生和工人中宣传马克思主义，发起组织旅欧中国少年共产党（后改称旅欧中国社会主义青年团）。1921年转入中国共产党（由张申府等人介绍），任中国社会主义青年团旅欧总支部书记，并参加中共旅欧总支部的领导工作，对早期的建党、建团工作起了重大的作用。1924年7月下旬从巴黎回国，曾任黄埔军校政治部主任，国民革命军第一军政治部主任，中共广东区委委员长、常委兼军事部部长，主持建立党直接领导的革命武装叶挺独立团。1925年2月、10月，领导进行了第一、二次东征，为巩固和发展广东革命根据地和进行北伐作出了重大贡献。1926年曾在广州农民运动讲习所讲授军事课程，同年冬到上海，任中共中央军委书记兼中共江浙区委军委书记。1927年3月领导上海工人第三次武装起义获得胜利；8月领导了南昌起义，向国民党反动派打响了第一枪，为创建人民军队作出了重要贡献，在起义中任中共前敌委员会书记。同月在中共八七会议上，当选为临时中央政治局候补委员。1928年出席党的六大，在会上作了关于军事问题和组织问题的报告。后在上海坚持地下工作，任中共中央组织部部长、中央军委书记。1931年12月进入中央革命根据地后，任中共苏区中央局书记，中国工农红军总政委兼红一方面军总政委，中央革命军事委员会副主席。1933年春和朱德一起领导和指挥了第四次反"围剿"战争，取得了重大的胜利。1935年1月在遵义会议上，坚决支持毛泽东的正确路线，为确立毛泽东在全党的领导地位，起了十分重要的作用。在遵义会议后，仍任中央革命军事委员会副主席，并任中央负责军事行动的三人小组成员。1936年12月任中共全权代表去西安同被逮捕的蒋介石进行谈判，和平解决了西安事变。抗日战争时期，任中共中央代表和南方局书记，并任国民党政府军事委员会政治部副部长，长期在驻国民党政府所在地武汉、重庆进行党的工作和统一战线工作。1945年8月和毛泽东去重庆，同国民党进行谈判斗争，《双十协定》签订后，率中共代表团留在重庆和南京。1946年11月从南京返回延安。1947年3月国民党军队重点进攻陕甘宁边区时转战在陕北，同年8月任中央军委副主席兼中央军委代总参谋长。1948年9月，参加领导和指挥了辽沈、平津、淮海三大战役，同年11月任中央军委副主席兼总参谋长，为推翻国民党的反动统治、武装夺取政权、创建社会主义新中国，建立了不朽的功绩。

天津南开中学人物名录

中华人民共和国成立后，历任政府总理、外交部部长（兼任）、中共中央军委副主席，第一届全国政协副主席，第二、三届主席。是中共五届中央委员，中共六至十届中央政治局委员，中共六届、七届中央书记处书记，中共八至十届中央政治局常委，中共八届、十届中央委员会副主席，一至四届全国人大代表。

在担负处理党和国家日常事务的同时，和毛泽东一起制定了党的社会主义建设的路线、方针、政策；几个发展国民经济的五年计划都是他亲自主持制订和组织实施的。1960年为调整、巩固、充实、提高的方针，采取一系列措施，使国民经济顺利地得到恢复和发展。还提出了中国知识分子绝大多数已经是劳动人民的知识分子，科学技术在中国现代化建设中具有关键性作用等观点，对社会主义建设都有重大意义。在国际事务中，参与制定并亲自执行了一系列重大的外交决策，提出了外交工作中一系列具体的方针和政策，创造性地贯彻执行了党的革命外交路线。1953年，倡导提出了著名的和平共处五项原则。1955年4月，率中国代表团出席第一次亚非会议，使会议通过了以和平共处五项原则为基础的万隆会议十项原则。在"文化大革命"中，顾全大局，任劳任怨，为继续进行党和国家的正常工作，尽量减少损失，为保护大批的党内外干部，费尽心血，并同林彪、江青反革命集团的阴谋进行了各种形式的斗争。在第四届全国人民代表大会上重申在本世纪内，全面实现农业、工业、国防和科学技术现代化，使我国国民经济走在世界前列的宏伟规划。1972年患病以后，一直坚持工作。

1976年1月8日在北京逝世。

主要著作编为《周恩来选集》等。

夫人邓颖超。

·业绩·

周恩来同志出生于 1898 年，在他青少年时期，由于西方列强入侵和封建统治腐败，中国正处于内忧外患之中，社会危机空前深重，人民命运十分悲惨。面对国家危难和人民困苦，周恩来同志决心"为了中华之崛起"而读书，誓言"险夷不变应尝胆，道义争担敢息肩"，立下"面壁十年图破壁"的远大志向。周恩来同志和他那一代杰出中国共产党人一样，深入思索，挺起脊梁，苦苦探求救国救民的真理和道路。他投身五四爱国运动，开始接触马克思列宁主义，随后远赴欧洲勤工俭学，通过反复比较，确立了共产主义信仰。1921 年，他在巴黎参与创建旅欧共产党早期组织，成为中国共产党最早的党员之一。

在新民主主义革命时期，周恩来同志为我们党探索中国革命正确道路、创建人民军队、创建革命统一战线、创建人民当家作主的新中国建立了不朽功勋。1924 年，他回国后即投身大革命洪流，担任黄埔军校政治部主任，是我们党最早认识武装斗争重要性和最早从事军事工作的领导人之一。大革命失败后，周恩来同志作为党中央主要领导人之一，领导发动南昌起义，打响了武装反抗国民党反动派的第一枪，党领导的人民军队从此诞生。在极其严酷的白色恐怖下，周恩来同志积极开展党在国民党统治区的秘密工作，指导和支持各地工农武装割据斗争，为推动"农村包围城市，武装夺取政权"的中国革命正确道路的形成作出了突出贡献。周恩来同志到江西中央革命根据地后，同朱德同志等一起指挥了第四次反"围剿"斗争并取得胜利。在遵义会议上，他坚定支持毛泽东同志的正确主张，为确立毛泽东同志在红军和党中央的领导地位，为在危难中挽救红军、挽救党，为中国革命实现历史性转折，发挥了十分重要的作用。西安事变发生后，周恩来同志根据党中央的方针，亲赴西安，多方斡旋，推动了西安事变和平解决，促成第二次国共合作、团结御侮的新局面。全民族抗日战争时期，周恩来同志代表我们党长期在国民党统治区坚持工作，广泛团结和争取各界爱国人士，同国民党顽固派进行有勇有谋的斗争。抗日战争胜利后，周恩来同志陪同毛泽东同志赴重庆同国民党进行谈判，随后率领我们党代表团同国民党当局进行了长达一年多的谈判斗争。解放战争时期，周恩来同志协助毛泽东同志部署指挥一系列改变中国命运的战略大决战，并推动国统区形成第二条战线。周恩来同志代表我们党同各民主党派和爱国民主人士共商建国大计，筹备召开中国人民政治协商会议，主持起草《共同纲领》，为新中国的筹建作出卓越贡献。

中华人民共和国成立后，周恩来同志为积极探索符合我国国情的社会主义建设道路、推进社会主义革命和建设事业倾注了大量心血，作出奠基性贡献。周恩来同志担任政府总理长达 26 年，既是国家建设总体蓝图的重要设计者，又是将它付诸实施的卓越组织者和管理者。周恩来同志提出："国家面貌的改变要从经济面貌的改变做起。这样，我们的国家才能永远站立起来。""经济建设工作在整个国家生活中已经居于首要的地位。"周恩来同志强调，要正确处理各种关系，分清轻重缓急，做到统筹全局、综合平衡、协调发展，社会主义不仅要有经济建设，还要有政治建设和精神建设，必须全面发展。周恩来同志提出科学是关系经济、国防和文化发展的决定性因素，"我们必须急起直追，力求尽可能迅速地扩大和提高我国的科学文化力量，而在不太长的时间里赶上世界先进水平"。他高度重视国防现代化建设，强调"我们要搞尖端国防。尖端和国防是密切联系在一起的"，亲自组织领导"两弹一星"大规模科技攻坚取得重大突破，极大提升了我国综合国力和国际地位。周恩来同志高度重视对外经济交往和学习外国先进技术，强调"敢于向一切国家的长处学习，就是最有自信心和自尊心的表现，这样的民族也一定是能够自强的民族"。

周恩来同志作为第一届全国政协副主席，第二、三、四届全国政协主席，高度重视发挥统一战线在社会主义革命和建设中的作用，为坚持和完善中国共产党领导的多党合作和政治协商制度作出了重要贡献。周恩来同志念念不忘祖国统一大业，为解决香港、澳门和台湾问题做了大量基础性、开拓性工作。周恩来同志是新中国外交事业的主要奠基者之一，卓有成效地领导了党和国家外事工作。他首倡的和平共处五项原则成为我国外交政策的基石。他推动我国同各国特别是广大发展中国家发展友好合作关系，使我们的朋友遍天下。周恩来同志博大精深的外交思想、丰富多彩的外交实践、独具一格的外交艺术和外交风格，赢得了世界各国人民和国际友好人士普遍尊敬，为党和国家赢得了很高的国际声誉。

在"文化大革命"极端复杂的特殊环境中，周恩来同志作出了常人难以想象的努力，忍辱负重，苦撑危局，维护党和国家正常工作运转，尽一切可能减少损失。周恩来同志保护了一大批党的领导骨干、民主人士和知识分子；协助毛泽东同志粉碎了林彪反革命集团妄图夺取最高权力的阴谋，同江青反革命集团进行了坚决斗争。"九一三"事件后，周恩来同志主持中央日常工作，批判和纠正极左思潮的错误，使各方面工作有了转机。他全力支持邓小平同志领导对各方面工作进行整顿，这不仅深深影响了当时中国的政局，而且为后来中国的改革和发展准备了条件；他在四届全国人大一次会议上重申实现四个现代化的宏伟目标，极大鼓舞了全党全国各族人民。

周恩来同志从 1927 年起就是党中央的核心领导成员，中华人民共和国成立后长期担任党和国家重要领导职务，参与领导了革命和建设时期党的各项重大工作，为党和人民事业取得的每一个重大胜利付出了巨大心血。周恩来同志注重把马克思主义基本原理同我国具体实际相结合，善于总结党领导革命和建设正反两方面经验，善于发现和总结人民群众创造的新鲜经验，善于从中华优秀传统文化和世界文明中汲取智慧，善于进行实事求是的理论思考和深刻阐释党的路线方针政策，在政治、经济、文化、社会、军事、外交、统一战线和党的建设等领域都作出了理论建树，为毛泽东思想的形成和发展作出了重要贡献，也为改革开放新时期我们党形成中国特色社会主义理论体系提供了重要思想启迪。

吴玉如
（1898—1982）

·简 历·

吴玉如，字家琭，原籍安徽泾县茂林村，故早年号茂林居士，晚年自署迂叟。中国当代著名学者、书法大师。1898 年 5 月 31 日生于南京。1907 年 10 岁时随父到天津。

1911 年，为母书泥金扇面小楷《石钟山记》一帧，是其现存最早墨迹。

1913 年，转入天津南开学校学习，与周恩来同为丁二班学生。曾任"敬业乐群会"演说部部长，由此开始的南开情结伴随着他的一生。

1915 年，入北京大学预科，后转入朝阳大学。不久，因父逝世而辍学。

1916 年，为衣食计，赴哈尔滨投奔父亲朋友处谋生。

1918—1929 年，先后在黑龙江省铁路交涉总局等处任职。其间学业、书法精进不已，参加哈尔滨著名的"松滨吟社"并成为重要成员。

1930 年，赴莫斯科，生活清苦，常以书法消遣，并有大量诗词之作。

1931 年，自莫斯科返哈尔滨。九一八事变爆发，率家眷入关避难。

1933—1935 年，回天津，为衣食奔走京、沪等地。其间书法日臻成熟。

1936 年，得张伯苓先生之邀请并函准担任南开大学商学院国文教师兼经济研究所秘书。暑假后，任文学院大一国文教师。

1938 年，七七事变爆发后只身奔赴内地，去昆明西南联大任教。途经重庆时被张伯苓校长执意挽留。与周恩来在重庆重逢。

1939 年，拒绝蒋介石召见。天津水灾，绕道缅甸、中国香港，返津。

1940 年，为避免日本人迫害，名字由"吴家琭"改用"吴玉如"，曾先后到天津志达中学、天津工商学院（后改为津沽大学）国文系任教。

1952—1955 年，书真、行、草《千字文》各一册。

1958 年，参与《辞源》条目编写。

1962 年，书写南开校训"允公允能 日新月异"。

1973 年，在周总理直接关注下，被聘为天津市人民图书馆特别顾问。后曾任天津市文史研究馆馆员和天津市文联委员。

1981 年，当选天津市政协委员、中国书法家协会名誉理事。

1982 年 8 月 8 日病故。

天津南开中学人物名录

133

·业 绩·

20 世纪 40 年代，中华大地上一南一北出现了两位书法大家，即上海的沈尹默和天津的吴玉如，自此中国现代书法史上始有"南沈北吴"之说。

吴玉如 16 岁进入天津南开中学就读。在学期间，由于品学兼优，娴熟古文，深受严修、张伯苓二位先生赏识和奖掖。

吴玉如因看不惯当时政坛的黑暗，不涉足政界、不与当局接触，但有一次破例。在天津解放前夕，周恩来弟弟周同宇突然被捕，南开旧友设法营救。但须有社会知名人士而且是当局尊崇者领衔出面联名递呈保状，才可能奏效。在拟定的名人名单里就有吴玉如。有人说，吴玉如从不参与政治，恐怕不肯出面。但当南开校友找到吴玉如时，他问明情况，毫不犹豫地一口答应，并且首先在保状上签字。保状递上后，周同宇终于被保释。此事充分反映出文人吴玉如在大义面前的正义感和担当勇气，这是文人最为难能可贵的品质。

吴玉如之所以能成为书法大家，主要由于他的天资与勤奋。吴玉如自幼酷嗜书法，五岁时学写字，到十二三岁时，写小楷、行书已具有相当功力。父亲去世后，吴玉如赴吉林谋生，供职于黑龙江铁路交涉总局，曾任哈尔滨第一任市长马忠骏秘书。其间参加了哈尔滨著名的"松滨吟社"，那是当时北方文化人的雅集场所，吴玉如耳濡目染，勤奋好学，其学业、诗词、书法均大为精进，并成为了大家的书法老师。

后又经几十年博览勤习的钻研，融合诸家风格，取唐、宋、元、清各朝名家之长，而又以二王（羲之、献之）为依归，形成了他端丽秀劲、遒健豪放、空灵飘逸的独特书风。隶、楷、行、草、篆无不精能。同时，吴玉如在古文、诗词、文字等方面，亦有很深的造诣。曾多次在国内和日本举办个人书法展览会，受到国内外专家的推重赞赏。并有《吴玉如书法集》《迂叟魏书千字文》《迂叟自书诗稿》《吴玉如行书千字文》等传世。吴玉如的书法作品成为大家竞相临摹收藏的传世之作，其弟子也已遍布全国各地。

吴玉如先生一生强调读书。如其所言："要学写字应先做人""写字首先必须读书""不读书者无佳字"。

1976 年周恩来去世。吴玉如老泪纵横、痛心不已，写下了《哭翔宇四首》。天津"周恩来同志青年时代在津革命活动纪念馆"建成后，吴玉如题写诗句"险夷不变应尝胆，道义争担敢息肩"。这幅字被悬挂在纪念馆的会客室里。

1982 年 8 月 8 日吴玉如在津病逝。

梁镜尧

（1899—1945）

·简历·

梁镜尧，字景唐，广东番禺人，1899 年出生于澳门。

1902 年，随父母北上东三省和俄罗斯等地经商。

1908 年，返回澳门，到灌根学校读书。

1911 年，梁镜尧与家人北迁天津。

1913 年，入读天津南开中学。

1915 年，和周恩来一起向时任南开学校武术教习的武术家韩慕侠学艺，并参加起草《敬告国人练习形意拳提倡武术书》。

1917 年，从南开中学毕业。

1919 年，就读于北京大学英文系。

1923 年 3 月，参加北京学生联合会组织的反军阀游行，在与军警冲突中受伤。

1925 年，从北京大学毕业后在山西太原中学短暂任教。

1926 年，返广东成婚，并先后在广州市公安局、电报局以及福建财厅任秘书、课长等职。

1937 年，梁镜尧转任广州纺织厂总务课长，在日军逼近广州时，甘冒生命危险日夜指挥工人疏散和看护工厂。

1938 年 10 月，广州沦陷之时，为防纺织厂设备资敌，亲去埋下炸药才肯撤退。后化装成老农避走香港。

1940 年，梁镜尧与家人由香港辗转入粤北曲江，任第七战区上校参议。

1941 年，开始担任仲元中学校长。

1945 年 1 月 24 日凌晨，韶关攻守战中，梁镜尧及长子梁铁，和数名师生为国捐躯。1 月 26 日，中国共产党在重庆出版发行的《新华日报》以《一校忠烈——曲江仲元中学师生抗敌殉难》为标题报道梁镜尧及仲元师生事迹，作公开表彰。

·业绩·

　　1911年，梁镜尧与家人北迁天津，1913年与周恩来同年入读天津南开中学，在校期间曾向时任南开学校武术教习的武术家韩慕侠学艺。韩慕侠之子韩少侠在撰写的长文《我的父亲韩慕侠》中几处提到梁镜尧，可见其习武之用心，颇得师傅器重。在韩慕侠弟子起草的《敬告国人练习形意拳提倡武术书》文后署名"同启者"的十人中，梁亦列其中。1918年夏，韩慕侠获博物院颁发"苍玉武师牌"，梁镜尧还特制插屏一帧，真实记录了过程，落款为"民国十年一月八日梁镜尧撰、海阳周予孜书"。

　　1937年，梁镜尧转任广州纺织厂总务课长，时日军已逼近广州，他甘冒生命危险日夜指挥工人疏散，工厂被炸之时，他还自带药剂作临时看护，并送伤者去医院，全不顾自己眉间和颈部也被炸弹碎片所伤。1938年10月广州沦陷之时，日寇已到市郊，梁为防纺织厂设备资敌，亲去埋下炸药方肯撤退。1940年，梁镜尧与家人辗转入粤北曲江，任第七战区上校参议，次年开始担任仲元中学校长。他事无巨细皆亲力亲为，严格治校，每顿饭与学生同食，且每日必参加清晨五点的升旗仪式，当时仲元中学学风为曲江之冠，初中即实行童军管理，高中则实行军事管理。梁校长率先垂范，刻苦耐劳，办公往返数里从不乘车、坚持步行，每晨练太极拳及写字五百……旁人皆称叹他是"真正的教育家"。

　　1945年1月24日凌晨，韶关攻守战中，仲元中学成日军攻击目标，梁镜尧一边掩护妇孺退避入山，一边部署军训生英勇抵抗来犯之敌。天将曙，全副武装的日本兵手提上了刺刀的步枪冲进仲元中学校园。梁镜尧率领中学生四十余人立刻还击。枪林弹雨之中毙敌多名，梁镜尧及长子梁铁，和数名师生为国捐躯，梁镜尧的次子梁元博被日寇刺伤脊骨，终身瘫痪。

张克忠

（1903—1954）

·简 历·

张克忠，字子丹，1903 年 1 月 16 日生于天津。

1915 年，天津模范小学毕业，同年考入天津南开中学。

1921 年，完成中学学业后，就读唐山交通大学。

1922 年，报考南开大学就读。同年，经张伯苓举荐，获得南洋兄弟烟草公司董事长设立的简氏奖学基金。

1923 年，考入美国麻省理工学院，攻读新兴学科化学工程。

1928 年，获得博士学位，成为在该学院获得化学工程科学博士的第一个中国人。离美归国后，受聘南开大学教授，成为当时最年轻的教授。

1929 年，创建应用化学研究所，任所长。

1931 年 8 月，创建化学工程系，任主任。南开大学工学院成立后，又兼任工学院院长。

1933 年 6 月，参与设计建设天津利中硫酸厂。

1934 年，创建南开化学工业社，后改为应用化学研究所试验工厂。同年，和中国化学工程学会的同仁创办《化学工程》，任经理、编辑。

1937—1942 年，任重庆黄海化学研究社研究员。

1942—1945 年，任昆明化工厂厂长。

1947 年 4 月，返津，继续担任南开大学工学院院长和化学系主任，并恢复应用化学研究所。

中华人民共和国成立后，多次应周恩来总理邀请赴京，讨论中国化学工业和化学工程发展问题。

1951 年 9 月，主持成立天津市工业试验所，任所长。同年，当选天津市第二届人民代表会议代表。

1954 年 3 月 25 日，在天津市工业试验所主持学术讨论的过程中，突发疾病逝世。

·业 绩·

张克忠，1915 年考入天津南开中学，他学习勤奋，聪明过人，深得校长张伯苓和教师们的青睐。因家贫，濒临辍学，张伯苓特准他免交学费；又因他长于数学，特破格推荐为假期数学补习班教师。由此他才得于 1921 年完成中学学业。

1922 年，南洋兄弟烟草公司董事长简氏兄弟设立"简氏奖学金"，资助中国大学毕业生赴美深造。张克忠当时才大学一年级，本来没有资格报考，张伯苓亲自跑到简氏基金招考机构力荐。张克忠被破格允许参加考试，年龄最小、学历最浅的他脱颖而出，考试名列第一。1923 年，张克忠得到简氏资助赴美留学，进入著名的麻省理工学院，攻读新兴的化学工程学科。

麻省理工学院被称为"化学鼻祖"的著名教授 W.K. 路易斯非常惊讶于张克忠的数理化功底和英文水平，亲自指导张克忠。五年后，张克忠取得博士学位。1928 年，麻省理工学院出版了其博士学位论文《扩散原理》，在国际科学界引起轰动，张克忠提出的"扩散原理"被命名为"张氏扩散原理"。导师路易斯对张克忠的成就和才能极为赞赏，执意要他留下作助手，但张克忠怀着为祖国培养化学工程人才和振兴化学工业的强烈愿望，毅然离美归国，回到南开大学，受聘教授。年仅 25 岁的张克忠，成为当时最年轻的教授。

回到南开后，张克忠首先积极创建化工系和工学院。1929 年，他创建应用化学研究所，任所长；1931 年 8 月，又创建化学工程系，任主任；南开大学工学院成立后，又兼任工学院院长。张克忠还是中国化学工程学会创始人之一。1933 年 6 月，应用化学研究所接受了天津利中硫酸厂的设计、建设和投产任务。硫酸厂的建成，大长了中国化工科技人员的志气，也创造了巨大的经济效益和社会效益。

为活跃学术交流，张克忠和中国化学工程学会的同人创办的《化学工程》杂志于 1934 年起在天津出版，他担任经理、编辑。文章用英文发表，每年 4 期，这是我国第一本向国内外公开发行的化工类高水平学术刊物。

1947 年底，张克忠忽接原资源委员会秘书长杨公庶急电邀他到上海，想请他一起去台湾开办化工厂。张克忠表示：如果自己想发财，早已腰缠万贯；如果想当官，早可以接受 1946 年末宋子文提出的邀他赴台履新的方案。张克忠决心既定，反而规劝杨公庶留驻京沪。经促膝长谈，杨公庶竟被说服放弃去台湾的打算。

中华人民共和国成立后，周恩来非常关心张克忠的研究工作和中国化工事业的发展，特别邀请他参加了中国人民政治协商会议第一届会议，并列席最高国务会议。

潘世纶

（1898—1983）

·简 历·

潘世纶，字述庵、述厂，浙江杭州人。1898 年 2 月，生于浙江杭州。

1913 年，进入天津南开学校学习。

1917 年，从南开学校毕业，考入南京金陵大学。

1919 年，五四运动爆发，协助周恩来创办《天津学生联合会报》，周恩来为该报主编，潘世纶为编辑。

1919 年 9 月 16 日，以周恩来为代表的 20 名天津进步青年成立觉悟社，潘世纶即为觉悟社的初创成员之一，代号为 19，化名"石久"。

20 世纪 20 年代初，赴美留学，攻读经济学。

1925 年，同李愚如结婚。李愚如是与周恩来同期赴法勤工俭学的留学生。

1929 年 4 月，到中国银行天津分行任职，后赴秦皇岛改组支行，也曾在石家庄支行任职。

1932 年调入中国银行广州支行，后又调任香港分行。在中国银行长期从事国际金融工作，历任中国银行香港分行副经理、天津分行副经理。

中华人民共和国成立后，潘世纶任中国银行天津分行经理。1958 年，从天津迁居北京，任中国银行总行顾问、监事等职。

1970 年退休。

1983 年 1 月，因病去世。

·业 绩·

1913 年，潘世纶进入天津南开学校学习，与周恩来同届同班，两人在入校第一年是室友。读书期间，潘世纶即被同学视作写文章的好手，曾加入周恩来主办的进步学生组织敬业乐群会，在社团活动中是周恩来的帮手，同时也是觉悟社的初创成员之一。

1917 年，潘世纶从南开学校毕业，考入南京金陵大学。1919 年，五四运动爆发，潘世纶从南京北上，回到天津与从日本归来的周恩来会合。此时天津学生联合会为推动爱国运动的发展，决议创办《天津学生联合会报》作为自己的喉舌。周恩来接受邀请承担主编的任务，潘世纶被他邀为助手，担任《天津学生联合会报》的编辑。7 月 21 日，《天津学生联合会报》正式出刊。潘世纶和周恩来每日下午到编辑部一直工作到深夜一两点钟以后。在这些革命的日日夜夜里，两人结下深厚的战斗情谊。

《天津学生联合会报》在五四爱国运动中，立场坚定，旗帜鲜明，号召学生和各界同胞采取罢课、罢工、罢市、示威游行等各种有效方式，积极参加爱国斗争，无情揭露敌人阴谋，被反动当局视为洪水猛兽，9 月 21 日，被天津警察厅强制停刊。经过不屈不挠的奋斗，10 月 7 日终于复刊。《天津学生联合会报》共出一百多号，不仅在天津畅销，在外地销路也不小，经常供不应求，被各界进步人士给予高度评价。

20 世纪 20 年代初，潘世纶赴美国留学，攻读经济学。其间，他与在法国勤工俭学的周恩来一直保持书信往来。1923 年，周恩来从巴黎致信潘世纶，并把自己在巴黎寓所前拍的照片寄给潘世纶作纪念。归国后，潘世纶在中国银行长期从事国际金融工作，历任中国银行香港分行副经理、天津分行副经理。

中华人民共和国成立后，潘世纶任中国银行天津分行经理。1951 年，周恩来赴天津吊唁张伯苓先生，曾前往潘世纶家中一叙。1958 年，潘世纶从天津迁居北京，任中国银行总行顾问、监事等职。周恩来多次请他到中南海聚会，共叙同学之情。周恩来曾对潘世纶讲："参加一点政治工作吧，帮一下我的忙。"潘世纶非常感动，深感周恩来对他的信任和友情。

魏元光

（1894—1958）

·简 历·

魏元光，字明初。1894 年 12 月 11 日出生于河南南乐，幼年在原籍读私塾。

1911 年，考入直隶高等工业学堂附设之中学。1914 年 7 月，随班并入南开中学学习。1915 年，自南开中学毕业，考入直隶公立工业专门学校应用化学正科学习。

1918 年 6 月，入直隶工业试验所化学工业科任技士。

1918—1920 年，在天津工业研究所皮革实验所任总监。

1920 年，赴美留学，于 1922 年获赛罗科斯大学理科硕士学位。1922—1923 年，在纽约波茨坦拉奎特河造纸公司从事纸浆及造纸的实验研究。

1924 年，回国受聘直隶公立工业专门学校任化学教员，同时兼任天津一大皮革公司经理兼总工程师。

1926 年，任直隶公立工业专门学校校长。

1929 年，任河北省立工业学院首任院长。

1936 年，筹建南京中央工业职业学校，兼任筹备主任。1937 年卢沟桥事变爆发后，率领中央工业职校的师生，西迁湖北宜昌，再迁四川万县，1938 年秋又迁重庆沙坪坝建校。

抗战时期，任战时贷款捐献委员会委员、国民参政会参政员、教育部工业教育委员会委员、经济部工业标准委员会委员等。

1945 年后，任重庆市政府教育规划委员会委员、中国职业教育学会会员、中国科学学会会员、中国工程师学会会员。

1949 年，拒绝前往台湾，保护学校。1950 年，获准入华北军政大学学习，同时经周恩来批准到教育部工作。前往北京途中，路经新乡，遇幼年同学、平原省副省长晁哲甫极力挽留，遂受聘平原师院筹备委员兼秘书长。平原师院建立后，受聘为化学教授兼总务长。同时，还任平原省人民政府委员、平原省政协副主席、平原省科学普及协会副主席。

1958 年秋逝世。

·业 绩·

魏元光，1914—1915 年在南开中学学习。南开中学毕业后，考入直隶公立工业专门学校。1920 年，得直隶实业厅厅长严智怡资助，赴美留学，并于 1922 年获得赛罗科斯大学理科硕士学位。

1924 年 5 月，魏元光放弃在美国的优厚职位，毅然回到祖国，投身祖国的工业教育。1926 年，他参加了"中华职业教育社"，并成为该社的主要成员之一，与黄炎培过从甚密。

魏元光担任直隶公立工业专门学校校长时，正值军阀混战盛期，地方财政拮据，国民党当局拟将该校撤销。但在魏元光多方奔走下，学校非但未被撤销，反而获准升改为河北省立工业学院。魏元光任河北省立工业学院首任院长，在他的带领下，学院的规模和教学设备不断扩充，教学质量迅速提高。

1937 年卢沟桥事变爆发，魏元光正在南京筹办中央职业学校，未及返津，顾不上尚在沦陷的天津的眷属，全力组织刚刚组建起来的中央职业学校师生西迁，辗转跋涉，最终在重庆沙坪坝建校。

魏元光作为著名的爱国工业教育家，终生致力于职业教育，甘愿一生清贫，其指导思想是爱国主义的"工业救国论"。魏元光提倡教育以育人为本，提倡"勤慎公忠"、艰苦奋斗；他博采众长，综合古今中外教育思想之长，创立了一套"适合中国事实"的工业教育理论；他办学有方，主张学校与社会结合，理论与实践并重，为祖国的工业建设培养了大批具有高深理论和实践技能的人才。

何基沣
（1898—1980）

·简 历·

何基沣，1898 年 10 月出生，字芑荪，河北藁城人。

1916 年，插班考入南开中学，与周恩来同年级。

1918 年，考入清河陆军军官预备学校，后转入保定军官学校。1923 年毕业，加入冯玉祥部西北军，历任排长、连长、营长、团长、旅长。

1930 年中原大战后，任第 29 军 109 旅副旅长。

1933 年 3 月 8 日，何基沣率所部赶到喜峰口，面对强敌压境，与入侵日军展开浴血奋战。11 日深夜，何基沣率部与援军官兵手持大刀，突入日军营地猛砍猛杀，并将日军的火炮和辎重、粮秣烧尽，取得了九一八事变以来中国军队抗击日军的首次胜利。不久，因功晋升为 110 旅旅长。

1937 年 7 月 7 日晚，驻丰台日军向宛平的中国驻军发起攻击。何基沣亲临前沿阵地指挥，并向所部官兵发出了与卢沟桥共存亡的命令。8 日下午亲率突击队与敌人展开白刃战，夺回了铁路桥及龙王庙等地。

1937 年 8 月初，升任 77 军 179 师师长，率部沿津浦线边打边撤，阻滞了日军的推进。11 月上旬，率部退守大名府，与大举围攻的日军展开殊死搏斗。何基沣左胸中弹，幸得部属及时抢救方得脱险。

1939 年 1 月，何基沣被批准为中国共产党的秘密党员，实现了由一名爱国军人到共产主义战士的转变，并被党中央派遣回到国民党军队开展工作。

1948 年 11 月 8 日清晨，在贾汪、台儿庄地区率部临阵起义。起义后，任中国人民解放军第三野战军三十四军军长，参加渡江战役，直捣南京，为解放全中国立下新功。

1948 年 12 月 10 日，毛泽东、朱德向在淮海战役中举行起义的国民党军第 3 绥靖区副司令官，中共地下党员何基沣、张克侠发出贺电，祝贺他们起义成功。

1954 年，任水利部副部长。

1955 年，荣获一级解放勋章。

1980 年 1 月 20 日，何基沣在北京逝世。遵遗嘱将骨灰分别撒在卢沟桥畔和淮海战役战场上。

·业 绩·

何基沣,1916—1918 年就读于南开中学。中国共产党的优秀党员,中国人民的忠诚战士,著名抗日将领。我国农业战线的优秀领导干部。

何基沣于 1939 年 1 月加入中国共产党。1948 年以前,长期在冯玉祥、宋哲元、冯治安部担任旅长、师长、军长、副总司令等职。1948 年 11 月率部起义后,何基沣先后担任中国人民解放军第三十四军军长,南京警备司令部副司令员,第一、二、四届全国人民代表大会代表,政协第一、三届全国委员会委员和政协第五届全国委员会常务委员,华北行政委员会委员兼水利局局长、水利部副部长,国务院水土保持委员会副主任兼秘书长,农业部副部长、党组成员等职。

何基沣具有高度的爱国主义思想。早在青年时代就立志救国,毅然投笔从戎。在第一次国共合作时期,他积极拥护北伐革命战争,参加了对封建军阀吴佩孚的讨伐。1931 年九一八事变发生后,何基沣在我党地下组织的协助下,主持培训了大批青年学生抗战骨干。在日本侵略者进攻华北时,他率部迎敌,参与指挥,夺取了著名的喜峰口战役的胜利。

1937 年,何基沣任宋哲元部第二十九军旅长,驻守卢沟桥一带。7 月 7 日,日本侵略者出兵侵犯卢沟桥,何基沣指挥部队奋起抗击日本侵略者,成为抗日名将。

七七事变后,经周恩来安排,何基沣秘密前往延安,寻求抗日救国的革命真理,受到毛泽东和中央其他领导同志的接见。后来,他根据我党指示,回到原部队工作,同新四军四师、五师建立了联系,积极支持发展党的工作,对我军向鄂豫皖发展和建立大别山根据地,起了重要作用。

1948 年 11 月淮海战役时,何基沣任国民党第三绥靖区副司令官。他根据我党指示,和张克侠(中共地下党员,时任国民党第三绥靖区副司令官)一起率领国民党第七十七军和第五十九军等两万余人起义,对推动全国战局的迅速发展作出了重大贡献。

何基沣是我党的老党员、老干部。几十年来,他忠于党、忠于人民、忠于无产阶级革命事业,积极参加社会主义革命和建设,一贯坚决贯彻执行党的各项方针政策。他工作认真,事业心强,热爱农田水利和水土保持事业。他经常深入基层,进行调查研究。他在领导黄河中游水土保持工作上,在土地开发利用和我国绿肥工作的发展上,都作出了积极的贡献。

朱鸿勋

（1899—1940）

·简 历·

朱鸿勋，字柏亭。著名爱国抗日将领。1899 年出生于吉林农安三盛玉镇向阳村。

1917 年，就读于天津南开中学。求学期间，认为"徒恃书策不能发扬其志"，遂弃文从武，进入军官教育团学习。从军官团毕业后，历任奉军连长、参谋、少校营长。

1926 年 7 月，考入东北讲武堂第六期步兵科学习。

1927 年 7 月，从东北讲武堂毕业，任东北军步兵上校团长。

1928 年，东北易帜，张学良对东北军进行改编后，朱鸿勋改任东北军 81 团上校团长。

1933 年 2 月，东北军整编，朱鸿勋任第 53 军 130 师师长。从这一年开始，53 军拉开了抗战的序幕。朱鸿勋和他的部队成为了东北军最早站出来抗击日本侵略的部队。他们的第一场作战就是长城抗战。

1935 年 4 月，晋升为陆军少将。

1937 年 7 月，全民族抗战爆发。朱鸿勋率 130 师布防霸县。

1938 年初，朱鸿勋率部在河南汤阴与日军激战，掩护平汉线主力向黄河南岸撤退。敌反击甚烈，朱鸿勋沉着指挥，步步为战，终于使战局转危为安。

1938 年 5 月，朱鸿勋奉命渡过黄河，驻郑州、氾水一带，担负黄河南岸警戒任务。6 月，武汉会战爆发，率部进驻湖北麻城、黄陂一带，承担守备阳新以西地区，保卫湖北通往湘、粤要道的防御任务。11 月，朱鸿勋升任 53 军副军长兼 130 师师长。

1939 年春，朱鸿勋率 130 师承担江、湖防务任务。

1940 年 12 月 29 日，日军出动数架飞机轰炸藕池口 130 师前方指挥部，朱鸿勋在指挥对敌作战时，被一颗炸弹击中，壮烈牺牲。

1941 年 3 月，追晋为陆军中将。

2014 年 9 月 3 日，民政部公布了首批著名抗日英烈和英雄群体名录，朱鸿勋位列其中。

·业绩·

朱鸿勋，1917年在南开中学就学。离开南开中学以后，先后在军官教育团和东北讲武学堂第六期步兵科学习。毕业后入奉军，历任连长、参谋长、营长。1928年6月，皇姑屯事件发生后，奉军改编为国民革命军，朱鸿勋相继在东北军中担任第四旅的团长、独立第十旅的团长、第110师团长、第130师师长，后因治军有方，晋升为第53军副军长兼第130师师长。

1933年1月，日军进犯山海关，中国守军奋起抵抗，拉开了长城抗战的序幕。时任第130师师长的朱鸿勋参加了长城抗战。

1937年7月全民族抗战爆发后，富有爱国心的朱鸿勋多次对其带领的130师官兵灌输抗战道理：打了胜仗别骄傲，打了败仗别气馁，要有爱国之心，誓死不当亡国奴，发愤图强，就可转败为胜，收复失地，打回老家去。卢沟桥事变后，朱鸿勋转战于河南、山西、湖北等地，完成迟滞日军沿平汉线南犯的任务。

1938年6月，武汉会战爆发，第53军奉命驻守三溪口，130师承担保卫湖北通往湘、鄂、粤的要道、守备阳新（今湖北东南部）的武汉外围防御任务。日军精锐部队博田混成支队相当于一个旅团，恃其陆空优势，猛烈攻击，企图一举突破中国军队防线，切断粤汉路，使守卫武汉的军队无路可退。朱鸿勋亲临前线，指挥作战，在三溪口、花犹树、双岗口一带与敌人作战7昼夜，为武汉守军撤退赢得了宝贵的时间。

从1939年春至1940年末，朱鸿勋率130师承担江、湖防务任务。其间，常常带部队主动出击，在江北一带肃清敌伪，袭击洞庭湖东岸的城陵矶、白螺矶等数个敌人据点，甚至威胁到粤汉路上日军的重要据点岳阳，给予敌人以打击，战果较丰。

面对中国军队的顽强抗战，日军开始实施报复。1940年12月29日，日军出动数架飞机轰炸藕池口130师前方指挥部，一颗炸弹击中了在散兵坑里指挥作战的朱鸿勋，夺去了他年仅41岁的生命。朱鸿勋牺牲后，1941年3月，追晋为陆军中将。

傅恩龄

（1898— ？ ）

天津南开中学人物名录

·简 历·

傅恩龄，1898 年出生，字锡永，籍贯北京顺义。

1913—1917 年，就读于天津南开中学，与周恩来同在丁二班，曾任南开中学吉林学生同志会干事，通讯地址为吉林长春西四道街万亿栈。在周恩来负责编辑的《天津南开学校第十次第二组毕业同学录》中，记有对傅恩龄的具体描述："民国二年秋偕其总角友王君葆会来南开"，"于课程外兼习运动迭充本班筐球足球抵球著队员渐好诙谐喜辩论每遇相识者坐谈恒四坐风生滔滔不休"，"肆力课程课余益好运动其抛球之勇名闻于校君于友谊甚具热心然以其有东方曼倩之风"，"君父兄均读律而锡永则脱家庭社会之羁系毅然以改良工艺自认矢志不入政界毕业后仍将东渡习采矿冶金学噫锡永奇人也其性情奇其行事其非知之者殆莫能辩焉"。

1918 年起，自费赴日本著名的庆应大学经济学部留学，获经济学学士学位。

1927 年底，南开学校中学部满蒙研究会成立，《满蒙研究会简章》在《南中周刊》第 38 期发表。1927—1934 年，傅恩龄任南开学校中学部满蒙研究会（后改名东北研究会）主任干事。

1928 年 4 月，陪同张伯苓校长赴东北考察。当年夏季，受命与数位南开教师再赴东北考察，继而开展东北研究工作。

1931 年，九一八事变后，傅恩龄根据调查所得，编著了《南开中学东北地理教本》上下册，由南开中学印行，并确定为中学部必修课教程。这本教科书并非专门介绍东北地理，而是随时将爱国精神、忧愤情怀融汇于字里行间。该书告诫国人："东北之权益，既由吾人失之，故东北所失权益之归复，其责任亦应由吾人负之。"

1935—1937 年，任南开学校中学部校长办公室秘书，教员。抗日战争爆发后随校南迁。

·业绩·

傅恩龄，天津南开学校第十次毕业生，1917年6月毕业，"毕业分数八十五分一七"。1918年自费考入日本庆应大学经济学部就读，毕业后回到南开学校中学部任职，教授经济学和日文，并任满蒙研究会（后改名东北研究会）主任干事，中学部校长办公室秘书等职。

1927年11月，张伯苓赴东北三省考察，归校后即成立满蒙研究会，"专事收集关于满蒙问题之材料，而用科学的方法，以解决中国之问题"。1928年4月，傅恩龄等陪同张伯苓赴东北调查。当年夏季，受张伯苓指派，他与数位南开教师再赴东北考察。从1927年到1929年，南开师生在东北的大连、奉天、海龙、安东、长春、吉林、哈尔滨等地进行了数次大规模实地考察，访问了东省铁路局经济调查局、《经济月刊》编辑部等部门，搜集整理了大量第一手资料，撰写了大量调查报告、论文，开展了大规模的学术研究。当时的南开中学校刊《南开双周》开辟"东北研究"专栏，发表各类调查成果。

1931年九一八事变后，傅恩龄根据调查所得，编著了《南开中学东北地理教本》上下册，由南开中学印行。该书在东北被日军侵占，而国人对这一地域尚不十分了解的情况下，系统地介绍了东北地区的自然、人文地理和各种经济资源。全书共十五章，以大量翔实资料，全面地讲述了东北三省的地理、行政、交通、富源、工商业、俄国中东铁路、日本南满铁路、旅大、日本租借地、中外移民、日俄美英等列强、国际关系以及东北问题的解决方案等多方面内容，并充分揭露了日本图谋我国东北的野心。因此它并非普通的东北地理教科书，而是充满忧患意识、具有强烈爱国主义思想的警世之作。对于在南开中学普及东北地理历史知识，提高国人的忧患意识，培养学生的爱国主义情操具有重要作用。成书后，这本"南开独有的教材"即被南开中学设定为新的必修课教程，以其扼要的科学知识和具体的调查数据，教育学生认识东北地区对祖国建设的重要性和日本侵略的危机。

为此，"南开学校深受日本人之嫉视"，经常受到日军的无端挑衅骚扰。时任南开学校中学部校长办公室秘书的傅恩龄和学校有关人员机警地与日寇周旋，保护师生和校产安全，校长张伯苓书赠他"沉着应对"的条幅以示表彰。

1937年抗日战争爆发后，南开中学遭日机轰炸，校园被毁坏占领，傅恩龄随校南迁。

李福景

（1900—1960）

·简 历·

李福景，字新慧，天津人。1900 年生于天津，著名教育家李金藻之子。

1915年，进入天津南开中学读书。同年加入学校的新剧团，并担任"敬业乐群会"童子部部长。在此期间，与周恩来结为好友。

1916 年暑假期间，随南开新剧团到高庄进行社会调查，参与新剧的集体编写，并撰写《高庄编剧记》，发表在《敬业》杂志上。1917 年 12 月 30 日，与南开新剧团赴京演出《一元钱》，梅兰芳到场观看。

1918 年，从南开中学毕业，报考香港大学工学院。1919 年，获香港大学入学资格。

1920 年 11 月 7 日，李福景与周恩来等人作为由华法教育会组织的第 15 批赴法勤工俭学学生乘法国巨型邮船"波尔多斯号"启程赴法。12 月抵达马赛。

1921 年 1 月，与周恩来乘船来到伦敦。在这里与周恩来分别，考入曼彻斯特大学攻读土木工程。

1925 年，学成归国，先后在津浦铁路局和北宁铁路局任工程师，修筑铁路支线。

1928 年，进入英国公司开办的林西开滦矿务局当工程师，负责煤矿坑道的设计和施工。

抗战胜利后，出任东北抚顺矿务局副局长、总工程师，华北煤炭管理委员会主任工程师。曾担任北平美援办事处主任，专管分发美国援助的军需品和物资。在北平和平解放前夕，接受周恩来的忠告留下来，把手上的美援物资转移保管好，上交人民政府。

中华人民共和国成立后，在开滦矿务局工作。1956 年，调入北京，任煤炭工业部科学情报研究所副所长、主任工程师。

1960 年 10 月 3 日，在北京病逝。

·业 绩·

李福景 1915 年考入南开中学。当年就加入了学校的新剧团，并在周恩来等人主办的敬业乐群会中任童子部部长。他积极投身学校社团活动，由此结识了比他早两年入校的周恩来，二人志趣相投，成为室友兼好友。

李福景热心参与南开中学的新剧演出事业，出演了《因祸得福》《华娥传》《千金全德》等剧，和周恩来是戏剧舞台上的好搭档。1915 年 10 月 18 日，周恩来、李福景等 20 人组成天津学界观摩团，赴京观看根据南开学校新剧团的演出改编的河北梆子《因祸得福》和《恩怨缘》。1916 年暑假，李福景与新剧团在高庄进行采风调研，参与集体编写剧本。1917 年底，他随新剧团赴北京演出《一元钱》，收获了广泛的好评，京剧名家梅兰芳曾到场观剧。李福景把参与戏剧演出的经历和体会写成《京师观剧记》《高庄编剧记》等文章，保留了南开新剧的一手资料。

1918 年，李福景从南开中学毕业，报考香港大学工学院，1919 年获香港大学入学资格，在香港大学读书仅一年。1920 年，留法华法教育会物色学生赴法勤工俭学，同年 11 月 7 日，李福景与周恩来等人启程赴法。12 月抵达马赛。

1921 年 1 月，李福景与周恩来乘船来到伦敦，在英国考入曼彻斯特大学攻读土木工程。周恩来则回到法国组织青年共产主义小组，走上职业革命家之路。由于周在欧洲居无定处，他的那份"范孙奖学金"一直由李福景转交。严修每年两次把钱先交给李父李金藻，再寄去给李福景。

1925 年，李福景学成归国，先后在津浦铁路局和北宁铁路局任工程师，修筑铁路支线。1927 年，国共合作破裂，共产党员性命受到威胁，李福景一家顶着白色恐怖的压力，用社会身份掩护着每次到天津的周恩来，周恩来化名王先生住进他的家。1928 年，日本人制造皇姑屯事件后，正在皇姑屯工作的李福景离开东北铁路，进入了英国公司开办的林西开滦矿务局当工程师，做煤矿坑道的设计和施工。抗日战争胜利后，李福景出任东北抚顺矿务局副局长、总工程师，华北煤炭管理委员会主任工程师。他还曾应南开同窗吴国桢之邀担任北平美援办事处主任，专管分发美国援助的军需品和物资。在北平和平解放前夕，李福景接受周恩来的忠告留了下来，把手上的美援物资转移保管好，最后交给了人民政府。

马 骏

（1895—1928）

·简 历·

马骏，1895年9月12日出生于黑龙江宁安。

1915年8月29日，考入天津南开中学，在一年级二组就读。

1916年5月，当选自治励学会演说部副部长兼演说会庶务。10月4日，以《如何人格可谓之有价值》为题的演说获全校演说比赛第二名，这篇充满爱国主义激情的演说稿以《校风》报代论发表。10月20日，当选南开中学演说会会长。11月22日，担任南开中学茶话会总干事。

1917年9月，当选南开中学自治励学会会长。

1918年1月，当选南开中学义塾服务团团长及教务长。

1919年5月7日，当选天津学生联合会副会长。6月11日，为劝说天津总商会坚持罢市，血洒商会议事厅，商会深受震动，宣布总罢市。6月12日，在南开中学第十二届毕业。9月，参加发起和组织觉悟社。11月10日，当选全国各界联合会常务理事，在上海租借地组织大规模抗议游行，任总指挥。

1920年1月，在天津参与组织抵制日货运动被捕。被关押期间，与周恩来、于方舟等人组织狱中绝食斗争和学习活动，研究马克思主义，讨论学术问题。曾以"研究问题的方法""检厅拘留期中的批评""安那其主义演说学"等为题进行讲演。7月17日，由于全国各地的声援和全体难友的坚决斗争，反动当局被迫释放周恩来、马骏等二十一名被捕代表。

1921年，加入中国共产党。

1925年11月，入苏联莫斯科中山大学学习。学制定为两年，课程有马列主义哲学、政治经济学、科学社会主义、苏共党史、西方革命运动史、东方革命运动史和俄语。

1926年9月，当选为中山大学学生公社书记。

1927年夏，奉中共中央之命回国，任中共北京市委书记兼组织部部长。12月3日，在北京被捕，受尽敌人酷刑折磨，始终坚贞不屈。

1928年2月15日，在北京被奉系军阀张作霖杀害。

·业绩·

　　马骏，字遹泉，又名马天安。中国共产党的优秀党员，回族人民的好儿子。在南开中学就读期间成绩优异，热心参加各种社团活动，具有强烈的爱国救国思想，与周恩来志趣相投，成为好友。五四运动中，当选天津学生联合会副会长。以饱满的爱国热情、豪爽的性格、卓越的组织能力、超众的口才、练达的作风在京津各校各界广泛活动，成为五四运动杰出的青年领袖。

　　1919 年 6 月 5 日，天津学生联合会在南开中学广场召开数千人参加的爱国运动大会，马骏带领大家高声宣读《宣誓书》："（一）誓保国土；（二）誓挽国权；（三）誓雪国耻；（四）誓除国贼；（五）誓共安危；（六）誓同始终，皇天后上，实共见诸。"誓词由马骏起草，表达了天津学生爱国心情，会后举行了示威游行。8 月 23 日，为声援北京学生的爱国斗争，营救到总统府请愿被捕的京津学生代表，总指挥马骏率领四五千学生在天安门前展开持续三昼夜的请愿大示威，迫使政府电告巴黎和会中方代表拒签《巴黎和约》。反动军警用皮鞭和枪托毒打学生，逼迫交出马骏。马骏挺身而出，与请愿团代表一起被捕。30 日，北京政府迫于全国舆论压力，将马骏等人释放。

　　1922 年 2 月，马骏冒着生命危险奔走于东北各地从事地下工作。成为党派到吉林的第一个共产党员，也是东北地区最早的共产党员。组建了东北地区第一个党组织"宁安党小组"，成为东北地区党组织创始人之一。1924 年 9 月，任教于吉林市毓文中学，从事党的地下工作。给学生讲解马克思主义，介绍《新青年》《新潮》《呐喊》《彷徨》等进步书刊，使毓文中学出现阅读新书、传播新思想的热潮。1925 年，上海五卅惨案爆发，马骏发起组织"吉林沪案后援会"，任会长，组织大规模示威游行，并开展募捐，抵制日货。"五卅"后援活动从省城吉林市迅速波及长春、哈尔滨等三十多个城镇，成为吉林省在中国共产党领导下第一次有组织、有计划、规模空前的群众反帝爱国运动，揭开了吉林革命历史的新篇章。

　　1927 年大革命失败后，马骏受命就任中共北京市委书记兼组织部部长，重建北京市委，恢复党的活动。当时奉系军阀盘踞京津地区，开展工作极其艰难。马骏坦然坚定，赴汤蹈火，为重建组织做出了重大贡献。12 月 3 日，不幸被捕。1928 年 2 月 15 日，在北京英勇就义，年方 33 岁。

阮 章
（1902—1926）

·简历·

阮章，字炳文，又名阮辛，阮济，广东中山人。1902 年 7 月 27 日出生在上海。

1906 年，因生活所迫，随父母来到唐山。

1909 年，进入唐山同仁小学读书，后又转入铁路扶轮小学。

1915 年，进入天津南开中学读书，在学校登记的籍贯是广东香山，通讯地址为唐山北宁路工厂。阮章在南开中学读书期间，积极参加进步学生活动，在五四运动中参加了周恩来在天津领导的爱国学生运动。

1919 年，从天津南开中学毕业，是南开中学第十三次毕业生。

1920 年，阮章进入京奉铁路唐山制造厂任练习生。

1921 年春成立产业工会京奉路机务处职工会时，被选为工会委员会委员。同年 5 月加入社会主义青年团。12 月，参加发起成立唐山工人图书馆。

1922 年，举办工人补习夜校，阮章任教员。同年 4 月，阮章加入中国共产党。8 月，任中共唐山地方执行委员会组织部部长。9 月初，同邓培一起在唐山工人中组成"唐山劳动立法大同盟"，开展劳动立法运动。10 月至 11 月间，任京奉路唐山制造厂、开滦五矿总同盟等罢工运动的主要领导成员之一。

1924 年 2 月，先后任中共唐山地委代理书记、书记，唐山社会主义青年团书记。

1925 年 1 月，作为全党 20 位代表之一，参加了在上海召开的中国共产党第四次全国代表大会。同年 8 月，受中共唐山地委委派，阮章任锦州铁路段副稽查（副段长），到北票铁路分段组建铁路工会和北票煤矿工人工会。

1926 年 1 月，由于在革命斗争中历尽艰辛，终致积劳成疾，党组织送他到秦皇岛住院治疗。

1926 年 3 月 16 日，在秦皇岛医院逝世。

·业 绩·

阮章，1915 年进入南开中学读书，1919 年毕业。在南开中学读书期间，受同在南开读书的周恩来、马骏的影响，不断接受南开爱国风气的熏陶，积极参加进步学生活动，在五四运动中参加了周恩来在天津领导的爱国学生运动。

1920 年，阮章进入京奉铁路唐山制造厂任练习生。进厂后阮章很快成为工人运动积极分子。1921 年春成立产业工会京奉路机务处职工会时，被选为工会委员会委员。同年 5 月加入社会主义青年团。1921 年 12 月，阮章等人发起成立唐山工人图书馆，这是在党的领导下出现在唐山的一个最早的工人图书馆，内设有书刊室和阅报室，其中有一般的书籍和报纸，还有马克思、恩格斯、列宁的著作，以及《工人周刊》《先驱》《新青年》《响导》等革命刊物。唐山工人图书馆的建立，是为唐山工人办的一件大好事。也为唐山的革命斗争点燃了一把火。不久又举办工人补习夜校，阮章任教员，夜校里有语文课、数学课、英语课（因当时工厂中的文告、图纸都用英文）和社会常识课。阮章经常利用讲课之机，宣讲我国工人运动情况，工人受压迫剥削的情况，以及苏联工人的革命和生活情况等，宣传马克思主义，启发工人的觉悟。阮章在讲课时说："工人受压迫该怎么办呢？大家要团结起来斗争，要建立工会，要长期奋斗"，他说，"团结就是武器，咱们虽然赤手空拳，团结就有力量了"。

1922 年 4 月阮章加入中国共产党，8 月任中共唐山地方执行委员会组织部部长。1922 年 9 月初同邓培一起在唐山工人中组成"唐山劳动立法大同盟"，开展劳动立法运动。10 月至 11 月，是京奉路唐山制造厂、开滦五矿总同盟等罢工运动的主要领导成员之一。在京奉铁路唐山制造厂工人罢工斗争中，用中、英两种文字起草罢工宣言，使英国人厂长感到震惊，为罢工取得胜利创造了条件。1924 年 2 月开始任中共唐山地委代理书记、书记，唐山社会主义青年团书记等职务，是唐山工人运动的先驱者之一。1925 年 1 月作为全党 20 位代表之一，参加了在上海召开的中国共产党第四次全国代表大会。1925 年 8 月，受中共唐山地委委派，阮章任锦州铁路段副稽查（副段长），以副段长身份为掩护，多次到北票铁路分段，组建铁路工会和北票煤矿工人工会，培养了一批工会骨干。

1926 年 3 月 16 日在医院逝世，年仅 24 岁。

李震瀛

（1900—1938）

·简 历·

李震瀛，原名李宝森，字震瀛。曾用名李昂、泊之、振因、晨因等。1900 年 8 月 1 日，出生在天津古黄庵。幼年在天津民立第二小学读书。

1915 年，考入天津南开学校，在校名李宝森。

1919 年，从南开学校毕业。同年 9 月，参与成立觉悟社，是参加成立大会的 20 名成员之一，曾在社刊《觉悟》上发表《三个半月的〈觉悟〉社》。

1920 年，作为觉悟社代表同周恩来等十一人到北京会见李大钊。

1921 年 7 月，在北京加入中国共产党，接着被派往上海，从事工人运动。8 月，中国劳动组合书记部在上海建立，李震瀛任干事，并负责编辑书记部机关刊物《劳动周刊》。9 月，以上海代表的身份参加中共成立后的第一次中央扩大会议，会后，到各铁路沿线开展工人运动。

1922 年，中共郑州支部成立，李震瀛任书记。7 月，作为正式代表参加在上海召开的中共二大。会后被派往京汉铁路指导工运。

1923 年 2 月，京汉铁路总工会成立大会召开，李震瀛主持大会。同年 4 月，参与组织京汉铁路大罢工。后赴北京、天津、东北等地开展工作。

1924 年，在大连、天津开展工人运动。年底，被党中央派到河南工作。

1927 年，参与组织上海工人第三次武装起义。4 月，参加在武汉召开的党的第五次全国代表大会，当选候补中央委员。8 月，参加在汉口召开的八七会议。10 月中旬，去莫斯科参加苏联十月革命十周年纪念活动，又赴德国、比利时参加反帝大同盟理事扩大会议。

1928 年 2 月，参加在莫斯科举行的共产国际执行委员会第九次扩大会议。又参加在莫斯科召开的赤色职工国际第四次代表大会，李震瀛任中国工人代表团主席团秘书长。

1929 年 11 月，参加第五次全国劳动大会，当选中华总工会执行委员会委员，任组织部部长。

1934 年，回到天津家中休养，一度在元隆绸缎庄当店员兼家庭外语教师，艰难度日。

1938 年，骨结核复发，在家中去世。

·业绩·

李震瀛，中国共产党领导的中国工人运动先驱之一，党的二大、五大代表，党的五届中央委员会候补委员。

李震瀛 1915 年考入天津南开学校，在校名李宝森，在校期间，是一个品学兼优、反帝爱国思想活跃的优秀学生，曾任南开校刊《校风》社论部和校闻部的负责人，先后发表过《修身班演讲录》等多篇文章。

1919 年，从南开学校毕业。这一年五四运动爆发，他积极投身爱国学生运动，曾任天津学生联合会干事。同年 9 月，参与成立觉悟社。

李震瀛 1921 年秋在北京加入中国共产党。后被派到上海，任中国劳动组合书记部干事兼《劳动周刊》编辑。曾参与创办工人补习学校，组织发动上海烟厂和纱厂的罢工运动，还被中国劳动组合书记部派到唐山指导开展工人运动，在唐山时用名李昂。1922 年春被中共中央派到郑州开展铁路工人运动，建立发展党组织。7 月到上海出席中共第二次全国代表大会。

1923 年初参与筹备成立京汉铁路总工会。2 月 1 日在郑州不顾军阀部队阻挠率代表们冲入会场，主持宣布京汉铁路总工会成立，并任总工会秘书长，参与组织京汉路全线大罢工。2 月 6 日在汉口江岸万人大会发表演讲，号召铁路工人反抗北洋军阀的压迫，二七惨案后受到军阀通缉。后受党的派遣，到哈尔滨、沈阳、大连、唐山、天津等地开展工人运动，在大连帮助筹建青年团和中共组织，参加中共唐山地委领导工作，在中共天津地方委员会中负责铁路工人运动。还向党中央写了《东北省实情的分析》的调查报告，在调查分析的基础上，提出东北工人运动的方向和任务。

1925 年，李震瀛被调到上海从事工人运动，参与五卅运动中工人斗争的组织活动。1926 年 9 月起先后任上海总工会组织部主任兼工人自卫团指挥处总指挥，中共上海区委军事委员会主任，职工运动委员会主任兼上海总工会组织部部长等职，参与领导指挥了上海工人第一、二、三次武装起义。1927 年 5 月在中共第五次全国代表大会上被选为候补中央委员。6 月被选为中华全国总工会执行委员，并任中共湖北省委职工运动委员会书记。

第一次大革命失败后，出席中共八七会议。1928 年 5 月被派到济南，任中共山东省委常务委员兼工委书记。1929 年调回上海，任中华全国总工会组织部部长，在中共中央组织部开办的干部训练班上主讲工人运动课程。曾任中共中央长江局负责工会工作的委员，兼中共武汉市委工委书记。

1931 年 6 月，在上海被国民党当局逮捕，关押在龙华监狱，经过多次审讯，1931 年底前后被释放出狱，1934 年辗转回到天津。1938 年，因重病去世。

张永兴

（1896—1937）

·简 历·

张永兴，又名张新生，化名张惠民、王立川（笔名立川）、张裕国。1896 年阴历三月初四生于辽宁宽甸，祖籍山东蓬莱北沟村。

1915 年，考入天津南开中学，曾任一年级八组班长。在校时勤奋好学，积极参加学校和社会的各种进步社团活动，1918 年初，在南开中学读书三年半还差半年就要毕业时张永兴家庭破产，虽经学校极力挽留，仍决定辍学回宽甸县城承担家庭重担，先后在宽甸和桓仁的教会小学任教师。

1919 年，携妻女到安东（现丹东），在安东基督教青年会任智育干事，并在安东商科学校教书。

1922 年，加入国民党，接受孙中山的三民主义。

1924 年，担任天津《大公报》安东分馆经理。

1926 年，在"虹桥事件"中参加群众性抗日斗争。

1927—1929 年，发起组织抗日的"辽宁省国民外交协会安东分会"，并创办工人夜校。

1931 年，组织安东缫丝工人大罢工。同年 8 月，筹备出版《安东晚报》，宣传爱国反日思想。同年 9 月 21 日，九一八事变后，化装随难民去北平为义勇军募捐药品，并参加了阎宝航、黄显声等人组织的"东北民众抗日救国会"，9 月底回东北，在新民县参加组织抗日义勇军，称"东北国民救国军"。

1932 年，在北平经南开中学校友王兴让介绍加入中国共产党，分配到河北省军委工作。

1933 年初，到东北搜集日军情报，同年 8 月受党组织派遣，经共产国际批准赴苏联哈巴罗夫斯克远东地区情报部（共产国际第四情报科）学习情报技术。

1934 年 4 月，学习期满被派往齐齐哈尔组织地下国际情报站，从事地下情报工作。1936 年 8 月，赴苏向第三国际报告日军军事情报。

1936 年 11 月 18 日，因叛徒出卖，被日本宪兵队逮捕，在狱中继续坚持对敌斗争。1937 年 1 月 5 日，被日本宪兵队枪杀于齐齐哈尔市郊外。

·业绩·

张永兴，1915年只身到天津求学，以优异成绩考入南开中学，在校期间他勤奋好学，并积极参加各种进步社团活动。

在安东期间，张永兴积极从事抗日爱国活动。1926年5月安东发生"虹桥事件"后，张永兴积极参加了各界群众团体联合召开的两万人群众大会和大规模的示威游行，迫使日本侵略者不得不停止了强修虹桥的侵略行动。在总结虹桥事件后的斗争形势时，张永兴说："日本这一头号敌人必须赶走，中国人才能得到太平。"在这期间开办了工人夜校，成立了安东学生联合会，组织领导了安东两万多缫丝工人大罢工，取得胜利，并参与成立了国民外交协会安东分会。

1931年九一八事变后的第三天，张永兴化装去北平，9月参加了阎宝航、黄显声等人组织的"东北民众抗日救国会"，9月底潜回沈阳，开展抗日救国斗争。1932年12月加入中国共产党以后，根据党组织的安排，多次潜入哈尔滨，并经常到齐齐哈尔、佳木斯和延边等地秘密调查日军的各种兵力配备情况和械弹粮秣的储存地点。

1933年，张永兴受上级党组织派遣，并经共产国际批准，到苏联的哈巴罗夫斯克（伯力）远东地区情报部学习情报工作技术。1934年4月，被派往齐齐哈尔市，秘密组织地下国际情报站，负责搜集齐齐哈尔、海拉尔、讷河、洮南、公主岭、白城子一带日军的军事情报。他们或通过无线电，或由人越境，把搜集到的关于日军部署和行动的情报源源不断地送往苏联远东情报部门，为第三国际提供了大量准确的有关日军在北满的军事情报。1936年底，因叛徒出卖，张永兴、张克兴及其他6位同志不幸被日本关东军宪兵队逮捕。被捕那天，张永兴、张克兴兄弟本可以逃脱，但为了不使电台和已搜集到的情报落入敌人手中，他们又返回住地，砸坏电台，烧毁情报稿，从容被捕。张永兴被捕后，日本宪兵队先是以高官厚禄诱骗张永兴叛变降日，被张永兴严词拒绝。诱降不成，敌人转用严刑逼供，重刑之下，他毫无惧色，英勇不屈，表现了共产党员的高风亮节。1937年1月5日，张永兴、张克兴和其他6位同志被日寇枪杀于齐齐哈尔市郊外。

魏士毅

（1904—1926）

·简 历·

魏士毅，原名魏士娟，天津人。1904 年 2 月 19 日，出生于天津西郊大稍直口。

1914 年秋，入天津普育小学，后因病辍学。

1917 年，转入天津官立第十小学四年级学习。

1918 年秋，因体弱多病，从官立第十小学休学。

1919 年，以优异成绩考入天津严氏女学（后为南开学校女中部）。

1922 年，在华盛顿九国签署《九国公约》，魏士毅和同学一起上街讲演，散发传单，揭露《九国公约》的阴谋，抨击北洋军阀政府的卖国行径。

1923 年，中学毕业，考入燕京大学女校预科。

1924 年，升入燕大女校理科数学系。在燕大理科学习期间积极参与学生会的社会工作，乐于为同学办事，被公举担任天津同乡会会长。

1925 年 5 月，上海发生五卅惨案，魏士毅随北京女界一起投入声援上海人民的斗争。还组织燕大天津同乡会会员去北京女师大支援大学生反专制的女师学潮。同年冬，参加中共北方区委在神武门前组织的旨在推翻段祺瑞军阀政府的国民大会。

1926 年 3 月 18 日，因日、英、美、法等八国对中国提出撤除大沽口国防设施的无理通牒，北京各界民众在天安门前举行抗议集会。魏士毅当时正因胃病复发卧床休假，毅然前往参加，她自告奋勇举起校旗，走在女校队伍的前列，不幸遭段祺瑞执政府卫队枪杀。

天津南开中学人物名录

·业 绩·

魏士毅，1919 年以优异成绩考入天津的严氏女学。读书期间，她不仅学习勤奋刻苦，而且关心国家前途，积极参加抗议帝国主义侵犯中国主权独立和领土完整的集会、游行、演讲等活动，她给同学们讲"二十一条"的罪恶，讲反动当局的无能腐败，还组织同学一起参加抗议日本侵略的"星期日游行"。

1923 年，她考入燕京大学女校预科，次年升入燕大女校理科数学系。1925 年 5 月，上海发生五卅惨案，魏士毅随北京女界一起投入声援上海人民的斗争。还组织燕大天津同乡会会员去北京女师大支援大学生反专制的女师学潮。

1926 年 3 月 18 日，为反对日、英、美、法等八国公使对中国提出的最后通牒，在李大钊、赵世炎等人的领导下，北京各界民众 5000 余人在天安门前集会抗议。魏士毅时值胃病复发，但她不顾同学们的劝阻，毅然参加了游行队伍。她高举校旗，勇敢地走在游行队伍的最前头。同学们一边高唱《国民革命歌》，高呼"打倒帝国主义""打倒段政府"等口号，一边散发传单、张贴标语，浩浩荡荡地向东四铁狮子胡同（北洋政府所在地）涌去，游行至段祺瑞执政府门前请愿时，遭到军警开枪镇压，死伤者众多，造成震惊中外的三一八惨案，魏士毅和刘和珍等青年学生在惨案中不幸牺牲，魏士毅牺牲时年仅 22 岁。魏士毅的老师俞丹石在当天的日记中写道："魏生在二年级读书，人极温淑，无疾言遽色，遭此摧折，至堪惋惜。"三一八惨案发生以后，鲁迅发表文章，愤怒地称 3 月 18 日是"民国以来最黑暗的一天"，向"为了中国而死的中国青年"致哀。

1927 年 3 月，在燕园修建了"魏士毅女士纪念碑"，碑的基座上刻着《魏士毅女士纪念碑铭》："……国有巨蠹政不纲，城狐社鼠争跳梁。公门喋血歼我良，牺牲小己终取偿。北斗无酒南箕扬，民心向背关兴亡。愿后死者长毋忘。"1929 年，在烈士家乡天津的中山公园也建了一座魏士毅女士纪念碑，供市民凭吊纪念。

王清正

（1901—1968）

·简 历·

王清正，1901 年 1 月 15 日生，吉林榆树人。

1911 年，随家迁居黑龙江海伦，同年 8 月入县立高等小学读书。

1916 年，入读呼兰县广青中学。

1917 年 5 月，入读天津南开中学。

1921 年，考入北京大学数学系。

1927 年 6 月，北京大学毕业，回黑龙江省工业学校担任数学教师。

1928 年 1 月，受黑龙江省教育厅委任为省视学。

1936—1945 年，先后担任齐齐哈尔市师道学校教导主任，讷河女子国民高等学校、齐齐哈尔第二国民高等学校校长等职。

1946 年起，先后担任齐齐哈尔第一中学、黑龙江省第一师范学校和齐齐哈尔实验中学校长。

1950 年 3 月，当选黑龙江省各界人民代表会议协商委员会副主席。

1954 年 8 月，任黑龙江省教育厅厅长。

1955 年，被选为中国人民政治协商会议黑龙江省第一届委员会副主席。

1958 年 8 月，在黑龙江省第二届人民代表大会第一次会议上被选举为黑龙江省副省长。

1968 年 9 月 21 日，因病逝世。

·业 绩·

王清正，1916 年升入呼兰县广青中学，在校时阅读了宣传民主进步的书刊，经常和同学研讨救国救民之策。

1917 年 5 月，王清正慕名到天津南开中学就读，寻求进步思想。在南开中学，王清正受到五四运动的洗礼，开始学习哲学，想做一名学者。从南开中学毕业后，王清正报考北京大学哲学系，但最终被数学系录取。

1927 年 6 月，王清正以优异成绩从北京大学毕业，应邀回黑龙江省工业学校担任数学教师。在教学中，他善于把书本知识结合学生的实际情况，深入浅出地进行讲授，颇受学生欢迎，被教师和学生誉为"王代数"。

1931 年九一八事变后，王清正不愿为日伪效力，辞去教师职务，后被日伪强制聘为齐齐哈尔师范学校教师。在齐齐哈尔第二国民高等学校校长任内，王清正同日本人副校长从不用日语交谈，需要对话时，必请翻译，因此被贬调至林甸县立国民高等学校。抗战胜利后，王清正被选为林甸县教育会会长。自 1946 年起，王清正先后担任齐齐哈尔第一中学、黑龙江省第一师范学校和齐齐哈尔实验中学校长。

中华人民共和国成立后，王清正先后当选黑龙江省各界人民代表会议协商委员会副主席、黑龙江省教育厅厅长、中国人民政治协商会议黑龙江省第一、二、三届委员会副主席。1958 年 8 月，被选举为黑龙江省副省长，主管教育。在担任省政协副主席和副省长期间，王清正坚定不移地贯彻执行党的教育方针，坚持德、智、体全面发展的办学方向，为党和社会主义建设培养了一大批优秀的人民教师和建设人才。同时，他做了大量团结教育知识分子的工作，为全省社会主义建设以及爱国统一战线工作做出了积极贡献。

于毅夫

（1903—1982）

·简 历·

于毅夫，原名于成泽，字毅夫，笔名洪波、逸凡。1903 年 5 月 9 日，出生于黑龙江双城辛家窝堡屯。

1917 年，入读天津南开中学。1920 年，考入同济大学机师科，后因阅读进步书刊被开除。1922 年，进入北京平民大学学习。1924 年，转学燕京大学历史系，曾任燕大学生会主席。

1927 年，燕京大学毕业后，任国民革命军第二集团军前敌总指挥部政治部编辑股长。后回到北京，任民国大学图书馆馆长兼出版部总编辑。

1928 年，任黑龙江省立一中校长。同年冬，发起黑龙江省护路后援会，被选为会长。

1933 年春，参加中共地下情报工作，利用国民党军事委员会北平分会参事身份收集军事政治情报。

1936 年 7 月，经中共北方局批准，加入中国共产党，并担任中共北平特别支部宣传委员。

1937 年 6 月，参与成立东北救亡总会（简称"东总"），当选常务委员，任宣传部部长、党组成员，主编"东总"机关刊物《反攻》。1938 年 10 月，率东北救亡总会迁往重庆，任中共东北救亡总会党组书记。1941 年，根据组织决定转移至香港，以"东总"负责人的身份，从事抗日统战工作。

1943 年，奉命进入华中解放区，先后任新华社华中分社总编辑、新四军情报部副部长、联络部部长。

1945 年，率领东北籍干部回东北开辟工作，任嫩江省主席。

1950 年 3 月，在黑龙江省第一届各界人民代表大会上，当选为省人民政府主席、省人民代表会议协商委员会主席。

1952 年 11 月，任中共中央统战部副部长。

1958 年 6 月，响应中央号召，到吉林省永吉县担任县委第一书记，兼任吉林市委书记。1960 年，当选为中共吉林省委书记处书记。

1978 年，当选为全国政协第五届委员会常委、吉林省政协副主席。

1982 年 6 月 11 日，在长春病逝。

·业 绩·

于毅夫，少时在海伦县读私塾，勤奋好学。

1916年，于毅夫随父亲迁居天津。次年春，入读南开中学。在学期间，参加了周恩来创办的"敬业乐群会"。五四运动的革命风暴中，于毅夫积极参加反帝反封建的示威请愿和抵制日货的斗争，参加了1920年1月由周恩来、郭隆真等学生领袖发动的抗议当局查封天津各界联合会和学生联合会的示威请愿斗争。

从南开中学毕业后，于毅夫考入同济大学，仅半年，于毅夫就因思想激进而被开除。1922年夏，进入北京平民大学。1924年转入燕京大学历史系，参与创办《燕大周刊》，参加编辑《京报副刊》，组织绿波社等。1926年3月18日，任燕京大学学生会主席的于毅夫，带领同学参加由中共北方区委领导的10多万群众参加的反对帝国主义联合进攻中国的抗议集会，他不顾个人安危，走在游行队伍的最前面。

燕京大学毕业后，于毅夫投笔从戎，参加北伐战争，任国民革命军前敌总指挥部政治部编辑股长。后返回北京，应聘为民国大学出版部总编辑，兼图书馆馆长，主办校刊。1928年秋，随东北军回到东北，应邀任黑龙江省立第一中学校长。同年冬，组织省护路后援会，被推为会长。1930年冬，于毅夫到天津，任市长张学铭秘书。

1933年春，于毅夫参加中共地下情报工作，他利用任国民党军事委员会北平分会参事身份，收集军事政治情报，在白色恐怖和复杂险恶的斗争环境中完成党交给的各项工作。1936年，经中共北方局领导人刘少奇、彭真研究决定，批准于毅夫加入中国共产党，并担任中共东北特别支部宣传委员，负责编辑《东北之光》等地下刊物。

西安事变后，于毅夫参与组织东北旅平各界抗日救国联合会、参与领导成立东北救亡总会。1941年，按照中共党组织的决定，转移至香港，以"东总"负责人的身份，从事抗日统战工作，保护了流亡香港的进步文化界人士。1943年，于毅夫奉命进入华中解放区，分配到新华社华中分社任总编辑，先后任新四军情报部副部长、联络部部长等职。

抗战胜利后，于毅夫率队回东北开展创建东北人民政权的斗争，主持成立嫩江省人民政府，任省主席。中华人民共和国成立后，于毅夫赴京参加中国人民政治协商会议第一届全体会议，并参加了开国大典。后历任中共中央统战部副部长、中共吉林省委书记处书记、吉林省第四届政协副主席。当选为中共八大代表，第一届全国人大代表，全国政协第四、五届常委。

武止戈

（1902—1933）

·简 历·

武止戈，曾用名胡之康。1902年生于陕西渭南，后迁居西安。

1920年，考入天津南开中学，在校名武熹祖。

1921年12月，同屈武、邹遵等十多名陕籍同学组织南开学校陕西同乡会，创办《贡献》月刊。

1922年6月，在南开中学毕业。毕业后，到北京一面准备考大学，一面参加中共领导的革命活动，加入了中国社会主义青年团。同年10月，参加了共进社的发起工作，为《共进》半月刊撰写多篇文章。

1923年初，加入中国共产党，同年8月任中国社会主义青年团北京地方执行委员会书记。

1924年初，党组织选送武止戈去上海大学学习。同年7月，赴莫斯科，入东方大学学习。

1925年夏，被派往西伯利亚和黑海地区从事工人运动。

1927年春，返回莫斯科转入中山大学继续学习，后又入列宁格勒军事政治学院学习，并在苏联红军中实习。

1932年2月，由苏联回国。回到哈尔滨，被反动军阀逮捕，在大连、沈阳羁押数月。后经党组织营救获释，由大连转赴上海养病。

1933年，中共中央派武止戈去张家口，协助冯玉祥、吉鸿昌筹组察哈尔民众抗日同盟军，并担任新成立的中共张家口特委委员。同年5月下旬，任察哈尔民众抗日同盟军北路军前敌总指挥部参谋长。8月上旬，任重建的抗日同盟军骑兵第五十六师参谋长。10月13日，在顺义县西的三家店许南园村一带指挥抗日同盟军对日作战时，不幸被日机炸弹击中，壮烈牺牲，时年31岁。

2015年8月，武止戈被列入民政部公布的第二批600名著名抗日英烈和英雄群体名录。

·业绩·

武止戈，1920 年考入天津南开中学，1922 年在南开中学毕业。在南开中学期间开始接触新文化、新思想，并参加学生运动。1921 年 12 月，同届武、邹遵等十多名陕籍同学组织了南开学校陕西同乡会，创办了《贡献》月刊，积极宣传社会主义。他在该刊发表了不少文章，在《为什么要讲社会主义》一文中，赞颂俄国十月革命，认为社会主义已"成为世界的问题"，其趋势将"弥漫全世界"。

1922 年 6 月，武止戈从南开中学毕业后，到北京一面复习功课，准备考大学，一面参加中共领导的革命活动，加入了中国社会主义青年团，他还曾多次拜访李大钊，聆听李大钊的教诲。同年 10 月参加了共进社的发起工作。此后，他更加积极地宣传马克思主义，为《共进》半月刊撰写了十多篇文章，赞颂马克思是"社会主义经济学派的始祖"，"是一个大社会学者兼大历史哲学者"，更是一个实际运动的战士。他在文章中探讨陕西地区进行革命的道路和方法，指出要改造陕西政局，就得"组织一个有团结力的政党，做有组织的计划运动"。1923 年初，武止戈加入中国共产党，同年 8 月任中国社会主义青年团北京地方执行委员会书记，在李大钊的指导下，积极发展壮大团的组织。1924 年初，党组织选送武止戈去上海大学学习。不久，团中央又指示他去苏联学习。1924 年 7 月，武同张宝泉等赴莫斯科入东方大学学习。1925 年夏被派往西伯利亚和黑海地区从事工人运动。1927 年春返回莫斯科转入中山大学继续学习，后又入列宁格勒军事政治学院学习，并在苏联红军中实习。

1931 年九一八事变爆发，经中共中央批准，武止戈于 1932 年 2 月回国。刚到哈尔滨，就被反动军阀逮捕，在大连、沈阳羁押数月。军阀的严刑拷打和非人折磨，使他身染重病，生命垂危，经党组织多方营救获释，由大连转赴上海养病。病情好转后，中共中央派他去张家口，协助冯玉祥、吉鸿昌筹组察哈尔民众抗日同盟军，并担任新成立的中共张家口特委委员。同年 5 月下旬，察哈尔民众抗日同盟军正式成立，武止戈任北路军前敌总指挥部参谋长。8 月上旬，武止戈任重建的抗日同盟军骑兵第五十六师参谋长。1933 年 10 月 13 日，日军飞机对抗日同盟军驻地进行狂轰滥炸。武止戈临危不惧，在顺义县西的三家店许南园村一带指挥抗日同盟军转移时，不幸被日机炸弹击中，壮烈牺牲，时年 31 岁。

屈 武

（1898—1992）

·简 历·

屈武，原名屈儒，字经文，1898 年 7 月 16 日出生，陕西渭南人。

1920 年春，考入天津南开中学高中，其间参与创办《贡献》杂志。

1922 年夏，考入北京大学政治系，是年秋加入进步社团"共进社"，后当选为常任主席。1923 年春，加入社会主义青年团，任北京大学团支部书记、团北京地委候补委员。

1925 年，转为中共党员。

1926 年，当选国民党中央候补执行委员。后被中共北方区委派往苏联中山大学学习。

1929 年夏，从苏联中山大学毕业，遵照中共驻共产国际代表团指示，9 月入伏龙芝军事学院继续深造。

1930 年 4 月，被联共（布）当局以"违犯军纪"等"莫须有"罪名流放，中断同党组织的联系。

1938 年秋，回到重庆，先后担任国民党军事委员会顾问处副处长、处长，立法委员，少将参议，中苏文化协会秘书长，陆军大学教官，陕西省政府委员兼建设厅厅长等职。

1941 年夏，在周恩来的直接领导下，在重庆成立中国民主革命同盟，当选为中央委员。

1945 年，任新疆迪化市（今乌鲁木齐）市长。

1950 年，重新加入中国共产党。

中华人民共和国成立后，历任西北军政委员会委员、新疆迪化市市长、政务院副秘书长兼参事室副主任、对外文化联络委员会副主任，第一届全国人大常委会副秘书长，并当选第一、二、五届人大代表，全国政协第三、四、五届常委。

1981 年，任民革中央常务副主席，并主持民革中央工作。

1983 年 6 月至 1992 年，任全国政协副主席。

1987 年 2 月，当选为民革中央主席。同年 12 月，主动辞去民革中央主席职务，被推举为名誉主席。

1992 年 6 月 13 日，病逝于北京。

·业绩·

　　1919年五四运动爆发后，屈武作为陕西学生联合会会长，组织学生进行爱国运动，后又以学生代表的身份上京请愿。当年10月，屈武被军阀政府逮捕，宁死不屈，经营救逃出虎口。

　　1920年春，考入天津南开中学高中。其间参与创办《贡献》杂志，宣传新文化、十月革命和社会主义。1922年夏，考入北京大学政治系，是年秋加入进步社团"共进社"，1924年10月当选常任主席。屈武在南开上学时阅读马列著作，到北京后直接受到李大钊的教育和帮助，对马克思主义有了进一步认识。1923年春加入社会主义青年团，任北京大学团支部书记、团北京地委候补委员。当时团组织对屈武的评语是"笃信主义，忠实精干"。1925年屈武转为中共党员。

　　1926年1月，屈武当选国民党中央候补执行委员。后被中共北方区委派往莫斯科学习。1930年4月，被联共（布）当局以"违犯军纪"等"莫须有"的罪名流放，中断了同党组织的联系。1938年秋回到重庆，先后担任国民党军事委员会顾问处副处长、处长、立法委员、少将参议、中苏文化协会秘书长、陆军大学教官、陕西省政府委员兼建设厅厅长等职。任职期间，他积极从事抗日民主运动，经常深入各战区调查研究，协助苏联军事顾问团开展工作，组织各种形式的中苏文化交流友好活动。

　　皖南事变后，屈武在周恩来的直接领导下，与王炳南、王昆仑、许宝驹、赖亚力等在重庆成立了革命组织——中国民主革命同盟，当选为中央委员，团结国民党民主派和其他爱国民主人士，为维护第二次国共合作，做了大量卓有成效的工作。1945年，屈武任新疆省政府委员兼迪化市（今乌鲁木齐）市长。受周恩来委托，营救出被军阀关押在疆的131名优秀中共党员。1949年4月，任国民党和谈代表团顾问随团赴北平谈判，后又回到新疆，同年9月在新疆起义，为新疆的和平解放作出了重要贡献。

　　1950年，屈武重新加入中国共产党。中华人民共和国成立后，屈武历任西北军政委员会委员、新疆迪化市市长、政务院副秘书长兼参事室副主任、对外文化联络委员会副主任，第一届全国人大常委会副秘书长，并当选第一、二、五届人大代表，全国政协第三、四、五届常务委员。党的十一届三中全会后当选为民革中央副主席、主席。光荣当选第六、七届全国政协副主席，并担任中苏友好协会会长、孙中山研究会名誉顾问等职。

张仲苍

（1901—1928）

·简 历·

张仲苍，又名张宝泉。1901 年，生于陕西三原。

1915 年，入三原渭北中学读书，后转学陕西省立三中。

1920 年，赴天津，考入天津南开中学，插班二年级，在校名张宝泉。

1922 年，加入陕西旅京青年的进步组织共进社。

1924 年，在天津加入中国社会主义青年团，分管社会主义青年团天津地委组织工作。同年 3 月，社会主义青年团天津地方执委会成立，被选为委员；4 月，担任组织部主任；7 月，受派赴苏联莫斯科东方劳动者共产主义大学学习。

1925 年 6 月，在莫斯科加入中国共产党，并于 7 月奉调回国，分配到中共中央机关，先从事工人运动，后转搞地下交通。

1927 年春，随中共中央机关迁到武汉。"七一五"武汉政府叛变革命后，又奉命赴沪，参与建立中共中央地下领导机关和开展党内交通的工作。同年 10 月，担任中共中央交通处内交主任（又称总交通），负责中共中央和市内中共地下组织之间的联络、传递文件和安排会议地址、接待和护送出入上海的中共中央负责人等工作。11 月周恩来自香港到上海后，张仲苍参加周恩来直接领导的中央特科工作。

1928 年 4 月 16 日，张仲苍在传递中央紧急情报时，不幸被外国巡捕逮捕，后被国民党当局引渡到龙华警备司令部，在龙华受到残酷的折磨后坚贞不屈，壮烈牺牲。

·业 绩·

张仲苍，1920年考入天津南开中学，在南开中学读书时加入共进社，后加入社会主义青年团，曾担任社会主义青年团天津地方执行委员会委员。在南开与陕西同乡武止戈、屈武等发起创办进步月刊《贡献》，积极为《共进》《贡献》等诸多进步报刊撰稿、捐款。并和于方舟等一起组织开展学运、工运、妇运活动。

1924年夏，张仲苍受组织派遣，到莫斯科东方劳动者共产主义大学学习，1925年6月27日，中共旅莫支部召开会议，决定张宝泉、郭隆真等12名团员转为中共党员。1925年7月，奉调回国，在上海党中央机关工作。他曾复信共进社第二次代表大会，阐述列宁关于帝国主义的理论，指出："中国八十余年来所受的痛苦，无一非帝国主义所赐！"

1927年四一二政变后，张仲苍随党中央到武汉，随之奉命秘密返沪。在极其险恶的形势下，参与建立党中央地下领导机关和开展党内交通的复杂斗争。期间他担任党中央交通处内交主任职务，负责联络、接待、护送工作。11月，周恩来自香港到上海，张仲苍在周恩来直接领导下参加中央特科的工作。

1928年4月16日，张仲苍在执行紧急任务时被捕。国民党特务机关先对他百般诱逼，却毫无所获，最后施以酷刑，致使体无完肤、双腿碎折，面对敌人的严刑拷打，他只有一句话："不知道！你们休想从我嘴里得到什么有用的东西！"无计可施的敌人，将张仲苍拖到院子里，猛打两百军棍后又对他连开七枪，随后残忍地用三把刺刀刺向他的身体，张仲苍为了保守党的秘密而壮烈牺牲。狱中的难友看到这种情况，无不为之感动流泪。张仲苍以自己誓死不屈的壮烈牺牲，实践了生前立下的"宁死不肯泄露党的秘密"的誓言。牺牲时，年仅27岁。

周恩来、邓颖超曾多次回忆起张仲苍烈士，邓颖超曾心情沉重地说："他死得很勇敢，是我党的一位很好的同志，我们应该怀念他。"

张仲苍的事迹在上海龙华烈士纪念馆展出，供全国人民凭吊瞻仰。

邹 遵

（1900—1930）

·简 历·

邹遵，又名邹均，号复良，本名师守尊。1900 年，出生于陕西富平。曾任中共河南省委军委书记。

1920 年，在天津参与创办进步刊物《贡献》月刊。

1921 年，在南开中学三年级二组读书，在校名邹均。

1922 年 6 月，在北京参加中共组织领导的革命活动。10 月中旬，参加旅京陕籍学生进步组织共进社的活动。后正式加入共进社，为《共进》半月刊撰写社论、评论。

1923 年，先后加入中国社会主义青年团和中国共产党。

1924 年初，考入上海大学社会学系学习，学习期间参与创办了《新群》杂志。寒假期间，回陕参与创建中国社会主义青年团西安第二支部。

1925 年初，邹遵到达北京，负责国民军二军驻京办事处的对外联络工作。其间，根据共青团中央的指示，对西安地区的团组织进行整顿。

1926 年，受中共北方区委指派赴苏联莫斯科中山大学学习。同年秋回国，李大钊派他到驻河北省河间县的奉军郑思成部做兵运工作。

1927 年 4 月，受中共陕甘区委、国民党陕西省党部及国民军联军驻陕总部的派遣，任驻陕总部驻武汉全权代表。

1927 年秋，由于劳累过度、环境恶劣，患了严重的肺结核病，党组织送他到上海看病。

1928 年夏，中共中央派他再次去苏联莫斯科东方共产主义者劳动大学学习，先编入东方劳动大学军事班，随后又转入莫斯科步兵学校进行更正规的学习。1928 年底，因病回国。

1929 年春，到达上海。9 月在小沙渡路被租界英国巡捕逮捕，遭严刑拷打，始终严守党的机密，后经营救获释。

1930 年夏，中共中央派邹遵到河南，担任中共河南省委军委书记。同年冬季在新乡被捕牺牲。

·业 绩·

　　1924年初，在上海大学社会学系学习期间，邹遵参与创办了《新群》杂志，宣传马克思主义和中国共产党的纲领、政策。寒假期间，回陕参与创建了中国社会主义青年团西安第二支部。1925年初，邹遵到达北京，负责国民军二军驻京办事处的对外联络，在北京期间，为加强扩大统一战线做了大量工作。其间，曾回陕宣传中国共产党和孙中山共同倡导的国民会议运动，并根据共青团中央的指示，对西安地区的团组织进行整顿。

　　1926年，邹遵受中共北方区委指派赴苏联莫斯科中山大学学习。同年秋回国，李大钊派他到驻河北省河间县的奉军郑思成部做兵运工作。1927年4月，国民军联军驻陕总部选派邹遵任总部驻武汉全权代表，负责"所有在外一切交涉事宜"和"向中央报告陕西党务政治军事财政等一切事宜"。

　　1927年7月，汪精卫公开背叛革命，血腥镇压共产党人和革命群众，国民军联军驻陕总部被解散。邹遵根据党的指示转入地下，接待了不少由陕西来武汉的共产党员。1928年夏，中共中央派他再次去苏联莫斯科东方共产主义者劳动大学学习，邹遵想到今后党领导的武装斗争会显得更加重要，需要大量的军事人才，于是他请求学习军事，得到党组织的同意，后他的肺结核病复发，呼吸困难，无法坚持学习。他考虑到自己的病情严重，一时难以治好，而国内的革命工作又急需干部，与其在这里养病，不如回国边工作边养病。于是，他向党组织申请回国工作，获得了批准。1928年底，邹遵拖着病体，踏上了回国的征途，1929年春到达上海。7月，党组织在小沙渡路召开彭湃烈士追悼大会，邹遵和几位党员在散发传单时，被租界英国巡捕逮捕，遭严刑拷打，始终严守党的机密，后经营救获释。

　　1930年夏，党中央派邹遵到河南省任省委军委书记。时值中原大战爆发，邹遵帮助河南党组织签发护照，接济武器和经费，营救被捕的党员。9月在黄河以南开展游击战争时在新乡被捕牺牲。

　　1931年，在杨虎城将军的支持下，由亲友等将邹遵遗骸运回西安，安葬于南郊兴善寺旁。后党和人民政府将烈士忠骨移入西安烈士陵园。

江泽涵

（1902—1994）

·简 历·

江泽涵，1902 年 10 月 6 日出生于皖南山区的旌德县江村。1919 年考入天津南开中学，插班读初中二年级，1922 年提前修完中学课程毕业。

1922 年 9 月，升入南开大学数学系。

1926 年 1 月，提前半年大学毕业。

1926 年 9 月，到厦门大学工作，任助教一年。

1927 年，考取清华官费留美数学专修生，9 月，赴美国哈佛大学研究院数学系留学。

1930 年夏，获哈佛大学博士学位。应普林斯顿大学邀请，做研究助教一年。

1931 年夏，学成回国，受聘为北京大学数学系教授。

1936 年秋，再次赴美国普林斯顿高等研究院进修。

1937 年，先后任长沙临时大学数学系主任、西南联合大学数学系主任。

1947 年夏，赴瑞士苏黎世国立高等理工学院数学研究所进修，并数度访问德国进行学术交流。

1949 年 8 月，任北京大学数学系主任。

1951 年，连续三届担任中国数学会副理事长。

1952 年，改任北京大学几何代数教研室主任。同年兼任中国科学院数学研究所研究员。

1952 年，参加中国民主同盟。

1955 年，被选为中国科学院第一批学部委员（院士）。

1981 年，加入中国共产党。

历任第三届至第六届全国政协委员，第四届至第六届民盟中央委员、第七届民盟中央参议会常委。

1983 年，任中国数学会名誉理事长。

1994 年 3 月 29 日，在北京病逝。

天津南开中学人物志

·业 绩·

　　江泽涵的母亲胡隽音是胡适姑母。1919 年 1 月，江泽涵随胡适到北京，不久考入天津南开中学，插班读初中二年级，仅用三年时间修完中学课程。

　　江泽涵学习刻苦，成绩优秀。1922 年 9 月，升入南开大学数学系，从此开始了漫长的数学生涯。大学期间，师从姜立夫教授，毕业后随姜立夫到厦门大学任助教一年。1927 年，江泽涵考取当年清华官费留美唯一一名数学专修生，9 月赴美国哈佛大学研究院数学系攻读复域几何和差分方程，仅用一年时间就取得了硕士学位。1930 年夏获得哈佛大学博士学位后，应普林斯顿大学邀请，跟拓扑学大师莱夫西茨做研究助教一年，研究领域转向代数拓扑学。1931 年，在《美国科学院进展》期刊中发表关于尼尔森不动点类理论的研究论文，这是中国学者发表的第一篇拓扑学论文。

　　江泽涵是中国拓扑学的奠基人。他在 60 多年的学术研究和数学教育的生涯中，为中国现代数学，特别是拓扑学的研究，做出了开拓性和创造性工作，培养了大批数学人才，造就了一个卓有成就的"中国拓扑学派"。

　　江泽涵于 1952 年参加中国民主同盟，1981 年加入中国共产党。为第三届至第六届全国政协委员，第四届至第六届民盟中央委员，第七届民盟中央参议会常委。

　　1978 年后，江泽涵已进入古稀之年，但仍青春焕发，招收研究生，著书立说，主持全国拓扑学学术会议，在科学研究和教育事业上一直工作到最后，奉献出自己毕生精力。

殷宏章

（1908—1992）

·简 历·

殷宏章，字伯文。1908 年 10 月 1 日出生于山东兖州，祖籍贵州贵阳。

1915 年，入读天津西窑洼直指庵小学。

1922 年，考入天津南开中学读书。

1924 年，南开大学预科学习，转年进入南开大学化学系学习，后转入新成立的南开大学生物系。

1929 年，南开大学生物系毕业，留校任教。

1933 年，考入清华大学生物系攻读研究生。

1935 年，获硕士学位，考取清华大学公费留美，赴加州理工学院学习。1937 年，获博士学位。留校做博士后研究。

1938—1944 年，由美国回国，任西南联大生物系教授兼清华大学农业研究所研究员。

1944—1945 年，任英国剑桥大学交换教授。

1946—1948 年，任北京大学生物系教授，1948 年当选中央研究院院士。

1948—1951 年，任联合国教科文组织南亚科学合作馆官员。

1951 年，任中国科学院实验生物研究所植物生理研究室研究员兼北京大学生物系教授。

1953—1954 年，任中国科学院植物生理研究所研究员、副所长。

1955 年，当选为中国科学院学部委员。

1958—1963 年，先后当选为第二、三届全国人大代表，第三、四、五届上海市人大代表。

1978 年，任中国科学院上海植物生理研究所所长。

1979 年，担任第二届中国植物生理学会理事长，《植物生理学报》《植物生理学通讯》主编。

1982 年，当选为全国政协第五届委员。

1983 年，担任中国科学院上海植物生理研究所名誉所长、第三届中国植物生理学会理事长。1986 年，担任第四届中国植物生理学会名誉理事长，当选为全国政协第六届委员。

1992 年 11 月 30 日，在上海逝世。

·业 绩·

　　殷宏章的祖父殷谦为同治年间进士，父亲殷有济为晚清举人，殷宏章从小就浸染在读书的氛围中。1922 年考入南开中学。一年后，由家中聘请教师，与弟妹在家学习国文、数学、英文等课程。

　　1924 年秋，殷宏章考取南开大学预科，仅用一年就升入南开大学理学院本科，先就读化学系，后转入生物系，学习期间曾观察到光色更替时光合速率有瞬间效应，这一实验成为 30 年后美国科学家提出的光色瞬变效应和双光增益效应的先导。

　　1929 年夏，殷宏章南开大学毕业，留校任生物系助教，并兼任南开中学生物教师。1933 年，入清华大学生物系攻读研究生，从事生长素方面研究。1935 年获硕士学位后，回南开大学担任讲师。同年，考取清华大学第七届庚款留美生，与钱学森等人同期赴美留学，进入美国加州理工学院学习，仅用两年就获得博士学位，随后留校做博士后，在生物物理研究室和生物遗传研究室进行光合作用和遗传方面的研究。

　　1938 年，殷宏章婉拒了加州理工留校工作的邀请，返回战火中的祖国，担任西南联大教授，讲授植物生物学等课程，同时在清华大学农业研究所植物生理学组兼任研究员，开展植物生长素的利用及人工合成的研究。1944 年以第一批交换教授身份到英国剑桥大学进行磷酸化酶的研究。1946 年回国，被北京大学生物系聘为教授。1948 年当选为中央研究院院士。同年 12 月，应英国学者李约瑟的邀请，赴印度新德里任联合国教科文组织南亚科学合作馆科学官员。

　　中华人民共和国成立后，殷宏章回到北京为国家建设服务，任中国科学院实验生物所研究员，参与创建植物生理研究室。50 年代初期，殷宏章组织和领导了抗菌素的研究并投入生产，这对中国的医药、农牧业和食品工业等方面都有极其重要的意义。1955 年当选中国科学院生命科学和医学部学部委员。1959 年创建了中国第一个光合作用实验室。60 年代初期，殷宏章带领团队证明了光合磷酸化反应是整个光合作用的组成部分，使得中国在光合磷酸化研究领域处于国际领先地位。

　　1978 年，殷宏章在全国科学大会上被评为先进工作者，并以古稀之龄出任中国科学院上海植物生理研究所所长。1982 年获国家自然科学二等奖，1988 年获中国科学院从事科学工作 50 年成就奖。

刘豁轩

（1904—1974）

·简 历·

刘豁轩，著名新闻工作者，现代重要报人，天津蓟县人，学名明泉。1904年出生于蓟县少林口村，祖父与父亲都是当地知名的天主教徒。

1919年，考入天津南开中学，在校初、高中就读，共六年。后又进入南开大学主修政治学，辅修历史、地理课程。

1928年，应族兄刘浚卿邀请，到天津《益世报》任总编辑，很快提升了《益世报》的销量和影响力。九一八事变后，《益世报》凸显了坚定的抗日立场，猛烈抨击日本侵略，反对妥协。

1932年，出任《益世报》社长，1934年继任该报总经理兼总编辑。

1935年11月，从《益世报》解聘，随即前往燕京大学新闻系任教，1937年被聘为新闻系主任。与校内教师孙瑞芹共同带领学生创办实习刊物《燕京新闻》。

1941年12月，日本军队侵占燕京大学校园，以抗日言论和活动的罪名将刘豁轩逮捕，关押在北平日本陆军监狱，经各界知名人士多方奔走，半年多后才释放出狱。

1945年，曾毁于日寇之手的《益世报》复刊，邀请刘豁轩回津任社长兼总编辑。他约请南开大学、燕京大学等校的学生，组织编辑部、采访部，又邀请徐悲鸿、沈从文、齐思、李屯之等人办副刊，写专栏。

1946年，南开大学聘请刘豁轩教授新闻学。

1948年，作为中方代表团成员，前往日内瓦参加联合国"世界新闻自由会议"。

1956年，调入中国科学技术情报研究所，任西文所所长。

1974年，在北京逝世。

·业 绩·

刘豁轩，1919 年考入南开中学，在校期间积极参与五四运动，阅读新刊物，对时事表现出浓厚的兴趣。刘豁轩就读南开期间，张伯苓校长每周于"修身班"讲话中给同学们分析日本灭亡中国的企图，这使得少年刘豁轩对日本帝国主义的野心有了初步认识。进入南开大学继续学习后，在张伯苓、梁启超、胡适等人的引领下，刘豁轩形成了朴素而坚定的爱国思想—— 普及教育、提倡科学、启迪民智、不断探索中国的出路，这一信念伴随了他的一生。

1928 年刘豁轩任《益世报》总编辑以后，邀请南开大学同学汪佛生等人组织编辑部，随后又增设特派记者，聘请通讯员，拓展新闻来源，到 1931 年日发行量已达 35000 份，与《大公报》《时报》持平，成为当时北方的舆情重镇。1931 年九一八事变爆发以后，《益世报》凸显了鲜明的抗战主张，猛烈抨击日本帝国主义的侵略行径，尖锐指出国民党政府的腐败和无能。1934 年 4 月 7 日蒋介石电令南京各部及河北省禁止《益世报》的发行，并禁止报社使用全国各地的邮政电报业务。刘豁轩四处奔走，但处处碰壁，报纸停刊数月，后经由张伯苓及时任天津市长张廷锷帮助联络疏通，终于解除了"禁令"。

刘豁轩任教燕京大学新闻系时教授多门课程，培养了大批新闻人才。1941 年12 月，日本军队侵占燕京大学校园，以抗日言论和活动的罪名将刘豁轩逮捕，关押在北平日本陆军监狱，经各界知名人士多方奔走，半年多后获释。

1948 年联合国在日内瓦召开"世界新闻自由会议"，中国派五人代表团出席，代表团由驻联合国的张彭春、新闻局邓友德，以及经由记者工会选派的三位新闻工作者上海程沧波、南京马星野和天津刘豁轩组成。

中华人民共和国成立后刘豁轩从事国外科技情报翻译工作。

张仲超
（1904—1926）

·简 历·

张仲超，原名张根泉，1904年11月16日生于陕西三原西张堡一个知识分子家庭。

1911年，在陕西三原县国民小学就读。

1918年，随父亲赴西安，肄业于西安一师附小。

1919年，考入西安省立第三中学读书。

1920年冬，与堂兄张宝泉（张仲苍）一起离开西安，赴天津，考入天津南开中学，插班二年级三组。

1921年12月，与堂兄张宝泉及同学屈武、武止戈、邹遵等陕西同学发起组织"天津南开学校陕西同乡会"，呼吁西安学生对旧教育"竖起反抗的旗子来和它宣战！"

1923年，加入陕西旅京青年的进步组织——共进社。

1924年，由南开中学高三年级理科毕业，考入北京大学物理系。进入北大以后，开始信奉孙中山先生的三民主义，加入了国民党。同年，又先后加入社会主义青年团和中国共产党。加入中国共产党以后，还担任了共进社的自治委员会委员兼文书股主任。

1925年春，因家庭经济困难，休学半年回陕西，到陕西省澄城县初级中学任教。其间创立了澄城青年社，建立了共产主义青年团澄城支部。同年秋，回北京大学复学。

1926年春，党组织决定派他去黄埔军校学习。正在准备南下时，大沽口事件发生，3月18日，北京各界民众在天安门前集会抗议，段祺瑞下令卫队开枪，张仲超等壮烈牺牲。

·业绩·

张仲超,三一八惨案烈士。1920年考入天津南开中学,1924年从南开中学毕业,考入北京大学。在南开中学期间他与堂兄张仲苍及同学屈武、武止戈、邹遵等发起陕西进步同学组织的同乡会,为《共进》杂志撰写文章,揭露军阀黑暗统治。1924年先后加入社会主义青年团和中国共产党。他初步运用马列主义原理,阐述战争与经济的关系,主张实行联合统一战线,推翻军阀。

1925年初,张仲超因家庭经济困难辍学到澄城县中任教,讲授英语、数学、物理、化学各科。除传授科学知识外,积极引导学生关心国事、投身革命。他创办澄城青年社,建立共青团澄城支部。同年7月,在三原县参加陕西青年的进步组织共进社第二届代表大会,和刘志丹等一起被选为第一审察委员会委员和起草宣言委员会委员。在会前的代表题词中张仲超写道:"共进社——西北文化的晨钟!社会改造的导师!国民革命的先锋!"不久后,回北京大学复学。

1926年3月18日,为反对日、英、美、法等八国公使对中国提出的最后通牒,在李大钊、赵世炎等人的领导下,北京各界民众5000余人在天安门前集会抗议。会后,以学生为先导的游行队伍行至铁狮子胡同,段祺瑞下令卫队开枪射击。张仲超及刘和珍等47人当场壮烈牺牲。三一八惨案震惊全国,共青团中央为张仲超送的挽联是"为革命牺牲方是真正共产主义者;踏血迹前进不愧勇敢少年先锋团"。

张仲超的父亲张景秋曾参加孙中山先生领导的资产阶级民主革命,1939年在重庆国民政府监察院工作,积极从事抗日救亡运动,遭日寇飞机轰炸罹难,其堂兄张仲苍,曾是中共中央交通的早期负责人之一,1928年春,在上海被国民党反动派杀害。周恩来曾称张仲超、张仲苍和张景秋三位烈士是"父子国殇"。

黄家驷

（1906—1984）

·简 历·

黄家驷，1906 年 7 月 14 日出生于江西玉山，字午峯。

1921—1924 年，就读于天津南开中学。

1933 年，毕业于北京协和医学院。

1935 年，就职于国立上海医学院。先后任外科住院医生、外科总住院医生、外科助教、外科讲师、外科副教授，外科教授。

1941 年，考取清华大学官费赴美留学。

1944 年，获美国密执安大学医学院外科学硕士学位，并获全美外科专家称号，是美国胸外科专家委员会创始人之一。

1950 年参加上海市首批抗美援朝志愿医疗手术队，任总队长兼二大队队长。

1952—1958 年，任上海第一医学院副院长、上海中山医院院长。其间 1955 年任中国科学院生物学部委员。

1958 年，调任中国医学科学院院长。

1979 年，任美国约翰·亚历山大胸外科学会会员。同年，获美国医学会优秀医学教育家奖。

1982 年，由于动脉硬化，发生间歇性跛行，仍坚持工作。

1983 年，退居二线，组织编写《外科学》第四版——《黄家驷外科学》。

1984 年，夜以继日查阅文献，赶写成《胸部损伤》一章，作为《外科学》再版的蓝本，以提供《外科学》编委会讨论。5 月 14 日，主持生物医学工程学会理事会，赴会途中因心脏病复发与世长辞，终年 78 岁。

黄家驷生前还任职国家科委医学组副组长，国家科委生物医学工程组副组长，卫生部医学科学技术委员会副主任委员，中国科学院主席团成员、生物学部委员，中国科学技术学会副主席，国务院学位委员会委员，国家发明评奖委员会副主任，中华医学会副会长，中华外科学会主任委员，中国生物医学工程学会理事长，中国残疾人福利基金会名誉理事，以及《中国科学》和《科学通报》副主编，《中华医学杂志》英文版主编、《中外科杂志》和《中国生物医学工程学报》主编、《中国医学百科全书》副主编。曾当选为第一、二、三、四届全国人大代表，第五、六届全国政协委员。

天津南开中学人物志

·业绩·

黄家驷，胸外科专家和医学教育家，中国科学院院士。1921 年春，考入南开中学初中二年级，成绩名列前茅。1924 年夏，刚读完高一的黄家驷考入北京协和医学院。接受燕京大学和北京协和医学院 5 年医本科严格训练，1930 年获燕京大学理科学士学位，1933 年获美国纽约州立大学医学博士学位，并受聘为协和医院外科住院医生。

1925 年五卅惨案震惊全国，黄家驷曾与协和的同学们冲破学院的禁令，上街游行讲演。1932 年，日军进逼热河，他参加了林可胜教授组织的首批救护队奔赴前线。1937 年八一三事变时，他担任上海医学院医疗队副队长，前往无锡组建伤兵医院。

1945 年留美归国后开创了中国的胸外科事业，开创了肺切除治疗重症肺结核、颈部食管胃吻合术等，控制压力麻醉下的开胸等手术。

1952 年，上海医学院改组为上海第一医学院，黄家驷被任命为副院长兼中山医院院长。在他的主持下，胸外科由下属外科的一个专业发展为独立的专科，成为提供医疗服务、开展临床研究和培养专业人才的重要基地。1956 年创建上海胸科医院并兼任院长。

1959 年，负责恢复重建八年制中国协和医科大学并受命担任校长，以极大的魄力和干劲，依靠全体教职员工，在不到半年的时间内，迎来了第一批 8 年制医科学生入学。1960 年恢复重建北京协和医院胸外科并担任科主任，虽肩负繁重的领导工作，但始终坚持临床和教学实践，挤时间参加门诊、查房、手术和会诊。任校长期间为培养中国高级医学人才呕心沥血、鞠躬尽瘁。

从 1938 年开始，黄家驷在国内外医学杂志上发表关于肺癌、肺结核外科等方面的学术论文和著作数十种。他 1950 年主编我国第一部《外科学》专著，1962 年由人民卫生出版社出版。该书多年来四次再版，程度加深，内容大幅度增加，近乎全部重新撰写，一直作为医学院校的标准教材和外科医生的必备参考书，为全国各地培养了大批胸外科专业人才。

黄家驷在国际医学界享有很高声誉，是美国胸腔外科专家委员会的创始委员、苏联医学科学院国外院士、印度医学科学院国外委员、美国约翰·亚历山大胸外科学会委员、莱蒙·布鲁尔国际外科学会杰出会员，1979 年获美国医学会颁发的世界杰出医学教育家荣誉奖，被载入美国《世界名人录》。他的足迹遍及亚、欧、美、澳，为中国医学界赢得了友谊和信任。

彭雪枫

（1907—1944）

·简 历·

彭雪枫，1907年9月9日出生于河南镇平。学名彭修道。

1913—1916年，随塾师伯父彭延庆在私塾伴读。

1921年春，于镇平县察院模范高等小学堂毕业。秋，赴津考入南开中学。

1922年底，入读冯玉祥"陆军第十一师官佐子弟育德学校"，后学校易名"育德中学"。1928年底，考取开封训政学院政治专修科。

1930年5月，调鄂东南苏区红军中工作。途中，易名彭雪枫。

1932年9月，粉碎红二师师长郭炳生投敌叛变企图，受到周恩来、彭德怀、陈毅高度赞扬，并荣获苏维埃政府"红星奖章"。

1933年11月，在金溪八角亭战斗中，仅率一个通讯排反冲锋打退敌人多次进攻，挽救了整个战局。战斗中再次光荣负伤。

1934年春，伤愈后入红军大学学习。夏，调任江西军区政委，与陈毅司令员一起工作。

1935年9月22日，任中国工农红军陕甘支队第二纵队司令员。10月19日，陕甘支队到达吴起镇，结束了二万五千里的艰苦历程。11月3日，改任红一军团第四师政委。11月下旬，率红四师参加直罗镇战役。

1937年8月30日，历经数月艰苦努力，建立"八路军驻晋办事处"，任八路军总部少将参谋处长兼八路军驻晋办事处主任。

1938年春，受命到河南省确山县竹沟镇全面主持中原抗战。

1939年，任新四军六支队司令员兼政委、豫皖苏边区党政军委员会主任。

1940年6月1日，指挥新兴集"六一"战斗，胜利粉碎日军数路围攻。7月，就任八路军第四纵队司令员。

1941年，改任新四军第四师师长兼政委，率边区军民进行长达三个月的反顽斗争。兼任淮北军区司令员。率四师主力发动陈道口战役，取得重大胜利。

1943年3月17日夜，率部参加山子头自卫战，活捉敌苏鲁战区副司令长官、江苏省主席韩德勤，击毙顽军头目王光夏及独立第六旅旅长李仲寰。

1944年9月11日，在河南夏邑县八里庄战役中壮烈殉国。

·业绩·

　　彭雪枫，德才兼备、智勇双全的无产阶级革命家和杰出的军事家。1921 年考入南开中学，就读于初一年级四组。他勤奋好学、成绩优秀。南开中学爱国修身、敬业乐群氛围的熏陶和现代教育体系严格的教学训练，为他日后实现革命理想奠定了良好基础。1925 年，彭雪枫参加共青团，1926 年转为共产党员。他积极从事学运、农运、兵运，开始了"出生入死，致力革命二十年"的光辉历程。

　　1930—1934 年，在中央苏区五次反"围剿"斗争中，彭雪枫历任红六师、二师、四师政委，率部参战数十次，屡建战功。1934—1935 年中央红军长征途中，调任中革军委第一局局长，兼第一野战纵队第一梯队队长兼政委，协助军委主席朱德、副主席周恩来进行军事指挥工作；率部与兄弟部队四渡赤水，夺取娄山关，重占遵义城，抢渡金沙江、大渡河，过雪山草地，为实现毛泽东的战略意图和战术思想做出了出色贡献。

　　1936 年 10 月，任中共中央代表，与傅作义"多次晤谈协同抗日事宜"，对阎锡山进行了卓有成效的争取工作。1937 年 8 月，任八路军少将参谋处长兼驻晋办事处主任，积极扩大抗日力量，多次陪同周恩来、朱德、彭德怀等与阎面谈。1938 年 9 月，任新四军游击支队司令员兼政委，率部创建了范围达 30 多个县的豫皖苏抗日根据地。1940 年 11 月 17 日，指挥蒙北板桥集战斗，激战三昼夜，歼日伪军 1000 余人。1942 年 11 月，指挥作战 37 次，歼敌 700 余人，粉碎了日寇大规模"扫荡"。1944 年 8 月 23 日，指挥小朱庄战斗，全歼顽军 1800 余人。9 月 11 日，在收复河南夏邑县八里庄的战斗中彭雪枫不幸以身殉国。

　　彭雪枫为《拂晓报》、拂晓剧团和骑兵团的建设倾注了无限心血和汗水。1938 年 9 月，主持创办《拂晓报》，带动淮北根据地形成了以《拂晓报》为旗帜的文化垦荒运动。1938 年 10 月，创办拂晓剧团，成为活跃在抗日根据地的一支文艺轻骑兵。1941 年 8 月 1 日，建立新四军乃至华中野战军、华东野战军唯一的骑兵团，成为淮北平原的铁骑劲旅，立下赫赫战功。

　　彭雪枫文武兼备，军政兼优。他撰写了 100 多篇重要军事文章，为毛泽东军事思想的形成和发展做出重要贡献。他指挥的新四军第四师，被誉为"天下第一文明军"，群众为他树立了"彭公雪枫德政碑"。彭雪枫被毛泽东等誉为"共产党人的好榜样"。1989 年 11 月 30 日，《人民日报》头版刊登中央军委确定的 33 位军事家名单，彭雪枫名列其中。

张采真

（1905—1930）

·简 历·

张采真，河北霸县人。1905 年 3 月 25 日出生于吉林盘石。天津南开中学 1922 届学生，在校名张士隽。

1920 年，在南开中学初中二年级二班读书。

1922 年春，转到北京汇文大学预科读书，半年后考入燕京大学，主修西洋文学，次修中国文学。

1926 年，从燕京大学毕业。半年后加入北伐军，在新建的第十一军政治部工作。

1927 年秋天，在河南参加讨伐张作霖的战役。

1928 年，加入中国共产党，在福建临时省委负责共青团省委宣传部工作。是年冬，张采真调上海党中央宣传部编辑党中央机关刊物《布尔什维克》杂志。

1929 年，任职于党中央秘书处。

1930 年，任中共中央长江局秘书长。同年，到武汉从事革命工作。11 月 14 日，由于叛徒告密，张采真被国民党当局逮捕。12 月 27 日被杀害于武汉监狱旁的围墙下。

·业绩·

张采真，南开中学 1922 届学生。在南开中学读书时，学习成绩出类拔萃，在当年的期终考试中，每门功课都得一百分的，他是唯一一个。

1922 年春，张采真转到北京汇文大学预科读书，半年后，考入燕京大学。在大学期间，曾翻译过莎士比亚的《如愿》，苏联塞门诺夫的小说《饥饿》，写了《陶渊明评传》，出版过《真理之城》书集。他的文学才华让他荣膺了燕京大学的一枚金钥匙。

1926 年张采真大学毕业，半年后加入北伐军，在新建的第十一军政治部工作，于 1927 年秋天在河南参加讨伐张作霖的战役。1928 年由刘谦初介绍加入中国共产党，在福建临时省委负责共青团省委宣传部工作。是年冬，张采真调上海党中央宣传部编辑党中央机关刊物《布尔什维克》杂志，次年任职于党中央秘书处。1930 年夏，任中共中央长江局秘书长，在任弼时、关向应领导下工作。这一时期，他积极参加左翼文化工作。

1930 年张采真到武汉从事革命工作，11 月 14 日由于叛徒告密，被国民党当局逮捕，在武汉狱中他写下遗书，表示身殉革命事业的决心。12 月 27 日被杀害于监狱旁的围墙下。张采真牺牲后，民主革命者、诗人柳亚子，怀着沉痛的心情，写下悼诗：霸才无命奈伤神，燕赵悲歌张采真。

周恩来、邓颖超夫妇对烈士家属一直关怀备至，曾冒着危险亲自去探望烈士遗孀，1949 年以后，也与烈士家属多次相互看望。周恩来、邓颖超与张采真夫妇共事时间并不长，但他们对张采真的一双儿女的情谊，长达半个世纪而延绵不断。

刘澜波

（1904—1982）

·简 历·

刘澜波，原名刘玉田，满族，1904 年 11 月出生于辽宁凤城。

1920 年，考入天津南开中学。

1926 年，经高光宇介绍加入中国共产主义青年团。同年夏，自南开中学毕业后考入北大政治系。

1928 年，加入中国共产党。

1931 年，九一八事变后，在辽宁参加东北义勇军抵抗日本帝国主义侵略的活动。

1932—1937 年春，先后任党的东北军骑兵二师工委组织部部长、东北军工作委员会书记。

1936 年 12 月西安事变后，任西北抗日军政委员会党政处科长、设计委员会委员。

1937 年，参加组织东北救亡总会的工作，并任总会党团书记，在武汉积极开展抗日救亡工作。

1939 年，进入延安中央马列学院学习。

1941 年，任中共中央统战部科长。

1943 年，进中央党校学习。

1945 年抗日战争胜利后，先后任中共辽东省委委员、安东省人民政府副主席和主席、中共安东省委书记、安东军区政委、四纵队副政委、中共辽东省委副书记、省政府主席等职。

1950 年，任中央燃料工业部副部长和党组副书记，分管电力工业。

1955 年，任电力工业部部长和党组书记。

1958 年起，任水利电力部副部长、党组副书记、书记。

1959 年，当选为全国政协第三届常务委员会委员。

1965 年，当选为第三届全国人民代表大会常务委员会委员。

1979 年，任电力工业部部长兼党组书记，同年 9 月，当选为中共十一届中央委员。

1981 年 3 月，主动要求退居第二线，后任国务院顾问。

1982 年 3 月 5 日，在北京病逝。

·业 绩·

刘澜波在五十余年的革命生涯中，按照党的指示、方针、政策，为推动东北军停止内战、走上抗日道路，巩固和建立辽东人民政权，发展国民经济，支援解放战争，发展我国能源工业及水利事业特别是电力工业，作出了卓越贡献。

刘澜波1920年考入天津南开中学，在校期间思想积极进步，发起成立了"社会研究会"，积极投入声援反帝爱国的五卅运动和其他革命活动。1926年考入北京大学政治系，1928年成为中国共产党党员。

九一八事变后，刘澜波回到辽宁协助东北军爱国将领黄显声组建东北抗日义勇军。1932年受党的派遣到东北军骑兵二师工作，为争取东北军、张学良加入抗日民族统一战线作出贡献。1935年，刘澜波随东北军调入陕西西安，任东北军党的工作委员会书记。1937年6月20日，东北抗日救亡总会正式成立，刘澜波任党组书记，主要在东北军和东北流亡人士中进行工作，在巩固群众的基础上建立了广泛的抗日民族统一战线。全面抗战爆发后，刘澜波领导东北救亡总会，为收复东北、配合全国抗战，作出了重要的历史贡献。

为开辟东北根据地，刘澜波于1945年从延安调回东北，被分配到辽东地区进行工作，任安东省政府副主席兼党组书记。1946年，国民党进攻辽东时，时任安东省委书记、安东军区政委、省政府主席的刘澜波，领导并指挥安东省党政军民敌后游击战争，最大限度地牵制敌人的攻势，支援了前方的斗争。安东收复后，刘澜波根据当时的具体情况，首先在战争中保存了大量物资，支援了战争，而后又迅速地发动群众，恢复生产，发展经济，繁荣市场。刘澜波的远见卓识和对各项工作的细致安排，使安东在后来有力支援了解放战争。1948年，刘澜波任辽宁省政府主席、省委副书记。

1950年，刘澜波被调到中央燃料工业部，担任燃料工业部副部长，分管电力工业，领导电力工业建设和保障全国发电、供电任务。1955年，任电力工业部部长，力主经济建设要确保"电力先行"，确定了发展电力工业应采取的九项技术政策，为新中国工业现代化建设奠定坚实基础。1979年当选中共第十一届中央委员会中央委员，担任电力工业部部长，在电力工业领域贯彻执行党的路线和方针政策，扭转当时缺电局面，加速推动电力工业发展。

吴大猷

（1907—2000）

·简 历·

吴大猷，1907 年 9 月 29 日生于广州，原籍广东高要。

1921 年夏，随伯父吴远基至天津，考入南开中学。吴大猷自认为："这是决定我一生前途的第一个机遇。"

1925 年，考入南开大学矿科。1926 年，转入理科物理系。曾执教南开中学暑期学校。二年级由物理系主任饶毓泰讲授"近代物理"，使他对物理的兴趣陡增，渐为饶毓泰所注意。

1927 年夏，执教于南开中学暑期学校。秋，被校方聘为预科物理实验助教。

1929 年，与物理系二年级学生阮冠世初恋。自南开大学毕业并留校任教。

1931 年，赴密歇根大学深造。系主任 Randall 教授是为人朴实、对学系的发展有远见、有成就而毫不居功的慈祥长者。Randall 教授和饶毓泰老师对他以后的学习、工作和生活，起到了关键的、也可以说是举足轻重的影响。

1934 年夏，应饶毓泰之邀赴北大物理系任教。

1936 年 9 月 6 日，由北大校长蒋梦麟证婚，与阮冠世结为伉俪。

1938 年夏，归队西南联大。1939 年夏，撰写的《多元分子的结构及其震动光谱》（英文）脱稿。获中研院丁文江奖金。

1948 年，当选为中央研究院院士。应邀到加拿大国家研究院领导理论物理组。在加 14 年中，发表 50 余篇论文，并与人合著《散射量子理论》。

1957 年夏，当选加拿大皇家学会院士。冬，李政道、杨振宁荣获 1957 年诺贝尔物理学奖，两个学生不约而同致信恩师吴大猷表示感谢。

1975 年夏，将自己历年教学讲稿整理出来，译成中文，命名为《理论物理》，共七册，从 1977 年至 1980 年陆续由台湾联经出版公司出版。后由李政道介绍，中国科学院支持，在北京重印。李政道作序指出："他的这一部《理论物理》，包括了'古典'至'近代'物理的全豹。这几年来对该省和东南亚物理教学界起了很大的影响。"

1984 年，出任台湾"中研院"院长。8 月，荣获菲律宾马格赛奖。

2000 年 3 月 4 日，在台大医院病逝。

·业 绩·

吴大猷，南开中学 1925 届校友。著名物理学家、教育家，在原子物理、分子物理、核物理、等离子物理等方面贡献卓著。

1921 年，大业、大任、大猷、大立兄弟四人同时报考南开中学。四个分属三房的堂兄弟齐入南开，刚好住满三斋一寝室。他们划一的用具，相差无几的身高，形影难离，惹人注目。南开中学一年级的代数是用英文教科书。由于教师讲得清楚，大猷尚不感到困难。英语课每周三小时的读本选自原版《泰西五十轶事》，另有三小时文法，学英文句子结构。吴大猷天赋很高，他勤奋学习，得法之后，英文成绩进步很大，高二还选习了德文。1922 年秋，南开中学由四年制改为"三三制"，吴大猷借此机会直升初三。1925 年春，正读高二的吴大猷自学了高三的课程，以优异成绩考入南开大学。刻苦攻读四年，以"极其杰出"成绩留校任教，担负起讲授近代物理、力学等课程的重担。

1931 年 9 月，吴大猷经饶毓泰同叶企孙推举获中华文化教育基金的研究奖助金，就读于美国密歇根大学。吴大猷以其在南开十年奠定的雄厚基础，勤奋钻研十个月，读完全部相应课程，获得硕士学位。翌年，又获博士学位。其博士论文为十年后大战时新原子的发现及 Maria Geoppert-Mayer 的计算开了先河。

1934 年起任教北大的三年中，吴大猷同饶毓泰、周同庆教授等从事原子、分子光谱、喇曼光谱的研究。此外，他在国内和英、美期刊上发表了十四五篇论文，并先后讲授古典力学、量子力学和理论物理等课程。他在北大教的学生都很有成就。

在西南联大的艰苦岁月里，吴大猷培养出杨振宁、李政道、黄昆、黄授书、张守廉等一大批杰出科学家，而且科研成果累累：出版专著《多原子之结构及其振动光谱》，发表译著一部、论文十七篇。

1992 年 5 月，在李政道夫妇陪同下带领台湾物理学家赴祖国大陆，来到阔别 46 年的北京，出席由杨振宁主持的国际物理学学术会议。5 月 31 日，江泽民等会见吴大猷。此次北京之行，促成首批大陆科学家谈家桢、张存浩、吴阶平、邹承鲁、卢良恕、华中一访台，为海峡两岸科学界的学术交流架起了一座金桥。

吴大任

（1908—1997）

·简历·

吴大任，1908 年 12 月 8 日生于天津，祖籍广东肇庆。

1921 年，吴氏四兄弟同时考入南开中学。

1926 年，免试保送南开大学。师从姜立夫、饶毓泰等著名学者，他们对吴大任一生的教学、研究及为人具有重要影响。二年级时入物理系，作为该校理科学会学术组负责人，主编《理科学报》。他在该报上发表的《光之追越》和《大宇中的高频辐射》两篇文章受到系主任饶毓泰的连声称赞。

1928 年，转入数学系，与同班同学陈省身结为莫逆之交。1930 年，与陈省身同时作为最优等生毕业于南开大学数学系，同年都考取清华研究院。

1933 年 9 月，考取第一届中英公款留英公费生，入伦敦大学就读。

1934 年 3 月，于伦敦与陈鸑结婚。

1935 年，以拓扑群和射影几何方面的两篇论文完成答辩，取得带有星号（表示成绩优异）的硕士学位。

1935 年，就读德国汉堡大学，与陈省身第三次成为同窗学友。

1936 年，在德发表具有较高创造性的两篇论文：《关于积分几何的运动主要公式》和《关于椭圆几何》。

1937 年，任武汉大学数学系教授。

1942 年，任教于四川大学。

1946 年 11 月，任南开大学数学系教授。

1949 年 5 月 23 日，任南开大学校务委员会常委暨教务长。

1956 年，加入中国共产党。

1961 年 10 月，任南开大学副校长。

1977 年，写信给教育部部长刘西尧并邓小平副主席，提出"学制及教学计划"的改革问题，引起邓小平注意，在全国教育工作会议上宣读。

1978 年，增补为南开大学党委常委。当选为中国数学学会副理事长。

1983 年，任天津市政协常委。辞去南开大学副校长职务。此后仍参与有关教育事业的活动，并向中央提出了许多重要建议。

1997 年 3 月 19 日，在天津医大总医院病逝。

·业 绩·

吴大任，著名数学家、教育家。1921年至1926年就读南开中学。由于南开中学不仅英文教材全部用英文原版书，各门课的作业和实验报告也必须用英文写。开始时吴大任感到困难，几个月后成绩明显提高。学年末，校方送给家长的成绩单上写着："该生本学年品学均有可称，请贵家长监察。"南开中学为他敞开了一个新的世界。

吴大任是中国较早从事积分几何研究的数学家之一。他第一次把欧式空间积分几何的基本成果（含运动主要公式），推广到三维椭圆空间，并证明了关于欧式平面和空间中的凸体玄冥积分的一系列不等式。

20世纪70年代初，任南开大学齿轮啮合研究组组长，该组在齿轮啮合方面的研究成果处于国内领先地位。吴大任与人合作的"平面二次包络环面蜗杆传动"的研究项目，从数学上严格论证了二次包络原理，为研制工作打下坚实的理论基础，并应用于生产。他与人合作的"齿轮啮合原理"的研究受到1978年全国科学大会表扬，并获天津市1979年科技成果一等奖。

吴大任在积分几何、射影几何、菲欧几何、圆素和球素几何及微分几何应用方面，发表了具有重要意义的论文和著（译）作20多篇（本）。其中《微分几何讲义》第4版获第二届（1983）全国优秀科技图书一等奖及1988年国家教委全国高校优秀教材一等奖。他主持并参与编著的《空间解析几何引论》获得1988年国家教委优秀教材一等奖。

吴大任通晓教育管理，中华人民共和国成立后30余年，长期担任教务长、副校长等职，为南开大学的发展和高等教育研究做出了积极贡献。他提出我国高等教育应走加强基础、加宽专业、因材施教、文理结合的道路。呼吁要改变灌输式的教学方法，提倡启发式，注重原理，少讲技巧，鼓励学生自学，提倡课外阅读。他讲课深入浅出，论证严谨，板书规范，引人入胜。吴大任深邃洞察教育中存在的问题，多次致信有关部门，并在各种场合及刊物上提出自己的观点和建议。

吴大任经常向陈省身介绍祖国的建设和发展情况，同时积极为争取和安排陈省身回国工作创造条件。1983年3月，他为陈省身回国创办教育部直属"南开数学研究所"起草报告，提出"立足南开，面向全国，放眼世界"的办所宗旨。9月，经中央批准成立国家级南开数学研究所，并聘陈省身任所长。1985年10月17日，南开数学研究所正式成立。

袁家骝

（1912—2003）

·简 历·

袁家骝，1912 年 4 月 5 日生于河南安阳，其父袁克文是袁世凯的庶子，袁家骝与母亲长居老家农村。

1925 年，袁家骝考入天津南开中学，后转入新学书院。

1928 年，考入工商学院就读工程学。

1930 年，入燕京大学物理系，师从中国著名物理学家谢玉铭教授。

1932 年，燕京大学物理学系毕业，入该校研究院攻读硕士学位。

1934 年，获燕京大学硕士学位。

1936 年，考入美国加利福尼亚理工学院。

1940 年，获美国加利福尼亚理工博士学位。

1942 年起，在美国无线电公司研究所工作，任普林斯顿大学物理研究员，布鲁克黑文国立实验室物理研究员、高级物理研究员。

1972 年，荣获美国古根海姆奖金。同年，陪同中国科学家代表团参观西欧核子研究中心，从而成为中华人民共和国成立后代表西方与中国物理学家直接接触的第一人。

1973 年后，多次回国访问讲学，曾受到周恩来、邓小平等党和国家领导人的接见。

1979 年，受聘为中国科学院高能物理研究所学术委员会委员。

1981 年，受聘为中国科学技术大学名誉教授。

1983 年，受聘为台湾地区同步辐射研究中心董事会主席。

1984 年，受聘为南开大学名誉教授。

1986 年，接受南京大学名誉博士学位。

2003 年，在北京逝世。

·业 绩·

袁家骝，美籍华人、世界著名高能物理学家，1925 年考入天津南开中学。

1928 年，袁家骝考入工商学院就读工程学，1930 年，入燕京大学物理系，师从中国著名物理学家谢玉铭教授。在燕京大学期间，他对刚刚发明的无线电发报技术产生了浓厚的兴趣，常与有着同样爱好的燕大校长司徒雷登共同研讨无线电技艺。1936 年，经司徒雷登引荐，袁家骝考入加州大学伯克利分校，后转入加州理工学院，于 1940 年取得博士学位。

二战后，袁家骝先后在美国国家科学实验室和普林斯顿大学长期从事基础物理研究，在"中子的来源""高能质子加速器""共振物理学"等领域，都有新发现和新成就。

袁家骝曾获全美华人协会杰出成就奖、驻美工程师协会科学成就奖。他曾受邀担任法国、前苏联等许多国家和地区的核物理、高能物理研究机构与大学的访问教授，先后被南京大学、东南大学、中国科学技术大学等十余所大学聘为名誉教授。

1973 年，袁家骝访问中国，受到了周恩来总理的亲切接见。1974 年，袁家骝促成将西欧核子研究中心一批开展核物理研究的设备运至北京原子能所，从此正式开始了西欧核子研究中心与中国核物理、高能物理研究方面的合作。

1979 年，袁家骝作为美方正式成员参加了在北京举行的第一次中美高能物理会谈。之后，他曾多次访问中国，关心中国核物理、高能物理的发展，关心北京正负电子对撞机的研制计划，为中美高能物理合作作出了重要贡献。

袁家骝长期身在海外，但并没有忘记自己的根在中国。他是中华人民共和国成立后代表西方与中国物理学家直接接触的第一人。如今，中国在高能物理研究方面所取得的成就令国际高能物理界所瞩目，其中也凝结着袁家骝先生的智慧和心血。妻子吴健雄是世界公认的最杰出的女物理学家之一，被誉为"核子物理女皇"和"中国的居里夫人"。

林 枫
（1906—1977）

·简 历·

林枫，1906 年生，黑龙江望奎人。原名郑永孝，曾用名郑伯桥（伯樵、伯乔）、郑凌风、林硕石、罗衡。

1924 年，考入天津南开中学，改名郑柏樵。被同学选为学生会会长、校刊编辑。在校期间曾参加进步学生运动。

1927 年 3 月，经在南开中学任教的范文澜介绍，在天津加入中国共产党。后在北京、天津一带从事党的秘密工作。

1930 年，任北平大学工学院党支部书记。

1932 年 11 月起，任中共北平市委书记兼组织部部长。

1936 年 2 月起，任中共天津市委书记，5 月起任中共中央驻北方代表、北方局书记刘少奇秘书。

1937 年 9 月起，历任中共山西工委副书记、中共中央北方局委员兼组织部部长、晋西南区党委书记、八路军晋西独立支队政治委员。

1940 年 2 月，任晋西区党委书记、晋西北军政委员会委员。

1942 年起，历任陕甘宁晋绥财经委员会委员、晋绥军区副政治委员、中共中央晋绥分局副书记、代书记。

1945 年 9 月起，历任中共中央东北局委员、东北局组织部部长、中共吉辽省委（东满分局）书记、吉辽（东满）军区政治委员。

1948 年 5 月起，任中共中央东北局常委，7 月起兼任东北科学院院长。

1949—1953 年，任东北人民政府副主席，后兼任东北局统战部部长、东北局副书记、东北局第一副书记、东北军区副政治委员、东北局代理书记。

1954—1956 年，任中共中央东北地区工作部部长、中共中央副秘书长、国务院第二办公室（文教办公室）主任，协助周恩来总理负责全国的教育和文化、卫生、体育方面的工作。

1959 年、1965 年，当选为第二、三届全国人大常委会副委员长。

1963—1966 年，任中共中央高级党校校长、党委书记。

1977 年 9 月 29 日，在北京逝世。

·业绩·

林枫于 1924 年夏考入天津南开中学。在校期间，他广泛参与进步思想的宣传活动，用实际行动向党组织靠近，热切追寻救国救民的真理。

1927 年，林枫加入中国共产党。1933 年 4 月，林枫领导和组织了中国共产党创始人之一李大钊烈士下葬的公祭活动。在他的直接领导下，北平学生运动深入开展，使一二·九运动很快扩展为全国规模的群众运动。1936 年 2 月，林枫调任天津市委书记。5 月，调任中共中央驻北方代表、中共北方局书记刘少奇的秘书。在此期间，他全力协助刘少奇开展华北地区党的工作，积极贯彻党的抗日民族统一战线政策。

抗战期间，林枫是晋绥抗日根据地主要创始人之一。他协同贺龙、关向应发动群众、发展党员、培养干部、建立民主政权、恢复和发展生产，全力支援延安的财政经济；建立和发展人民武装，坚持敌后游击战争，不断扩大根据地，成为延安坚实的屏障，为党所领导的革命军民打败日本帝国主义作出了贡献，为推翻国民党的统治积蓄了重要力量。

抗战胜利后，林枫受中央指示，率一大批中高级干部从延安到东北工作，创建东北根据地。在东北工作期间，他长期担任东北行政委员会主席，全面主持东北地区政府工作。在干部分配、土地改革、民主政权建设、发展农业生产、发展文化教育事业、抗美援朝的支前等工作中，都作出重大贡献。

1954 年冬，林枫调到北京工作，先后担任中共中央东北地区工作部部长、中共中央副秘书长、国务院第二办公室主任、中共中央文教小组成员、第二届全国人大常委会副委员长、中共中央高级党校校长、校党委书记，第三届全国人大常委会副委员长等职。他全力倾注于教育事业，提出了在文教工作中"合理布置、统筹安排、提高质量、适当发展"的总方针；大力推进成人教育、业余教育的发展，主持制定《高教六十条》等教育工作条例，研究推行教育改革。在主持中央党校工作期间，他十分重视中青年干部的培训工作，着眼于理论队伍的长远建设，为党校的长远发展奠定了坚实的基础。

陈黄光

（1904—1935）

·简历·

陈黄光，又名锡光，号再华。浙江平阳人。1904 年出生在平阳鳌江一个知识分子家庭，父亲是一个绅士，并兼办学校。

1910 年，入其父亲办的鳌江公学读书，共读了 8 年才离开这个学校。

1919 年，到平阳县学堂专修。

1920 年，考入温州艺文中学。

1923 年，转入天津南开中学初三年级一组学习。

1924 年，到上海自治学院学习。学习三个学期后，因参与学潮被学校开除学籍。

1926 年，转入上海光华大学读书，1928 年毕业。

1929 年，到广州培正中学做国文教员。

1931 年，担任广州培正中学国文主任，兼舍监，编校刊，编《培正文艺》，又担任东山世界语学会会长，兼世界语学会会刊《绿波》编辑。

1933 年，在上海加入中国共产党，与党中央特科接上组织关系后，成为中央特科成员。同年 7 月，返回广州，担任中共广东省委委员，除继续做好革命的文艺运动外，还开辟党的情报工作，搜集敌人的军事、政治、经济、文化等方面的情报。

1934 年 7 月，以探亲的名义，到上海向党中央汇报工作。11 月 26 日，被国民党当局逮捕。

1935 年 1 月 24 日，牺牲于广州黄花岗。

·业 绩·

陈黄光 1929 年到广州培正中学任教，同时参与当地的各种进步文化活动。陈黄光在刊物上发表了众多的文艺作品，是当时著名的作家、剧作家和翻译家。

陈黄光 1933 年在上海加入中国共产党，并成为中央特科成员。同年 7 月，返回广州，担任中共广东省委委员，除继续做好革命的文艺活动外，还开辟党的情报工作，搜集敌人的军事、政治、经济、文化等方面的情报。

陈黄光在广州先后组织"培正文艺研究社""新兴文艺社""左翼剧联广州分盟"等文艺团体，出版杂志和演出话剧，宣传抗日救亡的思想和马克思主义的文艺观点；他还从文艺活动走向直接的政治斗争，组织了秘密的"苏维埃之友会"，开展支持江西中央苏区的募捐活动，又在中央特科的领导下，多方搜集情报，支援反围剿斗争。

陈黄光还是抗日名曲《奋起救国》的作者，他在歌词中写道："暴敌内侵，神州频于陆沉；闾里丘墟，林园灭烬。我劳苦民众士兵，陷于火热水深。看！时机已逼，唯图自救，团结一心。奋起！奋起！共作猛烈斗争！"

陈黄光早年学习世界语，在大学期间就组织了许多关于推广世界语的活动，他还通过世界语翻译了许多进步作品在国内报刊上发表，对宣传革命理想和鼓舞民众士气起到了重要的作用。

陈黄光用笔做武器，宣传中国共产党的主张，揭露反动派的罪恶和骗局，宣传和鼓舞民众的斗志，他曾经在 1934 年 11 月写的一首题为《母亲啊，他要永远地前行！》的诗中大声疾呼："所有母亲的儿子都跟着起来了，锄头、铁铲、利斧、鹰嘴凿，以及一切可能做我们武器的，都紧握在手里吧：为着绝对的多数，为着自己的子孙，坚强地组织起来，众人的血是永远流不尽的！母亲啊，他要永远地前行！"写过这首诗 14 天后，因叛徒出卖，陈黄光被反动当局逮捕，在狱中，敌人对陈黄光进行残酷的拷打和折磨，但都不能动摇他的革命意志，敌人威逼不成后，又百般利诱，但陈黄光始终宁死不屈，视死如归，表现了共产党人大无畏的革命精神和对共产主义理想的坚定信仰。1935 年 1 月，陈黄光被国民党当局杀害于广州黄花岗，就义前他高呼"打倒国民党反动派！""中国共产党万岁！"等革命口号。

靳 以
（1909—1959）

·简 历·

靳以，1909 年 8 月 16 日出生于天津，原名章方叙，笔名有靳以、方序等。
1916 年，入读沈阳第五小学。1921 年随母亲返津，入读河东行宫庙小学。

1923—1927 年，就读于天津南开中学，与曹禺同班。后入复旦大学国际贸易系。
进入大学时代，靳以开始写诗投稿，积极参加新文学运动。

1928 年，在鲁迅所编的《语丝》发表处女作，次年在《小说月报》发表短篇小说。
大学毕业后即以写作与编辑为生。

1933 年，在北京与郑振铎创办大型文学刊物《文学季刊》，同时担任《水星月刊》
编委。参加编委会的有郑振铎、巴金、沈从文、李健吾、靳以和卞之琳。

1936 年，受赵家璧之邀，在上海与巴金共同主编大型文学刊物《文季月刊》。

1937 年，《文季月刊》遭查封后，他又和巴金主编了《文丛》月刊，并为良
友出版公司编辑丛书《现代散文新集》。抗战期间，编辑以"烽火"命名的小刊物
及丛书。

1938 年，任内迁至重庆的复旦大学国文系教授，期间创办重庆《国民公报》
文学副刊《文群》。

1941 年，赴福建任福建师专文史地科主任，接编《现代文艺》，并编辑文艺
丛刊两集：《奴隶的花果》《最初的蜜》。

1944 年初，返回复旦大学继续任教。1945 年，抗战胜利后，随复旦大学返回
上海，继续任教国文系和新闻系，并接手兼编上海《大公报》副刊《星期文艺》，
文协刊物《中国作家》以及《小说》月刊等。

中华人民共和国成立后历任复旦大学教授、沪江大学教务长并担任平明出版
社特约编辑，为该社编辑丛书"新中国文艺丛书"。

1953 年起，任上海作家协会副主席，并任全国人大代表、中国作家协会理事、
书记处书记等职。

1957 年，创办并与巴金共同主编《收获》杂志。

1959 年 11 月 7 日凌晨，因心脏病第三次复发在上海逝世。

· 业 绩 ·

靳以，著名作家、编辑家，教授。南开中学 1927 届毕业。靳以从中学开始就喜爱文学，热心阅读新书刊，参加编辑发行校内文艺刊物，开始了文学生涯。他是鲁迅先生的热心读者，订阅了《语丝》《莽原》《京报副刊》等刊物，对《呐喊》和后来鲁迅先生所有的书都抢先购买和阅读。他曾回忆说，"三一八惨案后，看到《纪念刘和珍君》，我不仅看懂了，而且在我小小的心上划下了深刻的血痕，给我勇气，憎恨敌人"。"在那里我看到：真正的猛士，敢于直面惨淡的人生，敢于正视淋漓的鲜血。"此后，他参加了一次次的示威游行，挥旗呐喊打倒帝国主义和反对卖国政府的口号。

靳以共出版长篇、中篇、短篇小说和散文集约四十部。他的第一部短篇小说集《圣型》，1933 年由上海复兴书局出版。此后两年，他又出版了四个短篇小说集：《群鸦》《青的花》《虫蚀》《珠落集》。

1936 年，他又出版了短篇小说集《残阳》《黄沙》和中篇《秋花》。这一年，鲁迅逝世，他和巴金等十二名文学青年，一同把灵柩抬进枢车，抬进墓穴。

1937 年，他出版了短篇小说集《远天的冰雪》《靳以短篇小说一集》，以及散文集《猫与短简》《渡家》。1938 年，出版了《我们的血》《我的家乡》和《火花》。1940 年，出版了《雾及其它》。1941 年，出版了两个短篇集《洪流》和《遥远的城》。1942 年，出版了散文集《红烛》和他一生中唯一的长篇《前夕》。

1944—1946 年，他边教书，边写作，一边还着手翻译俄国作家陀思妥耶夫斯基的《卡拉马佐夫兄弟》。这几年共出版了四个集子：《众神》《沉默的果实》《鸟树小集》《血与火花》和中篇小说《春草》。

1945 年随复旦回到上海后，他参加教授联谊会，积极投入反内战、反饥饿、反对美帝扶植日本军国主义等一系列运动。同时，还于 1948 年出版了《人世百图》《黑影》及《生存》三个集子。

1952—1956 年，他先后出版了《祖国— 我的母亲》《光荣人家》《教育散文小说集》《佛子岭的曙光》《过去的脚印》《向"茹尔宾一家"学习》《工作、学习与斗争》和散文集《江山万里》。1959 年，出版了他最后的一个集子《幸福的日子》。

靳以逝世后，又有《靳以选集》《靳以文集》《靳以散文小说集》《靳以代表作》等行世。

靳以在编辑和教学方面，同样做出了卓越的贡献。他的一生，是献身文学的一生。

梁守槃

（1916—2009）

·简 历·

梁守槃，1916 年 4 月 13 日出生于福建福州。

1927 年，考入北京四存中学，后转学到天津南开中学。

1933 年 6 月，高中毕业。同年，考取清华大学机械系航空组。

1937 年，清华大学毕业，获工学学士学位。

1938 年 8 月，赴美国麻省理工学院攻读航空工程专业，不到一年即获得硕士学位。

1940—1942 年，在昆明西南联合大学航空系和机械系任讲师、副教授。

1942 年 8 月，转赴贵州航空发动机制造厂任技师、设计课课长。

1945 年 8 月，抗战胜利后，任浙江大学航空工程系教授、系主任。

1952 年 9 月，参与华东航空学院的筹建工作，随后奉调到哈尔滨军事工程学院空军工程系任教授、教授会（教研室）主任。

1956 年 5 月，正式转入中国人民解放军序列，被授予上校军衔。同年 9 月，调入国防部第五研究院，先后担任研究室主任、设计部主任、研究所所长、分院副院长。

1959 年 3 月，任"1059"弹道导弹总设计师。

1965 年，先后任第七机械工业部研究院副院长、七机部总工程师，海鹰二号导弹武器系统总设计师，海鹰一号导弹武器系统总设计师。

1980 年，当选为中国科学院学部委员。

1982 年 3 月，被任命为海防型号导弹武器系统总设计师，任航天工业部科技委副主任兼第三研究院科技委主任。

1985 年，当选为国际宇航科学院（IAA）院士。

1988 年，任航空航天工业部高级技术顾问。

1993 年后，任航天工业总公司高级技术顾问，荣获中国航天工业总公司颁发的"航天创业荣誉证书"。

1994 年，荣获求是科技基金会授予的"杰出科学家奖"。2006 年 10 月，获"中国航天事业五十年最高荣誉奖"。

2009 年 9 月 5 日，因病在北京逝世。

·业绩·

　　童年的梁守槃在北京家中的私塾读古书和当时的小学教科书。1927年考入北京四存中学，后转学到天津南开中学，1933年6月高中毕业。当时"科学救国""工程救国"的呼声高涨，他立志钻研工程技术，考取清华大学机械系航空组，踏上"航空救国"之路。

　　1956年9月，当钱学森筹建我国第一个导弹研究院时，在哈军工空军工程系担任教授会主任的梁守槃被点名调到北京国防部第五研究院，成为最初的十个研究室之一的发动机室主任，开始了他为祖国航天事业献身效力的历程。

　　1957年，我国通过谈判争取到苏联援助P-2近程地地导弹的仿制权，梁守槃被任命为这个仿制型号的总设计师，他提出采取"反设计"的办法。1960年11月5日，我国依靠自己的力量仿制的第一枚"1059"弹道导弹从酒泉发射基地升起，发射试验获得圆满成功，这是我国军事装备史上一个重要的转折点。

　　在担任总体设计部主任期间，梁守槃还主持和承担了大推力火箭发动机和推进剂的研究课题。他独树一帜地提出了可以不设计新的大型离心泵，而是用几个离心式涡轮泵并联，以改进中国导弹速度和射程的设想。正是他的这一突破性设计，使得一种在全世界领先的新型导弹率先在中国诞生了。他还提出了可贮存液体火箭发动机试制双层金属容器的设想，在许多技术领域都取得了突破和成功，为我国航天技术的继续提高和发展奠定了坚实的基础。

　　1965年4月，梁守槃被任命为海鹰二号岸舰导弹总设计师，他率领科技人员走出了一条中国自己发展反舰导弹的路子。在他的带领下，从方案论证、改造生产车间到发射第一枚岸舰导弹，只用了两年半时间，就达到了原定计划的要求。在梁守槃的主持下，广大科技人员和工人发挥自己的聪明才智和创造能力，不仅解决了导弹产生俯仰运动导致振动损坏的问题，而且还攻克了末制导雷达天线回调角过小导致导弹提前入水的难关，从而研制成功了我国第一种具有创新意义的反舰导弹，我国的飞航导弹研制从此踏上了一条自主创新之路。

钱思亮

（1907—1983）

·简 历·

钱思亮，1907年1月9日出生于河南新野（淅川），字惠畴，浙江杭县人。

1917年9月，入读北京第二十五初等小学三年级，次年4月转至严修等共同出资创立的天津民立第一小学堂。

1922年，于北京师范学校附属高小毕业。考入天津南开中学。

1927年6月，于南开中学毕业，9月考入清华大学化学系。

1931年获清华大学理学学士学位。同年9月获庚款奖学金，与吴大猷等由沪同赴美留学。入美国伊利诺州香槟城伊利诺大学化学系攻读学位。

1932年6月，获理学硕士学位，1934年6月再获该校哲学博士学位。

1938年2月，任西南联合大学化学系教授，讲授有机化学。由于治学严谨循循善诱，在联大教授中颇负盛名。

1940—1945年，任上海化学药物研究所研究员。

1945—1946年，任经济部化学工业处处长。

1946—1949年，任北京大学化学系教授兼化学系主任。

1949年1月—1951年2月，任台湾大学化学系教授兼教务长，并一度代理理学院院长。

1950年11月，代表台湾大学出席在巴黎举行的"国际大学校长会议"。

1951年3月—1970年5月，任台湾大学校长。在此期间，曾任"中央研究院"第三、四届评议员。

1964年，当选为台湾"中研院"院士。

1970—1983年，任台湾"中研院"院长。

1983年5月，由台湾美国文化研究所所长朱炎陪同，赴西德和美国访问。访美期间，被母校伊利诺大学授予荣誉科学博士学位。访问历时一个半月，返台后，终因劳瘁过度住院治疗，在病中仍坚持处理公务。

1983年9月15日，因急性心肌梗塞病逝于台湾大学附属医院。

·业绩·

钱思亮，1927 年毕业于南开中学高三乙组。有机化学家、教育家。长期在大学执教并担任教学行政工作。对北京大学化学系的发展，尤其是后来对台湾高等教育制度产生过重要影响。他推动了许多新兴领域研究机构的建立和扩展，为科技人才的培养做出了贡献。

1934 年 8 月，钱思亮离美回国，应聘至北京大学化学系任教授，讲授普通化学。他以渊博的学识和富有启发性的讲授深受学生爱戴，课堂内座无虚席，不少学生只好在教室外听讲。他的记忆力超人，多年之后，仍能准确地背诵出所教过学生的姓名和他们的学习成绩，由此可见其执教之认真。

1949 年 1 月，应台湾大学校长傅斯年之聘，任台大化学系教授兼教务长。在此期间，他致力于新生招考制度及转学制度的改革，为后来台湾实行的大专院校联合招生制度奠定了基础。

1951 年 3 月由胡适推荐，钱思亮继已故的傅斯年任台大校长。任台大校长近 20 年，他以一位教育家的远见卓识，在原有基础上有重点地加以推进，使台大得到很大发展。他清楚地认识到，要办好一所大学，教员是依靠的主要力量。他首先从健全台大教员聘任制度着手，同时为提高教员学术水准，他通过多种渠道，有计划地大量派遣在校的教员出去进修，辅以重金聘请海外学者来校任教，使台大的教学和科研水平很快就得到长足进步，并跟上世界科技与文化的潮流。其次，他非常重视一年级的基础课程，极力纠正轻视大一课程的传统偏见。恢复了"大一课程委员会"，以加强对大一课程的指导，并聘请教学经验丰富、学有专长的教授讲课，加上他所推行的新生入学与学生转学制度的改革，使台大的教学质量逐年提高，良好的校风得以形成和巩固。

钱思亮早期著有《立体化学研究》《酚类化合物杀菌能力与其结构的关系》《有机质在无机分析中之应用》等多篇学术论文，散见于多种学术刊物中。他的主要成果在于人才培养方面。他的品德和组织能力等方面多有为后人称道之处。他为人谦恭宽厚、清廉自守、克己奉公，在化学界和学术界享有盛誉。

李文采

（1906—2000）

·简历·

李文采，别名李竟。1906 年 10 月 26 日，出生于湖南永顺毛坝乡，是曾任南开中学董事会主席和全国政协副主席的李烛尘的长子。1926 年，入南开中学就读。

1927 年，高中毕业，考入上海交通大学电机系。

1930 年，在上海交大加入中国共产党。

1931 年，从上海交通大学毕业，次年被派到湘鄂西苏区从事电台技术工作，恢复洪湖根据地与中央苏区、湘鄂皖苏区之间的通讯联络。

1932 年，与党组织失去联系，回到天津家中隐蔽。

1933 年 9 月，到德国留学，先在西门子公司实习，后入德累斯顿高等工业大学机械系电热专业学习，并获特许工程师学位。在德国期间，参加了由中共柏林支部组织的活动，并参加了"中国反帝大同盟"。1939 年 6 月，获得博士学位后，立即返回祖国，在重庆找到党组织。根据南方局的指示，在外围组织"青年科学技术人员协会"做统战工作。在由南方局出资兴办的矿山、企业中任经理或总经理，以此为据点，掩护党的秘密交通机构和向抗日根据地输送物资和人员。

1944—1945 年，任四川乐山武汉大学教授，教授钢铁冶金学。

1946 年，任天津中国原料公司总经理。

1949 年 5 月，随军南下，任华东财经委员会重工业处副处长，参与对上海市各钢铁厂的接管，筹建宁沪杭电力并网工程及工业产品交流等工作。

1949 年底，随军挺进西南，任西南军政委员会工业部副部长，为接管、恢复和重建重庆的工业做大量工作。

1952 年，担任设在重庆的轻工业部试验所所长。

1954 年 5 月，调至北京，任重工业部钢铁工业试验所所长，1958 年改名为冶金工业部钢铁研究院，任副院长。

1955 年，当选中国科学院学部委员。

20 世纪 70 年代，带领助手进行"一步法熔融还原铁水"的工厂试验。

80 年代，指导开展熔融还原的原理及当时我国最大规模的含碳球团煤粉炼铁的半工业试验，取得阶段成果和发明专利。

2000 年 3 月 1 日，因病逝世。

·业 绩·

　　李文采，钢铁冶金学家，中国科学院资深院士。是我国最早开展氧气顶吹转炉炼钢、连续铸钢、钢水真空处理和热压焦试验研究的组织者和参加者。他提出多项对钢铁工业具有较大意义的新工艺技术的研究，对指导我国钢铁冶金新工艺技术的开发作出了重要贡献。

　　李文采在南开中学读书时学业优异，尤其喜欢读鲁迅的书。1931 年加入中国共产党后，曾奉组织派遣到洪湖苏区，在贺龙同志领导下开办无线电培训班，为中共党组织建立无线电台培养了急需的技术干部。

　　李文采是我国现代炼钢技术的开拓者。在李文采 1954 年出任钢铁工业试验所所长时，为了加强炼钢工艺及钢铁材料研究，组织安装了半吨电弧炉。1952 年在奥地利氧气顶吹转炉炼钢成功，引起了世界炼钢界的重视。1956 年，李文采即在所内建立了半吨级氧气顶吹试验转炉。当年 4 月起，组织开展了我国首次半吨级氧气顶吹转炉试验，吹炼了 100 余炉次，获得了合格钢水，为首钢建设氧气顶吹转炉提供了技术参数和经验。之后与鞍钢合作进行了平炉氧气炼钢试验，又与抚顺钢厂合作了电炉氧气炼钢试验，推动了我国用氧炼钢的发展。

　　李文采在国内最早组织开展多项试验研究项目，包括半吨氧气顶吹转炉炼钢试验、80 毫米圆坯半连续铸钢试验及钢水真空处理和真空铸钢试验，都是当时世界重大的钢铁冶金新技术，热压焦也是炼焦业的重大革新项目。钢铁冶金三大新技术项目都列入了 1956 年我国制定的《12 年科学技术发展远景规划》，经国内外继续对其开展大量的研究开发和生产应用推广后，现在已成为炼钢、铸钢最主要的生产工艺技术。

　　20 世纪 60 年代，李文采仔细研究了钢铁冶金和其他工业的生产工艺流程，提出了所有制造业的生产工艺都应符合最优化、连续化、自动化和防止公害的"三化一防"标准。按照这一标准来评价现有的冶金工艺，可以提出对其改进和创新的重大课题。除了倡导和研究熔融还原制铁、近终型连续铸钢等技术外，他还在报刊和学术会议上发表文章，对我国钢铁工业的技术改造、新工艺开发提出了许多重大课题。他在 20 世纪 70 年代提出电炉改造方案，如采用炉底出钢、汽化冷却炉顶和炉壁等，都已成为国内外电弧炉普遍采用的先进技术。

曹禺

（1910—1996）

·简历·

曹禺，1910 年 9 月 24 日生于天津，原名万家宝，字小石，祖籍湖北潜江。

1922 年 9 月，考取南开中学初中二年级插班就读。

1926 年 4 月，与校友创办天津《庸报》的文学副刊——《玄背》，并首次使用笔名"曹禺"在《玄背》上发表小说《今宵酒醒何处》。先后在《玄背》和《南开双周》上发表了《林中》《"菊""酒""西风"》《四月梢，我送别一个美丽的行人》《不久长，不久长》和《南风曲》等诗作。

1928 年 6 月，高中毕业。9 月，被保送南开大学政治系学习。

1930 年 9 月，考取清华大学西洋文学系二年级插班生。

1933 年夏，大学毕业，获外国语文文学学士学位，并考入清华研究院。

1934 年 7 月 1 日，《雷雨》在《文学季刊》第 1 卷第 3 期发表。公演后好评如潮。

1934 年暑假，应邀回津，在河北省立女子师范学院教授外国文学和法文课。同年，在《财狂》中饰主角韩伯康，进入戏剧表演的峰巅状态，获得空前成功。

1936 年 8 月，任教于南京国立戏剧学校，随校辗转长沙、重庆、江安。

1937 年 12 月，当选为中华全国戏剧界抗敌协会理事。

1938 年 3 月，当选为中华全国文艺界抗敌协会理事。10 月，与宋之的合作的《全民总动员》公演，轰动山城。是年冬起，得到周恩来亲切教导和关怀，满怀热情地投入抗战激流，创作的多幕剧《蜕变》被誉为十大抗战剧作之一。

1943 年 1 月 9 日，参加怒吼剧社在重庆国泰大戏院演出的《安魂曲》，这是曹禺最后一次登台，饰演主角莫扎特。

1952 年 6 月 12 日，任北京人民艺术剧院院长。

1956 年 7 月 9 日，在北京人民艺术剧院加入中国共产党。

1981 年 1 月 23 日，参观母校南开中学，并题字留念。

1985 年 10 月 6 日，在南开中学举行的欢迎会上，发表了热情洋溢的讲话：《永远做一个很好的南开人》。

1996 年 12 月 13 日，因病医治无效，在北京逝世。

·业 绩·

曹禺，中国新文化运动的开拓者之一，中国话剧奠基人之一，著名戏剧大师，戏剧教育家。1922—1928年就读于南开中学，1925年加入文学会。1927年担任《南开双周》编辑，发表了《杂感》以及《偶像孔子》《中国人，你听着！》等数篇杂文和短评，翻译了莫泊桑小说《房东太太》和《一个独身者的零零碎碎》。1925年加入南开新剧团，在张彭春先生的培养下，"最终决定搞一生的戏剧"。南开中学24周年校庆时，在公演易卜生的《娜拉》中饰女主角娜拉，获得巨大的成功。

考入清华后，出任戏剧社社长和《清华周刊》文艺编辑。还和同学创办《救亡日报》，并担任清华学生抗日救国会委员兼宣传队长，赴古北口前线慰问抗日将士，参加救护工作。1933年暑期，在清华大学完成了他的第一部剧作《雷雨》。作品以其鲜明的时代特色、独特的戏剧结构、丰满的人物形象和个性化的语言，展示出作者对时代的敏锐感受、对社会的精微剖析，成为中国现代话剧史上一座重要的里程碑。据曹禺回忆："《雷雨》的构思很早了，在南开中学时就产生了一些想法。"

1936年6月1日，曹禺创作的《日出》在《文季月刊》上连载。1937年4月完成了《原野》的创作。被称为"三部曲"的《雷雨》《日出》《原野》，以其深邃的思想，雷雨般的激情和精湛的艺术，批判旧的世界，呼唤新的社会，不但奠定了他在中国现代文学史和中国话剧史上的地位，而且标志着中国话剧文学走向成熟。1941年，曹禺创作的三幕剧《北京人》在重庆首演，被称为其创作历程中的一个高峰。

中华人民共和国成立后，曹禺勤勤恳恳，担负起繁重的社会活动和多种社会职务，历任中国文联主席，中国剧协主席，中国作协理事，北京文联主席，中国戏剧学院副院长、名誉院长，北京人艺院长，第一至第六届全国人大代表，第五、六届全国人大会常委会委员，第七届全国政协常委，第八届全国政协委员。在承担紧张繁重的文艺和社会活动的同时，先后创作多幕剧《明朗的天》《胆剑篇》，受周恩来总理委托，抱病而作的《王昭君》是奉献给祖国30年大庆的压卷之作。

曹禺在戏剧上的成就，激励着一代又一代的观众，培育了一代又一代的戏剧艺术家，对中国现代戏剧文学、导演和表演艺术产生了巨大而深远的影响，为推动中国的文学艺术事业和戏剧事业发展立下卓著功勋。

张　璋

（1905—1936）

·简 历·

张璋，原名张鼎和，化名张晓天，安徽合肥人。1905 年出生于合肥西乡（今肥西县）张新圩的一个官宦世家。后随父定居天津。

1925 年，就读于南开中学高一乙二班，学号 4091。在南开中学进步文化和思潮的熏陶下，开始接受马克思主义。在天津参加反帝同盟活动时加入中国共产党。

1926 年，在南开中学读高二时离校，被党组织派往广州黄埔军校学习。

1927 年四一二反革命政变发生后，张璋被捕，后越狱逃脱赴日留学。

1929 年，因反对日本帝国主义被遣返回国，后考入北京辅仁大学学习。并根据党的指示筹建北方左联。

1930 年 10 月，北方左联在北大法学礼堂正式成立，张璋担任执委并主持日常工作。

1931 年 5 月，河北、北京党组织遭到破坏，张璋再次被捕，后经多方营救，得以获释。同年冬，回到老家在合肥西乡筹集经费，建立革命武装。

1934 年秋，鄂豫皖红军主力转移后，合肥地区的党组织和游击队遭受重大挫折，张璋又一次身陷囹圄，经过地下党组织和家人的多方营救获释，辗转前往上海继续从事党的地下工作。

1936 年，从上海潜回安庆开展秘密斗争，再次被捕，关押在安徽高等法院看守所和安庆饮马塘看守所。在狱中，大义凛然，保持了共产党人忠贞不屈的高尚品格。同年 10 月，在安庆东门外英勇就义。

·业绩·

张璋，南开中学 1925 届学生。

在南开中学读书期间，张璋开始接受马列主义，逐步认识到拯救中华必须投身革命，积极参加中国共产党领导下的各种反帝斗争，1925 年加入了中国共产党。

此后，他被党组织送到广州黄埔军校学习。四一二反革命政变后，在广州被捕，后逃脱留学日本。1928 年因积极参加反帝激进运动在日本再次被捕，1929 年被遣返回国。回国后一边在北平辅仁大学学习，一边在党的领导下，参加北方左联的筹备工作。他利用安徽同乡的关系，和北平未名社的李霁野、韦丛芜、韦素园取得联系，通过他们又结识曹靖华、范文澜、孙席珍、台静农、傅仲涛等人。在此期间，他四处奔波，为北方左联的顺利成立和革命斗争的开展，作出很大的贡献。

1930 年 10 月，在北京大学法学院礼堂召开的北方左联成立大会上，他被选为北方左联第一任执委。在北方左联工作期间，张璋坚持领导和参加党的各种斗争和社会活动，从不顾及个人的安危得失。1933 年秋，张璋受地下党组织派遣，回家乡张新圩领导农民运动。1935 年，又转往上海。他积极参与地下党《动向》杂志的编辑工作，奔走呼号，声援救国活动。

1936 年春，张璋从上海回安庆时又一次被捕，同年 10 月牺牲于安庆。临刑前，张璋在香烟盒上留下四句遗言"教育我儿，继承我志，代我收尸，勿告我母。"托人转交给他的妻子吴昭毅，短短的几句话，充分表达了烈士对革命事业的无比忠诚和对革命后代的殷切希望。张璋牺牲后，他的弟弟张枢和在写给母亲的信中讲述了张璋牺牲时的一些细节："……到东门外一路唱党歌。至刑场路上，人均为惋惜，士兵亦叹惜。约离刑场十数步，……四哥云：'大丈夫男子汉是不跪的。'砰然一声，弹从脑后穿过前额，即倒地，数分钟唇仍动。复被击一枪。呜呼，天呼如此惨哀情状。"这段话在控诉敌人残忍的同时，更反映出烈士视死如归、英勇不屈的革命气概。

杨大章

（1909—1944）

·简 历·

杨大章，天津人，又名章棣。1909 年生于天津一个教员家庭。南开中学 1928 届学生。

1923 年，以优异成绩考入天津南开中学。在校名杨士焕，学号 A1924。

1928 年，杨大章在南开中学完成学业，因家庭经济困难无力继续升学，同年考入天津北宁铁路车僮（列车服务员）训练班。结业后被分配天津站行李房任管理员，不久又调到辽宁绥中县作站务工作。

1931 年，日本帝国主义制造了九一八事变，杨大章弃职回到天津，在天津站继续作行李房管理员。他利用行李房管理工作这个条件积极投入共产党领导的抗日救亡斗争，并参加了中国共产党。

1936 年，被调到山海关—天津—郑州段做铁路联系工作，在此期间，他在中共北宁路党组织领导下，在北宁铁路沿线各车站秘密开展组织抗日救国会的工作。

1938 年初，成立了中共北宁铁路党委，杨大章任首届党委书记兼组织委员。在铁路职工中发展抗日团体铁路救国会，主编抗日小报《铁救》。

1939 年 4 月，冀热察区党委决定调他到平西根据地工作。到根据地后，他化名杨大章，先到冀热察区党委党校进行学习。学习结束后，同年 7 月调到平西专署任民政科长。

1940 年，杨大章又兼任平西专署秘书主任。不久因工作需要，又调任昌宛县长。

1943 年，中共中央北方分局决定撤销原来的中共冀东地委和晋察冀边区十三专员公署，建立中共冀热边特委和冀热边行署，在机构变动中，杨大章被任命为第一地区专署专员。

1944 年 5 月，遭日伪军重兵包围。在与敌人殊死搏斗中，不幸壮烈牺牲。

2014 年 9 月 3 日，民政部公布了首批著名抗日英烈和英雄群体名录，杨大章位列其中。

·业绩·

杨大章自幼勤奋好学，学习成绩优异。1923年以优异成绩考入南开中学，南开中学有着光荣的革命传统，杨大章在校期间接受进步思想影响，思想进步，为人正直，学业优秀，又能团结群众，深得同学们的赞誉和拥戴。

1928年，杨大章在南开中学完成学业，因家庭经济困难无力继续升学，后入天津北宁铁路工作，在天津站做行李房管理员期间，一面工作，一面寻求抗日救国的出路。当时做行李房管理工作要跟着列车跑，他利用这个条件一面向周围职工宣传抗日救国，一面结交进步朋友，积极投入党领导的抗日救亡斗争，在斗争中立场坚定，沉着果敢，无私无畏，并参加了中国共产党。

入党后，他便以铁路职工为掩护，秘密从事党的地下工作。1936年，被调到山海关—天津—郑州段做铁路联系工作，在此期间，他在中共北宁路党组织领导下，从事党的地下工作，在天津、唐山等北宁铁路沿线车站秘密组织工人抗日团体。抗日战争爆发后，杨大章任中共北宁铁路党委书记兼组织委员。在铁路职工中宣传抗日救国思想，发展抗日团体铁路救国会，主编抗日小报《铁救》。团结和组织进步工人，使铁路党组织不断发展壮大。他们利用铁路工作的有利条件，为根据地采购运送物资，护送根据地干部安全过铁路，搜集敌人军队和军用物资调运、铁路沿线军事部署等情报，及时提供给党组织和抗日根据地。

1939年4月，冀热察区党委决定调他同爱人阎国珍（中共党员，当时天津"女同学会"负责人）到平西根据地工作。到根据地后，他化名杨大章，爱人化名阎志，同年7月调到平西专署任民政科长。1940年，杨大章又兼任平西专署秘书主任。不久因工作需要，调任昌宛县长。杨大章率领全县军民战斗在百花山头和永定河畔，多次粉碎敌人的"扫荡"，使这块根据地巍然屹立在敌后。1943年他任冀热边行署第一地区专署专员。

1944年5月，率蓟遵兴联合县县委、县政府机关干部、各区主要负责人及专署警卫连到团子山开会，在窜岭庙遭敌人重兵包围。他果断地命令警卫连长向敌人主动出击，掩护一部分干部冲出重围，安全转移。当突破口被敌人火力封锁后，他带领干部、战士与敌人展开殊死搏斗，最后与50多名同志一起壮烈牺牲，年仅35岁。

端木蕻良

（1912—1996）

·简 历·

端木蕻良，满族。原名曹汉文，又名曹京平，曾用笔名黄叶、罗旋、叶之林、曹坪等。1912 年 9 月 25 日生于辽宁昌图鹭树村。现代著名作家、小说家。

1928 年，考入天津南开中学初中三年级，编入初三三组。曾担任南开校刊—《南开双周》编辑，并为其撰稿。

1931 年，组织抗日团体"刻苦团"，后发展成"抗日救国团"。从事进步学生运动。

1932 年，考入清华大学历史系，同年加入"左联"，同时开始文学创作活动，发表第一部小说《母亲》。

1933—1934 年，创作完成第一部长篇小说《科尔沁旗草原》，成为 20 世纪 30 年代东北作家群具有重要影响力的作品。

1935 年，参加一二·九运动。曾在临汾民族革命大学任教。

1936—1938 年，在上海和武汉等地从事抗战文学活动，创作有长篇小说《大地的海》，以及《鹭湖的忧郁》《遥远的风沙》等短篇小说。

1938 年 5 月，端木蕻良与萧红在武汉结婚。

1938—1940 年，在重庆复旦大学任教，编辑《文摘副刊》。

1940—1942 年，在香港主编《时代文学》和《大时代文艺丛书》。

1942 年，萧红在香港病逝，端木蕻良后辗转于桂林、重庆、上海和香港等地，积极投身文学创作，有长篇小说《大江》《大时代》《上海潮》等。

1948 年，端木蕻良回到上海，创办《求是》月刊。

1949 年，中华人民共和国成立前夕，端木蕻良从香港回到北京。

1952 年，加入了中国共产党。

1979 年，《曹雪芹》上卷行世，海内外颇多赞誉。

1980 年，当选为北京市作家协会副主席。

1984 年，当选为中国作家协会理事。

1985 年，《曹雪芹》中卷（与夫人钟耀群合著）出版，在中国当代文学史上又添重笔。

1996 年 10 月 5 日，因病于北京逝世。

·业 绩·

　　端木蕻良这位跨越现当代文坛的著名作家，出生于辽宁。在他十多岁时，由于其父亲读了一篇天津南开中学学生写的文章，十分赞赏，于是决定把儿子送去南开中学，从此，端木蕻良成为了与国家民族同呼吸共命运的一代热血青年。

　　1928年入天津南开中学上学，这是他人生的重要时期。端木蕻良在中学时代就接受了文明开放和进步思想的影响，在学校组织了"三三文学研究会""文艺联谊会""新人社"等，还担任南开校刊编辑，积极从事进步学生运动。他在校内的各种刊物上共发表政论、书评、诗歌和小说至少27篇。由于组织了"抗日救国团"，和校方及天津市市长发生冲突，端木蕻良被迫离开南开中学。

　　1932年端木蕻良通过入学考试被清华大学历史系录取。大学期间加入北平左翼作家联盟；并在鲁迅的影响下，开始从事文学创作活动。九一八事变后，家乡沦陷，他感受到切身之痛，遂以笔作刀枪，积极投身抗战。在抗日战争和解放战争时期，端木蕻良先后在重庆、香港、上海等地任教，编辑《文摘副刊》《时代文学》《大刚报》等刊物，创办《求是》月刊，长期从事进步的文化工作。

　　端木蕻良的前期作品几乎与抗日战争同步，他是最早反映抗战题材的"东北作家群"的重要成员。从第一部长篇小说《科尔沁旗草原》开始，包括《大地的海》，中、短篇小说《鹭湖的忧郁》《遥远的风沙》《憎恨》等作品，大都以东北故乡为背景，以浓郁的风土人情和方言，展现出被压迫人民的灾难和战斗。表达了他忧郁的心情和对故乡人民遭受苦难的愤怒。爱与憎交织的思想基调，贯穿于他的主要作品和人物身上。

　　端木蕻良这个名字的由来，是因为当时在国民党和日本侵华的白色恐怖时期，他决定给自己起个别致的笔名，于是用了"端木"这个很罕见的复姓，又选用了他家乡的东北红高粱中的"红粱"。可是，公开使用"红"字，很容易招来嫌疑，所以他就将"端木红粱"中的"红"字改为了一个较生僻的"蕻"，后觉"蕻粱"二字组合起来不太像人名，便把"粱"改作了"良"。

　　从20世纪50年代，他多次到农村、工厂和部队深入生活，并创作了《墨尔格勒河》《风从草原来》《花一样的石头》等大量讴歌新生活的散文作品。1978年后，端木蕻良以更大的热情投入新时期文学的创作，先后写出了《怀念老舍》等一批散文和文化随笔、《江南风景》等一批中短篇小说，而尤以长篇小说《曹雪芹》影响卓著。

郭培鎏

（1909—1992）

·简 历·

郭培鎏，1909 年 9 月出生于河南孟津。

1923 年，于天津南开中学初级二年四组就读。

1929 年，从北京师范大学附中毕业。

1930 年，赴比利时留学，就读沙落王工木大学土木系。

1934 年 8 月，转入法国巴黎高级公共工程学院海河系学习，获硕士学位。

1935 年底，毕业回国。任河南省建设厅工程师，负责洛（阳）临（汝）、洛（阳）巩（县）公路的建筑。

1938 年，任广西省政府技正兼水利督导。

1943 年，任甘肃水利林牧公司总工程师。

1947 年，任水利部渠港司视察工程师，负责审核南方各省的水利工程。

中华人民共和国成立后，先后担任淮河水利工程总局黄泛区查勘队长、河南省农林厅水利局副局长、河南省治淮总指挥部工程部副部长、河南水利厅副厅长兼总工程师。

1972 年 9 月，返回省水利局负责技术工作。其后又恢复水利局副局长兼总工程师职务，后改任水利厅副厅长兼总工程师。

1983 年起，连任河南省第六、七届人大常委会副主任。

1992 年 12 月 29 日，在郑州逝世。

·业 绩·

郭培鋆,无党派爱国人士。1923年就读于天津南开中学,后转入北京师范大学附中。中学毕业后,考入比利时沙落王工木大学土木系,后转入法国巴黎高级公共工程学院海河系。

1935年,郭培鋆获硕士学位后回国,先后在河南、广西、甘肃等省的建设、水利、林牧等部门任工程师、水利督导、总工程师。其间,他负责设计和修建荔浦、蒙山、田阳等县的灌溉工程、审核了当时迁到广西的华北水利委员会设计的柳州灌溉工程,先后完成了皋兰县兰丰渠灌溉工程、临夏洮惠渠灌溉工程以及张掖、武威、酒泉的农田水利及河道治理等十余项大型水利工程设计。调任水利部渠港司视察工程师后,负责审核南方各省的水利工程。

中华人民共和国成立后,郭培鋆先后担任淮河水利工程总局黄泛区察勘队长、河南省农林厅水利局副局长、河南省治淮总指挥部工程部副部长、河南省水利厅副厅长兼总工程师。在职的几十年中,他解决了许多科研和技术问题,组织了大量水利工程施工,参与建设河南大、中、小型水库2480座,建成水电站1500多处,装机达23万千瓦,修建大量灌区和机井工程。这些工程使河南基本形成比较完整的水利工程体系,对防御水旱灾害、促进全省农业发展发挥了重大作用。

郭培鋆长期从事农田水利、河道整治、水库修建等工程技术工作。他参与了三门峡、小浪底及南水北调等水利工程的查勘、论证和规划工作,把全部心血献给祖国的水利事业。郭培鋆先后当选中国水利学会第三届理事会常务理事、河南省水利学会第一、二、三、四届理事会副理事长,理事会名誉理事长,并曾兼任河南省科协副主席。

郭培鋆历任第三、四、五、六、七届全国人大代表,第一、二、三、五、六、七届河南省人民代表大会代表,河南省第六、七届人大常委会副主任,河南省政治协商会议第四届副主席。他衷心拥护中国共产党的领导,长期与党合作共事,勤勤恳恳、兢兢业业地为祖国、为人民工作。

郭宗鉴

（1906—1935）

·简 历·

郭宗鉴，字鉴秋，1906 年生于四川长寿蔡家湾。南开中学 1926 届学生，在校名郭中鑑，初中学号 A2087，高中学号 4949。

1923 年，进入南开中学初级二年级六组读书。

1925 年，在五卅运动的反帝风暴中，郭宗鉴积极投入战斗，和同学们共同组织文学会，并负责出版工作。同年，就读于南开中学高中一年级甲三组。

1926 年，北伐前夕，正在读高中的郭宗鉴离开南开中学，受党组织派遣到黄埔军校学习军事，同年加入中国共产党，在黄埔军校期间参加了北伐战争。

1927 年 8 月，中共顺直省委在天津成立，郭宗鉴任省委秘书长兼锄奸队队长。9 月，在南开同学会奉天同乡对日外交后援会上发表演说。

1928 年 12 月，周恩来出席中共六大后来天津，传达六大精神，并安排召开顺直省委扩大会议，郭宗鉴除参加筹备省委扩大会议工作以外，还负责周恩来的食宿和安全。

1929 年 1 月，周恩来离开天津，一个多月以来，郭宗鉴在周恩来身边工作，深受教益。同年 5 月，郭宗鉴带领两名锄奸队员，在西开教堂后首善里执行惩治叛徒李德贵和王藻文的任务。同年 6 月 9 日，因叛徒告密，郭宗鉴在元纬路益仁里的河北区委机关被捕。开始时被羁押在天津小西关第三监狱，曾参加领导监狱秘密党支部发起的两次绝食斗争，并取得胜利。

1931 年 5 月，郭宗鉴被转押于北京陆军监狱。

1935 年春，因监狱待遇恶劣，郭宗鉴染上肺结核，得不到医治，牺牲于国民党当局狱中。

·业 绩·

1925 年，在五卅运动的反帝风暴中，正在南开中学念高中的郭宗鉴受到鼓舞，积极投入战斗，他和同学们共同组织文学会，并负责出版工作。在南开学生会的代表大会上，他曾和张致祥、曹禺一起被选为反日运动委员会的委员。据郭宗鉴的同班同学曹禺回忆："郭宗鉴个子不高，瘦瘦的，黑黑的，功课品行全班第一，我们选举他当班长。他沉默寡言，说话行事非常中肯。平时不苟言笑，但使人感到亲切诚恳。"在南开中学读书时期，郭宗鉴开始接触共产党组织，并接受了共产主义思想。北伐前夕，正在读高中的郭宗鉴离开南开中学，受党组织派遣到黄埔军校学习军事，并在那里加入了中国共产党，在黄埔军校期间他参加了北伐战争。

1927 年 8 月，中共顺直省委在天津成立，郭宗鉴任省委秘书长兼锄奸队队长。他文笔流畅，能写一手漂亮的字，整理文件、写传单、刻钢板，每天都要工作到深夜。1929 年，郭宗鉴带领两名锄奸队员，在西开教堂后首善里执行惩治叛徒的任务，这起轰动全市的"首善里案件"让敌人更加恼羞成怒，因为叛徒出卖，6 月 9 日郭宗鉴被捕，彭真等负责同志也先后被捕。

在监狱里面对敌人的威逼利诱，郭宗鉴大义凛然地说："我没有'过'可改，我没有做错。"敌人威胁说："那你会白白地送掉你的性命，要知道你是有前途的。"郭宗鉴大义凛然地回答："送掉一个人的命，这个城市会起来成千上万的人，他们的前途就是我的前途。"敌人用各种法西斯刑具惨无人道地迫害郭宗鉴，郭宗鉴仍然坚贞不屈，表现了共产党人大无畏的革命气概。1935 年春，郭宗鉴牺牲于国民党当局狱中。

中华人民共和国成立后，周总理曾多次指示要宣传郭宗鉴烈士的英雄事迹，以教育人民。他指出："郭宗鉴烈士是天津人民的光荣，也是南开中学的光荣。"

沈崇诲

（1911—1937）

·简 历·

沈崇诲，字颉庄，江苏江宁人。1911年7月20日出生于湖北武昌。南开中学1929届学生。

1921年，考入北京成达高等小学。

1923年，进入天津南开中学初中一年级读书，学号2367。

1928年，高二年级时从南开中学提前毕业。同年考入清华大学，学习土木工程。

1931年，九一八事变后，领导各大学学生组织义勇军。

1932年7月，从清华大学毕业，带着开发塞外的抱负到绥远工作。同年12月，考入中央航校第三期。毕业后留校任飞行教官。后调任空军第二大队第九中队中尉分队长。

1937年8月，淞沪战争爆发，8月14日，奉命随第二大队轰炸日军第三舰队，炸毁大批日军军火，使日军伤亡惨重。8月19日，再次奉命轰炸敌舰，飞临日军舰时，驾机猛扑"出云"号，炸毁敌舰后壮烈殉国。牺牲时年仅26岁。

2015年8月，沈崇诲被列入民政部公布的第二批600名著名抗日英烈和英雄群体名录。

·业绩·

沈崇诲自幼深受博学多才的母亲影响，对岳飞、文天祥、史可法等抗敌御侮的民族英雄十分敬仰。

1923—1928 年在天津南开中学读书，在南开期间学习成绩优异，喜好体育运动。1928 年日本帝国主义者制造济南惨案后，沈崇诲决心长大后让帝国主义者血债血还。

1928 年秋，沈崇诲考入清华大学，曾作为校足球队和棒球队队员，参加北平、东北地区和全国运动会。在清华期间参加组织各大学学生义勇军。

1932 年 7 月毕业后，到绥远工作。但看到日本步步紧逼华北，沈崇诲自问：如果日本灭亡了中国，那自己在塞外建设，又有什么意义？而如今救国最切近之途，莫过于从军。当年 10 月，中央航空学校在北平招收学员，沈崇诲从绥远赶回北平报名。报名时家里本不同意，他偷偷去报名，还剃光头明志。同年 12 月，考入中央航校第三期轰炸科学员。空军救国，是沈崇诲的信念。"救国莫急于防空，吾辈今后自当翱翔碧空，与日寇争一短长，方能雪耻复仇也。"毕业后，他直接留校担任教官。他在倡导轰炸战术研究的同时，尤为重视体育。因为作战时团结合作精神的培养，在很大程度上都依靠平时的体育运动。

1937 年 8 月 13 日，日军海陆空大举进攻上海，淞沪抗战打响。时任民国空军第二大队第九队中尉分队长的沈崇诲，随队攻击长江口之外的日本舰队。

8 月 14 日，奉命随第二大队轰炸日军第三舰队，激战中，正遇日军在码头登陆，遂轰炸之，并炸毁堆在码头上的日军军火，使日军伤亡惨重。

19 日晨，再次奉命轰炸敌舰，适遇敌战斗机袭击南京、杭州，沈崇诲在无战斗机护航的情况下，与第九中队飞行员升空执行任务。飞临日军舰时，所驾 904 号飞机突然尾部冒出浓烟，速度减慢，脱离战斗队形。其时，日军旗舰"出云号"正指挥航队与中国空军激战。沈崇诲拒绝执行上级让其跳伞的命令，决定破釜沉舟，遂驾机从 2000 米高空极速而下，猛扑"出云"舰火药库，在白龙港上空与敌同归于尽。实践了自己"从来征战无归日，两翼斑斑血染红"的铮铮誓言。为表彰其英勇爱国精神，后被追赠为空军上尉。

张致祥

（1909—2009）

·简 历·

张致祥，原名管亚强，1909 年 10 月生于江苏常州。9 岁时考入武进东吴小学，6 年的课程仅用 3 年读完，初中也只读两年就毕业了。

移居天津伯父管洛声家生活后，考入南开中学高中理科，不久转到文科。

1926 年，在天津南开中学经范文澜老师介绍加入共产主义青年团。在校期间曾担任学生会主席和校共青团领导人。

1928 年，转为中国共产党党员。

1929 年，考入中国大学国学系，插班上三年级。

1931 年，考上清华大学研究院国学系研究生。

1933 年后在中国大学任教，并任北平《文史》杂志编辑，北平作家协会理事，北平抗日救国会常委。

1935 年，参加革命工作，1936 年重新入党。

1939 年夏，奉命到平西抗日根据地，从此更名为张致祥。与金肇野创办了冀热察区党委机关报《挺进报》，为首任社长。

1942 年底，调晋察冀边区任《晋察冀日报》副总编。

1945 年 8 月，日本宣布无条件投降后，边区党委决定李初黎和张致祥为北平受降的正副代表，就在他们到达北平近郊时，得知蒋介石勾结敌伪，日本拒绝向我八路军投降，转道进入解放区，随军参加了绥远战役。

1949 年 9 月 2 日，时任华北军区政治部宣传部部长的张致祥接受开国大典天安门的布置任务。

中华人民共和国成立后，张致祥先后任华北军区政治部副主任、文化部副部长，对外文化联络委员会副主任、党组书记等职。

1978 年 2 月，到中联部工作，任副部长、顾问，还曾担任中国国际交流协会副会长，第六届全国人大常委会委员、外事委员会委员。

2009 年 12 月 18 日，在北京病逝。

天津南开中学人物志

·业 绩·

　　张致祥少时聪颖，考入南开高中理科后不久转到文科。其间，他阅读了介绍俄国革命的书籍和马克思、恩格斯的著作，心中充满惊喜与敬仰。在南开中学范文澜老师的课堂上，受到了进步思想的熏陶。1926年初，在范文澜老师家中，张致祥加入了中国共产主义青年团，两年后转为中共党员。他追随范文澜来到北平，更名管彤，担任北平共青团宣传委员兼互济会的工作之余，在山东惠民女中教书，那时他才18岁，很多学生称他为"小弟弟老师"。

　　一二·九运动后，中国大学成为学生爱国活动的中心之一，张致祥中大时的老师吴承仕出资筹办《文史》《时代文化》《盍旦》等爱国救亡刊物，约他投稿并为《盍旦》主编之一。这段时间里，他以管舒予、舒予等笔名发表了《悼鲁迅》《优秀民族》《唯痛》《苍蝇》《雨中话梦》《人与非人的界限》等文章。1936年初，北平党组织吸纳吴承仕为特别党员，一度脱党的张致祥重新入党，他与孙席珍、曹靖华、齐燕铭等编成一个特别党小组，张致祥为组长，主要开展文教界的工作。

　　1949年9月2日，由周恩来提名，北京市委书记彭真安排张致祥负责天安门城楼的布置和指挥工作。当时距大典只有短短二十几天时间，天安门广场仍是一片荒芜，到处是比人还高的蒿草，布置起来的难度可想而知。城楼的布置是筹备工作最重要的部分之一，张致祥把"八面红旗，两条标语，毛主席像挂正中，楼上八个大红灯笼，金水桥上布满鲜花"这套方案报给周恩来，周恩来否决了金水桥摆花这一条，其他意见拍板采纳，这一经典的布置一直沿用至今。庆典前，罗浪带领军乐队排练时，张致祥与他约定，当毛主席登上天安门时，张致祥用红绸子一抖，罗浪看到信号即开始奏《东方红》。

金 焰

（1910—1983）

·简 历·

金焰，原名金德麟，中国籍韩裔表演艺术家。1910年4月8日出生于朝鲜汉城（今韩国首尔）。

1912年，因父亲参加朝鲜民族独立运动而受通缉，随父逃亡并定居中国黑龙江省齐齐哈尔。

1919年秋，其父被日特暗害，金焰先后寄居上海、济南和天津。

1925年，十五岁的金德麟投奔天津的二姑金奎植家，并作为旁听生进入南开中学读初中。

1926年，转入南开中学初中三年级，当年秋升入高中一年级。

1927年，结束了中学生涯后，由朋友介绍，金焰只身到上海谋求生计。

1928年，金焰加入由田汉主办的南国艺术剧社担任舞台演员，并先后在《莎乐美》《卡门》《回春之曲》等话剧中出演重要角色。

1929年，金焰在上海被同为南开中学校友导演孙瑜看中，出演了他首部担任男主角的电影《热血男儿》。

1930年，孙瑜再次启用金焰和著名演员阮玲玉主演《野草闲花》，获得巨大成功，并成为中国电影史上第一部有电影插曲的影片。

1932年，上海的《电声日报》推出"中国十大电影明星"票选，金焰在男影星中票数最高，获得"电影皇帝"的美誉；同年，参加左翼戏剧家联盟。

1934年，金焰主演了由孙瑜拍摄的电影《大路》，扮演唱着劳工号子的筑路工人，是金焰银幕形象的大胆转变。此阶段金焰还拍摄了《三个摩登女性》《母性之光》《新桃花扇》等近30部影片。

1938年，金焰不愿为日本人拍片，最终在朋友的帮助下逃出了上海，暂时住在香港。

1941年12月，日军进犯香港，金焰被日本兵抓住后逼令劳动，不久逃出日本兵营，随后离开香港，于1942年到达重庆。

1949年5月，金焰任上海电影演员剧团团长。后被授予"国家一级演员"称号。

1958年，金焰胃出血大病一场，在一次手术之后20年卧病不起。

1983年12月27日去世。

·业 绩·

金焰天生擅长体育运动，足球、篮球、网球、棒球等项目无所不能，在南开中学曾与严修的孙子严仁赓一起踢足球，是"南开五虎"之一。青年时代的金焰练就了令人羡慕的高大健美的身材，为他以后英俊而充满阳刚之气的银幕形象奠定了基础。颇具文艺天赋的金焰，对电影有着浓厚的兴趣，立志成为中国最好的电影演员，因非常佩服鲁迅先生，他便给自己取名叫"金迅"，后来他觉得还不够响亮，又给自己起名叫"金焰"。那时，他想成为中国电影界熊熊燃烧的火焰。

幸运之神让他与有着中国电影鼻祖之称的南开中学1918届校友、在美国哥伦比亚大学和纽约电影研究所进修过电影理论和摄影技术的实力派导演孙瑜在上海联华结下缘分。他大胆启用毫无名气的金焰在《风流剑客》中担任主角一举成功。之后主演了《野草闲花》《三个摩登女性》《母朝气性之光》《大路》《壮志凌云》等近三十部影片。1933年，金焰获得"观众最喜爱的男明星、最漂亮的男明星"等称号，被推选为中国的"电影皇帝"。

还在学生时代的金焰就接受了爱国民主进步思想，进入电影界后，在党的地下工作者帮助下，积极与进步人士交往，参加进步影剧演出活动，前往前线参与救护工作，同时发表抗日反帝的文章。在1932年，他参加了党领导的左翼戏剧联盟。抗战爆发后，他怀着强烈民族仇恨，顶住日本侵略者要他搞"日中合作"拍片的威胁利诱，表现了一个爱国文艺工作者的高尚民族气节。

1949年以后，金焰以激动兴奋的心情投身于电影事业，被授予"国家一级演员"称号，并任命为上海电影制片厂演员剧团团长。他主演了《大地重光》《伟大的起点》《母亲》《暴风中的鹰》等多部影片。周恩来总理曾风趣地对金焰说："你既是中国的'电影皇帝'又是我们中国的'驸马'。"

金焰曾历任上海市第一至第五届人民代表大会代表、中国人民政治协商会议上海市委员会第一届常委、第五届委员、中国电影家协会理事、上海影协副主席等。在与病魔搏斗近20年后，于1983年12月在上海病逝，享年73岁。金焰以其朴实真挚的表演风格，为我国的电影事业作出了重要贡献。

叶笃义

（1912—2004）

·简 历·

叶笃义，1912 年 1 月出生于天津，安徽安庆人。

1924—1930 年，就读于天津南开中学。其父叶崇质共有十五个子女，自1924—1937 年，叶崇质的七个子女先后考入南开中学。南开培养了他们的独立精神，这段经历使得他们在毕业后走上了不平凡的人生道路。

1934 年，从燕京大学政治系毕业。

1936 年 10 月，与兄弟叶笃庄等在天津合办知识书店。

1944 年，加入中国民主革命同盟，同年 9 月加入中国民主同盟，曾当选民盟中央委员，并任民盟华北总支部委员兼宣传委员、民盟中央发言人、宣传部副部长等职。

抗战胜利后，叶笃义在重庆参与了国共和平谈判，与中共代表团密切合作，反对蒋介石的独裁统治，反对内战。

1948 年 7、8 月间，国统区学生举行大规模反美示威运动，司徒雷登威胁说学生们要"自食恶果"。叶笃义在上海《展望》刊物上发表文章，公开表明自己的态度，并代表民盟的张澜、黄炎培、罗隆基向司徒雷登递交了抗议信。

1949 年底，任政务院政法委员会委员、副秘书长，法律出版社社长。

1956 年 2 月，当选民盟副秘书长兼办公厅主任。

1958—1959 年，参加中央社会主义学院学习。

1961—1966 年，在全国政协文史办公室工作，集中精力完成了一套四本的《美国外交史》和《英使谒见乾隆纪实》等名著翻译工作。

1993 年，加入中国共产党。

1996 年 8 月 12 日，致信中共中央统战部副部长刘延东，倡议整理、编辑《新民主主义革命时期中国民主党派活动大事记》，并请命担任顾问和编辑工作。

1996 年 9 月 13 日，患严重脑血栓而偏瘫。

2004 年 2 月 19 日在北京逝世。

·业 绩·

叶笃义，杰出的爱国民主人士，著名社会活动家。叶笃义1923年入读南开中学，成绩优异，1930年高中毕业。叶笃义高中学的是自然科学，毕业时放弃了清华大学的录取，被保送入燕京大学。

在叶笃义成长过程中，继承了五四运动民主与科学的精神，具有坚定的爱国情怀，在几个重要政治关头，他总是恪守一个爱国知识分子的良心。

1934年大学毕业后，由于成绩优秀，1935年得到了官费留学法国的名额。当录取通知书和船票送给他后，他却毅然放弃了。他对哥哥叶笃廉说："当时国家在那样危难的时刻，日本人都到了家门口了，连学生都在为国家的命运抗争（指笃廉参与其中的一二·九运动），我出去干嘛？还不如留在国内为国家民族做点事。"

1936年，他与几个弟弟创办了宣传进步爱国思想的知识书店，成为中共地下党的一个掩护机关。1937年七七事变后，书店被迫停业。一二·九运动的领导人李昌、蒋南翔等人和叶笃廉在叶家开会，研究天津学生转移路线问题，叶笃义就担负起掩护的责任。

1938年秋，同在北平的中共地下党合作开展抗日救国工作，成为党领导的革命事业的热心追随者和参与者。1943年6月，叶笃义只身前往山西太行解放区，与十八集团军副总司令彭德怀和参谋长滕代远会晤，共同商讨抗日救国合作事宜。随后，按照党的安排，在沦陷区开展抗日救亡的工作。

自20世纪50年代末直至84岁高龄，完成近500万字巨著《达尔文进化论全集》的翻译、修订和校定，并摘要完成30万字精华本《达尔文读本》的编撰工作。

中华人民共和国成立后，叶笃义历任法律出版社社长，政务院政法委员会委员、副秘书长，政协全国委员会副秘书长，全国人大常委会法制委员会委员，中国国际文化交流中心理事，中国人民外交学会理事，中国民主同盟中央常委兼办公厅主任、第六届中央副主席、中央名誉副主席；是第一届全国人大代表，第五、六、七、八届全国政协常委，第九届全国政协委员。

叶笃义一生历尽坎坷，但对党对革命事业的信念始终未曾改变。1993年以81岁高龄加入中国共产党。晚年他写下了《虽九死其犹未悔》一书，简略讲述了自己一生的经历。他的经历是以报国、兴国为己任的中国知识分子人生道路的缩影。

张文佑

（1909—1985）

·简 历·

张文佑，1909 年出生于河北唐山。

1930 年，天津南开中学毕业，考入交通大学唐山工学院土木工程系。同年 10 月进入北京大学地质系学习。

1931 年 12 月，被选为"北大全体同学南下示威团"的代表和副指挥。

1934 年，从北京大学地质系毕业，加入由李四光领导的中央研究院地质研究所，在浙、赣、苏、皖、黔、湘等省进行地质考察，并于抗战期间考察广西全境，与赵金科等协作测制《广西地质图》。

1945—1947 年，经李四光先生推荐赴欧美，考察阿尔卑斯山脉、阿巴拉契亚山脉等的变质构造。回国后继续在中央研究院地质所工作并兼任中央大学教授。

1949 年，担任南京军管会接管中央研究院领导小组成员，同年担任北京大学、北京地质学院兼职教授，中国科学院地质研究所一级研究员。

1950 年，担任全国地质工作计划指导委员会委员。

1951 年，担任中国科学院地质研究所副所长，同年加入中国民主同盟。

1955 年，当选中国科学院学部委员。

1956 年，加入中国共产党。

1959 年，主编《中国大地构造图》和《中国大地构造纲要》两部专著，并获 1982 年国家自然科学二等奖。

1974 年，主编《中国大地构造基本特征及其发展的初步探讨》。

1980 年，担任中国科学院地质研究所所长。

1985 年 2 月，病逝于北京。

·业 绩·

　　张文佑，南开中学 1930 届（第 23 次）学生（高级三年乙 2 组）。毕业后考入北京大学地质系，毕业后到中央研究院地质研究所任职。1945 年赴欧美在美国地质调查局、英国剑桥大学进修学习，实地考察了阿尔卑斯山的推覆构造，阿帕拉契亚山的变质构造等。1947 年 10 月回国，继续在中央研究院地质所工作，并兼任中央大学教授。

　　中华人民共和国成立后，张文佑担任全国地质工作计划指导委员会委员，北京大学、北京地质学院兼职教授，中国科学院地质研究所一级研究员。1951 年起任中国科学院地质研究所副所长兼大地构造室主任，后任所长、所学术委员会主任。1955 年当选中国科学院学部委员、地学部常委、中国科学院主席团成员。

　　张文佑在地质学术研究中善于使用将力学分析与历史分析相结合的学术研究方法。早在 20 世纪 30 年代，他就解决了中国北方震旦系与寒武系的分界问题，并在对广西"山字型"等构造系形成过程的研究中首次成功尝试该研究方法。1953 年和 1960 年，张文佑两次赴前苏联学习考察，深入研究"地槽－地台学说"以及深断裂对沉积作用、岩浆活动和成矿作用的控制等学术内容。

　　20 世纪 50 年代，张文佑主编了新中国第一幅"大地构造图（1∶800 万）"；首创"鲁中断裂带"（后称"郯庐断裂带"）以及该断裂带上产有原生金刚石的论断；提出中国东部包括冀中、松辽等大型厚层沉积盆地有生油远景的见解，参与了中国石油天然气勘探基地由西向东移的战略决策，并在大庆油田发现过程中作出突出贡献。

　　20 世纪 70 年代，张文佑编制了《中国断块大地构造图（1∶1000 万）》，首次提出"断块构造学说"。

　　20 世纪 80 年代，张文佑领导和主编了《中国及邻区海陆大地构造图（1∶500 万）》，系统全面地表示出中国及邻区的断块大地构造格局。

　　张文佑曾获全国科学大会奖、国家自然科学一等奖、中科院科技成果一等奖。他还担任第三届全国人大代表，第五、六届全国政协委员，中国地质学会副理事长，中国石油学会副理事长，中国大地构造学会副理事长，北京市地质学会代理事长，国务院学位委员会委员，国家科委地质矿产组副组长，中国能源委员会顾问等职。

严仁英

（1913—2017）

·简 历·

严仁英，1913 年出生在天津，祖父严修。

1927 年，考入天津南开学校女中部。在校五年间成绩优异，积极参加学校组织的各项文体活动，是南开女中篮球队和排球队的核心队员。

1932 年，考入清华大学生物系。

1935 年，考入协和医学院。

1940 年，获得协和医学院医学博士学位，投于著名妇产科专家林巧稚门下。

1942 年，在林巧稚安排下，在国立第一助产学校附属产院工作。

1943 年，在丈夫的"王光超大夫诊所"任医生，该诊所是中共北平地下党的秘密联络点，肩负着秘密为抗日根据地运送药品和物资的艰巨任务，勇敢地配合着丈夫，为根据地运送药品二年多。

1946 年，任北京大学医学院附属医院妇产科住院总医师。

1948 年，赴美国哥伦比亚大学医学部进修。

中华人民共和国成立后，与丈夫王光超先生不顾美方阻挠和威胁，返回祖国，到北京医学院妇产科工作。

1954 年，任北京医学院第一附属医院妇产科主任。

1979 年，全票当选北京医学院第一附属医院院长。

1984 年，任北京医科大学妇儿保健中心主任、北大医院名誉院长。

2017 年，在北京逝世。

·业绩·

　　1927年，严仁英考入天津南开学校女中部。在女中的五年时光，严仁英成了个爱玩会玩的快乐女生。那时的严仁英个子高高，活泼好动，是校篮球队和排球队的核心成员。在南开女中读书期间，严仁英也积极参加话剧演出和英文演讲，她联合同班同学，将东北地区爱国将领郭松龄的故事搬上舞台，自编自演，为话剧起名《反正》，扮演主角郭松龄将军。

　　1932年，严仁英顺利考入清华大学生物系，同时选修北平协和医学院预科必修课程，正式开启了治病救人的人生路。1943—1945年，严仁英与丈夫王光超利用在"王光超大夫诊所"（实为中共北平地下党的秘密联络点）工作之机，秘密承担为抗日根据地运送药品和物资的艰巨任务。

　　1948年，严仁英与丈夫赴美国哥伦比亚大学医学部进修。1949年，不顾美方阻挠和威胁，返回祖国，到北京医学院妇产科工作。作为妇产科专家，严仁英以高尚的医德，先后承担为妓女们检查身体、参与抗美援朝、调查美国发动细菌战和参加多种外事工作等。

　　1979年，严仁英创建北医一院妇产科"优生保健组"，开始研究围产医学。1987年，严仁英牵头组建了北京医科大学妇儿保健中心，1993年通过研究证实新婚和准备生育的妇女服用叶酸增补剂可减少70%神经管畸形儿的发生，这一研究成果从1996年开始被卫生部推广。1998年，卫生部妇幼司为表彰严仁英为妇幼卫生事业作出的杰出贡献，特铸严仁英铜像。

　　严仁英是中国著名妇产科、妇女保健专家，北京大学终身教授，曾任北京大学妇儿保健中心主任、世界卫生组织妇儿保健研究培训合作中心主任、中国关心下一代工作委员会专家委员会主任委员、中国疾病控制中心名誉主任、北京大学第一医院名誉院长等，被誉为"中国围产保健之母"。严仁英曾任九三学社中央第六至八届常委，全国人大第三、五、六、七、八届代表，全国政协第二、三届委员。

唐明照

（1910—1998）

·简 历·

唐明照，原名唐锡朝，祖籍广东恩平，1910 年出生于一个美国华侨家庭，小学和中学就读于旧金山，1927—1930 年就读于南开中学高中。

1930 年，考入清华大学政治系。

1931 年，在九一八事变时参加革命活动，年底加入中国共产党，先后担任中共北平西郊区委委员、中共北平市委组织部部长。

1933 年，进入美国加利福尼亚州大学历史系研读西方近代史，转入美共并相继担任美共加州大学组织部部长、宣传部部长和书记。

1937 年，参与创办纽约华侨洗衣馆联合会。

1939 年，任美共中央中国局书记。

1940 年，创办《美洲华侨日报》，并任社长总编辑。

1941 年，参加美国政府纽约新闻处工作，任翻译。

1950 年，历任外交部专员、抗美援朝总会联络部副部长、中国人民保卫世界和平委员会联络部副部长、中联部局长、中联部副秘书长。

1971 年，在第 26 届联合国大会上任中国代表团副代表。

1972 年，出任负责政治事务、非殖民化、托管地工作的联合副秘书长。

1979 年，任中联部顾问、中国国际交流协会副会长。

曾当选为第一、二、三届全国人大代表，第六、七届全国政协委员。

1998 年，因病去世。

·业绩·

20世纪20年代初，唐明照随父母移居美国旧金山，在那里念完了小学和初中。1927年，唐明照被父母送回祖国，并进入天津南开中学读高中。

唐明照天资聪颖、学习刻苦，1930年从南开中学毕业后，以优异的成绩考取清华大学政治系。唐明照在九一八事变后，积极投入抗日救亡运动的洪流之中。在清华校园里，他积极参加学校里和社会上的抗日救亡活动。1930年底，唐明照光荣地参加了中国共产党。唐明照的出色工作取得了领导和群众的信任，1932年被任命为中国共产党北平市委员会组织部部长。在此期间，国民党当局对人民群众和青年学生的爱国运动进行血腥镇压。由于形势紧迫，需要把斗争扩展到海外，经党组织研究，1933年，唐明照中断了在清华大学的学习活动，重回美国开始了新的工作。

唐明照返美后继续求学，就读于加州大学历史系。他在校一面读书，一面从事进步活动。1937年从加州大学毕业，随即进入纽约华侨洗衣馆联合会，任英文干事。时值七七事变发生，唐明照积极联系在美各华侨团体，广泛宣传抗日战争，争取旅美华侨从道义上、经济上给予大力支持。1939年10月起，他担任美共中国局书记达十年之久。

1940年，唐明照创办了《美洲华侨日报》，担任第一任社长兼总编辑。1941年，唐明照参加美国政府纽约新闻处工作，任翻译。1950年朝鲜战争爆发，受周恩来总理的指示，为了避免麦卡锡主义的迫害，唐明照携带妻子和女儿秘密回到祖国，并进入外交部工作。1950年后，历任外交部专员、抗美援朝总会联络部副部长、中国人民保卫世界和平委员会联络部副部长、中联部局长、中联部副秘书长。

1971年，唐明照在第26届联合国大会上任中国代表团副代表。1972年4月，由中国政府举荐，唐明照先生出任联合国副秘书长，成为新中国在联合国的首任副秘书长。唐明照在国际社会上充分施展自己独特的外交才华，为中国外交事业作出了卓越的贡献。

黄 敬
（1912—1958）

·简 历·

黄敬，原名俞启威。浙江绍兴人。1912 年出生于北平。清末翰林俞明震之孙，俞大纯的第三子。年少时在南京祖父家中读私塾，稍长就读于南京金陵大学附小及东南大学附小。

1924 年，就读于天津南开中学。在校名俞启威，学号 A3825。

1930 年，在上海参加左联文艺团体"南国社"，从事进步文化活动。

1931 年，考入国立青岛大学（后改称山东大学）物理系。

1932 年，加入中国共产党，曾任国立山东大学地下党支部书记。

1933 年，任中共青岛市委宣传部部长。

1935 年，考入北京大学数学系。参加中华民族武装自卫委员会北平分会，从事抗日救亡活动。同年 12 月，参与领导一二·九爱国学生运动。

1936 年初，参与组建中华民族解放先锋队。曾任北平学联党团成员，同年 4 月任中共北平市委宣传部部长、学委书记。

1937 年 2 月，任中共北平市委书记。

抗战爆发后，离开北平到天津、济南、太原等敌后抗日根据地工作。先后任中共晋察冀省委书记、中共冀中区党委书记、冀中军政委员会委员、中共冀鲁豫区党委书记等职。

解放战争时期，历任晋察冀边区财政经济委员会副主任、主任，中共晋察冀中央分局常委、第三副书记，晋察冀军区第四副政治委员。

1949 年初天津解放后，任中共天津市委第一副书记、天津市市长、天津市军事管制委员会副主任。

1949 年 5 月，任中共天津市委书记、天津市市长、天津市军事管制委员会主任。

1952 年 8 月，任第一机械工业部部长、党组书记。

1956 年 4 月，任国家技术委员会主任、党组书记。

1957 年起，任国务院科学规划委员会主任。当选政协第二届全国委员会委员。

1958 年 2 月 10 日，在广州病逝。

· 业 绩 ·

黄敬，1924 年就读于天津南开中学。1931 年，考入国立青岛大学物理系。九一八事变后，中国各地掀起了反对日本侵略、反对蒋介石"不抵抗"政策的浪潮。黄敬积极参加爱国学生运动，领导青岛大学的学生参加罢课、请愿等活动，成为青岛学生运动的领袖人物。

抗战爆发后，北方局派黄敬到太原，先后担任中共晋察冀省委书记、中共冀中区党委书记、冀中军政委员会委员、中共冀鲁豫区党委书记等职。在党中央和北方局、晋察冀中央分局的领导下，他创造性地执行党中央和毛泽东关于抗日战争的一系列方针、政策和指示，密切依靠和发动群众，在参与创建敌后抗日根据地，打击日寇，发展根据地生产，改善根据地人民生活，壮大党和革命力量等方面，卓有建树。特别是他在创建和坚持冀中平原抗日根据地的斗争中起了重要的作用；在巩固和发展晋鲁豫平原根据地的斗争中也做出了显著功绩。

天津解放前夕，黄敬就来到了津西胜芳镇，开始进行接管天津的准备工作。到达天津不久，亲自召开了与天津群众见面的工人座谈会。天津解放后，生产的恢复和发展非常迅速，到 1949 年底，公营工业的生产就已经超过了国民党统治时期和日本统治时期的最高水平；私营企业发展也恢复到国民党统治时期的水平。黄敬主持天津工作期间，还开展了兴建塘沽新港，领导天津市党政军民支援抗美援朝战争，举办华北城乡物资交流会等工作。

1952 年 8 月，中央决定调黄敬任第一机械工业部部长。他忘我工作，在较短的时间内领导完成组建机械工业的队伍和确定各厂的专业生产方向，建立企业的正常生产秩序，抓好技术管理和技术改造工作。到第一个五年计划期末，我国机械工业已经能够自己制造我国经济建设中所需要的机械设备的 60% 以上，为机械工业的进一步发展打下了基础。在全国"向科学进军"的形势下，党中央和国务院把筹建国家技术委员会的重任交给了黄敬，直到生命结束，他一直率队奋战在向科学进军的岗位上。

张柏园

（1909—1994）

·简 历·

张柏园，原名廷森，字郁如、霁月，1909 年出生于天津。

他在天津新学书院学习时，因参加五卅运动被学校开除。

1925 年，转入天津南开中学，在校名张廷森，学号 4285。

1926 年初，加入中国共产主义青年团。

1928 年开始，研读革命理论书籍，并翻译波格达诺夫的社会政治经济发展史及河上肇的经济学史等。

1930 年，从南开中学毕业，为南开中学第二十三次毕业生，毕业后入北平师范大学教育系学习。

抗战爆发后，张柏园与林枫一起前往太原成成中学以教员身份作掩护，做党的地下工作。

1939 年，加入中国共产党。

1940 年，筹建敌后高等学校——抗战建国学院。后因条件限制，建校困难，遂转入晋冀鲁豫边区干部学校工作。

1943 年，调中共北方局城市工作部做敌占区知识分子工作。

抗战胜利后，任峰峰煤矿党委书记兼工会主席。

1946 年，任北方大学教务长。

1948 年，中原地区解放后，先后任中原大学教务长、中原局教育科科长、中原临时人民政府教育部副部长、河南大学副校长、河南省政府文教厅厅长。

1952 年 10 月，调离河南大学，历任河南省教育厅厅长，河南省文教委副主任、主任。

1961 年 3 月，任河南省科委主任，中共河南省委宣传部副部长、文教部部长，河南省副省长，省政协第四、五届副主席。

1994 年 9 月 24 日，在郑州病逝。

天津南开中学人物志

·业 绩·

张柏园读中学时就开始积极从事进步活动。在南开中学求学期间，张柏园与同窗好友林枫、鲍永瑞、张文佑等人一起积极参加和组织学生革命运动。1926年9月，北伐军打到武汉，南开中学共产党员教师发动学生参加国民革命军，筹备组织群众欢迎北伐军工作。张柏园、林枫等人秘密考取黄埔军校武汉分校，后因革命需要未能继续。但南开人之间的同学情、革命情一直延续了下去，在抗日战争时期，张柏园与林枫一起前往太原成成中学以教员身份作掩护，做党的地下工作。

1948年，中原地区解放后，先后任中原大学教务长、中原局教育科科长、中原临时人民政府教育部副部长、河南大学副校长、河南省政府文教厅厅长。其时，解放战争仍在进行，教育工作面临诸多问题：一是如何接收并改造旧教育、旧学校；二是要适应支援解放战争和建立新政权的需要，加强干部培训，吸收、训练大批知识分子和工农积极分子，充实干部队伍。组织决定张柏园的工作重点放在大学（先为中原大学，后为新建的河南大学）。在河南大学，名为副校长（校长由河南省政府主席吴芝圃兼任），实际负责全面工作。河南大学主要是吸收青年知识分子，短训补充干部队伍。从1949年6月到1950年9月，培训和输送了3999名革命干部。

张锡祜

（1912—1937）

·简 历·

张锡祜，天津人，南开中学 1932 届学生。南开学校张伯苓校长之四子。

1925 年，进入南开中学初一年级读书，入校时学号 4393，初三时学号改为 6700，高一时学号改为 8616。

1932 年，日军侵略中国东北，国势危殆，张锡祜未等毕业，毅然投笔从戎，凭着良好的文化素质和身体条件，录取为杭州笕桥航空学校第三期学员。

1934 年，从杭州笕桥航空学校毕业，张伯苓作为学生家长参加了毕业典礼，并代表全体学生家长发表了讲话。张锡祜毕业后任空军第八大队第三十中队队员，驻防江西。

1937 年 1 月 10 日，与未婚妻张乐民在南京订婚，刚刚订婚，就接到命令开赴战场，张锡祜作为中国空军飞行员义无反顾地投入到保家卫国的战斗中。7 月 29 日，张锡祜获悉母校南开中学惨遭日军炸毁，8 月 2 日致函其父张伯苓，表达了慰问之情和誓为抗敌而战斗的决心。8 月 14 日，日军登陆淞沪，中国空军飞机迎战御敌，张锡祜奉命由江西吉安飞赴南京对日作战，飞行至江西临川上空遇雷雨，不幸失事殉国，时年 27 岁。张锡祜牺牲后被安葬于南京航空烈士陵园。

·业 绩·

张锡祜，1925—1932 年在南开中学读书，在校时学业优秀，尤其热爱运动，被同学称为"陆怪"，曾代表天津参加在杭州举行的全国运动会。

他中学时期即立志以国家为己任，所以当日军侵略中国东北，国势危殆之时，张锡祜未等毕业，毅然投笔从戎，报名考入杭州笕桥航空学校。从航校毕业后回家探亲时，张伯苓曾以岳母教子的故事勉励儿子在国难日甚一日之际树立起报效祖国的雄心壮志。

1937 年 1 月，张锡祜与未婚妻张乐民在南京订婚不久，就接到命令开赴战场，张锡祜作为中国空军飞行员义无反顾地投入到保家卫国的战斗中。

战前，在获悉母校南开中学惨遭日军炸毁后，张锡祜致函其父张伯苓，表达慰问之情，并表示："儿虽不敏不能奉双亲以终老，然亦不敢为我中华之罪人！此次出发生死早置度外！望大人勿以儿之胆量为念！若能凯旋而归，当能奉双亲于故乡以叙天伦之乐，倘有不幸虽负不孝之名，然为国而殉亦能慰双亲于万一也！"

1937 年日军发动全面侵华战争。8 月 13 日，日军以重兵向上海发动进攻，淞沪会战爆发，14 日笕桥战斗打响，这是中国人第一次与外敌空战，张锡祜奉命由江西吉安飞赴南京对日作战，此时台风正在席卷华东上空，张锡祜不顾危险，毅然顶风起飞，奔赴战场，飞机在临川上空不幸遇雷雨失事，张锡祜壮烈殉国。

张伯苓在得知儿子牺牲的消息时沉痛地说："我本人出身水师，今老矣，每以不能杀敌报国为恨。而今吾儿为国捐躯，可无遗憾了。""吾早以此子许国，今日之事，自在意中，求仁得仁，复何恸为？"

罗沛霖

（1913—2011）

·简 历·

罗沛霖，原名罗霈霖，曾用名罗容思、罗雨，祖籍浙江山阴。1913 年 12 月 30 日出生于天津三条石庆云里。

1925 年，考入南开中学，被分在初一 4 班，学号 5356。1931 年毕业，以物理满分的入学考试成绩，选择进入上海交通大学电机工程系学习。

1935 年，从上海交通大学毕业，去往广西南宁无线电厂工作。1936 年，进入中国无线电业公司。

1938 年，赴延安，进入中央军委第三局通信材料厂，任工程师，主管技术和生产。1940 年，按党组织指示到上川实业公司电机厂工作，任工务课主任，参与创建中共领导下的"青年科学技术人员协会"。

1948 年，在党的资助下，赴美国加州理工学院攻读博士研究生，留美期间负责留美科学技术协会加州理工学院支会的活动。

1950 年，乘克里夫兰总统号返回祖国，在船上完成博士论文。回国后，进入电信工业管理局，任技术处处长。

1951—1954 年，独立负责引进我国第一个巨型电子组件制造联合厂，即华北无线电器材联合厂，并出任该厂总工程师兼第一副厂长。

1955 年，兼任二机部第十局第十一研究所所长。

1956 年，加入中国共产党，调任第二机械工业部第十局副总工程师兼科研处处长。1958—1960 年，负责组织指导我国第一台超远程雷达联合研制的启动阶段工作。1962 年，任第十机械工业总局副总工程师。1963 年，任第四机械工业部科技司副司长。

1972 年，任第四机械工业部科技局副局长。1974 年，主持中国第一台半导体化电视机的联合研制工作。

1980 年，当选中国科学院学部委员，担任第四机械工业部科学技术委员会第一副主任。

1992 年，提出并执笔撰写设立中国工程院的建议，1994 年中国工程院成立后当选首批院士，并当选主席团成员。

2011 年 4 月 17 日，在北京逝世。

天津南开中学人物志

·业绩·

　　罗沛霖，1913年出生于一个书香家庭，其父亲罗朝汉曾任北京电话局局长，创立了中国北方最早培养电讯人员的天津电报学堂。受家庭影响，罗沛霖自幼爱好电信技术。

　　1925年，罗沛霖考入南开中学，初中三年级时加入南开无线电社。中学毕业后，罗沛霖考入上海交通大学，并于1935年完成大学学业，毕业后到广西无线电厂工作。

　　抗战爆发后，罗沛霖来到西安八路军办事处，受到林伯渠的接待。1938年赴延安参加革命，进入中央军委第三局，参与创建延安通信材料厂。在极端艰苦的情况下，设计生产了可变电容器等基础组件，还研制成功7.5瓦无线电台，为八路军提供了宝贵的通信设备。

　　1939年，罗沛霖被党组织派往重庆上川实业公司等处任职，董必武让其留在党外做统一战线工作。他参与组织了"中国建社""中国科学工作者协会"等，团结了百多位进步青年科技人员。1945年，毛主席在重庆谈判期间，亲切接见了罗沛霖，并给予热情勉励。

　　1948年，罗沛霖带着党组织拨给的500美元只身赴美。经钱学森推荐，他选择了美国加州理工学院。朝鲜战争爆发后，他担心回国会受到阻碍，向导师提出提前口试答辩，在回国的船上完成了博士论文，1952年该校授予其博士学位。

　　归国后，罗沛霖长期活跃于我国科学技术界，并在电子工业部门担任技术管理工作，他对中国电子科学技术发展及工业建设作出奠基性贡献：中华人民共和国成立初期，他指导研制生产骨干级无线电台，供给朝鲜战场使用，获得成功。他参加制定《1956—1967科学技术发展规划纲要》，使电子学纳入议程，"一五"期间，负责由民主德国引进我国唯一巨型电子组件制造联合厂。"二五"期间，向国家计委提出电子工业建设中实行专业化和加强基础建设建议。20世纪70年代，组织指导100系列小型计算机和200系列大型计算机用于远望号测量船和巨浪号导弹以及多种军事工程中，推动了我国电子计算机发展和集成电路的应用。

　　1980年，罗沛霖当选中国科学院学部委员。1992年，他联合六位中科院资深院士，由他执笔向党中央、国务院提出建立中国工程院的建议，1994年获批准。他当选为首批工程院院士和主席团成员。罗沛霖被多所大学聘为兼职和名誉教授，当选美国Sigma Xi荣誉会会员和电气电子工程师学会（IEEE，国际）终身特级会员，并被授IEEE建会百年纪念勋章。他还曾任第三、四届全国人大代表，全国政协第五、六、七届委员。

张肖虎

（1914—1997）

·简 历·

张肖虎，1914年2月25日出生于天津，祖籍江苏武进。

1924年，入天津直指庵小学高小，学习成绩优异。

1926年，进入南开中学初二年级读书。

1931年毕业于南开中学。考入清华大学土木建筑系。参加校管弦乐队和室内乐乐队，吹单簧管并任长笛独奏演员。此后，成为清华管弦乐队、军乐队队长和学生指挥，同时创作了声乐曲《声声慢》和五重奏《极乐吟》，开始了他集指挥、作曲、演奏、研究、教学于一身的全方位音乐家的漫长生涯。

1939年，与王守惠合作创作歌剧《木兰从军》。1944年，创作大合唱《圣诞曲》，词作者赵宸。翌年创作交响乐《苏武》《bE大调钢琴协奏曲》。

1946年，创作歌剧《松梅风雨》、竖琴独奏曲《阳关三叠》。

1950年，任北京师范大学音乐系理论作曲教研室主任。创作大合唱《抗美援朝组歌》。1955年，为我国第一批体操运动员创作具有民族风格的体操音乐和我国第一部大型集体操组曲（管弦乐）（与刘炽合作）。

1957年，创作我国第一部民族舞剧《宝莲灯》。翌年主编师范学校音乐教学大纲和教科书。

1960年，创作舞剧《珠穆朗玛展红旗》。

1977年，任中央音乐学院作曲系教授。翌年创作管弦乐《交响组曲》，共五乐章。

1979年，出版专著《五声性调式分析》。

1980—1981年，任中国音乐学院副院长兼作曲系主任，研究生导师。

1982年，创作三弦与乐队《刘胡兰》（与肖剑声合作）。

1983年，创作钢琴与乐队《梅花新咏》（与黄晓飞合作）、艺术歌曲《丝绸之路》（阴法普词）、《睡莲曲》、《乡音小唱》等。

1985年，创作歌曲《咏柳》（唐诗）、《悯农》（唐诗）。翌年主编《幼儿配乐朗诵歌谣》磁带三盘。

1987年，创作舞剧音乐《长恨歌》（与江通合作）。出版专著《五声性调式及和声手法》。任中国音乐教育研究会理事长、中国高等学校音乐学会顾问。

1997年2月19日，因心脏病于北京离世。

·业　绩·

张肖虎，著名作曲家，教育家，音乐理论家。1926 年在全市汇考中名列第四，越级进入南开中学初中二年级就读。高中选读理科，各门功课优秀。他的音乐天赋在南开中学得到了充分发展。课余时间参加南开昆曲社、国乐社等音乐社团，学习笛子、二胡、月琴、四弦琴等中外乐器。在南开中学五年，深受"五四"后新思潮和黄自、赵元任音乐思想影响，他总是坚持不懈地把自己的艺术同国家民族的命运联系在一起。

1933 年，他采用宋代女诗人李清照的词，创作了其处女作《声声慢》(艺术歌曲)。作品运用民族音乐语言，表达了九一八事变后，不愿做亡国奴的青年学生和知识分子的心声。该作品被列为 30 年代优秀艺术歌曲。

他创作的歌剧、舞剧、管弦乐、协奏曲、室内乐、民乐合奏、独奏、大合唱、独唱，以及群众歌曲，为表演、朗诵及话剧配乐，中小学校歌谱曲，等等，其数量之多，已难胜计。其主要作品如《苏武》(交响诗体裁的管弦乐、钢琴加合唱作品)、《木兰从军》、《松梅风雨》(歌剧)、《珠穆朗玛展红旗》(歌舞剧)、《宝莲灯》(舞剧)、《浔阳曲》(管弦乐)、《阳关三叠》(室内乐)、《长恨歌》(合作、舞剧)以及器乐曲、歌曲等，都不难看出他在吸收欧洲作曲技法而又使用民族音乐语言、创造浓郁民族风格方面，所做的始终如一的宝贵探索和所取得的开拓性成就。

张肖虎是中国北方较早的优秀指挥家。他先后组建了天津工商学院管弦乐队和天津业余管弦乐队，并亲任指挥，为津门国人自办管弦乐队和传播发展交响乐做出了历史性的贡献。

1938—1945 年，他先后与数位中外音乐家创办了私立"天津音乐专修院"和"青年会音乐专修科"等音乐学校。培养出赵行道、郭淑珍等许多优秀人才。

作为杰出的音乐教育家，张肖虎在教学体系、课程设置、教学原则、教材教法诸方面，都提出了系统的主张，并在教学中身体力行；他讲授过乐理、和声、曲式、复调、配器、指挥、歌曲作法等多门课程，并独辟蹊径，多有创见，纯然大家风范。

张肖虎一生中编著出版了大量音乐理论研究论著。1939 年出版的 25 万字的《乐学基础》，包括基本乐理、曲式和器乐知识等内容，被各地音乐教师和爱好者广泛采用。1987 年出版的《五声性调式和声手法》是其学术代表作之一。

何炳棣

（1917—2012）

·简 历·

何炳棣，字慕燕，原籍浙江金华，1917 年生于天津。

1928 年，考入南开中学，学号 7112。

1933 年，考入山东大学化学系。

1934 年，考入清华大学外文系二年级插班。

1935 年，转入清华大学历史系。同年底，参与并领导一二·九、一二·一六运动。

1938 年，大学毕业，任西南联大历史系教员。

1945 年，考取公费留学，赴美国哥伦比亚大学攻读英国史及西欧史。

1948 年，赴加拿大英属哥伦比亚大学任教。

1952 年，获得博士学位，用现代社会科学方法研究中国历史。

1959 年，由哈佛大学出版社出版《中国人口研究，1386—1953》，广受好评，奠定了在学术界的地位。

1963 年，转往美国芝加哥大学任教。

1965 年，任芝加哥大学汤普逊历史讲座教授。

1966 年，当选中国台湾"中央研究院"院士。

1975 年，被公推为美国亚洲研究学会会长。

1979 年，被选为美国艺文及科学院院士。

1987 年，于芝加哥大学退休，赴加州大学鄂宛 (Irvine) 分校，任历史社科杰出访问教授。

1997 年，当选为中国社会科学院荣誉高级研究员。

2012 年，在美国病逝。

·业 绩·

何炳棣受父亲何寿权"南开有名是因为中学办得好"影响，1928—1932年在南开中学就读。何炳棣曾说："南开是中国历史上笃笃实实最爱国的学校"。

何炳棣15岁读高二年级上学期时，积极参加"学潮"。1934年，何炳棣由山东大学考入清华大学外文系，后转入历史系。在清华大学，与姚依林等共同领导了一二·九、一二·一六运动等。

清华大学毕业后，何炳棣赴西南联合大学历史系任教。1944年考取了清华第六届留美公费生，1945年底赴美国哥伦比亚大学攻读西洋史。1952年，以《土地与国家：1893—1910年英国的土地政策》为题，获哥伦比亚大学英国史博士学位。之后，何炳棣逐渐转入用现代社会科学方法研究中国历史，成绩斐然。从1954年开始，转向中国人口史研究。1959年，著作《中国人口研究，1386—1953》由哈佛大学出版社出版，佳评如潮，奠定了其在学术界的地位。代表著作有《明初已降人口及其相关问题》《明清社会史论》《东方的摇篮》《读史阅世六十年》等。

1966年，何炳棣当选中国台湾"中央研究院"院士。1979年，被选为美国艺文及科学院院士。1997年，当选为中国社会科学院荣誉高级研究员。曾担任美国亚洲研究会会长，并受赠香港中文大学、加拿大劳伦斯大学、美国丹尼森大学的荣誉法学及人文科学博士学位。

何炳棣是一个热忱的爱国主义者，他虽然侨居海外，但对祖国一往情深，既是一个享有盛誉的学者，也是一位积极的社会活动家。1979年4月，何炳棣受到邓小平、姚依林等领导的亲切接见。在接见记者时，发表了中国人口持续增加的历史因素和对应之策，为国家领导所重视。

陈新民

（1912—1992）

·简 历·

陈新民，祖籍安徽望江，1912 年 11 月 18 日生于河北保定。自学全部小学课本后考入天津南开中学。1931 年秋，以优异成绩考入清华大学化工系。

1935 年，毕业于清华大学化工系，获理学士学位。毕业后，去唐山启新洋灰公司做技术工作。不久，应聘南京江南水泥公司副化学师。

1937 年，随企业内迁至湖北大冶，开始颠沛流离的生活。

1938 年 10 月，撤到兰州，先后在甘肃省建设厅任技士和省科学教育馆任助理研究员。

1939 年冬，辗转到达云南昆明，在中央研究院化学研究所从事润滑油、精盐等抗战急需物资的生产研究。

1940 年冬，参加清华大学公派留学生的选拔考试，考分居冶金科榜首，享受林森奖学金优等生待遇。

1941 年 9 月，取道香港乘船赴美，入美国麻省理工学院，在冶金研究所攻读博士学位。

1945 年 6 月，通过博士论文答辩，获美国麻省理工学院科学博士学位。

1946 年冬，启程回国。归国之初，在天津北洋大学冶金系工作。

1948 年 7 月，回母校清华大学执教。

1952 年，筹建中南矿冶学院并出任首任院长。

1959 年冬，担任教研室主任，开始创设以有色冶金为特色的冶金物理化学新专业。

1976 年后，主编出版《物理化学》《冶金热力学导论》《火法冶金过程物理化学》等教材。

1980 年，当选中国科学院学部委员。

1981 年后，出席过在北京、杭州、昆明、长沙召开的国际冶金学术会议；还应邀去美国、德国的一些大学讲学或作校际学术交流访问。

1992 年 12 月 23 日因病逝世，后被中共湖南省委追认为中国共产党党员。

·业绩·

动荡不安的年代使陈新民从小跟随家人四处搬迁，但艰苦的条件并没有磨灭他对求学的渴望，通过自学，陈新民考入了天津南开中学。南开中学崇尚新学，民主和科学的气氛浓厚，使陈新民萌发了教育救国、科学救国的志向。在校期间他勤奋学习，于1931年以优异成绩考入清华大学化工系。

1935年，本着对"实业救国"的坚持，陈新民放弃了读研，选择到唐山启新洋灰公司工作。不久后，因华北局势动荡，开始了颠沛流离的生活，直至他前往美国麻省理工读博士才告一段落。留美期间，他撰写的论文《熔铁中的铬—氧平衡》被选登在美国金属学会会志上，为中国留学生争得了荣誉。在陈新民顺利通过了博士论文答辩的那年，抗战胜利的消息从国内传来。他毅然放弃美国优越的生活条件，决心为祖国的发展建设贡献力量。

归国之初，国民党发动内战，他参加过进步教师座谈《新民主主义论》的读书会，支持学生的反饥饿、反内战、反迫害运动，特别是在北平解放前夕，参加领导了清华大学的护校斗争。

中华人民共和国成立后，陈新民受命筹建中南矿冶学院，他响亮地提出："以革命的精神，革命的方法，艰苦奋斗，团结建校。"他带头把家属从北京迁来，带领着全体师生发扬当年延安抗大的作风，在荒丘洼地上自己动手平地基、修操场、铺道路、筑水库，开辟了一个万人规模的校区。1952年11月1日，中南矿冶学院正式成立，陈新民任第一任院长，组织制订教学计划，发动教师翻译编写教材。

1959年冬，陈新民开始创设以有色冶金为特色的冶金物理化学新专业。1976年后，他主编的《物理化学》《冶金热力学导论》《火法冶金过程物理化学》等教材先后出版。其中《火法冶金过程物理化学》获中国有色金属工业总公司高校优秀教材一等奖。他的论文获冶金部和湖南省重大科技成果奖。特别是"金属—氧系热力学和动力学""高温熔体物化性质"的研究成果，为我国有色金属的开发综合利用提供了理论依据，在一些重点建设项目中得到了应用。他是我国第一批博士研究生导师，曾当选为中国金属学会冶金物理化学分会副主任委员，中国有色金属学会第一届理事会常务理事兼冶金物理化学学术委员会主任委员。

伉铁隽

（1913—2003）

·简 历·

伉铁隽，1913年12月12日出生，天津人。自幼生长在生活宽裕，研究气氛浓厚的家庭，受到良好的教育，养成了喜欢思考和研究问题的习惯。

1926年，毕业于天津文昌宫小学，考入南开中学。

1930年10月10日，与顾钧结为伉俪。周恩来、张伯苓、王文田等都参加了他们的婚礼。

1932年，从南开中学毕业。考入南开大学理学院化学系。师从张克忠教授学习定量分析化学，并被其选定课余时间参加应用化学研究所的分析工作。

1936年，毕业留校。任助理研究员。

1937年抗日战争爆发后，随迁重庆，任南大化工系教员兼应用化学研究所研究员和重庆标准药厂工程师。

1945年3月，赴美留学。主要学习生物化学，并先后在西格兰工业酒精厂、伊利诺州派伯斯生物发酵厂做研究工作。

1946年，归国任南开大学化学系副教授、教授等职。

1947年，协助张克忠教授重建应用化学研究所。

1952年8月，被调到天津市工业试验所，先后任化工研究会主任、副所长、所长等职。

1969年12月，工业试验所改为天津市半导体研究所，伉铁隽任所长。

1957年，根据统战工作需要，参加中国农工民主党，任中国农工民主党天津市委主委兼秘书长和第八、九届中国农工民主党中央委员。同年，参加中国经济代表团去美国、英国、比利时、奥地利等国访问考察，回国后根据国防工业需要，主持半导体材料锗的研究和提炼工作。

1964年起，任第三、四、五届全国人大代表。

1978年起，任天津市政协第六、七、八届副主席。

1980年3月13日，加入中国共产党。

2003年4月19日在天津逝世。

· 业 绩 ·

伉铁隽，化学工程专家。1926—1932 年就读于南开中学。其父伉乃如是周恩来就读南开中学时的化学教员，与周恩来志趣相投，亦师亦友。伉铁隽自幼便与周恩来多有接触，多次受到周恩来的勉励和教导，终生难忘。在重庆时曾为周恩来及地下党组织传递信件，替周恩来保存私人物品和书信。

20 世纪 30 年代，伉铁隽和同事们通过对我国煤种的实用分析数据的大量积累，对 Goutal 氏发热值计算方程式进行了修正，又对锰矿石内含锰量的分析方法作了改进，上述两项成果被当时的美国《化学文摘》摘录。留美期间，针对派伯斯生物发酵厂能源酒精浪费严重问题，他采用发酵前高压蒸煮高粱，对培养酵母及酒霉的方法进行改良，使高粱内含淀粉得以充分利用，使酒精回收率大为提高，为派伯斯生物发酵厂解决了能源浪费的大问题，被聘为该厂工程师。

伉铁隽对化学特别是分析化学、精细化工等方面不懈追求，成为我国半导体材料学科的权威人士。他自 1952 年开始对半导体材料锗的研究，搜集翻译了世界上大量有关锗的资料，亲自带领助手们从烟道灰中提炼锗材料，并领导和参与对锗、硅、砷化镓、蓝宝石的研究和实验工作。1964 年曾获国家计委、经委和科委授予的全国工业新产品一等奖。

为发展我国的化学研究和半导体材料学，伉铁隽先后赴美国、捷克、英国、匈牙利、印度、比利时等国家进行科学考察。在实验研究的基础上，他的著述成果甚丰。著有《水的分析》《油脂分析》《煤的分析》《气体分析》《英国化学工业概况》，主编《锗的化学文摘（三卷本）》《锗的试制总结》等著作。他还利用业余时间给青年职工及学生讲授化学分析和精细化工等专业知识，为国家培养了大量人才。

伉铁隽还热心把掌握的化学知识应用于国家安全和社会工作中。20 世纪 50 年代，经常应公安部门聘请参与犯罪案件的分析和火情分析工作。天津市发生的一些大火灾，他都到现场参加分析灾情及起因。有时要翻山越岭，住进深山老林进行现场勘查调研，分析火灾发生及扑灭过程。他撰写了《化学危险品手册》《可燃气体的防爆和安全运输》《有关危险品管理工作的一些体会》等著作和文章，并曾参与《危险品管理暂行办法》《危险品管理条例》的制定。

吴阶平

（1917—2011）

·简 历·

吴阶平，1917年1月22日出生于江苏常州，名泰然，号阶平。4岁随父母迁居天津。

1932年，毕业于天津南开中学。 1933年，考入燕京大学医预科。

1935年一二·九运动中，成为医预科仅有的参加罢课游行的两名学生之一。

1936—1942年，获燕京大学理学学士学位、美国州立大学医学博士学位。

1942—1945年，开始对泌尿外科产生兴趣。任北京中和医院主治医生。

1947年，赴美国芝加哥大学进修，师从现代肿瘤内分泌奠基人哈金斯。

1948年12月1日，返回祖国。任北京医学院外科副教授。

1951年3月，任北京市抗美援朝志愿手术第二队队长，荣立大功。

1952年，加入九三学社。

1956年1月27日，加入中国共产党。 1957年1月，被评为教授。

1959年，在北京医院创建泌尿外科病房，中国独立完整的泌尿外科产生。

1960年3月，受命筹建北京第二医学院。9月，举行开学典礼。

1962—1965年，先后五次赴印尼为苏加诺总统诊治。

1966年3月，任北京第二医学院院长。翌年任中央领导保健小组组长。

1969年、1973年，连续当选为中国共产党第九、十次全国代表大会代表。

1981年，当选为中国科学院生物学部委员。1982年，任中国医学科学院院长。

1984年，当选为中华医学会会长。1985年，担任中国协和医科大学校长。

1992年12月，当选为九三学社第九届中央委员会主席。

1993年、1998年，连续当选为全国人大常委会副委员长。

1995年，当选为中国工程院院士。建立"吴阶平泌尿外科医学基金会"。

1997年11月，当选为九三学社第十届中央委员会主席。

2002年，成立吴阶平医学基金会。当选为九三学社中央委员会名誉主席。

2011年3月2日21时18分在北京逝世。

天津南开中学人物名录

249

·业绩·

吴阶平，著名医学科学家，医学教育家，中国科学院院士，中国工程院院士，第三世界科学院院士。中国泌尿外科主要创始人之一。南开中学1932届校友。就读于南开期间，天资聪颖，成绩优秀，非常喜爱当时的课余活动，对足球项目尤其关注，受学校爱国救国氛围的影响颇深。

1949年，吴阶平在北医一附院开始泌尿外科的临床、教学和研究，新中国泌尿外科事业由此正式起步。此后，他在业务上取得一系列成就：1953年，确立肾结核对侧肾积水新概念，使许多被判为不治之症的患者重获新生；1959年，设计了经回盲肠进行膀胱扩大术，早于欧美20年；20世纪60年代，明确提出肾上腺髓质增生为独立的临床疾病新概念，成为对肾上腺外科的突出贡献；1957年，首创输精管结扎时向精囊灌注醋酸苯汞以杀死残存精子，此技术领先美国17年；20世纪70年代，设计了特殊导管改进前列腺增生切除术，使出血量大为减少。1982年，组织编译了中国第一本性医学专著《性医学》，打破了中国性教育禁区。他首先提出并致力于青少年性教育研究及宣传教育工作，曾回母校南开中学作关于"青春期生理卫生"的专题报告。

1972年，担任周恩来总理医疗组组长，为拯救总理的生命付出了巨大心血。病中的总理每天超负荷操劳，不少工作都是交由吴阶平与有关单位联系。1976年9月，作为毛主席遗体保护科研领导小组主要成员和"毛主席遗体保护组"副组长，主持完成了毛主席遗体永久性保护工作。

吴阶平以全部精力逐一实现了他的多年夙愿：1978年，创立北京医科大学泌尿外科研究所，任所长。该所为全国培养了大批泌尿外科的专家和骨干。1980年，《中华泌尿外科》杂志出版，任主编。1981年，中华泌尿外科学会成立，任主任委员。他十分重视教学和人才培养，组织教师到医院"实习"，增强教学的针对性和实用性。强调教师不仅要传授课本知识，更要帮学生把知识转化为本领。总结出了"实践、思考、学习"辩证结合的人才成长规律，培养和举荐了一批泌尿外科的将帅之才，特别是创建了培养造就人才的思维方法。

吴阶平学术成就斐然，发表医学论文150多篇，主编或参编医学专著21部。在他获得的诸多荣誉称号中，以国际泌尿外科界公认的"美国泌尿外科学会荣誉会员"为最高荣誉。他还曾任国际计划生育联合会副主席、东南亚和大洋洲地区主席等职。

张敬载

（1910—1946）

·简 历·

张敬载，原名张会璇，曾用名罗云鹏、张西平。黑龙江巴彦人。

1926年春，考入齐齐哈尔省立第一中学，同年夏，离开家乡兴隆镇来到天津，经复习考试，进入天津南开中学初中一年级插班学习。

1931年，九一八事变后，参加学生爱国抗日救亡运动，同年加入中国共产党，任中共南开中学支部书记。

1932年高中毕业后，化名张西平，担任中共天津反帝大同盟党团书记。后改任中共天津市委秘书长，从事地下工作。同年冬被捕，半年后经营救获释。

1934年考入北京大学法商学院攻读政治经济学，并参加中共北平市委宣传部的工作。

1935年冬，参加一二·九爱国运动，参与学生游行示威的组织领导工作。

1936年秋，赴上海参加全国各界救国会工作，任组织部干事，同年冬回到北平，在市委学委工作。

1937年8月，赴延安，在中央党校学习，后被派到陕北公学任生活副指导员。

1938年初，被派到兰州，担任中共甘肃省工作委员会副书记兼组织部部长。参与领导恢复和发展甘肃各地党的组织，实行抗日民族统一战线政策，广泛开展抗日救亡运动。

1939年，4月起担任中共甘肃省工委代理书记，全面负责省工委工作。同年10月，赴延安汇报工作。参加中共西北工作委员会关于甘肃工作的会议以后返回甘肃。

1940年6月，被国民党当局逮捕，在狱中坚持斗争，决不屈服。

1941年，组织同监难友越狱，不幸被抓回。在关押期间，他坚贞不屈，继续组织难友以各种形式坚持斗争。

1946年2月25日，在兰州大沙坪慷慨就义。

·业绩·

　　1926年春考入齐齐哈尔省立第一中学，出于对宋代哲学家、思想家张载的敬慕，改名张敬载。1926年夏，离开家乡兴隆镇来到天津，经复习考试，进入天津南开中学初中一年级插班学习。在南开中学期间，在共产党员林枫的影响下，进步很快，积极参加校刊编辑工作和读书会活动，曾任南开中学学生会执委会主席，是同学们公认的学生领袖。1931年九一八事变后，参加学生爱国抗日救亡运动，并组织南开学生南下南京请愿。同年加入中国共产党，任中共南开中学支部书记。

　　1932年高中毕业后，张敬载化名张西平，担任中共天津反帝大同盟党团书记，后改任中共天津市委秘书长。1932年冬，中共天津市委机关所在地被破坏，张敬载不幸被捕，后被关押到天津军法处监狱。1933年春被"保释出狱"。1934年考入北京大学法商学院攻读政治经济学，并参加中共北平市委宣传部工作。1935年冬参加一二·九爱国运动，参与学生游行示威的组织领导工作。1936年秋赴上海参加全国各界救国会工作，任组织部干事，同年冬回到北平，在市委学委工作。1937年卢沟桥事件爆发后，张敬载按照党组织的指示，离开北平，奔赴革命圣地延安。1937年8月，张敬载到达延安后，先在中央党校学习，后被派到陕北公学任生活副指导员。

　　1938年初，张敬载受党的派遣，赴兰州工作，担任中共甘肃省工作委员会副书记兼组织部部长。他参与领导恢复和发展甘肃各地党的组织，坚决实行抗日民族统一战线政策，广泛开展抗日救亡运动。还主编了党内刊物《党的生活》，请谢觉哉和伍修权等同志到党建训练班讲党课。他深入到工人、城市劳动者和青年知识分子中开展工作，宣传党的政治主张，大力促进甘肃的抗日救亡运动。在此期间经谢觉哉夫人王定国安排，与共产党员樊桂英结识。开始以"假夫妻"开展工作，后经组织批准正式结为夫妻。

　　1939年4月起担任中共甘肃省工委代理书记，全面负责省工委工作。1940年6月被国民党当局逮捕，在敌人的监狱中斥责和揭露国民党顽固派破坏国共合作团结抗日的反动行为。还鼓励难友坚持斗争，决不屈服。1941年曾组织同监难友越狱，不幸被抓回。在长期关押期间，他坚贞不屈，继续组织难友以各种形式坚持斗争。1946年2月25日在兰州大沙坪被国民党反动派活埋，慷慨就义，年仅36岁。

饶 斌

（1913—1987）

·简 历·

饶斌，原名饶鸿熹，祖籍南京，1913 年出生于吉林市。

1926 年，进入南开中学读初中，在校名饶鸿熹，学号 5680。

1929 年，在南开中学继续读高中，高中学号 7482。在校学习期间加入中国共产主义共青团。从南开中学毕业后进入上海同济大学医学院。

1937 年 9 月，在上海同济大学学习期间加入中国共产党。

抗战爆发后，参加八路军 120 师，历任晋西北临时省委秘书长、中共山西交城地委书记、静乐地委副书记、晋西北八分区地委书记、中共中央晋绥分局党校教育长等职。

解放战争时期，奉调东北，先后任中共辽宁省委组织部副部长，抚顺地委书记，吉林市委书记，东北民主联军驻图门卫戍司令部司令员，哈尔滨市委常委、组织部部长，哈尔滨市副市长、市长，东北计划委员会副秘书长等职。

1949 年，任松江省政府副主席、松江省委第一副书记。

1951 年，被任命为中共吉林省委常委，后出任第一汽车制造厂厂长和长春汽车拖拉机学院院长，生产出第一批国产解放牌汽车。

1952 年 12 月 28 日，第一机械工业部（52）机干技字第 27 号文令：任命饶斌为汽车工业筹备组组长、长春六五二厂（即一汽前身）厂长。

1959 年出任一机部副部长兼汽车工业管理局局长。

1960 年 1 月，饶斌奉调北京，担任机械部副部长兼汽车轴承局局长。

1963 年，下放到南京汽车制造厂工作。

1964 年，经毛主席提名负责筹建第二汽车制造厂，后任职国家经济委员会副主任，第二汽车制造厂党委书记、厂长兼湖北十堰市委第一书记。

1977 年，任第一机械工业部副部长兼汽车总局局长。

1981 年，任第一机械工业部部长，部党组书记。

1982 年，中国汽车工业公司成立，饶斌兼任第一任董事长。

曾当选中共八大代表，第四、第五届全国人大代表和中顾委委员。

1987 年 8 月 29 日，因病在上海逝世。

·业绩·

饶斌，中国汽车工业的奠基人之一，被誉为"中国汽车之父"。

1925 年饶斌随全家从吉林市迁到天津后，考入南开中学，在初一六组就读。在校期间学习成绩优异，积极参加进步活动，还加入了中国共产主义共青团。

从南开中学毕业后进入上海同济大学医学院学习，1937 年 9 月在上海同济大学加入中国共产党。抗日战争爆发后被组织派往晋西北参加开辟和坚持抗日根据地的斗争，之后参加了八路军 120 师，在抗日战争时期曾担任中共晋西北临时省委秘书长、中共山西交城地委书记等职。解放战争时期奉调东北，曾在中共辽宁省委和抚顺、吉林市和哈尔滨市担任领导职务，还曾担任东北民主联军驻图门卫成司令部司令员。饶斌为革命事业作出卓越的贡献。中华人民共和国成立后，饶斌曾任松江省政府副主席、松江省委第一副书记。

饶斌的汽车人生始于 1952 年，这一年他被任命为汽车工业筹备组组长和长春六五二厂（即一汽前身）厂长。在我国汽车工业的起步阶段，各项方针政策制定，以及整体配套建设等方面，饶斌都倾注心血，曾提出系统的汽车工业改革和发展规划，为中国汽车工业的发展作出了重要贡献。1956 年 7 月 14 日，第一汽车制造厂生产出我国第一批国产解放牌汽车，结束了中国不能制造汽车的历史。1958 年 3 月，一汽接到中共中央关于开始研制国产轿车的任务。同年 5 月 12 日，第一辆东风牌轿车研制成功，后更名为"红旗"轿车。1959 年饶斌出任一机部副部长兼汽车工业管理局局长。1964 年经毛主席提名，饶斌负责筹建第二汽车制造厂，任职国家经济委员会副主任，第二汽车制造厂党委书记、厂长兼湖北十堰市委第一书记。在二汽，他率领全体职工在原解放汽车的基础上又创造奇迹生产出了东风等系列大型运输汽车。1981 年饶斌任第一机械工业部部长、部党组书记；1982 年中国汽车工业公司成立，饶斌任第一任董事长。饶斌主持领导汽车战线工作三十多年，使一汽、东汽、南汽、上汽等，一个个高速发展起来。他还是中国汽车工业最早提出引进国外先进技术、加大中外合资合作的倡导者、推动者和实践者，并提出了汽车工业调整改组和发展的一系列规划方案。饶斌在汽车战线的卓越贡献使他无愧于"中国汽车之父"的称号。

严仁颖

（1913—1953）

·简 历·

严仁颖，1913 年出生于天津，是南开校父严修的第 10 个孙子。

严仁颖于 20 世纪二三十年代就读于南开学校，读书期间积极参与南开话剧团的演出活动。曾担任校庆游艺会主席。

1932 年，从南开中学毕业，进入南开大学政治系读书。

1934 年，在第十八届华北运动会上，严仁颖作为南开啦啦队的队长，组织南开啦啦队进行排字表演，宣传抗日爱国思想，产生极大的轰动效应。

1936 年，严仁颖从南开大学政治系毕业。跟随张彭春在南开大学工作近一年，后任上海《大公报》体育编辑。

1937 年，至重庆，在南渝中学（后更名为重庆南开中学）教高中公民课，兼任校长室秘书。他和华静珊一起领导南开学校的话剧活动，并且担任话剧团体"怒潮社"的指导和兼职导演。同时，严仁颖担任重庆《大公报》的兼职记者。

1941 年，以《大公报》驻美记者身份去美国半工半读，在纽约大学获得文科硕士学位。其间为《大公报》撰写了大量的新闻稿件。

1945 年，回国任天津《大公报》副经理，同时在南开大学兼课。

1948 年，辞去《大公报》的职务，到美国"华美协进会"工作。

1953 年 8 月，因病逝世。

·业 绩·

严仁颖在南开读书期间，活跃在学校的话剧舞台上，积极参加学校的各项文体活动。1930 年，他担任校庆游艺会主席，精心安排各项游艺活动，其中《错》《好事多磨》《虚伪》三个独幕剧最具代表性，赢得众口称赞。1931 年，因在话剧《谁的罪恶》中的精彩表演，严仁颖获得了"海怪"的绰号。

从南开中学毕业进入南开大学后，严仁颖依然是学校话剧团的主力。1935 年，为赈灾筹款，南开话剧团演出《上寿》《财狂》等剧。在《财狂》一剧中，严仁颖扮演厨子兼马夫，他凭借出色的表演再一次获得认可，天津《大公报》曾以较多的篇幅加以介绍，称赞此次演出是"华北文艺界的盛事"。在近代中国，南开话剧团美名远扬，这和老校长张伯苓的支持、其弟张彭春的指导和推动分不开，也和以严仁颖等为代表的一批批南开人的积极实践分不开。

1934 年，在第十八届华北运动会上，严仁颖作为南开啦啦队的队长，组织由900 人组成的南开啦啦队进行排字表演，先后排出"毋忘国耻""毋忘东北""收复失地""还我河山"等字样，其强烈的爱国热情深深地感染了在场观众，产生了极大的轰动效应。

1937 年，严仁颖至重庆，在南渝中学（后更名为重庆南开中学）教高中公民课，兼任校长室秘书。当日本飞机空袭重庆时，严仁颖作为"防护团"团长，带领一些学生护校。他和华静珊一起领导南开学校的话剧活动，并且还担任话剧团体"怒潮社"的指导和兼职导演。

严仁颖还是新闻采编的能手。他曾任上海《大公报》体育编辑、重庆《大公报》兼职记者、《大公报》驻美特派记者、天津《大公报》副经理。在美国留学期间，他为《大公报》写了大量的通讯、特写以及人物专访，如《美国的报纸》《哈德森河畔的春天》《赛珍珠会见记》《访问罗斯福夫人》《再访白宫》等，受到国内读者的欢迎。后来《大公报》出版部将严仁颖旅美撰写的通讯结集出版，取名为《旅美鳞爪》。

王兴让

（1913—1997）

·简 历·

王兴让，1913 年 7 月出生于辽宁丹东，回族。

1925 年，考入县立中学。

1927 年，考入天津南开中学。

1932 年，加入中国共产党，后历任共青团北平市委宣传部长，共青团江苏省委宣传部部长，太行第四专署专员，晋冀鲁豫边区工商管理总局局长、冀南银行太行区行行长、华北财经委员会委员，辽宁省政府财政厅厅长、辽西行署副主任，吉林省政府副主席、财政厅厅长，东北财委副主任兼东北贸易总局局长、东北商业部副部长、东北人民政府贸易部部长等职。

中华人民共和国成立后，先后任国家商业部副部长，城市服务部、第二商业部副部长，全国供销合作总社办公厅副主任、副业生产指导局、科技局局长，全国供销合作总社副主任等职，是全国政协第六届、第七届委员。还曾任中国民族贸易经济研究会会长，中国商业经济学会第一、二届副会长，中国蜂产品协会会长等职。

1997 年 7 月 19 日，在北京逝世。

·业绩·

　　王兴让在高小时，他的级任老师李绍芳经常给他介绍《新青年》等进步刊物。

　　1927年，王兴让考入天津南开中学。在南开中学求学期间，王兴让与后来成为"中国汽车之父"的饶斌、作家端木蕻良（曹京平）是同学和好友。他经常给饶斌讲共产主义的道理，介绍饶斌看革命书籍，帮助饶斌走上革命之路。

　　王兴让在南开中学求学期间兴趣广泛、多才多艺，是南开学校口琴队首期队员，与潘传恒、陈强业、胡世华一起曾被誉为"四大金刚"。由南开中学学生组织成立的学校口琴队是天津乃至中国出现最早的口琴队。

　　抗日战争时期，根据地对敌经济斗争和货币斗争非常激烈，王兴让长期担任工商、银行领导职务，十分重视经济斗争与货币斗争的配合，在严酷的战争环境下创造性地运用粮食等物资配合货币斗争，推动了冀钞币值的稳定和市场的扩大，对于边区经济发展和冀钞本位币地位的确立作出了突出贡献。1941年8月，时任"冀太联办"生产贸易管理总局（后改为晋冀鲁豫边区工商管理总局）局长的王兴让就指出"货币在今天成了重要斗争武器，是经济斗争主要标志之一，币值巩固，才能发展生产、贸易""打击伪钞、保护法币、巩固冀钞是不可分的一件工作之三个方面，缺一不可"。1944年10月，冀南银行太行区行与晋冀鲁豫边区工商管理总局合并成立银行工商管理总局，王兴让任工商管理总局局长兼冀南银行太行区行行长，随即主持召开干部扩大会议，明确了贷款的种类和重点，推动了贷款管理的规范化。1945年4月召开太行区银行工商局扩大干部会议，明确了货币发行的计算方法，进一步巩固了冀钞币值。

　　在王兴让的参与领导下，边区经济得到发展，冀钞币值稳步提升，到1945年8月冀钞与伪银联券的比价由1940年的1∶1.2上升到1∶15，其组织开展经济斗争与货币斗争的经验至今仍有借鉴意义。

宋　应
（1916—1975）

·简　历·

宋应，原名宋尔纯，祖籍河北枣强新屯乡东黄甫村。1916 年 3 月 5 日出生于天津。兄弟姐妹中，先后有四位参加革命。

1928 年，考入天津南开中学。

1932 年初，参加"反帝大同盟"。

1933 年夏，考入北京大学地质系。

1936 年初，参加中华民族解放先锋队。

1936 年 5 月，加入中国共青团，同年 6 月转为中国共产党党员。曾任中共北京大学支部书记。

1937 年，北京大学毕业，根据党的指示，先到八路军 120 师政治部民运部任干事，后随军到敌后晋西北根据地，12 月任晋西北临时省委秘书长。

1938 年 5 月，任中共山西临县中心县委书记。

1939 年，调任中共山西临县地委书记兼军分区政委。

1941 年，任晋西区党委组织部干部科科长。

1945 年，任晋绥分局组织部副部长。

1947 年，任山西离石县土改工作团团长兼中共离石县县委书记。

1948 年，任晋南工委宣传部部长兼党校校长。

1949 年底，随军南下四川成都，任中共川西区党委组织部部长，1950 年兼任成都市委第二书记，1951 年兼成都市总工会主席。

1952 年 2 月，调至北京，任中国地质工作计划指导委员会副主任。9 月，任地质部副部长、地质部党组成员。

1954 年，任黄河规划委员会委员。

1955 年，任全国矿产储量委员会主任。

1959 年，当选为第三届全国政协委员。

1963 年，当选为第四届全国政协委员。

1969—1972 年，和夫人肖琪到江西樟树五七干校劳动。

1975 年 8 月，任国家地质总局顾问。

1975 年 11 月 24 日，因病在北京逝世。

· 业 绩·

1928 年，宋应插班考入天津南开中学初中二年级，在校期间参加了中共外围组织"反帝大同盟"，曾担任大同盟支部书记。

南开中学毕业后，宋应考入北京大学地质系。在一二·九运动中，宋应作为主要组织者之一，领导示威游行，他站在队伍最前边与反动军警进行搏斗。刘少奇对宋应走知识分子与工农群众相结合的道路予以高度赞扬，称其为一二·九运动中涌现出来的优秀学生代表。

1936 年，宋应加入中国共青团，同年转为中国共产党党员。他还曾任中华民族解放先锋队北大分队长、北大学生会救国委员会执行委员、中共北京大学支部书记。

1937 年，宋应由北京大学地质系毕业，他按照党组织的指示来到山西，以八路军 120 师民运部干事的公开身份，建立基层党组织，并负责筹建中心县委，后担任中共晋西北临时省委秘书长，中共山西临县中心县委书记、地委书记。1939 年初至 1940 年夏，调任中共山西临县地委书记兼军分区政委，在此期间被选为中共七大代表。1941 年 11 月，调任晋西北区党委组织部干部科科长，培养了大批抗日工作骨干和忠诚党的事业的中坚分子。

1945 年以后，宋应历任中共晋绥分局组织部副部长、党校副教育长、离石县土改工作团团长、离石县委书记、晋南工委宣传部部长。1949 年，随军南下到达四川成都，历任中共川西区党委组织部部长、成都市委第二书记。

1952 年初，经李四光举荐，宋应调任中国地质工作计划指导委员会副主任。在拟订第一个五年计划时，为武汉、包头两大钢铁基地的建设与苏联谈判，苏联方面认为中国地质资料不足，在是否列入援建项目上不敢定夺。他亲往莫斯科与苏联专家洽谈，分析大量资料数据，透彻入理，苏联专家极为佩服，终于做出援建决定。

1952 年地质部成立后，宋应担任副部长、党组成员。1955 年，担任全国矿产储量委员会主任，并当选为第三、四届全国政协委员，1975 年任国家地质总局顾问。宋应为我国地质事业和地质科学技术做了可贵的贡献，特别是在中华人民共和国成立初期，为地质工作规范发展打下基础，使地质勘探工作在党的正确领导下，为经济恢复时期充分探明矿产资源方面作出巨大贡献。

陶亨咸

（1914—2003）

·简 历·

陶亨咸，1914 年 8 月 31 日生于天津，原籍浙江绍兴。

1926—1933 年，在天津南开中学学习。

1933 年，考入上海同济大学，后转入工学院机械系学习。

1935 年，担任同济大学学生会执行委员会委员，组织学生爱国运动。

1936 年，参加上海市学生大示威，加入上海市学生救国会，投身抗日反蒋救亡运动。抗战爆发后，参加同济大学战时服务团，负责宣传工作。

1938 年，因领导驱逐反动校长的学潮，被开除学籍。

1939 年，到江西大庾钨业管理处修造厂工作，任技术员、助理工程师、工务课代课长。

1941 年，调至兰州甘肃机器厂任助理工程师、副工程师。

1942 年，在兰州加入中国工程师学会。

1945 年，到美国学习机床制造及热处理、铸造、机械加工等技术和自行车生产工艺。

1947 年，归国后任中央机器公司工程师，上海机器厂工程师、副厂长，昆明机器厂副厂长。

1949 年 7 月，加入中国新民主主义青年联盟。同年 11 月，加入中国共产党。参加云南机器厂接管工作，任云南省工业厅计划科科长兼技术科科长，兼任昆明机床厂（即云南机器厂）厂长。

1953 年，调至第一机械工业部，先后担任一机部技术司设计科科长、设计处处长、总设计师、技术司副司长、司长、仪表局副局长。

1955 年，当选为中国科学院学部委员。

1980 年后，历任一机部总工程师、副部长兼总工程师、机械工业部总工程师和部技术委员会主任等职。

1980—1985 年，兼任中国科协书记处书记，中国科协第三届全国委员会委员。

1983 年，领导创办我国第一所工程师继续教育基地— 机械工程师进修大学，任校长。

2003 年 6 月 27 日，在北京逝世。

·业 绩·

陶亨咸，1926年考入天津南开中学。读书期间，积极参加爱国学生运动，追求进步。中华人民共和国成立后，历任第一机械工业部设计科科长、处长、总设计师、技术司副司长、司长、仪表局副局长；第一机械工业部总工程师、副部长兼总工程师、机械部总工程师、部技术委员会主任等职，为我国机械工业的发展作出了重大贡献。他提倡的发展基础理论、基础科学、基础技术建设，为我国机械工业的科学管理、制度管理和人才培养奠定了基础。1955年当选中国科学院学部委员。

陶亨咸长期从事机械工程技术领导工作，他提出并参与组织建立了我国机械工业第一批金属材料实验室，主持制定了产品设计程序和计划、管理办法，积极推行产品设计、试制、鉴定的科学工作方法，组织并参与决策了6000千瓦火电机组、1.2万千瓦水轮发电机组和10万千瓦汽轮发电机组等产品的研制，组织领导了一机部核工业配套设备的设计工作。他参与组织制定了我国第一个五年计划期间156项工程建设所需设备的研制规划，参加了我国《1956—1967年科学技术发展远景规划纲要》《1963—1972年科学技术发展规划》等重大发展规划的制定工作。他参与领导了我国年产50万吨无缝钢管轧机等重大技术装备的研制，为提高我国机械工业制造技术及重大技术装备的国产化水平做了大量工作。他最早组织推广了有限元法、价值工程的应用，推动了我国无损检测技术和摩擦学技术的发展。他领导建立了我国机械工业和中国机械工程学会无损检测人员培训和技术鉴定体系，有力地促进了我国无损检测技术的发展。

陶亨咸以敏锐的洞察力，站在学科前沿捕捉各学科发展的信息，用于中国机械工业的管理与发展，努力缩短我国机械工业与国际先进水平的差距。由于他对机械工业和机械科学技术的发展以及国内外科学技术交流所作出的重要贡献，1986年被授予由中国机械工程学会颁发的科技成就奖，1987年获联邦德国焊接学会（DVS）荣誉会员称号，1989年获英国机械工程师学会（IMechE）荣誉会员称号。他还曾当选全国政协第二至七届委员，党的十二大代表，中国科协书记处书记，中国机械工程学会第三届秘书长、第四届副理事长、第五届理事长，中国机械工业技术发展基金委员会主任委员。

刘　清

（1915—2020）

·简历·

刘清，1915 年 11 月生于江西九江。

1927 年，考入南开中学初中。在校名石秀夫，学号 7077。

1933 年，高中毕业。南开中学第二十六次毕业生。

1934 年，考入武汉大学工学院机械系。

1935 年 12 月，参加一二·九运动。

1936 年 5 月，参加武汉学联和武汉大学青救团等学生秘密组织。

1937 年 11 月，加入中国共产党。同年 12 月，任豫南民运办民运指导员。

1938 年，武汉大学机械系毕业。

1939 年，任中共四川省五道桥区委书记、自贡中心县委书记，川东特委候备负责人。

1942 年 7 月起，先后任中共云南省工委委员，云南罗平地区党的负责人，中共滇桂黔边区罗盘地委书记，滇桂黔边区纵队三支队政委，滇桂黔边区党委委员等。

1951 年 4 月起，先后任中共宜良地委书记、分区政委，第二机械工业部基建局副局长，第一机械工业部基建局局长，贵州省计委副主任等。

1973 年 2 月起，先后任外贸部中国机械进出口总公司总经理，第六机械工业部科技委负责人。

1979 年 1 月，任第六机械工业部副部长、党组成员。

1983 年 1 月，任中国船舶工业总公司董事，广州船舶工业公司董事长。

1988 年 7 月，离休。

2020 年 6 月 30 日，在北京逝世。

·业绩·

刘清4岁进私塾认字，8岁进小学，12岁随二姑到天津南开中学读初中，1933年从南开中学高中毕业。在南开中学读书期间，刘清爱好体育，参加了少年篮球队。六年的中学生活，受南开爱国进步风气的熏陶，奠定了刘清爱国主义的思想基础。

刘清1934年考入武汉大学，1936年5月投身革命，1937年11月加入中国共产党。入党后，长期在河南、四川、云南从事地下工作。1937年12月在河南鸡公山豫南民运办事处任民运指导员。1939年3月任中共四川省五道桥区委委员、区委书记、仁（寿）华（阳）特支书记，成（都）华（阳）中心县委、自贡中心县委书记，川东特委候备负责人。1942年7月起任中共云南省工委委员，云南罗平地区党的负责人，云南人民讨蒋自救军二支队政委，中共桂滇边区罗盘地委书记，桂滇边区纵队三支队政委，滇桂黔边区党委执行委员。

1950年3月任中共云南省委组织部干部处处长，云南省农民协会副主席，中共宜良地委书记、分区政委。1952年10月任第二、第一机械工业部基建局副局长、局长。1965年4月任贵州省计委副主任、省计委计划办公室负责人、调研员。1973年2月任外贸部中国机械进出口总公司总经理。1978年6月任第六机械工业部科技委负责人。1979年1月—1982年5月任第六机械工业部副部长、党组成员，主抓技术引进，主持六机部完成了改革开放后的第一个引进项目— 瑞士苏尔寿大马力低速柴油机和船用燃气轮机的技术引进，还重点引进了50多项关键船用设备制造技术和船型设计制造技术。1983年1月，任中国船舶工业总公司董事，广州船舶工业公司董事长。

乔倜

（1914—1937）

·简历·

乔倜，山西祁县人。1914 年 2 月 27 日生于山西祁县乔家堡村，字子超，乔家大院"在中堂"主人乔致庸的曾孙。

1934 年 7 月，从南开中学毕业后，投笔从戎考入中央航空学校。先在南京参加了长达 6 个月的入伍生训练。后被分在第六期甲班，前往洛阳的航校分部。

1936 年 10 月 16 日，在飞行时间超过 350 个小时后，从中央航校第六期毕业，被分在国民革命军第五大队第 27 中队，任少尉飞行员。

1937 年，卢沟桥事变爆发，乔倜所在的第九大队被编入南苑支队，支持华北战场作战。同年 8 月，华东一带形势告急，第九大队被急调南京，参加了闻名中外的八一四空战。八一四空战后，第 27 中队成为独立飞行中队，乔倜又重新回到华北战场。10 月 6 日，太原保卫战忻口会战中，在定县上空被敌地面高射炮火击中，壮烈殉国。

2008 年 2 月 19 日，山西省民政厅追认乔倜为革命烈士。

·业 绩·

1937年7月7日，卢沟桥事变爆发，乔倜所在的国民革命军第九大队被编入南苑支队，支持华北战场作战。8月上旬，华东一带形势告急，第九大队被急调南京，参加了闻名中外的八一四空战。10月6日，在太原保卫战忻口会战中，乔倜与枪手麦振雄驾2707号机自山西汾阳出发，侦炸宁武、代县、繁峙、平型关等地的日军，在平型关附近时，遭到日军3架驱逐机的攻击，乔倜驾机利用低空回翔，伺机凭后座机枪抵御，但飞至定县上空时，又遭到敌军地面高射炮的射击，乔倜和麦振雄不幸牺牲。这一年，乔倜年仅23岁。

乔倜是国家的忠臣，也是父母的孝子。自古忠孝不能两全，乔倜选择了为国捐躯，但又无时不牵挂家乡的父母。

1937年10月16日，父亲乔映庚收到一封来信，信虽已揉皱，但从字迹一看便知道是乔倜所寄，函封邮戳来自太原。信中写道："儿于去腊返宁后，曾接大人来示，以后连奉数禀，均未见双亲喻复，谅必阻于邮路耳，想必大人福体康泰、饮食加餐、诸事顺遂，是儿之祝也。""国之将倾，家何以为，大人对儿幼时之教诲，至今犹历历在耳，未敢一日忘。""值此国难当头，岂敢以儿女之私而废大公乎，……儿意已定，决心与敌周旋到底，誓与我机共存亡，绝不为有辱国家、有辱祖先之事。""战争在所难免，生死未可予卜，儿前日乘巡航之机，擅自驾机返里，曾分别于县城及我村上空俯瞰，虽不能亲睹双亲慈颜，然此情此景已永留胸臆矣。幸得教导官与儿善，返航后未加深究，但作严重警告耳。"信读到此，乔映庚夫妇证实了自己曾经的猜测：十几天前，在乔家堡村，人们看到一架战机不停地在乔家大院上空盘旋，时高时低，开始村民们以为是敌机，吓得东躲西藏。后来，飞机作低空旋绕，人们终于看清了是中国空军的飞机。留在乔家老宅的人首先反应过来，惊喜地喊："倜儿回来了"。因为乔倜先前曾来信，说他从南开中学毕业后，为报效国家考入了杭州空军学校。村里一传十，十传百，十少爷（乔倜在乔家第六代排行第十）驾机回村探望的消息很快传遍全村。飞机在大院上空盘旋了一阵，飞向了祁县县城。当时，乔倜的父母家人都看到了飞机，乔映庚断定是儿子乔倜在驾驶。

谁也没想到乔倜此行，竟是与父老乡亲的永别！当乔映庚夫妇接到儿子来信的时候，令他们骄傲的儿子已于十天前为国捐躯了。

韦君宜

（1917—2002）

·简 历·

韦君宜，1917 年 10 月 26 日生于北京，原名魏蓁一，字陶清，祖籍湖北建始。
"君宜"是她 1936 年在《清华月刊》45 卷第一期上发表《哀鲁迅》一文时首用的笔名，抗战后流亡武汉参加湖北省委主办的黄安训练班时，改名韦君宜。

1928—1934 年，在南开学校女中部读初中、高中，注册号 494。

1934 年 9 月，考入清华大学哲学系。第二年即参加学生救亡运动，加入民族武装自卫会。1935 年 12 月投身一二·九运动。

1936 年 3 月 31 日，北平大中学生追悼在狱中身亡的郭清同学的祭文，就出自韦君宜的手笔。同年 5 月，加入中国共产党。

1948 年，韦君宜与丈夫杨述参加中国新民主主义青年团的筹备工作，主要负责《中国青年》的复刊。

1949 年 3 月，随中央机关来到北平，步入了她人生道路的新里程。曾任北京市委文委副书记，主管宣传工作。

1954—1958 年，调作家协会，担任《文艺学习》主编。

1959 年初，到北京任《人民文学》副主编，并带职到长辛店二七机车厂参加编写该厂厂史《北京的红星》。

1960—1986 年调入作家出版社（后并入人民文学出版社），先后任副总编辑、总编辑、党委副书记、副社长、社长。

1986 年 4 月，不幸因患脑溢血导致右半身偏瘫，1987 年 1 月初因摔伤右臂骨折。1989 年患脑血栓，1991 年骨盆不慎震裂。但是身体上一连串的打击并没有挫败她的意志，在病床上她就开始用瘫痪的右手练习写字。

1994 年 11 月，韦君宜因脑梗第七次入院，而这一次，再也没能出院。她已全身瘫痪，四肢僵直。口不能言，耳不能听，每天仅靠鼻饲进食，但在病榻上她依然关心着患病前写就的长篇回忆录《思痛录》的出版。

1995 年，《中国当代作家选集丛书——韦君宜》出版。

2002 年 1 月 26 日，韦君宜于北京逝世。

2012 年，《思痛录》增订版、五卷本《韦君宜文集》由人民文学出版社出版。

·业绩·

　　韦君宜，作家。曾任《中国青年》总编辑、《人民文学》副主编、人民文学出版社总编辑、社长。南开中学女中部1934届毕业生，就读南开期间是个很用功的学生。高一时，国文教师把当代左翼文学介绍给这些"关在教室里的女孩子们"。韦君宜阅读了许多20世纪30年代的文学作品，订阅了《文学月报》《北斗》《现代》《文学》等刊物。上海左翼作家的"热烈空气"，使她"简直着了迷"。进步文学作品使她萌发了对新的社会理想的向往与追求，对她日后从事文学创作产生了潜移默化的影响。

　　韦君宜的国文课和作文课多次受到教师和学校的嘉奖。高三的一位国文先生以中国诗史为线索，贯穿名家作品，从诗经、楚辞、古诗、汉魏乐府，一直讲到唐诗、宋词、元曲，中间还介绍《西厢记》《牡丹亭》《桃花扇》等作品，并引导学生阅读有关的文献和研究著作，使她对文学研究产生了浓厚的兴趣。临近毕业时，她主动交了一篇题为《论陶渊明》的毕业论文。

　　1937年卢沟桥事变后，韦君宜辍学流亡到湖北，从事中国共产党的地下活动。1939年到延安做青年工作，编辑《中国青年》。这一时期她写过一些短篇小说和散文，其中《龙》和《三个朋友》等影响较大。解放战争期间，曾任区委干部，参加土改运动。北平解放后，任共青团中央宣传部部长兼《中国青年》杂志总编辑，发表多篇谈论青年思想的论文和随笔，后编为单行本《前进的足迹》。

　　1960年之后，作为人民文学出版社的社长，韦君宜的工作十分繁冗。莫应丰的《将军吟》、张洁的《沉重的翅膀》（均获中国长篇小说最高奖——茅盾文学奖），是她排除各种困难，亲自修订、主持出版的。她还利用业余时间创作出版了长篇小说《母与子》，中篇小说《洗礼》（获中国第一届全国优秀中篇小说奖），中短篇小说集《女人集》《老干部别传》《旧梦难温》以及散文集《似水流年》《故国情》《海上繁华梦》等。

　　自1986年到1994年，重病中的韦君宜不仅写出了几十篇散文和杂文，被收进1995年出版的散文集《我对年轻人说》，并完成了她的夙愿：一部反映青年知识分子在中国抗战时期心路历程的长篇小说《露莎的路》，于1994年出版。

　　1998年5月，她的最后一部书，也是她晚年最重视、最关心的一部书——《思痛录》终于由北京十月文艺出版社出版。

卢乐山
（1917—2017）

·简历·

卢乐山，1917年生于天津，湖北沔阳人。

从小在祖父卢木斋和外祖父严修办的学校里上幼稚园和小学，中学就读于南开学校女中部。

1934年，考入燕京大学教育系。1938年毕业，获得学士学位。后任教于天津木斋学校。

1944年，任教于成都树基儿童学园和四川省立成都幼稚师范学校。

1945年，在成都燕京大学获得硕士学位。

1948年，赴加拿大，在多伦多大学儿童研究所进修。1950年回国后，在北京师范大学工作，历任北京师范大学教育系学前教育教研室主任、副教授、教授、硕士研究生导师。

1956年，编写出《幼儿园教育工作指南》初稿。

20世纪80年代初，参加全国妇联工作，历任委员、常委及副主席。

1983年，当选中国民主同盟中央委员会常委及妇女委员会主任。同年，赴比利时考察幼儿教育。

1985年，出版《蒙台梭利的幼儿教育》。

1987年退休，退休后开始主编《学前教育原理》。

1988年，当选为第七届全国政协委员。

1990年，担任中国家庭教育学会第一任会长。

1994年，被国务院妇女儿童工作委员会评为"全国有突出贡献的儿童少年工作者"，被授予"热爱儿童"荣誉奖章。

1996年，被全国妇联、国家教委授予"全国家庭教育工作园丁奖"。

1999年，获全国妇联颁发的"在二十世纪中国妇运史上记载着您创造的辉煌"奖。

2002年，出版《卢乐山文集》。

2004年，获第四届"中国内藤国际育儿奖"。

2012年，出版《卢乐山口述历史：我与幼儿教育》。

2017年11月9日，因病在北京逝世。

·业 绩·

卢乐山，1917年生于天津的书香世家，其祖父卢木斋和外祖父严修都是有名的教育家，其母亲、姑母、表姐均从事幼儿教育工作。卢乐山中学时就读于南开学校女中部，后考入燕京大学教育系，毕业后任教于天津木斋学校、成都树基儿童学园、四川省立幼稚师范学校。1948年赴加拿大多伦多大学儿童研究所进修。1950年起，任教于北京师范大学教育系，1987年退休。受家庭的影响，卢乐山一生矢志教育事业，在幼儿教育方面进行了大量实践和研究，是新中国学前教育学科的重要奠基人。她多年耕耘教坛，为国家培养出一大批幼教人才，是我国学前教育专业首位硕士研究生导师。

1956年，卢乐山主持编写出《幼儿园教育工作指南》初稿，在"总论"部分第一次明确定义了新中国幼儿园教育工作的任务、手段、内容、保障、幼儿年龄特征等基本内容，奠定了新中国幼儿教育的理论基础。20世纪80年代，卢乐山系统研究蒙台梭利教育思想，出版了我国第一部系统介绍蒙台梭利教育思想的专著——《蒙台梭利的幼儿教育》，成为系统地将蒙台梭利教学法引入中国的先行者之一。此外，她还组织游戏活动实践与理论研究，挖掘整理张雪门行为课程等中国传统幼儿教育思想著作。卢乐山的一次次研究与探索，构成了中国学前教育学术史上的一个个重要节点。

卢乐山还是一位杰出的社会活动家。她曾任第六届中国民主同盟常委兼妇女委员会主任、第六届全国妇女联合会副主席、第七届全国政协委员、中华全国家庭教育学会会长等职。此外，她还先后主编了《小学生家庭教育丛书》《中国学前教育百科全书》《中国女性百科全书》等书，长期担任《中华家教》杂志主编。

马克昌

（1913—1942）

·简 历·

马克昌，字建宏，陕西米脂人，1913 年出生于陕西米脂县杨家沟。

1921 年，进入杨家沟扶风小学读书。

1927 年，考入陕西省立绥德第四师范学校。

1930 年，转入天津南开中学初三年级五组学习，学号 9106。

1934 年 6 月，从南开中学高中毕业，为南开中学第二十七次毕业生。

1935 年，考入天津北洋大学，读电机工程专业。同年，参加一二·九抗日救亡运动，积极推动和参加了平津学联组织的南下扩大宣传活动。

1936 年 2 月，中华民族解放先锋队成立，马克昌任副队长兼组织委员，之后任队长。同年，马克昌在天津加入中国共产党。

1937 年，七七事变后天津沦陷，马克昌作为流亡学生同学会代表，率部分同学赴南京、上海请愿，要求政府抗日。同年秋，赴延安上陕北公学，结业后留校任教，后任训练科长兼大队长。

1938 年冬，率 70 多名陕公学员赴冀南抗日根据地，开展群众武装工作，历任冀南军区政治部民运科科长，军区武装部动员科科长，组织科科长（团级）等职。

1942 年 5 月，率参观团赴冀中参观，返回途中遭遇日寇扫荡部队，突围中不幸牺牲。

·业绩·

　　马克昌，1930年由陕西省立绥德第四师范学校转入天津南开中学初三年级学习，在南开中学读书时学习刻苦用功，思想进步，表现出浓厚的爱国思想，买东西时宁肯贵一点，也要买国货，不买日货，宁肯拐弯路也不进日租界。在南开中学和北洋大学时期，热心政治活动，坚持学习和阅读抗日宣传刊物，如邹韬奋创办的《大众生活》和《生活日报》等进步书籍，为他日后从事抗日救亡活动奠定了思想基础。

　　1935年考入北洋大学电机工程系后，正值爆发一二·九抗日救亡运动。马克昌目睹日寇的疯狂侵略，激发了他的抗日救国决心，积极参加抗日救国的学生运动，外出散发传单，参加抗日救亡活动。在一二·九运动中，马克昌积极推动和参加了南下扩大宣传活动。在此过程中，马克昌被推选为随北平学生南下的十名天津学生代表之一。1936年2月，中华民族解放先锋队成立，马克昌任副队长兼组织委员，之后任队长。他们出版《北洋学生》《民众周报》等进步刊物，创办农民夜校，组织剧团、歌咏队、读书会等学生团体到附近农村宣传抗日。1936年，马克昌在天津加入中国共产党，北洋大学建立中共地下党支部后，马克昌为六名成员之一。1937年上半年，通过军事训练和兴办农村夜校，向部队官兵和农民群众进行抗日救亡宣传。

　　全民族抗战开始后，受党组织派遣，转赴延安，先入安吴堡战地青训班受训，后上陕北公学学习。马克昌在陕北期间，多次聆听毛泽东的演讲，坚定了他的抗日意志，其渴求真理和钻研马列主义的精神，深为学校领导敬佩。结业后，他虽再三请求到前线参加抗战，仍被留校任教。由于他在教学工作中表现积极，认真负责，坚持"理论联系实际，适应抗战需要"的教学原则，严格施教，不久被提升为训练科科长，并兼任大队长。

　　1938年冬，马克昌奉命率陕北公学学员赶赴华北，先任冀南军区政治部民运科科长，军区武装部建立时调任动员科科长，1940年调任组织科科长。在冀南期间，他经常越过敌人的封锁线，去基层开展民兵武装工作，组织民兵，训练民兵，带领民兵与日寇作战。

　　1942年，马克昌任赴冀中参观团团长，率团赴冀中抗日根据地参观，学习、交流冀中民兵的敌后作战经验。5月11日在饶阳县境内遇日寇扫荡部队，在突围冲杀时马克昌中弹牺牲，时年29岁。

申 健

（1915—1992）

·简 历·

申健，原名申振民。1915 年 5 月 2 日，生于河北大城。

1928 年，申振民小学毕业后进入天津南开中学初中学习，学号 7205。1931 年初中毕业后继续升入南开中学高中。

1937 年夏，考取北平师范大学。七七事变爆发后，进入国立西安临时大学法商学院经济系学习。

1937 年 10 月，在西安参加中华民族解放先锋队，担任西南临大战地服务团副团长。

1938 年 5 月，加入中国共产党。

1938 年 10 月，被组织派去胡宗南战时干部第四训练团受训，打入其内部工作。受训毕业后在第十战区长官部政治部工作，后任宝鸡工和事务所主任，潜伏于胡宗南属下。

1941 年 10 月，以西京市三青团分团部书记的身份参加"军统""中统"、三青团特别联席会议。

1942 年 7 月，三青团中央干事会决定将西京市分团部晋升为特级分团，扩大其编制，西京市分团部成立干事会，申振民兼任干事长。

1942—1943 年，在重庆参加中央训练团党政训练班。

1944 年，调离三青团。抗战胜利后，任胡宗南总司令部党政处上校参谋。

1946 年，胡宗南派他去美国留学。

1947 年，入美国西保大学研究院。

1949 年 6 月，与妻子回国，改名申健。

1950 年 4 月 1 日，中国与印度正式建交，申健被任命为第一任驻印度大使馆临时代办。

1960 年 10 月，担任首任驻古巴大使，其间经历美国雇佣军登陆猪湾、古巴导弹危机等重大事件。

1964 年，离职驻古巴大使。

1992 年 3 月 23 日，因病在北京逝世。

·业绩·

天资聪慧的申振民小学毕业后，考取了天津南开中学。在南开中学，他接触到许多进步思想和进步书籍。

1937年夏，申振民考入北平师范大学。不久，卢沟桥事变爆发，北平师范大学、北洋大学和北平大学联合迁往西安，成立西安临时大学。在西安，申振民正式参加中华民族解放先锋队，后秘密加入中国共产党。

1938年春，申振民参加的国民党军第一军随军服务团解散，申振民、被安排到西安战干团受训，之后到第十战区司令长官部政治部、三青团陕西支团等处工作。由于深受胡宗南赏识，申振民主动请缨，创办了三民主义青年团在西安的分支机构。同时以三青团西京分团书记的身份加入以戴笠为首的军统和以陈立夫、陈果夫为首的中统。当时，申振民拿着党、政、军、特、商五份津贴，但他把所有收入作为党费上交。

后来，申振民被提升为三青团陕西省支团视导室的视导，任务是视察督导各地的团务。他以此为名，进一步兼带视察各地军纪，了解胡部各地驻军的调动、军纪、军民关系、军政关系、士气等情况。由于陕西三青团的特务和情报组织都控制在申振民手中，申振民获得了许多机密情报。他与党的地下组织领导人王石坚保持直接联系，及时将有关情报电告延安。

1942—1943年，国民党中央在重庆开办中央训练团党政训练班，在毕业典礼上，申振民代表全体学员向团长致辞。他身材魁梧，形象出众，充满激情的演说给在场的人留下了深刻印象。

1943年六七月间，蒋介石命令胡宗南闪击延安，妄图一举攻占陕甘宁边区。申振民获得这一情报，立即电告中央，使我党我军免受了重大损失。

抗战胜利后，申振民调任胡宗南第一战区司令长官司令部党政处上校参谋。这一职务经常能接触到胡宗南的核心文件资料，因此他为党组织提供了更多有价值的情报。

1947年，申振民赴美国西保大学学习，1949年7月回国。从这时起，他由申振民改名为申建，寓意献身建设新中国的伟大事业。后来，刘少奇在一张委任状上给"建"字加了单人旁，从此正式改名申健。

中华人民共和国成立后，申健长期从事外交工作，历任中国驻印度大使馆参赞、外交部美澳司副司长、司长，中国人民外交学会副会长，中国驻古巴大使，中共中央对外联络部副秘书长、副部长，中国驻印度大使等职，是第五届全国政协常委、第六届全国政协委员。

关士聪

（1918—2004）

·简 历·

关士聪，曾用名关山，陈军。1918年1月3日，生于广东南海。

1929年秋，考入天津南开中学，不仅学业成绩优异，而且思想进步，初中三年级时，九一八事变爆发，积极投身抗日救亡运动中。

1935年，考入北京大学地质系，积极投入一二·九爱国学生运动。

1936年春，加入中国共产主义青年团。同年秋，加入中国共产党。

1937年，到济南、武汉等地从事抗日救亡工作。后去湖南长沙，进入临时大学继续学习。1938年春，随该校迁往云南昆明，学校改名为西南联合大学。

1940年，从西南联大地质地理气象学系毕业，考入位于重庆的经济部地质调查所。

1943年，进入地质调查所西北分所工作，被派到新疆从事地质调查。

中华人民共和国成立初期，奉派去四川、甘肃，进行水文地质工程地质调查，完成《天成铁路地质勘探报告》。

1950年，任地质部地质工程师，主要负责华北和西北一些中生代煤田的普查勘探工作。

1954年，任地质部内蒙古棹子山地质队队长兼主任工程师。

1955年，任地质部633地质队主任工程师，在甘肃六盘山地区完成了1：20万石油普查任务。

1956年，任石油地质局、区域地质测量局、地质矿产司主任工程师，主要从事和主持全国石油地质勘查技术工作。

1961—1981年，历任地质部石油地质局副总工程师、总工程师。同时兼任国家科学技术委员会地质专业组成员，国家能源委员会顾问团成员。

1980年，当选中国科学院学部委员。

1981年，提出"要重视包括煤成气在内的天然气的普查勘探工作"的意见，被列为"六五""七五"国家攻关项目，开拓了油气地质勘查新途径。

1982年，退居二线，改任地质矿产部科学技术顾问委员会委员，后又任该部科学技术高级咨询中心咨询委员。

2004年4月5日，在北京逝世。

·业 绩·

关士聪，1929—1935 年就读天津南开中学，学号 8029。在南开中学读书期间，受进步思想影响，加入了由"左翼作家联盟"组织的读书会。1931 年，九一八事件爆发，他积极参加抗日救亡学生运动，进行罢课、宣传等爱国活动。

1935 年，关士聪抱着科学救国的愿望，考入北京大学地质系，后又到西南联大继续攻读地质学。1940 年，从西南联大毕业后，关士聪考入中央地质调查所，先后被派往秦岭、滇南、新疆等地工作。当时中国地质事业条件艰苦，生活、生命都缺乏保障，但关士聪以开发矿藏报效祖国的赤诚之心，对地质事业坚定不移，冒着生命危险奋战在人迹罕至的深山大漠。1940 年，他与叶连俊一道，靠着数步量距，测绘出秦岭段路线地质图，撰写了《甘肃中南部地质》专刊，对秦岭地质提出了重要论述。

中华人民共和国成立后，关士聪立志献身地质事业，一往无前地投身开发矿藏的实践中。先期，为天成铁路建设进行水文工程地质调查，为其设计提供地质资料。继而对东北辽宁金铜矿、吉林铜矿进行复查，提交了《辽宁清源金铜矿地质》《吉林盘石石嘴子铜矿地质》报告，更正了过去某些陈旧的成矿概念。曾到山东对淄博等老煤矿进行复查，为老矿的恢复和合理开发提出了可靠地质根据。1954 年，为配合包头钢铁基地的建设，由他任地质队队长兼主任工程师，率领中国人民解放军战士和地质人员对桌子山地区进行煤田地质普查，提交了《内蒙古桌子山地区普查报告》及《内蒙古伊克昭盟鄂托克旗桌子山煤田卡布其井田地质》等资料，为乌海市煤都的建立和桌子山煤田的开发作出了贡献。

1956 年后，关士聪在地质部石油地质局从事和主持全国石油地质勘查技术工作，长达 26 年。历任主任工程师、副总工程师、总工程师，兼任国家科委地质专业组、国家能委顾问团成员。他跑遍了中国的含油气盆地及可能含油气地区，对所属各石油普查勘探队的工作进行技术业务指导，为中国一系列油气田的发现作出了重要贡献。

1963 和 1964 年，关士聪两次应邀赴朝鲜协助部署和指导石油地质普查。他踏勘了朝鲜北部的中新生代盆地，提出了首先在安州盆地进行石油地质普查的建议，并为朝鲜石油地质队选定了第一口钻井井位。

1982 年，关士聪离开生产第一线，改任地质矿产部科学技术顾问委员会委员、高级工程师。1989 年，他被推选为中国石油学会副理事长。

刘维权

（1915—1937）

·简 历·

刘维权，1915 年生于天津武清。南开中学 1935 届学生，著名抗日英烈。

1929 年，考入天津南开中学初中一年一组，学号 8014，入学时登记的家庭住址是：武清县城内北街公署前吉祥堂刘宅。

1932 年，在南开中学升入高中一年一组。

1935 年，高中未毕业即投笔从戎，考入中央航空学校第六期第二班（洛阳空军军校）航空班，毕业后任空军第九大队二十六队准尉见习官。

1937 年 8 月 15 日，在海宁空战中，身负重伤，8 月 21 日光荣殉国。

·业 绩·

刘维权，1929年以优异的成绩考入天津南开中学初中年级读书。在校期间他勤奋好学，并积极参加学校和社会上的各种社团活动。

1931年九一八事变爆发以后，日本侵略者步步紧逼，在国家危难的时刻，1935年刘维权高中未毕业即投笔从戎，考入中央航空学校第六期第二班（洛阳空军军校）航空班，毕业后任空军第九大队二十六队准尉见习官，并投入对日作战。

在1937年8月15日的海宁空战中，他与战友驾驶的5架战机在浙江曹娥江上空与日军机群遭遇。经过激战，击落敌机4架，刘维权的座机在战斗中被击中，身负重伤后驾机迫降在海宁路冲，被当地农民救起，用木船送往杭州一家医院抢救，经医治无效，于8月21日殉国。

刘维权烈士的事迹在上海淞沪抗战纪念馆进行了陈列展示，供全国人民凭吊瞻仰。

李 璞

（1911—1968）

·简 历·

李璞，1911 年 7 月 11 日生于山东文登。1918—1923 年，在文登县读初小和高小，1924—1925 年读私塾，1926 年因家境衰败辍学。

1929 年，沈阳东北大学图书馆打工，自学数学、物理、英语等课程。

1931 年，考入南开中学高中一年级就读，学号 9403。入校后不久，随同学到南京请愿，要求抗日。1932 年夏，返回南开中学，先入半工半读班，后转入普通班。

1935 年，从南开中学毕业，考入清华大学地质地理气象系。在学期间积极投身爱国学生运动。

1937 年，七七事变后离开北京，先在冯玉祥的第三战区司令部任中尉书记官，后前往长沙，进入国立长沙临时大学。

1938 年春，追随张锋伯在陕西临潼县从事训练抗日干部和发动群众等工作。后经地下党组织安排，进入抗日军政大学第五期学习，同年冬，在延安加入中国共产党。

1939 年 5 月，抗大毕业，被派到陕西蒲城中学教书，任地下党支部书记。后根据党组织决定，回西南联大复学。

1940 年，因被特务追踪，与党组织失去联系。

1942 年 6 月，西南联合大学地质地理气象系毕业。随后在云南地质调查所工作，后又回西南联大读研究生，并兼任云南大学矿冶系助教；1945 年到中央研究院云南地质组工作。

1947 年考取公费留学，同年 9 月前往英国剑桥大学岩石矿物学系攻读研究生。

1950 年 12 月，回国，在中国科学院副院长办公室工作，任李四光秘书。

1951 年 6 月—1953 年 9 月，随军进藏科考，任中央文委西藏工作队队长兼地质组组长。

1954—1966 年，在中国科学院地质研究所工作，历任副研究员、研究员，岩石矿床研究室副主任，同位素地质研究室主任。

1956 年 12 月，重新加入中国共产党。

1966—1968 年，在中国科学院地球化学研究所工作，任副所长兼同位素地球化学研究室主任。

1968 年 4 月 26 日离世。

·业 绩·

李璞生于山东文登，为家中次子。小学毕业后念了一年私塾，后因家庭困难，不能继续上学。1929年初，前往沈阳东北大学图书馆打工，在那里他读了不少进步作品，初步受到了革命的熏陶。

1931年夏，李璞考上南开中学高中。九一八事变后与同学一起到南京请愿，要求抗日。1932年夏，李璞返回南开中学，先入半工半读班，后转入普通班，受同学父亲资助学费至1935年毕业。就读南开中学对李璞影响很大，除从学校教育得到一些基础知识外，还从学校的教学氛围和校园生活中得到了广泛的文化和情趣的熏陶。在南开中学，李璞认识了国文教师兼初中部主任、中共地下党员张锋伯，参加了其组织的抗日团体"青年友社"，并在其带领下参加长城抗战慰劳和救护等工作。

李璞原本酷爱文学，但认识到改变中国贫穷落后的面貌，必须开发矿产，发展工业，于是中学毕业后报考了清华大学地质地理气象系。进入大学不久，一二·九运动爆发，李璞积极投身运动，在游行当天他担当交通联络，骑自行车多次往返。紧接着天津学生响应，李璞回到南开中学，宣传介绍北京学生运动情况。

七七事变后，李璞离开北京，先在冯玉祥的第三战区司令部任中尉书记官。后赴长沙，进入国立长沙临时大学。由于日寇进逼，临大决定南迁昆明，李璞弃学从戎，奔赴陕西参加张锋伯领导的抗日运动。后经地下党组织安排，转移到延安，进入抗日军政大学第五期学习。抗大毕业后，被派到陕西蒲城中学教书，任地下党支部书记。

1940年5月，根据党组织决定，李璞返回西南联大地质地理气象系学习，1942年6月毕业，后返回西南联大读研究生，从事古生物学研究。1947年，李璞考取政府公费留学资格，赴英国剑桥大学留学。1947年9月—1950年10月在剑桥大学岩石矿物学系学习，获得博士学位。在剑桥期间，李璞加入了进步组织"英国剑桥反战同盟"，还参加了中国学生会及科协，并担任剑桥分会的主席。

中华人民共和国成立后，李璞放弃在英国继续深造的机会毅然回到祖国，在中国科学院副院长李四光办公室担任秘书。20世纪50年代初，率领工作队随军进藏进行首次综合科学考察，搜集到了我国青藏高原上第一批珍贵的地质资料。随后，急国家之所急，从事基性-超基性岩石学及相关国家紧缺矿产研究，取得开拓性成果。20世纪50年代末，李璞受命领导创建了中国首个同位素地球实验室，为我国同位素地球化学学科的建立作出了杰出的贡献。

穆 旦

（1918—1977）

·简 历·

穆旦原名查良铮，曾用笔名梁真，1918年4月5日生于天津，祖籍浙江海宁袁化镇。现代主义诗人、翻译家。与作家金庸（查良镛）为同族兄弟，皆属"良"字辈。

1929年，入南开中学读书，从此对文学产生浓厚兴趣，开始写诗。

1934年，查良铮将"查"姓上下拆分，"木"与"穆"谐音，得"穆旦"（最初写作"慕旦"）之名。

1935年，考入清华大学地质系，半年后改读外文系。在香港《大公报》副刊和昆明《文聚》上发表大量诗作，成为有名的青年诗人。

1937年10月，七七事变后，随大学南迁长沙，入读国立长沙临时大学。

1938年2月，长沙陷入危机，随大学师生离开长沙，到达昆明。长沙临时大学改名为西南联合大学。

1940年，毕业于西南联大外文系，留校担任助教。

1942年2月，投笔从戎，参加中国入缅远征军，担任中国缅甸远征军第一路军翻译官。

1943年，回国生活，数易其职，生活陷入艰难。

1945年，创办沈阳《新报》，任主编。

1947年，参加后来被称为"九叶诗派"的创作活动。

1948年，移居南京，在FAO（联合国世界粮农组织救济署）和美国新闻处工作。

1949年，自费赴美留学，入芝加哥大学攻读英美文学、俄罗斯文学。

1952年6月30日，获芝加哥大学文学硕士学位。

1953年初，自美国回到天津，任南开大学外文系副教授，致力于俄、英诗歌翻译。

1958年，停止诗歌创作，坚持翻译。

1975年恢复诗歌创作，先后创作了《智慧之歌》《停电之后》《冬》等近30首作品。

1977年2月26日凌晨心脏病突发逝世。

·业绩·

穆旦年少时，查家是"津门望族"，先祖家族藏书丰富。受家族文化氛围熏染较早，穆旦小学时就已显露文才，作文《不能那样说》曾刊载于刘清扬、邓颖超等主办的天津《妇女日报》。

1929年入南开中学读书，从此对文学产生浓厚兴趣，开始写诗歌。穆旦刊登在《南开高中学生》校刊上的诗歌有13篇，已经显示出早慧与才干。南开中学良好的新式教育环境促成他在思想上的敏锐与成熟。穆旦的诗歌并未拘泥"传统"，鲜有旧诗词气息。当时国家受日寇侵凌，动荡不安，风雨飘摇，激起了他的爱国之心，1935年穆旦写下了《哀国难》，表达了他对于现实问题的忧切。

高中毕业后穆旦考入北平清华大学地质系。由于喜爱雪莱 (Shelley) 等英国浪漫派的诗歌，后转入外国文学系英国文学专科，决定了日后一生的方向。1937年日本侵华战争开始，学校师生撤出北平，跨越湖南、贵州、云南三省，历经艰难到达昆明。在如此严酷的行军条件下，穆旦仍以惊人的毅力手不释卷，一页一页地背诵《英汉辞典》，直到把辞典读烂扔掉。早在20世纪40年代穆旦就以新的主题和语言，成为当时最受欢迎的青年诗人。

皖南事变后，穆旦毅然从军奔赴抗日战场，担任中国缅甸远征军第一路军翻译官。在战争中目睹了日军的残暴，在黑暗和死寂中、在传染病和毒蛇猛兽及饥饿的威胁中，穆旦九死一生。在亲历了战争的残酷后，根据入缅作战的经历，创作了著名的长诗《隐现》、中国现代主义诗歌史上著名诗篇《森林之魅——祭胡康河上的白骨》，另有相关创作《阻滞的路》《活下去》等。

穆旦的一生与"南开"有很深的渊源，他在南开中学度过了6年时光，辗转多年从美国自费留学后又回到南开大学任外文系副教授，致力于俄、英诗歌翻译。

20世纪50年代起，穆旦潜心于外国诗歌的翻译，主要译作有《普希金抒情诗集》《雪莱抒情诗选》《唐璜》等众多著名作品。

穆旦去世多年以后，才逐渐被人们重新认识。人们出版他的诗集和纪念文集，举行"穆旦学术讨论会"，给予他很高的评价。"20世纪中国诗歌大师"的排行榜上，他名列榜首。

徐文园

（1914—2008）

·简 历·

徐文园，1914 年 4 月出生，山东文登人。天津南开学校 1934 届学生。

1937 年 12 月—1940 年春，参加抗日救亡运动，在中共地下党组织支持的陕西临潼县政府任民政科科长。

1942 年春，成都金陵大学毕业后留校任助教。

1952 年 1 月，加入中国民主同盟。

1954 年 10 月，加入中国民主建国会。

1949 年后，历任青岛同泰橡胶厂副经理、副厂长，青岛市工商联主任委员，青岛市政协副主席，山东省工商联第三至六届副主任委员，全国工商联第四、五届常委，第四、第五、第六届名誉主委，山东省第五届政协副主席。曾当选为第二、三、五、六、七届全国人大代表。

1988 年，当选为山东省第六届政协副主席。

2008 年 3 月 14 日，在济南逝世。

·业 绩·

　　徐文园是天津南开中学 1934 届学生，入学学号 9473。1937 年 12 月—1940 年春参加抗日救亡运动，在中共地下党组织支持的陕西临潼县政府任民政科科长。1942 年春从成都金陵大学毕业后留校任助教。1944 年后历任西安亿中实业公司高级职员、经理，青岛私营同泰橡胶厂副经理，公私合营青岛同泰橡胶厂副厂长，青岛市政协副主席，市工商联主委，省工商联副主委，省工商联临时领导小组组长，省政协常委，省民建副主委、主委，省政协副秘书长，政协第五、六届山东省委员会副主席，民建中央常委、咨议委员会常委，全国工商联执委、常委，省民建名誉主委等职。当选为第二、三、五、六、七届全国人大代表。

　　徐文园参加革命工作以来，在中国共产党的领导下，坚持走社会主义道路，对中国共产党的事业忠贞不渝，勤勤恳恳为社会主义现代化建设服务。改革开放后，他团结中国民主建国会山东省委员会全体同志，在党的基本路线指引下，恪守"坚定不移跟党走，尽心竭力为四化"的行动纲领，率先垂范，为改革开放和社会主义经济建设作出了贡献。担任山东省政协副主席期间，他关心全省改革开放和现代化建设事业，积极从事各项社会活动，不辞辛苦，深入基层调查研究，积极参政议政，为促进山东经济社会又好又快发展殚精尽智，向党和政府提出了许多建设性意见，表现了一个民主党派领导干部对中国共产党、对祖国、对人民的无限忠诚和高度责任心。

申泮文

（1916—2017）

·简 历·

申泮文，1916年9月7日出生于吉林市。

1929年7月，小学毕业，考入南开中学，1932年升入南开高中。

1935年7月，中学毕业，到冀晋察绥四省区统税局做文牍员。因在南开中学受到了爱国主义教育熏陶，立志要接受高等教育报效祖国。

1936年9月，考取南开大学免学宿费奖学金，入化工系学习。

1937年，抗战爆发后，应中央军官学校之召，报名参军，任少尉候差员。同年11月，前往长沙，进入长沙临时大学化学系。

1938年5月，进入西南联合大学化学系二年级就读。

1940年7月，大学毕业，先后在航空委员会油料研究室、兰州制药厂、兰州科学教育馆、兰州女子中学、华中大学、昆明天祥中学、资源委员会矿产探勘处等单位工作。

抗战胜利后，回到南开大学化学系，任教员、讲师、副教授，1952年任无机化学教研室主任。

1959年4月，受命援建山西大学，先后任副教授、教授、系主任。其间，出版《无机合成》《无机化学简明教程》《无机化学》等著作。

1978年12月，调回南开大学，任南开大学元素有机化学研究所副所长。

1979年，当选为天津市劳动模范。

1980年，任南开大学无机化学教研室主任。同年，加入中国民主促进会，当选为中国科学院化学学部委员。

1982年12月，加入中国共产党。

1989年9月，当选为中国能源学会氢能专业委员会副理事长。

1993年9月，被授予全国优秀教师奖章。

2007年，带领南开大学无机化学教学团队被评为首批国家级教学团队。

2008年11月，被中国老教授协会授予科教兴国贡献奖。

2009年，被授予第五届高等学校国家级教学名师奖。

2010年，被南开中学理事会聘为荣誉理事。

2017年7月4日，在天津逝世。

·业绩·

申泮文，1929 年考入南开中学，1936 年考入南开大学化工系。1937 年天津沦陷后，到南京入伍抗日，后至长沙转入长沙临时大学化学系，1938 年赴西南联合大学化学系继续学业。

中华人民共和国成立后，申泮文回到南开大学化学系工作，1952 年任无机化学教研室主任，1956 年开始金属氢化物的研究。1959 年援建山西大学，申泮文任山西大学化学系副主任，除继续金属氢化物的研究之外，还承担了从铀矿提取铀化合物的科研任务。

1978 年底，申泮文调回南开大学，担任化学系无机化学教研室主任。1980 年，申泮文当选为中国科学院学部委员，从此进入科学研究的黄金时代。他合成并研究了一系列离子型金属氢化物和三类主要的储氢合金，发展了化学法合成精密合金的技术，研究成果获得国家教委优秀科技成果二等奖。1986 年，在国内科技体制改革高潮中，申泮文主持建立了南开大学应用化学研究所。1994 年，申泮文在南开大学创建了新能源材料化学研究所，并担任该所学术委员会主席。

申泮文不仅是化学家，也是一位受人爱戴的化学教育家，两次获得国家教学成果一等奖。他长期为本科生上课，90 岁高龄仍执教不辍，是我国执教化学基础课时间最长的化学家。耄耋之年，申泮文开始学习计算机技术，上网查索国外高校化学教育的发展形势，在化学教育教学改革中做了很多开创性工作。

申泮文是我国著作和译作最多的化学家之一。他著译多部教材和工具书，在国家级出版社的出版物达 70 余卷册、3000 余万字，编写了我国最早的中文化学讲义，组织翻译了大量苏联、美国等国家的教材和参考书。

申泮文一生秉承南开学校的爱国主义传统，南开精神在他身上打下了永不磨灭的烙印。他说："公能校训已融化在我的血液中，我的一生无愧于老校长的教诲，无愧于南开。"

田文莼

（1914—1938）

天津南开中学人物名录

·简 历·

田文莼，1914 年生于河南新乡。南开中学 1936 届学生。

1927 年，入新乡县立第一小学读书。

1928 年，考入开封一中初中。

1930 年，在开封一中加入中国共产主义青年团。后进入河南省立第一中学读书。同年秋被捕入狱。

1931 年 2 月，经多方营救脱险。同年夏，进入天津南开中学初二年级七班读书，学号 9557。

1934 年，在天津举行华北运动会时，在会场上散发"毋忘东北""恢复失地"等印有爱国口号的传单。

1935 年冬，参加徒步南下请愿，坚持到达南京。

1936 年，参加天津学生反对日本增兵华北的五二八大游行。同年，从南开中学高中毕业。暑假期间，参加天津市举办的农村义务教育活动，后返回新乡，首批加入中华民族解放先锋队。

1937 年 1 月，到山西太原参加中国共产党领导的牺牲救国同盟会，同年加入中国共产党，任中共稷山县工作委员会书记、山西同盟会稷山县特派员、稷山县人民武装自卫队指导员。

1938 年 2 月 1 日，在稷山县西社乡白坡村被日军包围。为掩护领导机关干部和各县战友安全转移，带领自卫队员英勇奋战，壮烈牺牲。

287

·业绩·

　　田文莼，1928 年考入开封一中初中，在该校加入中国共产主义青年团，积极传播革命思想，并组织革命青年出版进步刊物。1931 年被捕入狱，经多方营救出狱。同年夏天进入天津南开中学初二年级学习，在南开中学读书期间阅读了大量进步书刊，积极参加抗日救亡运动，成为学生运动骨干。1934 年在天津举行华北运动会时，在会场上散发"毋忘东北""恢复失地"等印有爱国口号的传单。1935 年冬参加徒步南下请愿，坚持到达南京。1936 年参加天津学生反对日本增兵华北的五二八大游行，并积极散发传单。为反抗伪政府压制学生抗日救亡运动的阴谋，带领高三学生响应天津学联的号召，开展抵制"会考制度"的全市罢考斗争。同班同学在毕业留言中对田文莼的讲演有形象的描述："在全天津市学生游行的时候，你看他那股子宣传劲儿，不管有几个人就讲演起来，不说话的人都渴的要命，你想他的感觉如何？"

　　1936 年夏，田文莼从南开中学毕业，暑假期间，积极参加天津市举办的农村义务教育活动，到天津郊区农村建立民校，在农民中进行爱国教育和抗日宣传活动。后返回新乡，首批加入中华民族解放先锋队，宣传抗日，抵制日货，发动学生游行。

　　1937 年 1 月 7 日，到山西太原参加中共领导的牺牲救国同盟会，投身抗日救亡斗争。同年加入中国共产党。是年夏，任中共稷山县工作委员会书记、山西同盟会稷山县特派员、稷山县人民武装部自卫纵队指导员。积极发展稷山党组织，壮大人民武装力量，开展减租减息斗争，为抗日救亡运动和贫苦群众翻身解放作出很大的贡献。1938 年 2 月 1 日，新绛、稷山、河津、宁乡等县武装干部在稷山县西社乡白坡村开会，被日军包围。为掩护领导机关干部和各县战友安全转移，他带领部分自卫队员英勇奋战，壮烈牺牲。

张炳元

（1916—1939）

·简 历·

张炳元，字项晨，1916年出生于河北文安。天津南开中学1936届学生。

1930年，考入天津南开中学初一年级三班，学号8914。

1934年，参与组织左翼文艺团体野烟社。

1936年4月，加入中国共产党。同年夏，在南开中学高中毕业，考入北平燕京大学新闻系。

1937年，日军侵占北平后，随平津流亡学生到济南，奉党组织派遣，参加第三集团军政治工作人员训练班。不久，范筑先决定成立政训处，张炳元作为240名政训服务员之一来到聊城。1937年10月，被派到莘县政训处工作。不久，中共莘县政训处支部建立，张炳元任支部书记。

1939年，先后担任莘县县委书记和中共鲁西北地委书记，领导鲁西北的抗日工作。国民党反动分子对他开始使用"美人计"进行陷害，未成。7月13日，在朝城县老八区花庄村，国民党反动分子化装成八路军，混进地委机关院内，将张炳元暗杀。

·业 绩·

  张炳元，1930年考入天津南开中学。在南开中学读书期间积极参加抗日救亡活动，曾参与组织野烟社，该社不定期出版《野烟》刊物，发表揭露黑暗，追求光明，向往革命的诗歌、散文、小说。在1935年的一二·一八游行示威、1935年底南下向国民党政府请愿、1936年4月抗议开除进步学生、1936年五二八游行示威等活动中都是冲锋在前的骨干分子。尤其是张炳元还积极组织同学投入一二·九运动中去，发挥了骨干带头作用。1936年4月，张炳元在南开中学读书期间加入了中国共产党，加入共产党以后，他更加积极地在社会上和同学中宣传中国共产党的主张，发动大家一起为真理而斗争，1936年夏天高中毕业的时候，他在为同学留下毕业赠言时写道："你有着温厚的性情，你有着和平的癖好；不爱和人起冲突，不爱表示自己的意见；这是你的好处，同时也是你的弱点，为了和平沉默一下固好；可是当真理被蒙蔽了的时候，你还固执着。'知者不言'，那不是不应该吗？"

  1936年夏，张炳元从南开中学毕业后考入北平燕京大学新闻系。在大学读书期间，张炳元也是一面认真完成校内课程，一面积极参加学生抗日救亡活动。

  1937年日军侵占北平后，张炳元毅然放弃学业，投身武装抗日的斗争中，9月，随平津流亡学生到济南，奉党组织派遣，参加第三集团军政治工作人员训练班。不久，范筑先决定成立政训处，张炳元作为240名政训服务员之一来到聊城。1937年10月，被派到茌平县政训处工作，发动群众参加武装抗日斗争。不久，中共茌平县政训处党支部建立，张炳元担任支部书记。1937年底，调任莘县政训处干事，次年2月中共莘县县委建立，任县委书记。在莘县工作期间，张炳元积极组织群众，成立了农民互助会，当时，干部缺乏，县委决定举办两期干训班。在干训班上，他白天讲课，晚上处理日常工作，常常是废寝忘食，夜以继日。由于他带领县委一班人忘我的工作，党的组织在城乡迅速发展，各种群众团体纷纷建立，农民抗日救亡运动轰轰烈烈，莘县的抗日工作走在了全区的前列。

  1939年1月，中共鲁西北地委成立，张炳元任地委书记，卓有成效地领导了鲁西北的抗日工作。国民党反动分子对他开始使用"美人计"进行陷害，未成，便于1939年7月13日化装成八路军，混进地委机关院内，将其暗杀。

岳 岱

（1917—1939）

·简 历·

岳岱，字东峰，1917 年生于河北静海。天津南开中学 1936 届学生。

1930 年，考入南开中学，学号 8870，在校时学业优秀。

1935 年，一二·九运动爆发，岳岱积极参加在天津的学生救亡活动。

1936 年，在南开中学高中毕业，考入清华大学电机系。

1937 年，七七事变爆发后，岳岱投笔从戎，参加山西新军"决死队"，任三纵队政治部干事。不久加入了中国共产党。

1939 年 5 月，随军驻守长治一带。在一次战斗中，他所在部队遭到日军袭击，为掩护战友突围，岳岱身负重伤，壮烈牺牲。

天津南开中学人物志

·业 绩·

  岳岱 1930—1936 年在南开中学读书，在校时学业优秀，每次考试都名列前茅，是公认的品学兼优的学生。在校期间他关心国家大事，认为日本帝国主义侵略中国和国民党当局采取的妥协投降政策是不能容忍的。他积极参加抗日救亡活动，1935 年 12 月北平学生在中国共产党领导下举行一二·九抗日救亡游行，天津学生起而响应，岳岱积极参加了在天津的学生救亡活动，成为天津学生运动的骨干。在南开中学 1936 届学生制作的《毕业纪念册》中，岳岱留下的毕业感言是："我何幸为现代中国青年！"

  1936 年从南开中学毕业后，岳岱以优异成绩考入清华大学电机系，由于学习成绩优秀，是少数的能够领取奖学金的高才生，同时，还积极参加了学校和北平市的学生救亡活动。

  1937 年卢沟桥事变爆发，他放弃进入当时全国最好的工科大学——清华大学学习的机会，毅然投笔从戎，到山西参加新军"决死队"第三纵队，在武装抗日的战场上奋勇杀敌，曾多次与日军作战，在此期间他参加了中国共产党。1939 年 5 月随军驻守长治一带。日军围攻长治，在一次战斗中，他所在部队遭到日军袭击，为掩护战友突围，他主动要求留下狙击敌人。因右臂中弹，身负重伤，流血过多，不幸牺牲。

陈东生

（1917—2003）

·简 历·

陈东生，1917 年 4 月 13 日生于天津。

1930 年，考入南开中学。

1936 年，进入南开大学化工系学习。两年后转入燕京大学中文系学习。

1941 年，考入燕京大学研究生院，被聘为哈佛燕京学社研究员。12 月，日军强占燕京大学，被迫回津。偶遇恩师杨坚白，先生让出两个班让他代课，从此步入教师行列。

1953 年，调入天津市南开中学，任语文教师。

1956 年，任语文教研组长，加入中国民主同盟。

1957 年，被评为天津市优秀教师。

1959 年，再次被评为天津市模范教师。

1961 年，当选为南开中学民盟支部副主任委员。参加高考统一阅卷工作。

1963 年，当选为民盟天津市第五届委员会候补委员。

1973 年，调入南开区教师进修学校任教，后任副校长。

1978 年，当选为天津市教育学会、语文学会理事，天津市中学语文教育研究会副会长。任天津市高考语文阅卷组组长。

1979 年，当选为民盟天津市第六届委员会委员，任南开区民盟支部负责人。

1981 年，加入中国共产党。翌年，被评为天津市优秀教育工作者。

1983 年，到新疆、甘肃、宁夏等地讲学。创办南开光明学校，任校长。

1984 年，当选为民盟天津市第七届委员会委员。任天津市中学教材教法研究会副会长。1985 年，被聘为天津市教育局咨询委员会委员。任《中国青年报》"自学之友"栏目顾问。任国家小学思想品德课教材副主编。

1986 年，任《南开区教育志》荣誉主编。1987 年，任南开区民盟委员会首届主任委员。1988 年，当选为民盟天津市第八届委员会委员。

1995 年，陈东生的家庭被评为天津市"优秀教育世家"。

2000 年，编纂的《特级教师论教育》一书出版。

2003 年 5 月 7 日，突发心脏病离世。

·业绩·

陈东生，1936年毕业于天津南开中学。燕京大学中文专业学士、硕士。1953年调入南开中学，担任语文课教学工作。天津市优秀教育工作者。1978年被评为全国首批特级教师。1978—1982年，连续三次被评为天津市劳动模范。曾当选为南开区政协第六、七、八、九、十届副主席；南开区第八、九、十届人大代表；天津市第九届人大代表。

陈东生的语文课充分调动学生求知的主观能动性，进行启发式教学。他善于运用教材中的范文，深入浅出地告诉学生诗词、散文、小说、政论等各类文章体裁的特点，让学生们懂得如何利用史实，如何体察生活，如何运用语言文字，如何深读古今中外名著名篇，如何写好文章，如何从课文中学会真知、学会做人。他总结出"摇旗，引路，搭桥，殿后"的八字教学法，将语文教学带入一个科学睿智的境界。他组织语文组老师们在学校成立"鲁迅文学社""朝华社"，鼓励学生积极参加课外阅读活动，培养学生学习语文的兴趣，并编印出版《春草集》《南开中学学生作文选》。他著有多篇关于语文教学的论文，其中《改进语文教学，提高学生能力》《变"教书"为"教学"》《调动学生学习积极性的几点做法》等发表在《中国教育》《天津日报》《语文教学通讯》等报刊上。

陈东生认为，教育事业是一代代优秀教师的薪火传承。早在任南开中学语文教研组组长时，他就组织开展教师集体进修和备课活动。1961年，《天津日报》报道了他辅导青年教师潘城书的先进事迹。担任南开区教师进修学校副校长后，始终坚持在教学第一线，帮助青年教师尽快成长。20世纪80年代初，年近花甲的陈东生远赴新疆、甘肃、宁夏等地参加智力支边；赴福州、厦门、上海交流教学经验。组织特级教师咨询服务团，义务为全市各校培训青年教师。指导全市特级教师总结撰写教学经验，统编60余篇高水平教学论文出版《特级教师论教育》一书。

1983年退休后，在南开民盟的支持下，创办南开光明学校，在全市率先为落榜考生补习，为莘莘学子搭建了再次学习的平台；开设"高自考"辅导班让下乡回城工作的干部工人圆自己的大学梦。1995年，陈东生家庭被评为"天津市优秀教育世家"，他将奖金全部捐给南开区教育局设立"陈东生作文基金"，专门奖励作文优秀的小学生，被评为天津市老有所为先进个人。

吴祖贻

（1916—1946）

·简 历·

吴祖贻，曾用名吴鲁生，化名吴毅，河南开封人。1916年出生于山东曲阜。南开中学1936届学生。

1931年，到天津考入南开中学初中二年一班学习，学号9517。曾任南开中学学生自治会主席。

1933年，初中毕业，升入南开中学高中。多次组织同学到太古码头和怡和码头了解搬运工人的劳动和生活情况。

1934年，在与同学讨论未来志愿的时候，坚定地表示"我一辈子从事革命"。

1935年，一二·九运动爆发以后，成为天津一二·九学生运动的骨干。

1936年，离开南开中学后，在开封加入中华民族解放先锋队，8月到上海全国学联工作，并进入上海私立光华大学。

1937年8月，组织北平、天津流亡到开封的爱国学生成立"天津流亡同学会"。同年9月，在开封加入中国共产党，借读于河南大学，后参加中共开封市委的领导工作。

1938年，作为河南代表出席了在延安召开的西北青救第二次代表大会。

1939年9月，到湖北参加李先念领导的鄂豫边区抗日根据地的开辟和建设工作。11月担任边区党委常委、民运部长。

1940年5月，受党委委托主持召开了鄂豫边区各界救国联合会第一次代表大会。任救联总会总会长。

1944年，在大悟山根据地礼山县安来中心乡进行政权建设的试点工作。

1946年6月，调任干部旅担任政治部主任。

1946年8月，在宁陕县东江口镇被胡宗南部下秘密杀害。

·业绩·

吴祖贻出生于山东曲阜外祖母家。1931年到天津，考入南开中学，读书期间曾任南开中学学生自治会主席。1933年，吴祖贻多次组织同学进行社会调查，了解搬运工人的劳动和生活，针对社会不平的现象，开展学习和讨论，从理论上认清产生这些社会现象的根源和解决这些问题的道路。1935年一二·九运动爆发以后，吴祖贻领导南开中学学生同天津各校学生联合行动，于12月19日举行声势浩大的示威游行，当晚又在瑞庭礼堂主持大会讨论走出课堂、发动工人农民抗日救国，并组织学生代表赴南京请愿。

1936年在开封加入中华民族解放先锋队，后到上海全国学联工作，并进入上海私立光华大学，以上学为掩护做革命工作。1937年9月，吴祖贻在开封加入中国共产党，并借读于河南大学，成立河大怒吼歌咏团和开封农村救国服务团等抗日救亡团体。后参加中共开封市委的领导工作。开封沦陷后，转到洛阳、竹沟，并担任中共豫西特委青年部长和河南省委青年部长职务。1938年作为河南代表出席了在延安召开的西北青救第二次代表大会。

1939年9月，吴祖贻到湖北参加李先念领导的鄂豫边区抗日根据地的开辟和建设工作。这年秋天，在豫南做减租减息试点工作，11月担任边区党委常委、民运部长。此后，南下安陆北的青龙潭，筹组安随工委和新四军挺进支队留守处，使安随边区的群众抗日运动得到迅速发展。1940年5月，受党委委托主持召开了鄂豫边区各界救国联合会第一次代表大会。会上成立了救联总会，他被选为总会长。1944年11月，吴祖贻在边区农救会上提出"减租不光是为了几斗谷，而是为了黄泥巴腿要出头要翻身"。1946年6月调任干部旅担任政治部主任。

1946年8月，由王震派赴西安，行至宁陕县东江口镇被胡宗南部下无理扣押，秘密杀害。

叶笃正

（1916—2013）

·简 历·

叶笃正，又名叶平斋，1916 年 2 月 21 日，出生于天津，祖籍安徽安庆。

1930 年秋，考入南开中学。1931 年，完成初一的学业，直接升入初三年级。

1940 年，从清华大学气象系毕业。1941 年，考入浙江大学史地研究所，师从气象学家涂长望和核物理学家王淦昌攻读研究生。

1943 年，完成硕士学业，任中央研究院气象研究所助理研究员。

1945 年 3 月，赴美国芝加哥大学，师从世界著名气象学家罗斯贝。

1948 年，获美国芝加哥大学博士学位。

1950 年 10 月，拒绝美国气象局高薪延请，与妻子冯慧辗转回到祖国。

1951 年，任中科院地球物理所北京工作站站长，带领同事们克服巨大困难手绘出我国第一张 500 毫巴（百帕）高空天气环流图。

1964 年，参加导弹和原子弹试验的气象保障工作，荣立二等功。

1978 年 10 月，接任大气物理研究所所长。

1979 年，任中国气象学会理事长至 1987 年。

1980 年，叶笃正当选为中国科学院地学部学部委员，后被选为常委。

1981 年，任中科院副院长至 1985 年。当选芬兰科学院外籍院士。

1982 年，当选英国皇家气象学会荣誉会员。1987 年，任国际地圈生物圈计划特别委员会委员。1990 年，被授予美国气象学会荣誉会员。

1995 年，获"何梁何利基金科学与技术成就奖"，并把 100 万元奖金捐给中科院大气物理所，设立"学笃风正奖"，用于奖励在大气科学研究领域有杰出贡献的青年学者。同年，还获得"陈嘉庚地球科学奖"。

2004 年 2 月，获得第 48 届国际气象组织奖，这是全世界气象工作者的最高荣誉，堪称气象研究领域的"诺贝尔奖"，他是获得该奖的第一个中国人。

2005 年，荣获国家最高科学技术奖。次年被评为"感动中国十大人物"。

2010 年 5 月 4 日，国际小行星中心发布公报，将国际永久编号第 27895 号小行星命名为"叶笃正星"。

2013 年 10 月 16 日 18 时 35 分，在北京病逝。

·业绩·

叶笃正，著名气象和大气物理科学家、新中国气象事业主要奠基人之一，中科院院士，国家最高科学技术奖和世界气象组织最高奖获得者。

就读南开中学期间，叶笃正学习成绩出类拔萃，尤其对理科兴趣浓厚。他酷爱和擅长乒乓球运动，是潇潇乒乓球队主力。他热切关心民族命运，积极参加抗日救国活动。南开中学的教育培养，奠定了他作为爱国者的生命基调，终生矢志不渝。

在留学美国及毕业后留校期间，叶笃正被公认为以罗斯贝为代表的对近代气象学发展有重大影响的芝加哥学派的骨干成员。他的研究成果发展了罗斯贝长波理论，为大气长波生消和演变的预报提供了基础理论，被国际气象界誉为动力气象学的三大经典理论之一。

中华人民共和国成立后，叶笃正义无反顾地做出回国的选择，把毕生精力献给了祖国的科学事业，尤其是为地球科学事业的发展作出了巨大贡献。他的理论研究成果对提高气象业务水平起到了重要作用，至今仍在发挥效应。如提出引起国际气象界瞩目的能量频散理论；开创青藏高原气象学理论，不仅是中国气象预报的重要基础之一，更是气候预报的主要基础；创立东亚大气环流和季节突变理论；创立大气长波能量频散理论，在天气预报业务中通常称为"上游效应"，为现代大气长波的预报提供了理论基础；创立大气运动适应理论，在天气预报业务中有重要作用；又如阻塞高压形成和维持理论，一直是气象业务上对持续异常天气预报的重要理论基础；大气运动风场和气压的适应尺度理论至今仍是天气分析和预报的主要理论基础之一；开拓全球气候变化科学新领域，提出有序人类活动、适应气候变化理论框架等一系列科学思想。此外，他还积极参与和指导中国气象业务系统的建设，为中国现代气象事业的奠基和发展做出了卓越的贡献。

叶笃正先后在中科院地球物理研究所、南京大学、北京大学、清华大学、中科大和中科院任职，为中国气象界培养造就了几代优秀的科研工作者和大批地球科学领域杰出人才。在中科院大气物理研究所工作期间，他提出的一系列战略设想和他担任所长期间取得的显著成果，为大气所的发展奠定了良好基础。

叶笃正曾先后当选为第三届和第五届全国人大代表，第六届和第七届全国人大常委；中国气象学会第十八届至第二十届理事长；并曾任职于多个重要国际组织。

刘东生

（1917—2008）

·简 历·

1917 年 11 月 22 日，生于沈阳皇姑屯一个普通铁路工人家庭，祖籍天津。很小的时候，父亲教他习字背诗。六岁时，进入奉天省立第二小学。

1929 年，只身求学天津，考入南开中学。

1936 年，南开中学毕业后，保送南开大学，后入读西南联合大学地质系。从南开中学开始一直到西南联大的通才教育，对他成功的一生起到了决定性作用。

1942 年，从西南联大毕业。

1944 年，参加战地服务团，在成都凤凰山机场盟军空军招待所工作。

1946 年，考入中央地质调查所从事古化石研究。

1950 年，与侯德榜等组成清原工作队，在辽宁清原金铜矿区调查地质矿产。

1953 年冬，调至中科院地质研究所，投身三门峡工程建设，开始了半个世纪之多的黄土研究。

1962 年，任中科院地质研究所第十研究室主任。

1964 年，任中科院黄河中游水土保持综合考察队副队长，中国珠穆朗玛峰登山科学考察队副队长、队长。

1970 年，到黑龙江克山县进行地方病水土病因调查。

1976 年，任全国食管癌病因综合考察队队长。

1977 年，任中国托木尔峰登山科学考察队副队长、队长，同年出席第五届世界环境理事会。

1979 年，调回中科院地质研究所。加入中国共产党。1988 年，当选第七届全国人大常委。1998 年，按中科院章程，转为中国科学院"资深院士"。

2001 年，由夫人胡长康陪同，以 84 岁高龄第 7 次踏上青藏高原的雪峰冰川。

2008 年 3 月 6 日，因呼吸衰竭，抢救无效，于 11 时 22 分心脏停止跳动，享年 91 岁。

2009 年 3 月 6 日，中科院地质与地球物理研究所和中国第四纪科学研究会联合举办的刘东生先生逝世一周年纪念大会上，举行了"刘东生星"（58605 号小行星）命名仪式。

·业绩·

刘东生，南开中学 1936 届毕业生。地质学家，中科院院士，第三世界科学院院士，欧亚科学院院士，国际第四纪研究联合会主席，中国第四纪研究委员会主任、名誉主任，中科院地球环境研究所名誉所长、地质与地球物理研究所一级研究员，国际杰出第四纪环境学家，中国科学探险协会主席，中国青藏高原研究会理事长。

刘东生就读于南开中学期间，成绩优秀，酷爱音乐、集邮和摄影，是著名的游泳健将并参加了全运会。在 1934 年第十八届华北运动会上，勇夺 100 米仰泳冠军。

刘东生从事地球科学研究近 70 载，使我国地球环境科学走到世界前沿。1958 年，他通过对古土壤的序列研究，总结出环境变化的多旋回理论，成为全球环境变化研究的一个重大转折和古环境研究史上的一次重大革命。他完成了全球唯一完整的陆地沉积记录，使中国的黄土成为研究全球变化的一把钥匙，被誉为"黄土之父"。1964 年，他参加我国科学考察队，攀登希夏邦马峰，同时还进行了川藏公路波密段泥石流考察。从此一直致力于青藏高原隆起与东亚环境演化的研究，把青藏高原研究同黄土高原研究结合起来，把固体岩石圈的演化同地球表层圈的演化结合起来，开辟了地球科学一个新的研究领域。20 世纪 90 年代，他先后前往南极、北极考察，把海、陆研究结合起来，建立了更完善更系统的全球第四纪地质演化理论，使地球系统各圈层相互作用成为国际学术界的研究热点。

20 世纪 80 年代，基于中国黄土重建 250 万年以来的气候变化历史，刘东生使黄土与深海沉积、极地冰芯并列成为全球环境变化研究的三大支柱，为全球气候变化研究作出了重要贡献。他早年便开始从事古脊椎动物的研究工作，在鱼类化石研究方面有独到见解，填补了我国在这方面研究的空白。

刘东生在泥盆纪研究、金属矿产研究、黄河中游水土研究、黄土地貌研究、极地高山研究、地质学与医学研究等方面的科研成果著作等身，所发表的文章共被 SCI 论文引用 3000 余次。

刘东生对中国的古脊椎动物、第四纪地质学、环境科学和环境地质学、青藏高原与极地考察等科学研究领域，特别是黄土研究方面做出了大量的原创性研究成果，使中国在古全球变化领域中跻身世界前列。他一生获奖上百项之多。2002 年获得世界环境科学最高奖— 国际"泰勒环境成就奖"。2003 年度获得国家最高科学技术奖。

高云屏

（1916—1968）

·简历·

高云屏，1916年出生，陕西米脂人。

1922年，在米脂东街小学学习，高年级时参加进步学生发起的抗租抗粮、斗劣绅的宣传活动。

1928年秋，考入米脂三民二中，继续参加革命活动。1929年5月，赴天津河东中学求学。

1930年，转入天津南开中学初一年级入学，学号8900，至1935年高三毕业前夕肄业离校。

1936年秋，返回米脂并在县高小和米脂中学任教，同时开展革命活动。

1938年，赴延安陕北公学学习，被选为学生会主席。

1941年9月，加入中国共产党，历任中共米脂中学总支部书记、绥德分区参议员、米脂县参议会常驻议员等职。

1945—1948年，担任陕甘宁边区政府教育厅中教科副科长。

1948年秋，任延安大学秘书长、校党总支部书记。

1949年初，任西北人民革命大学秘书长、教育长、党委书记，中共中央西北局直属委员会委员。

1952年，调往北京，先后担任人民教育出版社秘书长、国家计委文教计划局局长、国家计委副主任、国务院文教办公室副主任。

1968年5月7日逝世。

·业绩·

自少年时代起，高云屏思想上即要求进步，小学高年级时便积极参加米脂三民二中进步学生发起的抗租抗粮、打神像、斗劣绅的宣传活动。初入中学阶段，他继续积极参加革命活动，家中也成为了中共组织开会和秘密印刷宣传材料的活动场所。1930年转入天津南开中学继续学习，他寡言内秀，常在《大公报》副刊发表诗作。读高中时，与同学办《野烟》校刊，发表进步文章。刊登师生作品以及自己的小说《单行路》，针砭时弊。1935年，响应鲁迅、胡愈之关于推行新文字的倡议，在校内组织新文字推进会，开办工友夜校。一二·九运动中成为南开学生骨干，组织请愿、游行，奋勇当先。

1935年夏毕业前夕，高云屏离校，返回陕西米脂，在县高小和米脂中学任教。期间，他发动学生成立学生会，利用节假日率学生下乡宣传抗日救亡，揭露日本帝国主义侵略中国的罪行和蒋介石的不抵抗政策。1938年，高云屏赴延安陕北公学学习，被选为学生会主席，后担任第十三队队长。1939年1月毕业，分配到陕甘宁边区教育厅，不久调任绥德专署任教育特派员及米脂中学训育主任等，因工作认真，教学效果好，深受学生欢迎。

1941年9月，高云屏加入中国共产党，历任中共米脂中学总支部书记、绥德分区参议员、米脂县参议会常驻议员等职。1945—1948年，担任陕甘宁边区政府教育厅中教科副科长，协助厅领导定期举办中小学教师培训班，并结合边区实际，为中小学编写政治课教材等，为提高、发展陕甘宁边区教育事业做出了积极贡献。1948年秋，高云屏任延安大学秘书长、校党总支部书记。1949年初，高云屏任西北人民革命大学秘书长、教育长、党委书记，中共中央西北局直属委员会委员。在此期间，他非常重视对新解放区招收来的青年知识分子的思想教育工作，在工作十分繁忙的情况下，还认真备课，给学员讲解《中国革命问题》《论人民民主专政》《为人民服务》，启发青年学生树立为人民服务的思想。

1952年，高云屏调至北京，先后担任人民教育出版社秘书长、国家计委文教计划局局长、国家计委副主任、国务院文教办公室副主任。他坚决贯彻执行中共中央的路线、方针、政策，为社会主义革命和社会主义建设事业作出了积极贡献。

魏戈的

（1913—1947）

·简 历·

魏戈的，河南博爱人。1913 年生于清化三街。

1930 年，在南开中学初中一年二班读书，在校名魏荣震，学号 8894。

1932 年，转入北平育英中学读书，曾任校学生会主席。

1933 年，在北平参加共产党领导的中华民族解放先锋队。

1935 年，一二·九运动前夕，因组织北平爱国学生游行，被逮捕入狱，经组织营救出狱后，转到汇文中学继续读书。

1936 年，魏戈的投笔从戎，被分配到武汉八路军办事处工作。

1938 年 6 月，加入中国共产党。同年 11 月到延安抗日军政大学学习，毕业后分配到晋冀第二军分区工作，历任干事、参谋股长等职。

抗战胜利后，魏戈的所在部队改编成晋冀鲁豫野战军 2 纵队 6 旅，魏戈的任旅党委委员、队列科科长。

1947 年，在老羊山战斗中牺牲。

·业 绩·

　　魏戈的，1930 年在南开中学就读，在校期间思想进步，积极参加爱国学生运动。1932 年转到北平育英中学读书。

　　1933 年在北平参加了中华民族解放先锋队。一二·九运动前夕，北平学生郭涛因闹学运被国民党当局抓去，刑死在狱中，激起了北平学生的无比愤恨。魏戈的在北平市地下党的领导下，发动、组织抬棺游行，痛斥国民党当局的野蛮罪行。之后，魏戈的等人被逮捕，关在北新桥炮局陆军监狱，后经组织营救取保释放。

　　1936 年，魏戈的高中毕业，本准备投考大学，鉴于日军侵华猖狂，魏戈的投笔从戎，被分配到武汉八路军办事处工作。1938 年 6 月加入中国共产党，11 月到延安抗日军政大学学习，毕业后分配到晋冀第二军分区工作，历任干事、参谋股长等职。

　　抗战胜利后，魏戈的所在部队改编成晋冀鲁豫野战军第二纵队，魏戈的任旅党委委员、队列科科长。1947 年随刘邓大军南下山东，在进入大别山前，于老羊山战斗中牺牲。

卞学鐄

（1919—2009）

·简历·

卞学鐄，1919 年出生于上海，童年随父母居住天津。

1930 年，考入南开中学初一年级读书，学号 8871。

1936 年，从天津南开中学高中毕业，以天津中学毕业会考数、理、化第一名进入清华大学。后随迁昆明国立西安联合大学。

1940 年，获得国立西南联合大学航空系学士学位，之后在云南垒允中央飞机制造厂任技术员。

1942 年，任航空委员会成都滑翔机制造厂工程师。

1943 年，前往美国麻省理工学院继续深造。

1944 年，获得麻省理工学院航空系硕士学位，随后在美国纽约布法罗寇蒂斯飞机公司从事一年应力分析（振动与颤振）工作。

1946 年，返回麻省理工学院任助教。

1947 年，任麻省理工学院助理研究员。

1952 年，成为麻省理工学院助理教授，担任气动弹性与结构研究实验室科研项目负责人与指导人。1959 年晋升为副教授。1966 年晋升为教授。1989 年，成为荣休教授。

美国阿波罗计划专家、美国国家工程院院士、美国科学院院士。

2002 年，当选中国科学院外籍院士。

2009 年 6 月，病逝于美国剑桥市。

·业 绩·

卞学鐄，祖籍江苏常州，出生于教育世家，外祖父严修是南开学校的创办人。父亲卞俶成为南开中学首届毕业生，母亲严智蠲是严修长女，热心社会福利教育。

自 1951 年发表《简单悬臂梁中的结构阻尼》一文起，致力于结构动力学研究。1964 年，他在 AIAA 杂志上发表的《假设应力分布推导单元刚度阵》一文提出了"杂交应力法"，使单变量有限元法难题迎刃而解，不仅克服了技术障碍，更为有限元研究和应用开辟新方向，是有限元界引用最多的有开创性的论文之一，此后各国学者沿着他的思路使有限元理论和应用迅速发展，从固体力学领域走向所有科学和工程领域。

卞学鐄曾任美国洛克希德公司导弹系统部（1957 年）、波音公司宇航部（1959年）、通用电气公司再入系统部（1962—1965 年）的顾问，以及中国科学技术大学、北京航空航天大学、南京航空航天大学、西南交通大学等十一所我国院校的名誉教授。中国改革开放以后，卞学鐄每年回国均极力促进中国和国际学术界交流，介绍和推荐中国学者参加国际学术会议和参与学术刊物的工作，帮助在美国留学的中国研究生和访问学者。

卞学鐄是杂交有限元学派创始人，曾担任美国阿波罗计划专家、美国国家工程院院士、美国国家科学院院士、中国科学院外籍院士、麻省理工学院航空太空学系荣休教授。

卞学鐄还担任过《美国航空宇航学报》副主编、主编，《结构力学学报》编委（1972—1983 年）、《国际计算力学学报》高级顾问、《中国复合材料力学学报》编委会国际顾问，以及《国际工程数值方法》《计算机与结构》《有限元分析与设计》《应用数学与力学》等学报的编委。

卞学鐄不仅学识渊博，而且治学严谨，待人十分诚恳，在学术交流中从不以权威自居，一贯不耻下问，特别尊重他人的劳动，热心提携后辈。他在学术上的道德和风度，是学术界的典范。2009 年病逝后，国际计算工程与科学学会设立"卞学鐄奖"予以纪念。

孙养林
（1916—2003）

·简 历·

孙养林，1916 年 4 月出生于天津，名家驹，字养林。

1930 年 8 月，考入天津南开中学，1937 年 7 月，从南开中学毕业。考入北平辅仁大学。1945 年 12 月，回到南开中学任教。

1956 年，加入中国民主同盟。1957 年，任民盟南开中学支部主委。

1960 年 6 月，任南开中学副校长。

1962 年，任民盟南开中学支部主委和民盟南开区联合小组组长。

1963 年 9 月，承担南开中学实验班的生物课教学工作。是年，辞去南开中学副校长职务，专心从事生物教学。

1980 年 3 月 10 日—4 月 3 日　参加民盟天津市委赴外地学习小组，到福州、厦门、上海学习、交流中学教学经验。

1981 年，辅导学生研制的"生物教学显微投影箱"获天津市第三届青少年科技作品一等奖。是年，被评为南开中学先进个人。

1983 年，参加民盟天津市委的智力支边活动，赴新疆、甘肃、宁夏考察、讲学和咨询服务。10 月，主持民盟南开光明学校招生工作。12 月，调任民盟天津市委员会组织部副部长。

1986 年 1 月，调到天津教育学院生物系任教。2 月，中共天津市委副书记谭绍文等领导同志到家中看望和慰问。自 1979 年开始受天津市委文教部委托承担的培养生物学尖子生工作取得明显成效，先后有 15 人考取与生物学相关的高等院校，其中 7 人获博士或硕士学位，4 人出国深造。

1989 年 6 月，从天津教育学院退休。10 月 17 日，参加南开中学建校 85 周年校庆活动，所撰三篇文章收入《天津市南开中学建校八十五周年纪念专刊》。

1994 年 6 月，撰写的《从生物学特点出发，提高生物课教学质量》和《生物学科的教学》（合著）两篇文章收入《解放后南开中学的教育》一书。

2003 年 11 月 27 日，在天津病逝，享年 87 岁。病逝前，为南开中学百年校庆捐款一万元。孙养林病重期间，中共中央政治局常委、国务院总理温家宝托人前往看望。病逝后，温家宝敬献了花篮。

·业绩·

　　孙养林，全国首批特级教师，天津市劳动模范。多次被评为天津市优秀教师、天津市模范教师，曾当选天津市第四至第十一届人大代表，南开区第八届人大常委会主任，南开区第四、五届政协副主席，中国民盟第八届天津市委委员，第七届天津市委委员、常委。孙养林 1930 年考入南开中学，1937 年 7 月毕业。他经常感慨地说"我感谢南开中学"，"我们的举动行为，都是那时培养起来的，已经成了本能"。他回到母校任生物学教师，曾任教务主任、副校长，但始终在教学第一线。

　　孙养林长期担任生物学科组组长，他认为直观可以激发学生的求知欲。早在南开中学复校之初，他即倾注心力建造了生物实验室，主持制造、珍藏生物标本四百多件，亲手制作生物切片上万件，绘制生物挂图数百张。他接收了中日中学的 36 台残破显微镜，自己动手维修并重新组装，确保学生在生物课中每人一台显微镜。经他苦心经营，南开中学生物实验室成为全市乃至华北地区最佳中学生物实验室之一。他为生物学科制定了一整套行之有效的直观性教学原则：1.课堂教学应每堂课都使用教具。2.最佳教具是标本，学生由此获得的认识最直接、最真切。3.选用教具首选标本，在标本中首先考虑生物标本，其次是使用模型和挂图。4.在有标本的情况下，模型和挂图可作配合讲解之用。5.单独使用模型或挂图时，应说明实物的体积、颜色及其他特征，避免误解。6.实行"分组教具"，使学生每人一件或每小组（4—5 人）一件教具进行观察。他制定的生物学教学原则已成为南开中学生物学科的重要思想资源，是南开教学优良传统的重要组成部分。

　　孙养林讲课严谨周密，常在幽默生动、趣味盎然中蕴含高远之见。他视野广阔，学识渊博，能代课多种学科，常为学生解答其他学科的疑难问题。他的自然科学与人文科学修养深厚，见解睿智洞达。在他的主持下，南开中学生物学科在全市长期名列榜首。

　　孙养林曾将执教多年的心得写成《磬公教语》，被后人收入《孙养林先生谈教育》一书，并著有《中学生物名词解释》《中学生物练习册》《有毒植物一百种》《怎样上好生物实验课》等。

　　孙养林先生服务母校近四十年，为恢复和继承南开光荣传统立下汗马功劳，特别是在自然学科（理生化）实验室筹建和开展实验方面作出了突出贡献。

石 挥

（1915—1957）

·简 历·

石挥，原名石毓涛，1915 年生于天津杨柳青。中国著名电影表演艺术家、话剧演员、导演。

1916 年，迁至北京。

1930 年，赴东北谋生。

1932 年夏 九一八事变爆发后离开东北，回到北京。后回天津南开学校就读。

1937 年，在南开中学被日军炸毁后，随师生迁至设在耀华学校的南开特班继续上学。

1938 年，任北京剧社剧务部长并成为剧社中坚人物。

1940 年，离开北京到上海进入中国旅行剧团当演员。

1941—1946 年，先后参加上海剧艺社、上海职业剧团、苦干剧团、上海艺术剧团、艺光剧团、中国演剧社等。

1946 年，先后被选为上海戏剧电影协会监事、上海影剧演员联谊会理事。

1948 年，首次独立编导的电影《母亲》开拍，这是他根据自己的生活体验创作的作品。

1949 年，当选上海戏剧电影工作者协会执行委员、中华全国戏剧工作者协会委员。

1950 年，其自导自演的剧情电影《我这一辈子》上映，这部根据老舍小说改编的影片获得中国文化部 1949—1955 年优秀影片奖故事片二等奖。

1953 年，进入上海电影制片厂任导演兼演员。同年，执导反映抗日战争期间抗日根据地儿童战斗生活的电影《鸡毛信》，该片获得英国第九届爱丁堡国际电影节优胜奖、中国文化部优秀影片奖故事片三等奖。

1957 年，自编自导的影片《雾海夜航》拍摄完成，这是他生前完成的最后一部影片。同年 11 月，石挥失踪。

1959 年，在江苏省南汇县二灶洪地区发现石挥的遗体。

·业绩·

　　石挥出生在天津杨柳青的石家大院。石家是赫赫有名的"天津八大家"之一，但此时这个大族已经出现了败落的先兆，家族成员们纷纷探寻新的谋生之道。这时，还不到1岁的石挥，随父母迁往北京。6岁时，他进入北京琉璃厂师大附小，学名石毓涛。这时还是小学生的石挥就表现出了表演天赋，在高小的游艺会中代表班级表演独幕剧。颇令人惊奇的是此时与他搭档的董世雄，他生命中的贵人——日后帮助他进入演艺圈的著名演员蓝马。

　　中学时代他回到了天津，进入南开学校，经历了日军轰炸南开学校后被迫转到设在耀华学校的南开特班继续学业。石挥的青少年时代历尽苦难，受父亲失业病故和战乱的打击，尚在学龄的石挥不得不独立谋生，当过列车员、牙医诊所的学徒，做过茶房打杂工等，石挥还曾报考南京国立剧专和山东省立实验剧院，未被录取。

　　1942年日本侵略者占领租界，石挥与同是南开中学校友的黄佐临等人，以"齐心合力，埋头苦干"为信约，创办了"苦干剧团"。是孤岛时期活跃于上海的重要戏剧团体。1942年秋在《大马戏团》和《秋海棠》两剧中分别扮演慕容天锡和秋海棠，轰动上海，被称为"话剧皇帝"。在20世纪40年代初，石挥参演了30多个剧目。

　　中华人民共和国成立后，在文华影片公司、国营联合电影制片厂、上海电影制片厂任导演兼演员。石挥才华横溢，戏路宽广，善于刻画人物性格，既注重内心体验，又精于外在表现，是我国演技派表演艺术家的代表人物。他自导、自演的《我这一辈子》，更是中国电影史上的经典之作，被称做"平民史诗"。1950年春节公映时，是该月度最受欢迎的国产片。该片还在捷克卡罗维发利的电影节上展出，1956年荣获文化部颁发的优秀影片奖。

　　石挥是我国20世纪四五十年代最负盛名的话剧电影双栖演员之一，且本身既是演员，又是导演，无论是《日出》《假凤虚凰》，还是《宋景诗》《天仙配》和《鸡毛信》，石挥都给观众留下了教科书式的舞台形象。

　　石挥被称为最有君王气质的表演"鬼才"。他从23岁开始写东西，到42岁之间，竟然写了70多万字的《石挥谈艺录》，为后人留下了丰富而宝贵的表演创作经验。

　　1995年由广电部、中国电影家协会联合举办的世界电影100周年暨中国电影90周年纪念活动中，中国电影世纪奖评委会授予石挥"中国电影世纪男演员奖"。

方 圻

（1920—2018）

·简 历·

方圻，1920年2月15日出生于北京，字子广，籍贯安徽定远。

1937年，毕业于南开中学。

1938年起，先后就读于燕京大学、北平协和医学院、上海圣约翰大学医学院及成都华西协合大学；1946年毕业，获医学博士学位和"金钥匙奖"。

1946—1948年，在天津中央医院工作。

1948年5月，就职于北京协和医院，得遇恩师张孝骞主任。历任协和复院后第一任内科总住院医师、主治医师、副教授、教授、内科主任、副院长、名誉院长。

1954年，荣获"中国人民志愿军三等军功"。1956年加入中国共产党。

1973年起，作为周恩来总理医疗小组的副组长，从总理病重直到逝世，方圻衣不解带地守护在总理身边，几乎忘记了305医院外的一切。

1985年，被中共北京市委和卫生部党组授予"模范共产党员"称号。

1986年，被授予全国及北京市"五一劳动奖章""全国优秀医务工作者"称号。

1989年，被评为"全国先进工作者"。

1993年，被中国医学科学院、中国协和医科大学评为"协和名医"。

1994年，荣获"保健工作特殊贡献奖"。

1995年，荣获我国医疗卫生工作者最高荣誉——"白求恩奖章"。

方圻教授曾任中华医学会副会长，中华医学会内科学分会主任委员、心血管病学分会副主任委员，《中华心血管病杂志》主编，世界卫生组织医学研究顾问委员会委员等职。曾致力于成立中国高血压联盟并加入世界高血压联盟，通过举办国际会议推动中国高血压、冠心病防治事业的发展。

方圻教授是北京协和医院首批博士生导师，长期致力于八年制医学教育，为我国培养了大批临床医学人才。主编专著4部，其中《现代内科学》获得全国优秀科技图书一等奖及国家科技进步二等奖。

2018年1月30日9时49分，被周恩来总理称赞为"模范共产党员"的方圻教授，在北京协和医院因病与世长辞。

·业 绩·

方圻，我国著名医学家、医学教育家，白求恩奖章和全国五一劳动奖章获得者，党的十三大代表，北京协和医院名誉院长、原内科学系主任。

1931—1937 年，就读于天津南开中学，学号 9777。各门功课成绩优异，1931 年九一八事变后，与广大南开学子一起积极参加抗日救亡运动，是抗日杀奸团成员。

方圻教授是我国著名心血管病专家。1956 年，与吴英恺教授一道，在原解放军胸科医院基础上创建我国第一家心血管病专科医院——中国医学科学院阜外心血管病医院，并担任首任内科主任。他在国内首先开展心脏导管检查技术，对我国先天性心脏病诊断及手术治疗水平的提高起到重要推动作用。他还在国内最早开展风湿性心脏病的血流动力学研究，为血流动力学检测奠定了基础。20 世纪 70 年代以后，方圻教授主要从事冠心病、心律失常、心电生理、心血管药物等方面的研究，对各种心血管病的诊治具有极为丰富的经验。

1956 年，他成为国家领导人的保健医生，陆续参加了毛泽东、周恩来、叶剑英、聂荣臻、陈毅等党和国家领导人的医疗保健工作，并多次到国外执行医疗保健任务。

1983 年 6 月 13 日，北京协和医院原副院长艾钢阳心脏突然停止跳动。方圻果断采取一系列积极稳妥的救治措施，使昏迷了 60 个小时的艾钢阳奇迹般苏醒。

"医生对病人，不能分贵贱！"这是方圻教授从医几十年的坚定信念之一。他对每位门诊病人都和颜悦色地起身迎接，向案旁的小方凳一让："请坐！"寒冷天，在接触病人之前，他总是先把自己的一双手搓热，然后才摸脉、叩诊，使每一位病人都感觉到大夫的手和心总是热乎乎的。一位高烧四十度的败血症患者入院，必须用一种特殊抗生素，他打电话、骑自行车，找遍北京几十家医药公司和药房，连续工作 16 个小时，挽救了患者生命。仅隔两个多小时，一个患风湿性心脏病的 13 岁女孩突然心力衰竭！他又是三天三宿没有离开，终于挽救了这个年轻的生命。

医术精湛、医德高尚的方圻赢得了同事的称赞、病人的信赖、社会的认可和国家的褒奖。一位同事说："我与方大夫共事 28 年，他比我年长，学术上也高一个层次，但长期相处，都一直十分亲切。他的威信高，靠的是学术和为人。"一位病人说："凡是经方大夫治疗过的人，不管是中国人还是外国人，都会说他好。他是人们值得信赖的、可以交付生命的人。"

翁心植

（1919—2012）

·简 历·

翁心植，1919 年 5 月 10 日出生于浙江宁波。

1931 年，入读天津南开中学，学号 9651。

1937 年，从南开中学高中毕业后入读燕京大学医预系。

1940—1944 年，辗转于协和医学院、圣约翰大学医学院、上海医学院（今华山医院）、中央医院等学习。

1946 年，成都华西协合大学毕业，获博士学位。

1946 年 9 月，回到北大医院，申请内科住院医师工作，诊断出我国首例高雪病。

1949 年 8 月，从北大医院转往中和医院工作，担任内科主治医师，致力于研究肺吸虫病，创建用于诊断黑热病和肺吸虫病的简制抗原方法。

1957 年 4 月，创办我国第一份《临床检验杂志》，并担任编委会主任委员兼总编辑。

1960 年，报告了我国首例心肌梗死并发室间隔穿孔的病例。

1963 年，在世界上报道了首例白塞病合并主动脉瓣关闭病例，并提出结核自身免疫是发病的原因之一。

1965 年，调往朝阳医院任内科主任。

1972 年，开始研究肺心病，发起组织全国肺心病防治研究小组。

1978 年 11 月，加入中国共产党。

1979 年，建立北京市呼吸研究室，被任命为朝阳医院副院长。

1997 年，当选为中国工程院院士。

2012 年 7 月 7 日，因病在北京逝世。

·业 绩·

在南开求学的六年间，翁心植对校训"允公允能，日新月异"有着深刻领悟，他既培养自己爱国爱群之公德，又重视培养自己服务社会之能力，学习成绩出类拔萃。1937 年，瓮心植从南开中学（高中三年 4 组）毕业，考入燕京大学医预系。1940 年考入协和医学院，后辗转就读于上海圣约翰大学医学院、上海医学院、成都华西协和大学医学院。1946 年毕业，获博士学位。曾在北京大学医学院附属医院等处工作，1965 年起调入北京朝阳医院，历任内科主任、呼吸科主任、副院长、名誉院长。1978 年加入中国共产党，1997 年当选中国工程院院士，1999 年任北京市呼吸疾病研究所所长。

翁心植在半个多世纪的临床实践中，广泛涉猎内科学的众多领域，积累了极为丰富的临床经验，成功诊治了大量疑难杂症和危重病例，是我国医学界公认的在内科界博深兼备、享誉盛名的医学权威。20 世纪 40 年代，发现和诊断了国内首例高雪病；50 年代，致力研究肺吸虫病，创建用于诊断黑热病和肺吸虫病的简制抗原方法；60 年代，在世界上报道了首例白塞病并发心脏瓣膜损害，并提出结核自身免疫是发病的原因之一；70 年代起，在慢性阻塞性肺疾病和肺心病方面进行了大量研究，率先将肝素用于肺心病治疗，取得良好效果，创建呼吸重症监护室，使中国在这一领域达到国际水平；他开创和领导了我国的控烟工作，两度获世界卫生组织颁发的控烟金质奖章，被誉为"中国控烟之父"。

瓮心植还担任第七届全国政协委员、中华医学会常务理事兼内科学分会副主任、医学名词审定委员会副主任、世界卫生组织烟草与健康合作中心主任、中国控烟协会常务副会长、名誉会长等职务，并长期担任《中华内科杂志》《英国医学杂志》中文版总编辑。曾获得中华医学会颁发的首届医学科技进步突出贡献奖、何梁何利基金会科学进步医药奖、中国呼吸医师终身奖等。

袁汉俊

（1919—1943）

·简 历·

袁汉俊，浙江诸暨人。1919 年生于天津。

1934 年，进入南开中学高中读书，学号 B1134。

1937 年，从南开中学高中毕业。

1938 年，成为抗日杀奸团成员，多次参加抗日杀奸活动。

1939 年 4 月 9 日，在刺杀汉奸程锡庚的行动中，袁汉俊是主要成员。同年 7 月赴重庆大学读书。

1941 年 11 月，在大学毕业前，袁汉俊放弃学业，转道香港，以继续奔赴抗日一线。

1942 年，经韶关、金华，到达上海。

1943 年，由上海返回北平的途中，由于叛徒出卖，袁汉俊在天津火车站被日寇抓捕，在日寇的酷刑下，宁死不屈，慷慨就义。牺牲时年仅 24 岁。由于日寇的残忍，袁汉俊的遗体始终没有找到。

·业 绩·

袁汉俊，南开中学 1937 届学生，抗日杀奸团成员。

袁汉俊天资聪颖，秉性善良忠厚，耿直侠义，具有爱国热忱和对弱势群体的同情心。1934 年秋，袁汉俊在南开中学读书，当时袁汉俊家住天津万国桥（现今解放桥）附近的一座西式小楼里，一墙之隔是法国工部局。袁汉俊总是面朝工部局，面色凝重地倾听工部局内受严刑拷打的爱国志士和抗日青年凄厉的惨叫声。这凄惨的喊叫声激发了袁汉俊对侵略者的仇恨，从此他走向抗日救国之路。

袁汉俊与抗日杀奸团的成员们多次进行抗日杀奸活动，如火烧日军的粮库和棉花栈，炸毁日军收买的光陆电影院、中原公司和日军设的公共汽车，刺杀程锡庚和王竹林等大汉奸。在刺杀程锡庚行动中袁汉俊是主要成员，因而引起日伪当局的注意，并多次追杀袁汉俊。

汉奸程锡庚遇刺后，袁汉俊去重庆大学读书，1941 年他给抗日杀奸团的女友的信中称："我虽身在读书，但心仍在抗日……"在大学毕业的前一年，袁汉俊毅然放弃学业，回到北平，以实际行动继续抗日，打击日本帝国主义侵略者。

1943 年，由于叛徒郑有溥、齐文宏的出卖，在袁汉俊由上海返回北平的途中，在天津火车站被日寇抓捕。袁汉俊是抗日杀奸团的骨干成员，知道抗日杀奸团全部情况及成员名单，在日寇的酷刑下，袁汉俊宁死不屈，未吐露半点组织机密。最终，慷慨就义，为中华民族的解放事业献出年轻的宝贵的生命。袁汉俊在被杀害前，见到狱友冻得发抖，他把身上的皮衣脱给狱友，而自己只穿单衣走向刑场。

据抗日杀奸团的战友称："袁汉俊为人忠诚，工作积极负责，哪里有危险他就出现在哪里，对抗日杀奸团贡献很大，有关组织、总务财务等工作他全部承担，将团员名册、钱物等存放在法租界新华银行的保险柜里，他沉默寡言，性格内向，工作稳健，任劳任怨。"

吴蔚然

（1920—2016）

·简 历·

吴蔚然，1920 年 11 月 24 日出生，江苏常州人。

1937 年，天津南开中学高中毕业。

1938—1946 年，先后就读于燕京大学、北平协和医学院、华西协和大学等高等学府，获理学学士学位、医学博士学位。

1946—1948 年，就职于北平中和医院（现北京大学人民医院）。

1948—1973 年，就职于北京首都医院（现北京协和医院）外科。其间，1950 年至 1951 年参加北京市抗美援朝志愿手术队；1956 年加入中国共产党。

1973 年 10 月，调任北京医院副院长。

1977 年，被评为国务院卫生保健组先进工作者。

1979 年，被评为全国劳动模范。

1982 年起，先后当选为中国共产党第十二届中央候补委员，在中国共产党十二届四中全会上增补为中央委员，中国共产党第十三届中央委员，中国共产党第十四次全国代表大会主席团成员。

1984 年，任北京医院名誉院长。

1984 年 10 月 1 日，与邓小平同乘一辆检阅车出席盛大国庆阅兵式。

1990 年，享受国务院政府特殊津贴。

1993—2013 年，任全国政协第八、九、十、十一届全国委员会常务委员。

1994 年，获中央保健委员会特殊贡献奖。

1996 年，获人事部、卫生部共同授予的我国医疗卫生行业的最高荣誉白求恩奖章。同年再次获中央保健委员会特殊贡献奖。

2005 年，获中央保健委员会杰出专家奖。

2016 年 8 月 8 日 0 时 40 分，因病在北京逝世，享年 96 岁。病重期间，吴蔚然依然心系医学事业发展，想着为国家节省医疗资源，叮嘱后事一切从简。弥留之际，他恳求医院放弃治疗，并留下遗愿：不必再采用"插管""透析""起搏器"等创伤性治疗以拖延无意义的生命。

·业 绩·

吴蔚然，1934 年毕业于天津南开中学初中，1937 年毕业于天津南开中学高中，学号 B931。

中国共产党的优秀党员，我国著名医学家，杰出的外科专家，全国劳动模范，白求恩奖章获得者，中共中央委员，全国政协常委，原中央保健委员会委员，中央保健委员会第一、二、三届专家组副组长，中央干部医疗保健工作者的楷模，北京医院副院长、北京医院名誉院长。

吴蔚然是我国著名的外科学专家，从医近 60 年中做过的手术不计其数，他对于每一刀的位置、切口的尺寸、切入的坡度、缝合的间距，都有精确的计算和要求。已故著名外科学家曾宪九教授称他的手术"可谓炉火炖青，是科学与艺术的和谐"。

他长期从事外科医学的临床及研究工作，是我国最早开展胰岛移植治疗技术的专家之一，是最早在我国开展临床营养学研究的专家之一。他参与和主持的科研成果，曾获得国家级科技进步二等奖、国家级成果奖和卫生部科技进步二等奖等奖项，参加编写、编译多本医学著作，发表许多医学论著，其学术成就在国内外具有很大的影响。

作为中央保健专家，吴蔚然以高度的革命责任感和无私奉献精神，夜以继日地奋斗在干部医疗保健工作的第一线。20 世纪 60 年代末，吴蔚然曾为毛主席进行过一次圆满成功的手术治疗。他对周恩来总理怀有深厚的感情，早在 1965 年，曾作为保健专家随同周总理赴印尼参加万隆会议十周年纪念活动。在周总理病重期间，曾守护周总理到生命的最后一刻。曾为邓小平做医疗保健工作 20 多年，1979 年作为保健专家随同邓小平访问美国。他还多次为外国元首诊病、手术。

作为医生，吴蔚然造诣高深、医术精湛、医德高尚、淡泊名利；对待患者，他一视同仁，为救治患者倾注了全部精力；作为导师，他治学严谨，甘当人梯，对年轻医师既严格要求又细心培养，毫无保留地传授临床和手术经验，热心帮助他们解决工作和学习中的难题；他为人谦虚谨慎，平易近人，深受大家爱戴；作为共产党员，他具有坚定的共产主义信念，严守保健工作纪律和秘密，牢记自己的使命和追求，坚持原则，不谋私利，用自己的实际行动诠释了全心全意为人民服务的宗旨，为我国的医疗保健工作和人民的健康事业作出了卓越贡献。

黄 裳

（1919—2012）

·简 历·

黄裳,1919 年 6 月 15 日出生于河北井陉一个知识分子家庭。原籍山东益都。

1932 年，考入南开中学初中一年一组，注册号 8148，在校名容鼎昌。

1937 年考入上海交通大学后，向报纸副刊投稿，开始了他的写作生涯。

1942 年冬，续学重庆途中，完成了《宝鸡——广元》这日记式的旅游散文。加之《成都散记》《江上杂记》等单篇散文，成为他的第一本集子——1946 年中华书局印行的《锦帆集》，记录了他由沪入蜀两年间流浪漂泊沿途的见闻。

1944 年，被征调为驻华美军翻译官，辗转桂林、印度、缅甸。回国后，他将军中生活写成一组通讯式文章，后结集成《关于美国兵》，引起人们极大的兴趣和关注。

1945 年下半年起，任《文汇报》驻重庆和南京特派员。

1946 年末，黄裳等人主编《文汇报》副刊《浮世绘》，他连续发表了以旧戏为谈论对象的《旧戏新谈》，在当时的现实斗争中发挥了积极的作用，显示了他散文创作的新的素质，使他成功地走向了文体家的境界。

1949 年，任复刊后的《文汇报》主笔。

1950 年，任军委总政越剧团编剧。

1951 年，调中央电影局上海剧本创作所任编剧。

1956 年，从重庆、昆明，一直走到大理、芒市，历时 3 个月，发表数篇报道，并在报上辟《入蜀记》专栏。同年，重回《文汇报》任编委。

20 世纪 90 年代起，其足迹几乎遍及全国，写下了《江上日志》《黄鹤楼》《汉中书简》《天下雄关》《还乡日记》等一系列纪游散文，出版了《山川、历史、人物》《一市秋茶说越王》等多部游记散文集。这些作品融入了对现实的独特反思，文字蕴藉流畅，理致淡泊悠长。与此同时，还出版了多本说书散文集。

2011 年，以 92 岁高龄在《收获》杂志开辟《来燕榭书跋》专栏，堪称"壮举"，成为这位散文大家"最后的亮相"。

2012 年 9 月 5 日,在上海瑞金医院辞世。

·业绩·

　　黄裳，我国著名的散文家、版本收藏家和外文翻译家、剧评家。1932—1937年在南开中学初中、高中就读。他特别欣赏在南开中学时，英文老师实行的一种"直接法"的教授，这种教学中，学生不必死死记住一条条文法，只要直接接触作品从而从中"猜"出语法的规律来。这种习惯的训练和养成，极宜他随处吸取知识，涉猎极为广泛而方便，尤其在日后动乱的生活中，这种自我学习、修养的本领给他带来了极大的好处，不知不觉中形成了他思路开阔、知识广博的一面。

　　自中学时代起，黄裳开始接触和阅读新文学作品。南开中学有三家书店，出售最新出版的新文学书籍。家里寄来的生活费大多被他买了书，鲁迅、冰心、周作人、朱自清、郁达夫等作家的文集每种必买，并收有各种文学杂志。喜欢的书就反复阅读，如鲁迅的《朝花夕拾》和《且介亭杂文》就不知读过多少遍。他的散文创作受鲁迅的影响最多，其潜移默化的影响当即始于此。

　　从 20 世纪 40 年代以来，黄裳绵延不断的创作联系着我国社会的现实、历史。他不仅坚持不懈地写下了大量的作品，表达了对传统文化、历史现实的真知灼见，而且尝试了散文文体的所有体裁：抒情叙事散文、书简、游记、社会随感杂文、读书杂记、论剧杂文等都无不涉猎，并在诸多体式上都卓有成就。黄裳散文创作的成就突出地表现在他的以《旧戏新谈》为代表（包括《黄裳论剧杂文》一书所收的全部文章）的谈戏散文，和以《榆下说书》为代表（包括《榆下杂说》《银鱼集》《翠墨集》《珠还记幸》等集子）的说书散文，以及以赞美祖国山川名胜和评点历史人物文物相结合为特色的游记散文（包括《锦帆集》《锦帆集外》《花步集》《金陵五记》《晚春的行旅》等集子）和以《春夜随笔》为代表的随感杂文中，这些丰赡广博的创作构成了一个异常丰富多彩而独特的艺术世界。

　　黄裳是我国当代散文创作中最具个性和特色的作家之一。经历了半个世纪的探索和努力，他的散文创作以其数量众多、路程漫长、风格鲜明、内涵精深广博、浓厚的历史感和书卷气以及别具一格的文体、知性与理趣结合的双重内美而卓立于当代散文之林，在文坛上享有特殊地位。

　　黄裳先生还是率先重视明清时期的古籍善本，并发掘其中学术和史料内涵的收藏家，而且是版本学家，《清代版刻一隅》是其重要著作。

李如鹏

（1916—1940）

·简 历·

李如鹏，字博霄，1916 年生于河北汉沽。南开中学 1937 届学生。

1934 年，进入南开中学高一一组学习，学号 B707。

1935 年 12 月，李如鹏投身抗日救亡运动，是南开中学在一二·九学生运动中的骨干之一。

1937 年，日军攻陷天津，已经毕业的李如鹏主动留津护校，并与同学袁汉俊等爱国青年组建抗日杀奸团，他工作认真负责，善于团结战友，担任了抗日杀奸团的组织干事，参加多起针对日本侵略者的锄奸活动。

1939 年 9 月，由于叛徒告密，李如鹏不幸被日军逮捕。

1940 年 6 月，在海光寺日本宪兵队后院惨遭日军杀害，为国英勇捐躯，年仅24 岁。

·业 绩·

李如鹏，河北汉沽人。抗日杀奸团成员。

1935 年一二·九运动爆发，正在南开中学读书的李如鹏积极组织并投身抗日救亡运动。1937 年，南开中学校址遭到日军飞机轰炸，李如鹏主动参加护校斗争，全力投身反对日本帝国主义侵略的斗争。

参与组建抗日杀奸团后，经常聚集在天津英租界巴克斯道的一处小楼里开会，表示要抗日杀奸，复仇雪耻。在杀奸团期间不断袭击驻津日军，暗杀汉奸，破坏日伪军事设施，进行抗日斗争，参加了多起针对日本侵略者的锄奸活动，表现了中国人民对日寇绝不妥协、抗战到底的决心。

1939 年 9 月，由于叛徒告密，李如鹏被日军逮捕，关押在天津海光寺（日本司令部及日本兵营所在地）。日军对李如鹏施尽酷刑，并对李如鹏发出死亡威胁，李如鹏视死如归，大义凛然。临刑前他嘱托同狱难友，如果谁能出狱，转告其新婚不久、已经怀孕的妻子童瑛，待孩子出生后不论男女起乳名狱生。1940 年 6 月李如鹏在日本宪兵队被日军杀害，为中国人民反对日本帝国主义侵略的斗争献出了自己的生命。

张滂

（1917—2011）

·简历·

张滂，1917年8月25日，生于南京，原籍湖北枝江。

1934年，在北京崇实中学初中毕业后，考入天津南开中学高中，学号B694。

1937年，考入燕京大学。转年离开已沦陷的北平，经香港、越南海防，辗转到达昆明，进入西南联合大学化学系。

1942年，经杨石先推荐，进入中央研究院化学研究所。

1944年，考取英国政府为中国提供的一批研究生名额，于1945年11月抵达英国，在利兹大学进行有机合成和有机分析实验课学习。

1946年9月，转学至剑桥大学化学系。

1949年7月，获有机化学博士学位，成为第一位获得剑桥大学博士学位的中国人。中华人民共和国成立前夕回到北京，受聘于燕京大学，任副教授。

1952年，经全国高等院校调整后留在北京大学工作，任北京大学化学系副教授、教授，并承担中国人民解放军防化兵部队的两年教学任务。

1957年，与研究生完成两个系列课题"5-羟基嘧啶的合成"和"5-去氧戊内醚糖的合成"工作。所设计的合成路线使这类化合物首次合成成功，在当时国内外同行中处于领先地位。

1959年，翻译由著名化学家费塞尔夫妇合著的有机化学教材名著《有机化学》。

1978年，历任中国化学会第二十、二十一、二十二届理事会常务理事、有机化学委员会副主任委员兼有机合成学科组组长。

1984—1990年，任国家教育委员会化学系课程结构研究小组组长，当选北京市化学会理事长。

1985年，当选北京市化学研究会理事长。

1991年，当选中国科学院化学部学部委员。

2011年11月29日，在北京逝世。

天津南开中学人物志

·业 绩·

　　张滂之父张子高是中国近代著名化学家。张滂在清华照澜院度过童年时光，受其父熏陶，从小酷爱化学。张滂于 1934 年在北京崇实中学初中毕业后，进入天津南开中学学习。三年的高中学习，使他在中文、英语和数理化方面都打下了扎实基础。

　　1937 年抗日战争爆发后，临时考入燕京大学，后入西南联合大学学习。1942 年毕业后，入中央研究院化学研究所工作。1945 年，张滂赴英，先入利兹大学，后于 1946 年转入剑桥大学学习，1949 年从剑桥大学毕业，并获博士学位。随后，回国受聘于燕京大学，任职副教授；1952 年院系调整后担任北京大学化学系教授。张滂曾多次领导组织全国性和北京市的有关化学教学和科研成果交流等学术活动，为我国培养了众多化学专业人才，为我国化学科教事业的发展做出了重要贡献。

　　张滂长期从事有机合成化学的教学与科研，注重基础理论研究，研究领域涉及以天然产物为中心的合成、新型化合物和试剂的设计及合成方法的研究等。主要研究成果有内醚 5- 去氧戊糖、维生素 B6、5- 羟基嘧啶和天然花醌的合成路线；氧杂环丁醇、含氧菁燃料、水溶性氨基保护基和油水双溶性接肽试剂的设计与合成；以及共轭不饱和酮的合成新方法。20 世纪 50 年代，张滂翻译出版了费塞尔夫妇合著的名著《有机化学》；80 年代主编出版了《有机合成进展》。

　　张滂毕生热爱祖国，崇尚科学，追求真理，淡泊名利，与人为善，严于律己，将全部心血奉献给了化学教育和研究事业，是我国化学界的一代楷模。

白涤心

（1921—1949）

·简 历·

白涤心，1921年生于河北南宫城关太平街。

1936年，在天津南开中学上学。

1937年，因南开中学被日军轰炸，白涤心离校返回南宫。

1938年5月，在南宫参加八路军一二九师东进纵队，任政治部文化干事、民运干事，同年加入中国共产党。

1942年，调八路军一二九师新编第四旅771团任政治处干事，后随团开赴延安。

1944年，调延安炮兵学校学习。

1945年，任东北人民解放军第九纵队26师炮兵营连长。

1947年，参加解放河北省平沽、迁安等战斗。

1948年1月，参加攻打辽西大凌河战斗。同年10月，参加解放辽宁省锦州市攻坚战。11月，任中国人民解放军46军137师直属炮兵一连连长。

1949年，参加平津战役，任137师炮兵连长，1月6日在灰堆白麻地牺牲，牺牲后葬于津郊南马集。

·业 绩·

　　白涤心，又名白涤新，1936—1937 年就读于天津南开中学。曾任中国人民解放军 46 军 137 师山炮营一连连长。

　　1937 年白涤心从天津返回家乡，在南宫县参加八路军一二九师东进纵队，并加入中国共产党。经过连年征战，1942 年到达延安，在延安炮兵学校学习后，赴东北人民解放军第九纵队任 26 师炮兵营连长。在辽沈和平津战役中率领连队屡立战功。

　　在解放天津的灰堆战斗中，为巩固突破口，掩护我后续部队迅速突入，白涤心率一连战士，迅速转移火力，压制国民党守军炮火，国民党守军的炮弹不断在阵地周围爆炸，白涤心全然不顾，沉着冷静地操纵火炮，将一发发炮弹射向国民党守军阵地。在攻打灰堆白麻地的战斗中，他的腿被炸断了，血流不止，仍然顽强地坚持指挥，组织驭手和后勤人员搬运炮弹，指挥全连奋勇还击，后终因流血过多，不幸牺牲。牺牲前，他还曾对战友胡永才说："这次仗打完后，我要到母校南开中学去看看。"连长的牺牲更激起了指战员们对国民党军的无比仇恨。战士们高喊着："以血还血，为连长报仇，把敌炮揍哑！"全连六门山炮以最大射速向国民党守军射击，终于压制了国民党守军炮火，使我后续部队迅速进入突破口，全歼了灰堆国民党守军。白涤心牺牲后被安葬在灰堆西南面的南马集。

　　白涤心烈士的英名现被镌刻在平津战役纪念馆的英烈墙上，供各界群众凭吊瞻仰，他当年的战友胡永才曾专程到平津战役纪念馆缅怀牺牲的战友，当他在英烈墙上看到白涤心的名字时，老人久久驻足，用颤抖的声音告诉随行人员："白连长还是天津南开中学的学生呢！"

吴　宪

（1915—1995）

·简 历·

吴宪，原名吴熙武，字宪卿，1915年出生于河北吴桥。

1931年，考入天津南开中学，在校名吴熙武，学号9675。

1932年，参加中国共产党的外围组织——社会科学联盟。

1935年，被选为天津南开中学学生会主席与天津市学联常委。

1936年秋，转到北平大同高中三年级，并参加中华民族解放先锋队，任第一区队长。

1938年1月，加入中国共产党。年底，受中共河南省委与刘少奇同志派遣，到一战区十三军张轸部战地抗日救亡工作团任团长，从事发动民众抗日救亡工作，不久后转入新四军豫皖苏边区抗日根据地。

1940年8月，调新四军六支队政治部，任联络科长兼涡阳联络站站长。

1941年11月，担任中共淮北区党委敌工部部长。

1943年9月，兼任新四军四师敌工部副部长。后担任中共中央华中分局城工部副部长，华中野战军政治部联络部部长，华东野战军政治部联络部部长，中国人民解放军第35军军党委副书记、政治部主任，第34军军党委副书记、副政委等。

1946年1月9日，争取郝鹏举起义成功。

中华人民共和国成立后，历任浙江省委秘书长、浙江省委常委，杭州市委书记，杭州市市长，中共浙江省委书记处书记，浙江省副省长、浙江省政协副主席。中共八大代表，第一、二、三届全国人大代表。

1995年7月21日，因病在杭州逝世。

·业绩·

吴宪，河北吴桥人，1915年6月出生于一个破落的地主家庭，6岁开始上学。1931年考入天津南开中学，在中学时代就接受了进步思想。

1935年底，吴宪被选为南开中学学生会主席与天津市学联常委，他率领全校学生徒步到杨柳青参加请愿活动，后又同平津各校学生一起南下，要求国民党政府抗日。次年参加中华民族解放先锋队，任第一区队长，积极投身抗日救亡活动。

1938年参加新四军，同年加入中国共产党。参加新四军以后，吴宪组建和领导敌工机构，积极开展对敌军、伪政权的分化瓦解，争取和发展秘密党员等工作。在1941年和1942年抗战最艰苦困难的时期，吴宪与同志们采取积极措施，把工作重点放在津浦铁路宿县至蚌埠段沿线，依靠已经建立各个敌工站，一方面孤立国民党顽固派，一方面也加强对伪军、伪组织的争取工作。经过不懈努力，在淮北全地区建立起一支坚强精干的敌工力量，在众多伪军、伪组织中建立了关系，在敌占区发展秘密党员100余人，瓦解伪军达5000人，同正面战场相配合，有力地改变了淮北根据地腹背受敌的被动局面。

1943—1946年，在陈毅同志领导下，吴宪密切关注伪淮海省省长、伪第八方面军总司令郝鹏举的动向，通过在郝部发展特别党员的方式，抓住有利时机，积极策动郝鹏举部起义成功，并因此获得中共中央军委传令嘉奖。

解放战争时期，吴宪参加了华东战场的苏中、两淮、宿北、鲁南、莱芜、孟良崮、沙土集，进军豫苏皖、豫东、济南、淮海和渡江等重大战役，为总部提供战役情报，认真执行中央军委做好俘虏工作的指示，参与领导了起义的原国民党部队的整编改造工作。

中华人民共和国成立后，吴宪在省委、省政府的统一领导下，为恢复国民经济、巩固人民政权，做了大量卓有成效的工作。1953年，吴宪兼任杭州市城市建设委员会主任，吸收城建和园林专家参加，并邀请外国专家帮助进行城市总体规划，为加强杭州的城市规划和市政建设打下了基础。1955年，吴宪调到省里工作，分管浙江省工业、计划、基本建设等工作，对浙江经济发展的方向、规划和具体建设工作提出许多重要意见。他还争取重大建设项目，立项建设杭州钢铁厂、新安江水电站、长广煤矿等工程，努力改变浙江省工业基础薄弱状况。

涂光炽

（1920—2007）

·简 历·

涂光炽，别名余漠、王育之。1920 年 4 月 2 日生于北京。

1931 年，从武汉到天津，先就读于天津浙江小学，9 月考入南开中学。

1937 年 6 月，从南开中学毕业，考入长沙临时大学，但随即赴陕西长安县、临潼县参加抗日救亡宣传工作。

1938 年，在延安抗日军政大学第五期四大队学习。

1939 年，化名王育之在陕西蒲城中学从事党的地下工作。

1940 年，入读西南联合大学地质地理气象学系。

1945 年，入美国明尼苏达大学学习，1949 年毕业，获博士学位。1949 年，在美国宾夕法尼亚大学被聘为副研究员。参与发起留美中国科学工作者协会。8 月，在美国纽约秘密加入中国共产党。

1950 年 8 月，动员和组织 120 余名中国留美学者归国。回国后，任清华大学地质地理气象学系副教授，成为中国讲授地球化学课程的第一人。

1951 年，赴苏联莫斯科大学进修，1954 年 12 月获副博士学位。

1955 年，先在北京地质学院任教，后调任中国科学院地质所工作，任研究员。1959 年，任地质所矿床研究室主任。1961 年，任地质所副所长。1965 年，被提名为地球化学所领导班子成员。

1970 年，被下放到铀矿床地球化学研究室，做一般铀矿地质的室内研究。

1977 年，任地球化学所第一届学术委员会主任。1978 年 4 月，被任命为中国科技大学地球和空间科学系副主任。10 月，当选为中国矿物岩石地球化学学会首任理事长。1979 年，被任命为地球化学所所长。

1980 年，当选为中国科学院学部委员。1981 年，在中科院第四次学部委员大会上当选为中国科学院主席团成员，第三任地学部主任。

1993 年，当选为第三世界科学院院士。1995 年，当选为俄罗斯自然科学院院士。1995 年，获何梁何利基金科学与技术进步奖。2006 年，在庆祝中国科学院地球化学研究所建所 40 周年大会上被授予丰碑奖。

2007 年 7 月 31 日，在北京逝世。

·业 绩·

涂光炽，祖籍湖北黄陂，其祖父涂福田是清末的翰林，其父涂允檀是伊利诺伊大学政治学博士，长期从事外交工作。生长在书香世家，涂光炽从小就接受了良好教育。1931年，随父亲从武汉到天津，同年9月考入南开中学。

南开中学良好的学习环境激发了涂光炽的求知热情，他考试成绩总是名列前茅，不仅在理科方面成绩出色，国文、英文更是优异。涂光炽在南开中学还受到张锋伯、李璞等爱国师生的影响，参加了学生抗日团体组织"友社"。一二·九运动爆发后，天津为支援北京学生，举行了一二·一六罢课游行示威，涂光炽担任这次运动的纠察和宣传工作，受到深刻的爱国主义启蒙教育。

面对日寇的入侵，涂光炽从南开中学毕业后，毅然投笔从戎。他来到陕西参加了半年多的抗日宣传，后奔赴延安抗大学习，又化名王育之在西安蒲城中学秘密从事党的地下工作。1940年9月，涂光炽根据党组织指示，回西南联大继续读书。

涂光炽在西南联大刻苦攻读，以全校地质论文第一的成绩毕业，经组织同意赴美国明尼苏达大学留学，并获博士学位。在美留学期间，他组织"留美科协"等进步学生组织，并于1949年8月在纽约加入中国共产党，成为1945—1950年中共在美国发展的唯一党员。1950年8月，涂光炽组织带队120多名留美学者，克服艰难险阻，乘"威尔逊总统号"回到祖国，投身新中国的社会主义建设。

回国后，涂光炽到清华大学地质系任教，成为我国开设地球化学课程第一人。1951年，被国家选派去苏联攻读矿床学，1954年获莫斯科大学副博士学位。学成回国后，涂光炽先后在中国科学院地质研究所、地球化学研究所等单位工作，历任副研究员、研究员、副所长、所长、名誉所长。1978年，当选为中国矿物岩石地球化学学会首任理事长，1980年当选为中国科学院学部委员，1981年任中科院地学部主任，后当选为俄罗斯科学院院士、第三世界科学院院士。

涂光炽从事地学研究近70年，为中国地球化学事业作出了许多开创性贡献：20世纪50年代，组织领导祁连山综合地质考察；60年代从事花岗岩有关矿床及铀矿地质研究；70年代着重于富铁矿床等方面研究；80年代主要从事层控矿床的研究及新疆北部地质及黄金地质研究；90年代主要从事超大型矿床、低温地球化学及分散元素成矿方面研究。他主要执笔的专著《中国层控矿床地球化学》，被誉为我国矿床和地球化学史上一部里程碑式的巨著，获国家自然科学一等奖，此外还曾获中国科学院竺可桢野外科学工作奖、何梁何利基金科学与技术进步奖、国家科技进步二等奖等。

万国权

（1919—2017）

·简 历·

万国权，祖籍吉林农安。1919 年 3 月出生于吉林洮南。

1932 年，考入天津南开中学，初一年级三组，学号 B218。

1935 年，参加一二·九大游行，在一二·九运动中参加"交通队"，负责到女一中等地送情报。

1936 年，从南开中学毕业。毕业后继续投入抗日救亡学生爱国运动。

1940 年，考入重庆中华大学工商管理系学习。

1945 年，从重庆中华大学毕业后任天津市利中酸厂股份有限公司副经理、经理。

1950 年，加入中国民主建国会。

1954 年，公私合营后，历任天津市利中酸厂副厂长，天津市染料化学工业公司副经理，天津市化学制造同业公会主任委员。

1957—1963 年，任天津市河东区工业局副局长，区工商联主任委员。

1964—1977 年，任天津市工商联秘书长。

1977—1983 年，任全国工商联常务委员、天津市工商联副主任委员，民建天津市委会副主任委员，天津市政协副秘书长。

1983 年，任民建中央副主席。

1985 年，继续担任民建中央副主席，兼任民建中央执行局主任。

1988 年，担任澳门基本法起草委员会委员。

1992 年，任民建中央常务副主席。

1993 年，当选第八届全国政协副主席，兼全国政协祖国统一联谊委员会主任。

1997 年，任民建中央名誉副主席。曾兼任全国工商联顾问，中国和平统一促进会会长、名誉会长，中国国际交流协会副会长。

1998 年，当选第九届全国政协副主席。

2004 年，到南开中学参加母校百年校庆纪念活动并题词。

2017 年 3 月 23 日，因病在北京逝世。

天
津
南
开
中
学
人
物
志

·业 绩·

万国权，著名的社会活动家，中国民主建国会的杰出领导人，中国共产党的亲密朋友，中国人民政治协商会议第八、九届全国委员会副主席，天津南开中学的杰出校友。

万国权 1932 年考入天津南开中学，在校期间积极参加反抗日本侵略的斗争，还参加了一二·九大游行。1936 年从南开中学毕业。万国权在校期间受到进步思想影响，立下了报国志向。多年来对母校怀有深厚感情，并一直关心母校的发展，南开中学百年校庆时曾专程到校祝贺并题词："贺天津南开中学百年华诞"，在接受母校学生访问时深情地回忆说："在南开中学读书，为自己一生打下很好的基础。""南开中学不但是教书，更重要的是告诉学生怎样做人……"

万国权作为东北军著名爱国将领万福麟之子，家庭条件优越，但在日军侵入中国后，积极参加抗日救亡学生爱国运动。抗战胜利后，决心走实业救国的道路，回天津担任家族企业天津利中酸厂经理。中华人民共和国成立伊始，他带头认购公债，还亲自上台参加京剧义演募捐。他认识到只有在中国共产党的领导下坚持走社会主义道路，中华民族才能真正得到复兴，1954 年 1 月，他率先对家族企业实行公私合营，成为天津私营企业转变为国有企业的典范。

在担任民建中央领导人期间，他带领民建会员与中国共产党同心同德，为社会主义建设大局服务，切实履行参政议政、民主监督的职责，1989 年代表民建中央在全国政协七届二次会议上作了《在坚持的前提下逐步完善、丰富、发展中国共产党领导的多党合作制度》的大会发言。1993 年，在他的参与下，民建中央向中共中央提出《关于在宪法中明确规定中国共产党领导的多党合作和政治协商制度的建议》，被写入全国人大八届一次会议宪法修正案。

中共十一届三中全会后，万国权积极拥护中国共产党在社会主义初级阶段的基本路线和方针政策，为改革开放和社会主义现代化建设事业献计献策，从领导岗位退下来以后，仍一如既往地关心祖国改革开放和社会主义建设事业。

张存浩

·简历·

张存浩，籍贯山东无棣，出生于天津。

1938年，就读南开学校重庆南开中学。

1943年，考入厦门大学。

1944年，转入重庆中央大学化学工程系。

1947年，于国立中央大学化工系（现为南京工业大学）毕业。

1947—1948年，于天津南开大学化工系攻读研究生。

1948年，赴美留学，在爱阿华州大学攻读研究生。

1950年，获美国密歇根大学硕士学位，后放弃攻读博士学位的机会和优越的工作、生活条件，同年10月回国。

1959年，投入火箭推进剂的研究。

1973年，开始从事化学激光研究。

1980年，当选为中国科学院院士。

1983年，与庄琦等发明了一种在超高速流中大量制备一氟化氮两种电子激发态的方法，与合作者开展脉冲氧碘化学激光器研究。

1984年，当选为中国科学院化学部常委。

1985年，在国际上首次研制出放电引发脉冲氧碘化学激光器，效率及性能处于世界领先地位。

1986—1990年，出任中国科学院大连化学物理研究所所长，倡议设立专门从事学风管理的机构——国家自然科学基金委员会监督委员会。

1992年，研制出中国第一台连续波氧碘化学激光器。

1998年，当选为国务院学位委员会委员，同年获颁香港中文大学荣誉理学博士学位。

2013年，获得国家最高科学技术奖。

2016年1月4日，国家天文台将编号为"19282"的小行星命名为"张存浩星"。

·业 绩·

张存浩，是中国高能化学激光奠基人、分子反应动力学奠基人之一，长期从事催化、化工、火箭推进剂、化学激光、分子反应动力学等尖端和前沿科技领域的研究，成果具有开创性，不少成果居于世界领先地位。

"国家的需要就是我的研究方向。"张存浩接手的第一份工作是解决中国石油资源匮乏和朝鲜战争对燃料供给的双重压力。20世纪50年代，张存浩与合作者研制出水煤气催化合成液体燃料的高效熔铁催化剂，乙烯及三碳以上产品产率均超过当时国际最高水平。60年代，中国亟须独立自主发展国防技术，他迅速转向火箭推进剂和燃速理论研究，与合作者首次提出固体推进剂燃速的多层火焰理论，第一次比较全面完整地解释了固体推进剂的侵蚀燃烧和临界流速现象。70年代，开创了中国化学激光的研究领域，主持研制出中国第一台氟化氢/氘化学激光器，整体性能指标达到当时世界先进水平。

20世纪80年代以来，张存浩开拓和引领中国短波长高能化学激光的研究和探索。他领导的研究团队率先开展了化学激光新体系和新"泵浦"反应的研究；开展了双振多光子电离光谱技术研究分子激发态和分子碰撞传能动力学研究，取得了多项国际领先的研究成果。在国际上首创研究极短寿命分子激发态的"离子凹陷广谱"方法，并用该方法首次测定了氨分子预解离激发态的寿命为100飞秒，该成果被列为亚洲代表性科研成果之一。在国际上首次观测到混合电子态的分子碰撞传能过程中的量子干涉效应，并明确此量子干涉效应本质上是一种物质波的干涉。

张存浩宽厚待人，严于律己，一贯注重科技人才的培养，积极创造和提供有利条件，促进团队中一批中青年骨干成长为具有国际影响的科学家。在担任国家自然科学基金委主任期间，积极推动制定了资助青年科学家的政策和制度，营造有利于创新的科研环境，为优秀青年科学家的快速成长提供了良好的发展空间，培养硕士、博士生30余名。

黄宗江

（1921—2010）

·简 历·

黄宗江，作家、演员、编剧，浙江瑞安人。1921 年 11 月 3 日生于北京西单大木仓，家中兄弟姐妹七人。

1931 年，以"春秋童子"的笔名在《世界日报》上发表独幕剧。

1935 年，考入天津南开中学高中，学号 B1645。

1938 年，高中毕业后（毕业前在耀华中学上一年南开特班）考入燕京大学外国文学系。与孙道临等组织燕京剧社，演出《雷雨》等名作。

1940 年，退学后到上海，后经黄佐临介绍，考进了上海剧艺社。

1942 年，主演话剧《秋海棠》。并参加了夏衍领导的中国艺术剧社。

1943 年，黄宗江脱离演艺界，加入了海军。

1946 年，抗战胜利后复学回到燕京大学。

1947 年，因吐血从燕京大学退学。创作四幕话剧《大团圆》，由上海清华影片公司改编成电影。

1949 年 5 月，参加中国人民解放军，任华东军区专业创作员。

1952 年，入总政文工团。

1957 年，其作品《柳堡的故事》获文化部全国电影文学剧本创作三等奖。

1958 年，调入八一电影制片厂，任编剧。其创作的《海魂》和《农奴》分别在卡洛维·发利和菲律宾国际电影节上获奖。《海魂》还获得 1959 年捷克斯洛伐克第十届劳动人民电影节"为世界和平而斗争"二等奖。

1963 年，完成代表作《农奴》，标志着他的电影剧作达到了一个新高度。

1964 年，加入中国共产党。同年随八一电影厂摄影队赴越南南方前线。

1982 年，担任剧情电影《柯棣华大夫》的编剧。同年，担任柏林国际电影节评委。

2010 年 10 月 18 日，因结肠癌引起肺感染医治无效，在解放军 301 医院逝世。

· 业 绩 ·

黄宗江 1921 年生于北京一个书香世家，父亲曾是清末最后一科的洋翰林，后在电话局任工程师。

黄宗江自幼显露文艺才能，10 岁时即在《世界日报》杂志上发表寓言独幕剧《人的心》。1935 年，考入南开中学读高中，在校时积极参加"南开剧社"的文艺活动，并曾用英语表演《基督山伯爵》。南开中学后来被黄宗江称为自己戏剧之路的摇篮。1938 年进入燕京大学后，参与组织"燕京剧社"，并在《雷雨》中扮演男主角周冲。

1940 年，黄宗江中断在燕京大学的学业前往上海，考进上海剧艺社。参演剧情电影《乱世风光》，还主演话剧《秋海棠》。1945 年，创作个人第一部电影剧本《大团圆》，这是黄宗江第一个搬上舞台和银幕的作品。1949 年，加入中国人民解放军，在华东军区担任专业创作员。1952 年，调入总政文工团。1957 年，与胡石言共同担任电影《柳堡的故事》的编剧，他凭借该片获得中国文化部电影文学剧本创作三等奖；同年，与沈默君共同担任军事电影《海魂》的编剧。1958 年，调入八一电影制片厂担任编剧。1959 年参演剧情电影《矿灯》。1963 年，由其担任编剧的电影《农奴》上映。"文革"后黄宗江创作了《秋瑾》等电影剧作。1982 年，担任剧情电影《柯棣华大夫》的编剧，影片讲述了柯棣华大夫的故事。同年，担任柏林国际电影节评委。1993 年，参演了剧情电影《飞越、飞越》。1994 年，其戏剧戏曲选集《黄宗江剧作选：舞台集、嫁接集》出版。2010 年，由黄宗江出演的电视剧《生死桥》播出，他在剧中饰演深居雍和宫，好周易八卦，精通玄学，始终给人以浓重神秘色彩的前清太监王公公。2013 年，由其创作的话剧剧本《南国梦》出版。

黄宗江还创作了大量优秀的文学著作，包括剧影散文选集《长歌集——黄宗江剧影散文选》，小说《梅兰芳与马连良》，散文集《历历在目》《小题小作》《戏痴说戏》《卖艺人家》《大忙大闲·偷忙偷闲》等，都受到读者的喜爱和好评。

黄宗江是一个著名的作家和演员，同时也是一个战士，在抗美援朝和 1964 年援越抗美战争中，他都曾亲临前线。

阎　雷

（1918—1942）

·简 历·

阎雷，辽宁大连人，原名阎承志。1918 年生于辽宁大连旅顺水师营龙眼泉。

1931 年，在家乡的水师营小学毕业，时逢九一八事变发生，他不甘心做亡国奴，私自离家出走，流亡关内。

1934 年，考取天津南开中学，入初中三年四组，学号 B618，在校名阎承志。

1936 年夏，经南开中学保送，考入空军军官学校第十期，到南京小营空军军官学校空军入伍生营受训。

1937 年，随入伍生营迁到江西南昌。

1938 年初，转入空军军官学校柳州分校（后改称初级班）接受初级飞行训练。后转入云南蒙自接受中级飞行训练，中级飞行训练结束后，转入昆明空军官校高级班接受驱逐机训练。在校期间潜心学习飞行原理、航空机械、通信、气象和兵器等学科，努力钻研技术。

1940 年 3 月，作为第十期驱逐组飞行生毕业。毕业后随驱逐组留在昆明，一边进行部队战斗训练，一边担任昆明的空中警戒任务。同年 8 月，以准尉见习官的身份被调到驻重庆白市驿机场号称"皇家空军"的第四大队，后被调回昆明空军警官学校，担任驱逐机机组飞行教官，兼任学生队的区队长。在教学之余，继续研究改进空中轰炸的技术和战法。

1942 年 6 月 4 日，在从昆明巫家坝机场挂弹起飞做轰炸试验时不幸殉职。

·业绩·

阎雷，1918年出生于一个书香门第，在家乡的水师营小学毕业后，时逢九一八事变发生，他不甘心做亡国奴，遂流亡关内，1934年考入天津南开中学，插班初中三年级四组，在南开中学期间，他不仅努力读书，同时也积极参加学生活动，进行抵制日货的宣传。假期里，还经常和同学深入农村，边帮助农民劳动，边进行抗日救国的宣讲。渐渐地他意识到，国难当头，只有拿起枪杆子，才能打败日寇，收复河山，于是他愤而投笔从戎。1936年夏，经南开中学保送，他考入了空军军官学校第十期，到南京小营空军军官学校空军入伍生营受训。翌年，七七事变后抗日战争全面爆发，入伍营迁到江西南昌。1938年初开始，他在柳州、蒙自空军军官学校接受初级、中级飞行训练以后，转入昆明空军军官学校高级班接受驱逐机训练，在训练飞行中，他重视空中射击的基本训练，同时向空、地靶实弹射击成绩好的同学虚心请教，他认为，艺高人胆大，基本功过硬了，才会更勇敢。经过不断摸索、实践，他还大胆地提出了改进地面飞靶弹射装置的建议，从而提高了飞靶射击辅导训练的效果，受到学校的表扬。在1940年3月10日举行的第十期驱逐组飞行生毕业式上，阎雷因毕业成绩优异而获奖，还奉命表演了个人的飞行特技，受到大家的称赞。毕业后留在昆明，一边进行部队战斗训练，一边担任昆明的空中警戒任务。

1938年，国民政府迁都重庆后，从1939年夏开始，日本侵略军就经常派飞机深入重庆等西南大后方城市狂轰滥炸。面对敌人的猖獗，阎雷义愤填膺。他在写给他二哥的信中说："国恨家仇不能报，枉作一个军人。"于是，他下定决心研究如何用少量驱逐机打击敌军大编队轰炸机群的空战战术。当时，由于科技落后，没有可参考的资料，他深入兵工厂，请教技术人员和工人师傅，共同研制小型定时炸弹。曾在昆明滇池上空多次进行空中爆炸试验，获得成功。8月份，以准尉见习官的身份暂调驻重庆白市驿机场第四大队时，针对当时中国在中日空军力量对比中处于劣势的情况，研究"空中轰炸"新战法，经实战取得成功，这是中日空战史上的首创。经历这次空战后，敌机再也不敢肆无忌惮地使用上百架的大编队来重庆进行轰炸了。

1940年，阎雷被调回昆明空军官校，担任驱逐机机组飞行教官，兼任学生队的区队长。1942年6月4日，为阻截日军进犯，奉命炸毁保山惠通桥，在做轰炸试验时，因一颗炸弹脱落爆炸，阎雷以身殉国。

马杏垣

（1919—2001）

·简 历·

马杏垣，祖籍河北乐亭，1919 年出生于吉林长春。

1931 年，九一八事变后，刚刚小学毕业的马杏垣先后就读于河北昌黎汇文中学和天津南开中学。

1936 年，在天津南开中学高二 3 组学习后，赴重庆南开中学继续学习。在学期间曾以"马蹄"为笔名在共产党主办的《新华日报》上发表表现八路军战士的木刻画。

1938 年 5 月，加入中国共产党，在八路军办事处接受培训，在白区从事地下革命活动，并于同年秋考入西南联合大学地质地理气象学系，师从袁复礼教授。毕业后留在西南联大地学系担任助教。

1946 年，赴英国爱丁堡大学地质系攻读博士学位。

1948 年，回到祖国，担任北京大学地质学系副教授、教授。

20 世纪 60 年代，深入研究华北地台变质岩区构造，提出华北地台是由若干变质地块和变质褶皱带组合而成。

1978 年，参加首次全国科学大会并获奖，同年担任第五届全国政协委员。

1980 年，当选中国科学院学部委员。

1982 年，担任国际岩石圈计划委员会执行局委员，出任《中国岩石圈动力学图集》主编。

2001 年 1 月，逝世。

·业 绩·

马杏垣，1919 年出生于吉林长春。九一八事变后离开东北。1935 年进入天津南开中学学习。在一二·九运动中，他曾参加南下请愿团。抗战爆发后，辗转到重庆，进入南开学校重庆南开中学继续学习。在南开中学期间，他的爱国思想锤炼得更加成熟。

1938 年，马杏垣加入中国共产党，并在八路军办事处接受培训，参加白区地下工作。同年考入西南联大地质地理气象学系，毕业后留校任助教。1945 年，考取英国文化委员会奖学金，经党组织同意，于 1946 年赴英国爱丁堡大学地质系留学，1948 年获博士学位，并在伦敦第 18 届国际地质大会上宣读论文。

1948 年归国后任北京大学地质学系副教授。中华人民共和国成立后，历任北京大学副教授、教授，参与筹建北京地质学院的工作，后任北京地质学院教授、教研室主任、副教务长和副院长等职，创建了北京地质学院第一个野外天然实验室，长期从事中国区域地质构造、岩石圈动力学和前寒武纪地质构造的研究，创立了解析构造学。主持编写了《中国区域地质》教科书，编制了中国大地构造图。20 多年来培养了十余名博士、数十名硕士，不顾年迈带领学生考察了多个山脉、地震区带、断裂带、盆地地堑、高原等，走遍祖国南北东西。

1978 年，任第五届全国政协委员，同年调任国家地震局副局长，兼国家地震局地质研究所所长。1980 年当选中国科学院学部委员，并担任中国地质学会副理事长、中国地质学会构造地质专业委员会主任，《地质评论》《地震地质》等刊物主编、副主编。曾任国际地震危险咨询委员会委员。曾获得国家地震局科技进步一等奖、国家自然科学三等奖、国家图书一等奖、国家科技进步三等奖。

孙孚凌
（1921—2018）

·简 历·

孙孚凌，原名孙福龄，祖籍浙江绍兴。1921年9月出生于黑龙江黑河。

1933年，进入天津南开中学学习，学号B311，1938年从南开中学高中毕业。在南开中学读书时，深受进步学生的影响，积极参加抗日爱国学生运动。

1938—1940年，先后在燕京大学物理系、西南联合大学数学系学习。

1940—1941年，任滇缅公路局昆明西站职员。

1941—1945年，先后在成都光华大学政治经济系、成都华西大学经济系学习。

1945—1948年，历任重庆天府煤矿营运处办事员，行政院善后救济总署冀热平津分署专员，南京淮南煤矿矿路公司下关营运处课员。

1948—1954年，任北京福兴面粉厂经理、厂长，北京市工商联秘书长。在此期间，于1949年参加共青团外围组织"职业青年联盟"，并加入中国民主建国会，协助中国共产党开展北京工商界的工作。

1955—1958年，任北京市公私合营面粉总厂厂长，北京市工商联副主委。

1958—1983年，历任北京市服务事业管理局局长，北京市工商联主委，中国民主建国会北京市委会副主委，北京市对外贸易局副局长，北京市政协副主席。

1983—1988年，任北京市副市长，全国工商联副主委兼北京市主委，中国民主建国会北京市委会副主委。

1988—1998年，任北京市政协副主席，全国工商联常务副主席、名誉副主席，北京市工商联主委。其间1993年当选为第八届全国政协副主席。

1998年，当选为第九届全国政协副主席。

1998—2002年，任全国工商联名誉副主席。

2003年，从全国政协领导岗位上退下来后，仍一如既往地关心国家经济社会发展，积极献言献策。

2018年5月18日，因病在北京逝世。

·业绩·

孙孚凌是著名的社会活动家，中华全国工商业联合会的杰出领导人，中国共产党的亲密朋友，中国人民政治协商会议第八、九届全国委员会副主席，天津南开中学的杰出校友。

孙孚凌多年来一直关心南开中学的发展，2000年曾为母校题词"爱国主义教育始终是南开学校的基础课"，2004年南开中学百年校庆时曾专程到校祝贺。

孙孚凌是中国现代民族工商业者的优秀代表，1948年12月，怀着对中国共产党的充分信心，由南京北上出任当时北平最大的民族工业企业之一福兴面粉厂经理，积极响应中共北京市委、市政府的号召，在缴纳税款、稳定物价、发展生产、认购公债等方面发挥模范带头作用，并在企业率先建立健全了党、团、工会等基层组织。抗美援朝期间积极带头为志愿军捐款，并两次作为首都工商界代表前往朝鲜前线慰问，回国后又以自己的亲身感受向广大工商业者进行爱国主义宣传。孙孚凌还带头申请对家族企业进行公私合营，为北京市资本主义工商业的社会主义改造起到了表率和促进作用。改革开放后，北京市成立工商联投资服务公司，孙孚凌担任董事长兼总经理，在他的带领下，先后安置了数千名待业青年，为发展北京经济作出了突出贡献。

孙孚凌是中华全国工商业联合会的杰出领导人，1949年他参与筹建北京市工商联，1952年参与筹建全国工商联，长期担任北京市工商联和全国工商联的领导人。多年来，他一直关心、关注非公有制经济的健康发展，密切联系民营企业家，向他们宣传党和国家的方针政策。

从1958年开始，孙孚凌先后担任北京市和全国政协的领导职务，在担任全国政协副主席期间，多次率领全国政协考察团，就南水北调工程、农业农村问题、国有企业改革、希望工程实施、农产品质量安全等课题进行专题调研，在调研的基础上向中共中央和国务院提出报告和建议。在长期的革命、建设和改革事业中，孙孚凌与中国共产党同心同德、风雨同舟、肝胆相照、荣辱与共，对国家和人民无限忠诚，对中国特色社会主义事业充满信心，为坚持和完善中国共产党领导的多党合作和政治协商制度作出了重要贡献。

沈 湘

（1921—1993）

·简 历·

沈湘，1921 年 11 月 11 日生于天津。

1933 年，考入南开中学，参加校歌咏团。初中学号 B450，高中学号 B1952。

1940 年，考入燕京大学英国语言文学专业，选修音乐课程。

1941 年，考入上海国立音乐院。同年，在南开校友张肖虎组织的工商学院管弦乐队建队音乐会上担任男高音独唱。

1944 年，因拒绝参加汪伪政权为日本捐献飞机举办的"义演"，被上海国立音专开除。同年在上海兰心大剧院举办独唱音乐会，全场听众为之倾倒，声乐权威评论家誉其为"我国优秀的男高音歌唱家，中国的卡鲁索！"

1945 年，毕业于圣约翰大学。此后多次举办独唱音乐会。在南开中学校长张伯苓发起的庆祝抗日战争胜利大会上，演唱了《重归苏莲托》《我的太阳》。

1947 年，北平师范大学破格聘请沈湘为音乐系副教授，但他只同意应聘该校讲师。同年，被燕京大学音乐系聘为兼职教师。

1949 年，兼任北平艺专音乐系、燕京大学音乐系声乐教员。

1950 年起，调入中央音乐学院任声乐系教师。在中南海的一次演出中，以一曲《黄河颂》，倾倒了中外宾客，掌声经久不息。

1958 年，在著名的俄罗斯歌剧《黑桃皇后》中，成功扮演男主角格尔曼，再次引起轰动。

1962 年，中国唱片社出版《渔光曲（电影歌曲选）》黑胶唱片，里面收录了沈湘演唱的艺术歌曲《夜半歌声》，这是他留存下来的声乐代表作品。

1962 年深秋，中央乐团举办"独唱— 交响音乐会"，沈湘演出前半场的独唱节目，这是他最后一次在舞台演唱。

1978 年，任中央音乐学院歌剧系教研室主任。后担任声乐歌剧系主任。

1987 年起，受芬兰萨翁林纳歌剧节和芬兰国家歌剧院之邀每年在芬兰开设"沈湘大师班"。英国和芬兰国家电视台拍摄了介绍沈湘的专题片《中国的歌声》。多次应邀任英、法、意等国际声乐大赛评委。

1993 年 10 月 4 日，因心脏病在北京溘然长逝。

·业 绩·

沈湘,中国男高音歌唱家,中国声乐教育家。1933年至1937年就读于南开中学,校歌咏团团员。他用家里给的第一次零花钱买了唱片,从此一发不可收拾。除了上课,就是在家欣赏音乐,用心跟着卡鲁索的唱片唱。1939年获天津市歌唱比赛第一名。

沈湘一生饱经磨难,但艺术志向不改。他纯正的美声唱法声音圆润丰满、音色宽厚,富有穿透力,且通晓英、意、法、俄、德多种语言。他以广博的知识修养和声乐造诣形成了自己独特的声乐教学体系。沈湘执教近半个世纪,培养了大批优秀的声乐演唱家和教学人才。他的学生郭淑珍、李晋玮、金铁霖、孟贵彬、杨彼德、殷秀梅、关牧村、程志、梁宁、刘跃、范竞马、程达、黑海涛、丁毅等,都成长为国内外歌唱领域或声乐教育的中坚力量,为发展祖国的声乐艺术,作出了各自的贡献。

自1983年起的10年间,几乎年年有沈湘的学生在国际声乐比赛中获奖或夺冠,如梁宁、迪里拜尔、刘跃、范竞马、程达、黑海涛、程志、殷秀梅、关牧村等。如此骄人的成绩,令外国评委和专家们大感震惊,就连帕瓦罗蒂也颔首连连,敬佩有加:"沈湘教授是个伟大的人,我很爱他!"在授课、带队出国参赛、出任国际声乐比赛评委、主持国际声乐获奖歌手颁奖仪式的同时,沈湘还连续6年远赴芬兰,为国际"声乐大师班"讲学,当地报界赞誉"沈湘是世界一流的声乐教授"。在中国声乐史上,沈湘是将中国声乐教学推出国门的第一人。

沈湘的学生邹本初教授收集整理了沈湘的教学资料,经过十余年辛勤笔耕,完成了《歌唱学—— 沈湘歌唱学体系研究》一书,2000年由人民音乐出版社正式出版发行。令人欣慰的是,沈湘在世时,就"提前"为该书写了《序》。这本书科学地揭示了人声艺术的奥秘,同时对声乐教学、歌唱发音以及舞台表演,均有具体明确的指导;对戏曲、曲艺、朗诵、话剧等艺术表演,也有可贵的借鉴作用。

1994年,由音乐学家田青撰写的碑文是沈湘辉煌一生的真实写照:"凛然正气,贯其一生。虽多坎坷,幽默达观处逆,宽恕忠厚待人,多思敏学求艺。爱国爱人爱艺之心,终生不变。教授声乐凡四十六年,高徒如云,名满天下,异邦学子,慕名远求。斯人虽去,余音不散。古人云:'大乐与天地同和',诚斯言哉!"

周汝昌

（1918—2012）

·简 历·

周汝昌，天津人。字禹言、号敏庵，后改字玉言，别署解味道人，曾用笔名念述、苍禹、雪羲、顾研、玉工、石武、玉青、师言、茶客等。1918 年 4 月 14 日出生于天津咸水沽。

1935 年，考入天津南开中学高中。第一篇读词杂记《杂俎》连续发表在《南开高中》。

1939 年，周汝昌高中毕业后以第一名的成绩进入燕京大学。

1947 年，《〈红楼梦〉新证》《证〈石头记〉》开始创稿。

1948 年，7 月开始撰写《〈红楼梦〉新证》，10 月主体定稿。

1950 年，燕京大学西语系本科毕业。

1951 年，被成都华西大学聘为外文系讲师。

1952 年，于燕京大学中文系研究院毕业。笠年，《〈红楼梦〉新证》出版。

1954 年，中央宣传部调任人民文学出版社古典部编辑。

1955 年，校订新版《三国演义》《红楼梦》。

1980 年，出席在美国召开的"首届国际红楼梦研讨会"。

1984 年，受国家委派赴苏联考察列宁格勒藏本《石头记》。

1986—1987 年获鲁斯基金，以访问学者身份，赴美国威斯康辛大学讲学一年。在美国普林斯顿大学、哥伦比亚大学、纽约市立大学、威斯康辛大学讲学。出席纽约亚美文化协会夏令营讨论会。

1991 年，享受政府特殊津贴。

1999 年，《〈红楼梦〉新证》荣获文化部第一届文化艺术科学优秀成果奖一等奖。

2010 年，成为中国艺术研究院首批终身研究员。

2012 年 5 月 31 日，周汝昌先生于家中去世，终年 95 岁。

生前曾任：第五至第八届全国政协委员，中国和平统一促进会理事，中国作家协会和书法家协会会员，中国韵文学会、中国楹联学会、中国大观园文化协会顾问，中国曹雪芹学会荣誉会长、《红楼梦学刊》编委等职。

·业绩·

周汝昌是中国红学家、古典文学研究家、诗人、书法家，是继胡适等先生之后新中国红学研究第一人，考证派主力和集大成者，被誉为当代"红学泰斗"。

周汝昌从小就有过目不忘的聪颖天资，资料中记载：周汝昌在小学时每次考试都是第一名，同学送他一个雅号"铁第一"。

在南开中学的学习阶段是他人生的重要转折点。南开中学素以教育思想开明、进步而著称。周汝昌进入南开中学后，有飞出樊笼，振翅蓝天之感。他对文学的兴趣得到了进一步发展，开始为校刊写作，并翻译小说。与同学黄裳、黄宗江等志趣相投，课余散步时常对《红楼梦》展开讨论，这使未来成为红学家的周汝昌获益匪浅。1940年，周汝昌以第一名的成绩考入燕京大学西语系。在大学期间，众人皆知周汝昌受到胡适先生的欣赏与提携，是其真正步入"研红"之路的一个重要因素。他开始了对于《红楼梦》的深入研究。但战争时期生活变得缺衣少食，周汝昌最初的研究成果摘记在各式各样的废旧纸条上，时间长了，纸条一张张粘起来，像个"八卦图"。这个"八卦图"就是后来在红学界引起轰动的《〈红楼梦〉新证》的原稿。

1953年出版的《〈红楼梦〉新证》为其首部也是最重要、最具代表性的著作，被评为"红学方面一部划时代的最重要的著作"；他的另一部代表作《石头记会真》是其历经五十余载潜心努力，对11种《红楼梦》古钞本的汇校勘本。周汝昌还用英语在北京给40多家外国驻华使馆官员讲解过《红楼梦》，当时场面如磁铁聚沙。

一般人都知道周汝昌是研究《红楼梦》的专家，但他在其他方面的造诣却少为人知。实际上周汝昌是个"杂家"。他对于中国古典诗词、文论、书法绘画艺术等方面的研究，都有独到的建树。他曾评注校订过唐宋诗词及《三国演义》《水浒传》《兰亭序》等著作40余部。

2009年后周汝昌双耳失聪、彻底全盲，尽管如此，他仍未停止思考，每天通过口述的方法坚持研究，直至去世，终年95岁，其间陆续出版了十余部专著，令人钦佩不已。

朱光亚
（1924—2011）

·简历·

朱光亚，1924年12月25日出生于湖北宜昌。

1940年，入读南开学校重庆南开中学。

1941—1945年，先后在重庆中央大学（现南京大学）物理系、西南联合大学物理系学习。毕业后，留西南联大物理系任助教。

1946—1950年，攻读美国密歇根大学研究生院物理系原子核物理专业研究生，以三年全A的优异成绩获博士学位。

1950—1952年，任北京大学物理系副教授。

1952—1953年，任朝鲜停战谈判志愿军代表团外文秘书。

1953—1957年，先后在东北人民大学（现吉林大学）物理系、北京大学物理系任教。

1956年4月，加入中国共产党。

1957—1970年，先后任二机部401所二室副主任、研究员，二机部第九研究所副所长，二机部第九研究院副院长。

1965—1969年，先后参与组织我国首次原子弹空爆试验、首次氢弹空爆试验、首次地下核试验，均获得圆满成功。

1970年6月，被中央军委任命为国防科委副主任。

1980年2月，当选为中国核学会第一届理事会副理事长，11月当选为中国科学院学部委员。

1982年7月，出任国防科工委科学技术委员会副主任。

1984年12月，组织指挥中子弹第一次原理性试验获得圆满成功。

1985—1991年，任国防科工委科学技术委员会主任、国防科工委党委常委，中国科协副主席。

1994年3月，在全国政协第八届二次会议上，被增选为全国政协副主席，后连任第九届全国政协副主席

1994年5月，当选为中国工程院首任院长。

1995—1999年，任国务院学位委员会副主任委员。

1999年1月，被中央军委任命为解放军总装备部科技委主任。

2011年2月26日，因病逝世。

·业 绩·

朱光亚幼年就聪慧好学，而且有着很强的自控力。1938年夏，朱光亚初中毕业后，与哥哥踏上开往重庆的客轮，开始颠沛流离的求学生活，1940年春转学至南开学校重庆南开中学。在南开中学，朱光亚受到先进教育理念的熏陶，德智体全面发展。在这一时期，他喜欢上了物理，并成为他终身追求的理想。朱光亚后来不止一次说，在南开中学受到的教育对他人生观的确立有着重要影响，终身受益。

在美国求学期间，朱光亚带头并号召留美学生回国参加社会主义建设。回国后，朱光亚成为中国原子弹、氢弹科技攻关组织领导者之一。从20世纪50年代末开始，他负责并组织领导中国原子弹、氢弹的研究、设计、制造与试验工作，参与领导了国家高技术研究发展计划的制订与实施、国防科学技术发展战略研究，组织领导了禁核试条件下中国核武器技术持续发展研究、军备控制研究及武器装备发展战略研究等工作，为中国核科技事业和国防科技事业的发展作出了重大贡献。中共中央、国务院、中央军委授予朱光亚等23位在"两弹一星"研制中做出突出贡献的科技专家最高荣誉称号，并为他们颁发"两弹一星"功勋奖章。他还曾获国家科学技术进步特等奖、何梁何利基金科学与技术成就奖。

朱光亚是吉林大学物理学科创始人之一，还参与了中国工程院的筹建工作，2011年入选"感动中国十大人物"，被誉为"中国工程科学界支柱性的科学家""中国科技众帅之帅"。历任中共第九、十届中央候补委员，第十一至十四届中央委员，中共十五大代表，第三至五届全国人大代表，第八届全国政协常委。

为表彰朱光亚对我国科技事业特别是原子能科技事业发展作出的杰出贡献，国际小行星中心和国际小行星命名委员会批准将我国国家天文台发现的、国际编号为10388号小行星正式命名为"朱光亚星"。

2004年，胡锦涛代表党中央、国务院、中央军委亲切看望朱光亚。胡锦涛说："我们都要学习以朱老为代表的老一辈科学家身上所体现的忠于祖国、忠于人民的奉献精神；实事求是、脚踏实地的科学精神；敢于创新、不懈攀登的求索精神；严肃认真、一丝不苟的工作精神。这些都是我们宝贵的精神财富。"

邹家华

·简 历·

邹家华，1926 年 10 月生，上海人。

1945 年 6 月加入中国共产党。

1944 年 12 月参加工作。苏联莫斯科包曼高等工业学院机械制造系毕业，大学学历。

1944 年至 1946 年，先在华中新四军建设大学学习，后任山东省政府实业厅建设科干事。

1946 年至 1948 年，任中共松江省哈东地委秘书，中共宾县常安区委副书记、书记。

1948 年至 1955 年，先在哈尔滨工业大学补习俄文，后赴苏联莫斯科包曼高等工业学院机械制造系学习。

1955 年至 1964 年，任沈阳第二机床厂（中捷人民友谊厂）工艺科工艺师、副主任工程师、厂副总工程师、副厂长兼总工程师、代厂长、厂长。

1964 年至 1966 年，任第一机械工业部机床研究所所长兼党委书记。

1972 年至 1973 年，任一机部机械研究所党委副书记、副主任。

1973 年至 1982 年，任国务院国防工业办公室副主任、党组副书记。

1982 年至 1985 年，任国防科工委副主任、党委副书记。

1985 年至 1986 年，任兵器工业部部长、党组书记。

1986 年至 1988 年，任国家机械工业委员会主任、党组书记。

1988 年至 1989 年，任国务委员兼机械电子工业部部长、党组书记。

1989 年至 1991 年，任国务委员兼国家计划委员会主任、党组书记。

1991 年 4 月在全国人大第七届四次会议上被任命为国务院副总理，并兼任国家计划委员会主任、党组书记。

1992 年 10 月，当选为第十四届中共中央政治局委员。1993 年起任国务院三峡工程建设委员会副主委。

1993 年 3 月，在全国人大第八届一次会议上被任命为国务院副总理。

1996 年 4 月，任全国矿产资源委员会主任。

1996 年 5 月，任国务院信息化工作领导小组组长。

1998 年 3 月至 2003 年 3 月，任第九届全国人大常委会副委员长。曾任中国系统工程学会第一届常务理事、第二届顾问，中国设备管理协会副会长，中国质量管理协会第二届副理事长，全国清理整顿公司领导小组副组长。

是中共第十一届中央候补委员、十二至十四届中央委员、十四届中央政治局委员。

　　父亲：邹韬奋。

吴敬琏

·简 历·

吴敬琏，1930 年 1 月 24 日，出生于南京。

1941 年，就读于南开学校重庆南开中学。

1950 年 1 月，就读南京金陵大学经济系。

1951 年 9 月 3 日加入中国共产党。

1954 年，就职于中科院经济研究所。

1960 年，长篇论文《社会主义社会的过渡性质》在《经济研究》刊出。

1984 年，参加国务院改造振兴上海工作组。

1985 年，任国务院发展研究中心常务干事。翌年调任国务院经济体制改革研究小组办公室副主任。1987 年，《经济改革问题探索》出版。1988 年，合著出版《中国经济改革的整体设计》《中国经济的动态分析与对策研究》。1991 年，发表《论作为资源配置方式的计划与市场》，出版《论竞争性市场体制》。

1993 年，多项主张被《中共中央关于建立社会主义市场经济体制若干问题的决定》采纳。

1998 年 3 月，当选全国政协常委，任经济委员会副主任。《国有经济战略性改组》（合著）出版。11 月，第一次提出了警惕"权贵资本主义"。

2000 年 12 月，以最高票获中央电视台"CCTV 中国经济年度人物"第一名。

2001 年，《改革：我们正在过大关》《十年纷纭话股市》两部论文集出版。

2002 年 1 月，筹办《比较》辑刊，任主编。

2005 年，任国际经济学会 (IEA) 执委。出版《中国增长模式抉择》。翌年出版《呼吁法治的市场经济》。

2009 年，在《财经》上发表总结中国 60 年发展的长文《中国经济六十年》。

2011 年 9 月 15 日，到天津南开中学作《和同学谈谈通货膨胀》讲演，与师生现场交流。同年，《宏观经济与地方产业发展》出版。

2013 年，《影子里的中国》、《重启改革议程：中国经济改革二十讲》（合著）、《改革共识与中国未来》（合著）出版。

·业绩·

吴敬琏,当代中国最有影响的经济学家之一,国务院发展研究中心高级研究员。

1941—1943年,吴敬琏就读于南开学校重庆南开中学。他在一篇文章中回忆道:"我虽然只在南开读过两年书,但南开给予我的基本训练方面的影响,却是极其深远的。除语文、数学等功课外,从逻辑思维、语言表达,公民课上关于如何开会、如何选举、如何表决的训练,直到每座楼进门处镜箴上的'头容正、肩容平、胸容宽、背容直,气象勿傲、勿暴、勿怠,颜色宜和、宜静、宜庄'的仪态要求,都使我终身受用不尽。"在中学里,吴敬琏的数理化生的功课都非常好,"科学救国"一直是他少年时代的理想。

20世纪80年代,吴敬琏通过分析和比较计划和市场两种资源配置方式的交易成本,论证了我国建立社会主义市场经济的合理性与必然性。他参加由马洪牵头的《关于社会主义制度下我国商品经济的再探索》的意见书的写作,对十二届三中全会确立社会主义商品经济的改革目标作出了贡献。以他为首的课题组向中央报送了《当前货币流通形势和对策》的专题报告,对宏观经济调控起到重要的推动作用。以他为首提出的企业、竞争性市场体系和宏观调节体系"三环节配套改革"的主张,成为我国理论界最具代表性的学派之一。他提出的规划国有经济布局调整和国有企业改革的基本路径、现代公司及其治理结构等一系列论述,对于深化企业改革、完善公司治理起到了重要推动作用。

20世纪90年代中期以后,吴敬琏向国务院领导提出应以民营中小企业作为分流国企下岗职工、解决我国就业问题的主渠道,同时提出支持民营中小企业发展的具体措施,在全国产生了重要影响。他领导的国务院发展研究中心课题组向党中央提交的《实现国有经济的战略性改组的研究报告》,对确立我国基本经济制度和国有经济布局有进有退的战略调整作出了贡献。他负责国务院发展中心国有企业改革与发展课题研究,向中央提出了现代公司必须建立有效的公司治理结构等一系列重要的政策建议。

吴敬琏在理论和实践上为推动中国改革与经济发展做出了重大开拓性贡献。曾五次获得中国经济学孙冶方奖;他的学术著作获得国家图书奖、全国图书奖等多种奖项。香港浸会大学、香港大学先后授予他名誉博士学位。2003年国际管理学会(IAM)授予吴敬琏"杰出成就奖"。

郭可信

（1923—2006）

·简 历·

郭可信，1923 年 8 月 23 日生于北京，祖籍福建福州。

1936 年，在天津南开中学读书。

1941 年，从南开学校重庆南开中学毕业，同年 7 月考入浙江大学化学工程系。

1946 年，浙江大学毕业，获得工学学士学位，考取公费留学赴瑞典。

1947 年 8 月—1955 年 11 月，就读于瑞典皇家工学院物理冶金系，并在乌普萨拉大学从事合金钢中碳化物及金属间化合物的 X 射线及电镜结构研究。

1955 年 12 月—1956 年 3 月，在荷兰皇家工学院物理化学系从事白锡转变为灰锡的单晶 X 射线研究。

1956 年，响应党"向科学进军"的号召，毅然回国参加社会主义建设，到中国科学院金属研究所工作，先后任研究员、副所长。

1980 年 4 月，任中国科学院沈阳分院副院长。9 月，任辽宁省科学技术协会主席。同年，与钱临照、柯俊等科学家创建中国电子显微镜学会。同年，当选中国科学院学部委员，当选瑞典皇家工程科学院外籍院士。

1982 年 6 月，任中国科学院沈阳分院院长。同年，其领导的晶体精细结构的电子衍射与电子显微镜研究获国家自然科学三等奖。他在斯迈纳提密堆相新相等畴结构研究中发现了 6 个新相及多种畴结构，打破了这一领域停滞二十余年的局面，获中国科学院科技进步一等奖。

1982—1996 年，任中国电子显微镜学会理事长。

1985 年，领导研究发现五重旋转对称和 Ti-V-Ni 二十面体准晶，在国际学术界产生重要影响并获得高度评价，被称为"中国相"，并于 1987 年获得国家自然科学一等奖。

1985—1993 年，任中国科学院北京电子显微镜开放实验室主任、研究员。

1988 年，发现八重旋转对称准晶及十二次对称准晶，并获得国家自然科学三等奖；发现稳定 Al-Cu-Co 十重旋转对称准晶及一维准晶，获得中国科学院自然科学二等奖。

1992—1996 年，任亚太地区电子显微镜学会联合会主席。

1993—2006 年，任中国科学院物理研究所研究员。

2006 年 12 月 13 日，因病逝世。

·业 绩·

　　郭可信，1936 年在天津南开中学初二 5 组就读，因抗战爆发转辗赴南开学校重庆南开中学继续学业，1941 年毕业后考入浙江大学化学工程系。1947 年赴瑞典皇家工学院留学。

　　在瑞典留学期间，郭可信取得多项研究成果，在合金钢碳化物结构方面做出了原创性工作，代表论文被列为国际经典文献。

　　回国后，郭可信在中国科学院金属研究所工作，继续从事金属材料研究工作。20 世纪 60 年代初，与其他研究人员一道，率先开拓了透射电镜显微结构研究工作。20 世纪 70 年代以来，郭可信一方面在电子衍射图的几何分析方面做了大量研究工作；另一方面，在电子衍射图自动标定的计算机程序设计，特别是将"约化胞"用于电子衍射标定未知结构的分析研究工作，达到国际水平。

　　1980 年以来，郭可信在国内率先引入高分辨电子显微镜，开始从原子尺度直接观察晶体结构的研究。1987 年，首先发现八重旋转对称准晶。1988 年，首先发现稳定的 Al-Cu-Co 十重旋转对称准晶及一维准晶。1997—2000 年，获得准晶覆盖理论的实验证据。

　　郭可信在国内外学术刊物上发表论文 190 多篇。并与其他科学工作者合著了《电子衍射图》《晶体对称》，编著了《高分辨电子显微学》，并主持编辑了准晶学、高温超导体及电子显微学国际会议论文集 12 册。在长期的科研工作中，郭可信为中国材料科学、晶体学、电子显微学的发展培养了一批优秀人才。他还曾任亚太电镜学会联合会副主席、主席及日本金属学会、印度材料学会荣誉会员。1993 年获第三世界科学院物理奖。1994 年获何梁何利基金科学技术进步奖。

　　郭可信把自己的一生无私地奉献给了国家、人民和世界科学事业，为我国电子显微学事业的发展作出了不可磨灭的重要贡献。

梁思礼
（1924—2016）

·简 历·

梁思礼，广东新会人，1924 年 8 月 24 日出生于北京，是梁启超最小的儿子。

1935 年，考入天津南开中学初一年级读书，学号 B1213。

1945 年，获得美国普渡大学学士学位。1947 年获得美国辛辛那提大学硕士学位，1949 年获得美国辛辛那提大学博士学位。

1949 年，在中华人民共和国成立前回到祖国。10 月，在邮电部电信技术研究所和通信兵部电子科学研究所从事技术工作。

1956 年，任国防部第五研究院导弹控制系统研究室副主任。同年 9 月，任国防部第五研究院自动控制研究室主任。同年 11 月，加入中国共产党。

1960 年，作为控制系统的主要技术负责人之一，参加了我国第一个自行设计的中近程液体地地导弹的研制，并于 1964 年取得成功。

1966 年，主持远程液体地地导弹控制系统的研究和方案制定工作，随后任该导弹和"长征二号"运载火箭的副总设计师。

1976—1978 年，担任"长征三号"控制系统技术负责人。

1978 年，参与研制远程导弹和"长征二号"的工作。

1980 年，参加向太平洋发射远程火箭的飞行试验。

1981 年，被任命为第七机械工业部总工程师，同年被任命为通用测试设备总工程师。

1983 年，任航天部总工程师、科学技术委员会常委。

1987 年，当选为国际宇航科学院院士。

1988 年，开始进行核战略导弹和外空武器裁军的研究工作。

1989 年，任航空航天部科学技术委员会副主任。

1993 年，第八届全国政协委员，当选为中国科学院院士。

1994 年，当选为国际宇航联合会副主席。

2016 年 4 月 14 日，在北京逝世。

天津南开中学人物志

·业 绩·

梁思礼，我国航天事业的奠基人之一、火箭控制系统专家、中国科学院院士。

1935年，梁思礼考入天津南开中学。1937年7月30日，南开中学遭日机轰炸，转入耀华中学学习。1949年，梁思礼从美国留学回国。从20世纪50年代末起，他主持和参与了我国近程、中近程和远程战略导弹及运载火箭的研制试验工作。曾担任长征三号火箭控制系统技术负责人、长征二号火箭型号副总设计师，为我国战略导弹和运载火箭技术发展作出了卓越贡献。曾获国家科技进步特等奖。1993年，梁思礼当选为中国科学院院士，担任第八届全国政协委员。1994年，梁思礼当选为国际宇航联合会副主席。

由于对南开中学有着不能割舍的特殊感情，梁思礼曾经多次回到母校南开中学，看望师生，鼓励学子。2014年，已经90岁高龄的梁思礼回到南开中学，含泪为同学们讲述了当年日军轰炸南开中学时的残暴罪行，叮嘱同学们勿忘国耻，以中华民族伟大复兴为己任，努力学习科学文化知识，勉励同学们要传承南开精神，铭记"允公允能，日新月异"的校训，努力学习、报效国家。在回忆起自己在南开中学所上的第一课时，他说："第一课是老校长张伯苓亲自讲授的修身课，那一刻我对南开'允公允能，日新月异'的校训有了更深刻的理解。"

梁思礼曾目睹日军飞机在头顶盘旋、扔下炸弹，南开中学图书馆、南楼教室、西楼教工宿舍、学生第六宿舍等均毁于炮火、被夷为平地这一令人悲痛万分的惨烈场景，他说："我们南开师生在侵略者面前组织防卫团进行自卫，在敌人全城封锁下，团结一致冷静脱险……"回忆当年情景，梁思礼历历在目。经历了如此国难，更加激起他的爱国情怀，使其投身祖国科研事业，成为火箭控制系统专家，为我国导弹事业作出了重要贡献。

魏鸣一

·简 历·

魏鸣一，1924 年生，字山陶。原籍湖北建始，生于吉林长春。

1936—1937 年，在天津南开中学学习，学号 B1772。

1944 年，由北京辅仁大学转学到成都燕京大学物理系。

1947 年，毕业于燕京大学物理系。

1949 年，获美国勃朗大学理科硕士学位，同年回国。

1949 年 10 月，进入军委电信总局研究所工作。后历任国防部第十研究院研究所总工程师，第四机械工业部第十研究院副院长，第四机械工业部、电子工业部常务副部长，中国电子技术进出口公司董事长，中国电子学会第三届副理事长。

1961 年，加入中国共产党。

1982 年 9 月，当选为中共第十二届中央候补委员。

1985 年 6 月，任中国国际信托投资公司副总经理，后兼任中信西南能源联合开发总公司董事长、中信欧洲公司监事会主席。

1989 年，任中国国际信托投资公司副董事长、总经理。

1993 年，接替荣毅仁，任中国国际信托投资公司董事长。

1995 年，辞去中信公司董事长职务，任中信公司顾问、中信公司国际咨询委员会主席等职。

2021 年 12 月，97 岁的魏鸣一以"校外辅导员"身份在中国共产党历史展览馆为孩子们讲解中国共产党党史。

·业绩·

魏鸣一是我国微波通信技术专家，著名企业家，是著名作家韦君宜的弟弟。

1936—1937年，魏鸣一就读于天津南开中学。1949年从美国勃朗大学毕业，同年回国，并进入军委电信总局研究所工作，为我国军队研究超短波和微波通信技术作出开拓性贡献。1964年转入微波测量、控制、安全系统，为中程和远程导弹服务，指导研制成功中、远程导弹连续波测量系统和安全控制系统。此后，历任第四机械工业部、电子工业部常务副部长，负责科研、进出口、教育、质量和外事工作。

1985年因年龄原因，主动要求不再担任电子工业部副部长。后经组织安排，担任中国国际信托投资公司任副总经理、总经理。1993年，荣毅仁出任国家副主席后，魏鸣一继任为中国国际信托投资公司第二任董事长。中国国际信托投资公司被邓小平同志誉为"中国在对外开放中的一个窗口"。魏鸣一任董事长期间，中信公司加强经营管理，强化宏观控制，同时，严格按照国家的法律法规和方针政策，坚持开拓创新、稳妥经营。通过吸收和运用外资，引进先进技术，采用国际先进、科学的经营方式和管理方法，遵循市场经济规律，在诸多业务领域中进行了卓有成效的探索，取得了较好的经济效益，在国内外树立了良好的信誉，为国家的改革开放事业作出了重大贡献。

1995年，魏鸣一辞去中国国际信托投资公司董事长职务，担任中信公司顾问和中信公司国际咨委员会主席。退休后，他继续担任多所国际知名公司咨询会议成员，在清华大学、哥伦比亚大学和澳大利亚新南威尔士大学亚澳研究所任顾问，担任巴黎国际商会中国委员会的副主席，被选为燕京大学北京校友会的常务副会长和燕京研究院的副董事长。

周光召

·简 历·

周光召，1929 年 5 月 15 日生于湖南长沙。

1942 年，入读南开学校重庆南开中学。

1946—1951 年，在清华大学先修班、物理系物理专业学习。从清华大学毕业后转入北京大学研究院学习。

1952 年，加入中国共产党。

1954 年，北京大学理论物理研究生毕业后留校任教，任物理系讲师。

1957—1960 年，担任苏联杜布纳联合核子研究所中级研究员。在国际上首先提出粒子的螺旋态振幅，简明推导出赝矢量流部分守恒定理。

1961 年 5 月，任核工业部核武器研究院理论部副主任。

1972 年 8 月—1980 年 3 月，任核武器理论研究所所长，核工业部九局总工程师，第二机械工业部九院研究所所长。

1980 年，当选为中国科学院学部委员。

1982 年，任中国科学院理论物理研究所副所长、所长。

1984—1994 年，先后当选为中国科学院副院长、院长、党组书记，第三世界科学院院士，捷克斯洛伐克科学院外籍院士，苏联科学院外籍院士，保加利亚科学院外籍院士，欧洲科学院外籍院士，蒙古科学院外籍院士，罗马尼亚科学院外籍院士，俄罗斯科学院外籍院士。

1994 年 5 月，当选为第五届中国科学技术协会主席，后连任第六届中国科学技术协会主席。

1998—2003 年，任第九届全国人大常委会副委员长。

2006 年 5 月，任中国科学技术协会名誉主席。

·业绩·

周光召，从小受到父亲的影响，对揭示大自然的奥秘产生了浓厚的兴趣。抗战期间就读于南开学校重庆南开中学，家庭的熏陶和老师的教育不断开拓着他的视野，使他养成了独立思考、踏实进取的精神。

从 20 世纪 50 年代开始，周光召主要从事高能物理、核武器理论等方面的研究并取得突出成果。他首先在国际上提出了粒子的相对论螺旋态振幅，并建立了相应的数学方法，简明地推导出赝矢量流部分守恒定理（PCAC），被国际公认为 PCAC 的奠基者之一。周光召在我国第一颗原子弹、第一颗氢弹和战略核武器的研究设计方面做出了大量重要工作，为中国物理学研究、国防科技和科学事业的发展作出了突出贡献，是"两弹一星"功勋奖章获得者。

1984 年始，周光召先后任中国科学院副院长、院长、党组书记，中国物理学会副理事长，陈嘉庚基金会理事长，中国科协主席，中国科学院学部主席团执行主席，国际纯粹与应用物理联合会副主席，中国国际交流协会副会长，国际物理联合会副主席。1998 年任全国人大副委员长，当选为中共第十二届中央候补委员，第十三、十四、十五届中央委员。

周光召是一位享誉世界的杰出科学家，先后被第三世界科学院、俄罗斯科学院、欧洲科学院、保加利亚科学院等选为外籍院士，被誉为"中国科技领军人"。1964 年（与人合作）、1982 年分获国家自然科学奖一等奖，1985 年获两项国家科技进步特等奖，1987 年获中科院重大科技成果一等奖，1994 年获香港求是科技基金会中国杰出科学家奖。1996 年国际编号为 3462 的小行星被命名为"周光召星"。

张国贤

·简 历·

张国贤，1927年10月3日生于天津。

1934年，就读于河北省立第一模范小学。

1937年，升入五年级时抗战开始，降年级转入英租界内的浙江小学，重读四年级。

1940年，升入浙江中学。

1945年，已经读到高中二年级时，抗战胜利。毁于日寇轰炸的南开中学复校，放弃高中二年级的学历，以初中三年级的资格，投考天津南开中学复校后第一班的高一年级。学号0037。

1948年，在南开中学毕业，被保送直升南开大学，入读中国语文学系。

1952年，在南开大学毕业，分配到文化部，先后在全国文联办公室、作家协会、《人民文学》编辑部工作。

1953年4月，调回天津市文化局，从事著名评书艺术家陈士和的《评书聊斋》的整理工作，抢救了珍贵的民间口头文学作品。

1956年，参与创建天津市戏曲学校，担任教务主任职务。

1970年8月，到河东区38中学任教。

1978年，回到市文化局艺术研究所。

1988年，退休。

多年来，参加了南开中学校友会的恢复筹建工作，连续五届当选并担任校友会常务理事及副秘书长。

·业 绩·

　　张国贤，天津市人，1927年10月3日生于天津。天津市艺术研究所研究员。中国戏剧家协会和中国民间文艺家协会会员。

　　1945年，张国贤投考天津南开中学抗战复校后第一届的高一年级。1948年由南开中学高中毕业，毕业后被保送进入南开大学，入读中国语文学系。

　　1952年从南开大学中国文学系毕业。毕业后曾先后在中华全国文联、中国作家协会、《人民文学》编辑部、天津市戏曲学校、天津市艺术研究所等单位工作。并发表各种文史专著和论文60余部（篇）。

　　1956年天津市戏曲学校成立，张国贤参加了该校的创建工作，并担任教务主任。1978年落实政策回到市文化局艺术研究所，参加编纂中央文化部主持的《中国民族民间舞蹈集成·天津卷》，并撰写《概论》；参加编纂《中国戏曲志·天津卷》(1983)，以上均获文化部奖励。还整理出版了《陈士和评书聊斋》，在整理该书时，负责录音、记录、编辑、注释、配插图、校对等全部编务工作，直至出版，抢救了珍贵的民间口头文学作品，在曲艺界影响较大。另外还参加编辑《戏曲知识词典》，出版《天津皇会》《天津的天后宫和城隍庙》《工商业者张钰甡》等个人著作。

　　张国贤关注南开历史，多年来，他参加校友会的恢复筹建工作，他不断挖掘一批校史资料，撰写校史文章，分别在《天津日报》、《今晚报》、天津市政协《文史资料专辑》、南开区政协《南开春秋》、南开中学《校友通讯》、《校庆纪念刊》、《南开校史研究丛书》上发表，尤其还将南开中学的历史事件、回忆录、旧闻，分门别类，编集成《南开校史撷拾》，全书40多万字，分为6辑，收入文章84篇（另有附录11篇），并配有精美插图，目的在于弘扬南开、宣传南开、发展南开。有生之年，尽心竭力为弘扬南开精神贡献自己的力量。

刘宝珺

·简历·

刘宝珺，天津人，1931年生。

1947年，入学天津南开中学高一年级，学号584。

1950年秋，毕业于天津南开中学，第一志愿考入清华大学地质系。

1952年，因我国高等学校院系调整，在北京地质学院继续学习。

1953年，成为北京地质学院首届毕业生，主动申请前往甘肃白银厂地质部641地质队参加工作。

1954年，再次考入北京地质学院岩石学专业进行研究生学习，师从冯景兰教授和前苏联拉尔钦科教授。

20世纪60年代，提出新的沉积相分析和古地理编制方法，为国内众多部门所采用。

20世纪70年代，提出"沉积期后分异作用与成矿作用"的理论。

1986年，被国家科委授予"国家级有突出贡献的中青年专家"称号。

1987年起，担任国际地科联"全球沉积委员会"领导成员和全球沉积地质计划中国委员会主席。

1989年，荣获"李四光地质科学奖"。

1996年，在第三十届国际地质大会上荣获"斯潘迪亚罗夫"奖。

20世纪80年代，发表关于川南碳酸盐风暴岩的研究成果。

20世纪90年代，首次把全球变化的观念引入中国地学研究领域，提出"统一地质场"理论。

1991年，当选为中国科学院学部委员。

曾任四川省科协主席、国土资源部成都地质矿产研究所所长。

·业 绩·

　　刘宝珺，中国科学院院士，西南交通大学教授，博士生导师，沉积地质学家。致力于泥沙运动力学和沉积构造、岩相古地理和层控矿床方面的研究，在有关沉积构造的水动力解释、沉积相动力学分析、河流相模式以及砂岩铜矿形成机制等方面取得丰硕成果。

　　刘宝珺成长于教师之家，从小受到良好的家庭教育，爱好广泛，乐于求索。他高中阶段就读于天津南开中学，在启发式教育的学习氛围中，进一步拓宽自身爱好与特长，主动学习、勤于思考、刻苦钻研，坚定了努力探索大自然和社会的强烈愿望。1950 年秋，他主动放弃保送资格，以第一志愿考入清华大学地质系，清华院系调整后进入北京地质学院深造。

　　1953 年夏，刘宝珺成为北京地质学院首届毕业生，主动申请前往甘肃白银厂地质部 641 地质队，并担任折腰山矿区区长。在地质队工作期间，主动学习，钻研业务，受到全队上下一致好评，并被评为"先进工作者"。1954 年，刘宝珺再次考入北京地质学院，进行研究生学习。

　　刘宝珺将沉积成岩、岩相、构造的分析和物理化学热力学结合起来，提出了"沉积期后分异作用与成矿作用"的新理论。1980 年以来，他在沉积学的前沿领域不断取得一系列重要成果：致力于关于风暴岩的研究，提出了扬子地台陆缘寒武纪磷矿风暴岩沉积模式；主持"中国南方岩相古地理及沉积、层控矿产远景规划"的研究，编制一套中比例尺岩相古地理图。在这些项目中，他全面系统地组织了学科间的交叉渗透，包括构造岩相分析、沉积作用演化、盆地分析以及成岩成矿作用等方面，取得了开创性成果。

　　他还主持和组织了中国西部含油气盆地、矿产资源的可持续发展、南水北调西线工程的地质环境、中国南华纪至新近纪岩相古地理研究与编图等的研究，并在塔里木油田、胜利油田、辽河油田、中原油田等油气田的勘探开发研究中，作出突出贡献。

　　刘宝珺主编大专院校统编教材《沉积岩研究方法》，合编的《沉积相及古地理教程》是中国第一部专业沉积学著作。

华益慰

（1933—2006）

·简 历·

华益慰，湖北浠水人，1933年出生于天津一个医学世家。

1947年，考入天津南开中学，学号641，在校时加入共青团。

1950年，高中毕业，被保送到协和医学院就读。

1953年，参加中国人民解放军。

1956年，加入中国共产党。

1958年，任第四军医大学附属医院军医。

1960年，主动申请参加支援西藏医疗队。

1961年，调入北京军区总医院。

1975年，参加辽宁海城地震医疗队。

1976年，参加唐山大地震医疗队，赶赴灾区救死扶伤。

历任中华医学会外科学会第12届委员、第13届常委，全军医学科学技术委员会普外专业组成员，北京军区医学科学技术委员会常委、普外专业组主任委员，第三军医大学教学医院兼职教授，北京医科大学口腔医学院临床研究生导师，中华医学会北京分会外科学会委员。被北京军区评为"育才有功专家"，享受政府特殊津贴，30多次被评为"优秀共产党员""学雷锋标兵""优质服务标兵"和"医德医风先进个人"。

2006年，获得全国医疗卫生系统的最高奖项白求恩奖章，被推选为"感动中国十大人物"之一。

2006年8月12日，在北京病逝。

·业 绩·

华益慰，1933 年出生于天津一个医学世家。父母开办一家"华氏夫妇医院"，家里挂的那块写着"医乃仁术"的长匾，让他铭记在心。1947—1950 年，华益慰就读于天津南开中学。在校期间，他品学兼优，德、智、体、美全面发展，多次当选为班长。参加校篮球队、棒球队，并担任主力队员。1950 年加入中国共青团。由于学习成绩优秀，1950 年高中毕业时，被保送到协和医学院就读。

朝鲜战争爆发后，华益慰积极报名参加抗美援朝，由于上级不批准在校生参加，未能如愿。1953 年，从协和医学院转入第四军医大学参军。1956 年 10 月，华益慰被批准加入中国共产党。1958 年，任第四军医大学附属医院军医。1961 年，调入北京军区总医院，从事肠胃、甲状腺、乳腺等普通外科临床工作。

1975—1976 年，海城、唐山大地震接踵而至，华益慰都义无反顾地奔赴抗震救灾第一线，特别是在参加唐山救灾半年多时间里，正赶上爱人病重，妻儿三人无人照料，困难重重，但他没有向组织提过任何要求。

华益慰一生兢兢业业，被患者誉为"值得托付生命的人"。他做过数千例手术，挽救了许多患者的生命。从医 56 年，始终如一地像白求恩那样对事业极端负责，把毕生精力倾注在军队医学事业。特别可贵的是他在身患重病生命垂危之际，毅然立下为医学事业捐献遗体的遗嘱。2006 年，华益慰被推选为"感动中国十大人物"之一，在病床上获得全国医疗卫生系统的最高奖项白求恩奖章。

2006 年病重期间，胡锦涛主席亲自到医院看望他，并要求全国、全军卫生战线向华益慰同志学习。在接受第二次手术前，华益慰曾说："我一生中有几个地方对我影响很大，其中南开中学对我影响最大。"

肖 获

（1930—2023）

·简 历·

肖获，男，原名张家鼎，1930 年生人，天津静海唐官屯人。

1944 年，考入天津市二中初中。

1947 年，以优异成绩考入南开中学高中学习，在校名张家鼎，学号 600。

1948 年，在南开中学开始参加学生运动。7 月，跟随南开中学地下党负责同志前往冀中解放区。8 月，在冀中解放区城工部加入中国共产党。

1949 年 1 月 15 日，随解放大军回到天津。入城后在共青团天津市委做青年团工作。

1956 年初，任《天津青年报》副总编辑。

1979 年初，到《天津日报》社工作。

1981 年，调到《人民日报》社任驻津记者。

1987 年，被任命为《人民日报》驻天津记者站站长、首席记者。

1991 年，被评为"全国优秀新闻工作者"。

1992 年，被评为《人民日报》高级记者。

1996 年，离休。

2023 年 1 月 23 日，因病去世。

·业 绩·

肖获，天津南开中学 1948 届学生。

1947 年考入南开中学后，在学校接触了地下党组织，较早受到革命思想的启迪，勇敢地参加了进步社团和学生运动。1948 年 7 月跟随南开中学地下党负责同志前往冀中解放区。1948 年 8 月 6 日，年仅 18 岁的肖获加入中国共产党。后返回南开中学，带着班里其他五名要求进步的同学再进解放区。1949 年 1 月 15 日随解放大军回到天津。

中华人民共和国成立后，肖获在共青团天津市委工作，1956 年被任命为《天津青年报》副总编辑。

1979 年调入《天津日报》社工作。他深入基层、踏实工作，出色地完成了众多重大题目的新闻报道。1981 年调到《人民日报》社工作，任驻津记者。在《人民日报》社工作期间，他经常深入天津经济建设第一线，用敏锐的思维、精湛而又深情的文笔，生动真实、充满热情地记录了改革开放初期天津的快速发展和人民的创新精神，写出了多篇既立足全国视角，又有地方特色，紧贴时代脉搏的新闻报道。其中 1981 年的《黄河水奔腾千里到达天津》；1982 年的《胡耀邦同天津劳动模范和先进人物欢聚》；1983 年报道天津引滦入津的通讯《伟大的工程》；1987 年报道天津市领导与市民交心座谈的通讯《天津广泛开展协商对话》等文章，分别被评为全国好新闻或编入《全国最佳新闻作品选》，肖获在《人民日报》发出八个头版头条，全方位报道天津在社会发展和改革开放中所发挥出的引领和带头作用，很好地扩大了天津的知名度和影响力，时任天津市委书记的李瑞环同志称赞肖获"写东西别具一格"。1987 年底，《人民日报》天津记者站成立，肖获被任命为首席记者。1991 年，肖获获"全国优秀新闻工作者"称号。

肖获在繁忙的工作中，也从不忘却母校的深情厚意。1986 年写出题为《张伯苓功在人间》的通讯，在 1986 年 4 月 3、4 两日连载于《人民日报》国内版和海外版，引起海内外南开人的高度关注和广泛共鸣。

在撰写大量新闻报道的同时及至离休之后，肖获仍笔耕不辍，先后出版了《起落人生》《人海笔踪》《问题在权不在色》《公道在人间》《岁月如诗》等专著。

肖获曾这样总结自己的人生经验："一滴水反映大海。一个人就是一本书。……那些原汁、原味、原生态的经历和记忆，不是任何天才凭空想象出来的，而只有从各个层次、各种角度来展示和审视生活，才能获致多维的认知。"

孙大中

（1932—1997）

·简 历·

孙大中，1932 年出生于山东威海，幼年时全家迁居天津。

1948 年，进入天津南开中学高中学习。

1951 年，从南开中学毕业，考入清华大学地质系。1952 年院系调整后，成为北京地质学院学生。

1955 年，大学毕业，到合肥工业大学地质系任教，曾任合肥工业大学地质系地球化学实验室主任。

1958 年，破格晋升为讲师，并任矿物实验室主任。

1964 年，调至天津地质矿产研究所工作，先后任副研究员、研究室副主任、研究员、研究室主任。

1991 年，获地矿部首批由国务院颁发的政府特殊津贴，当选为中国科学院院士。

1992 年，调入中国科学院广州地球化学研究所，任负责人、学术委员会主任、博士生导师等。

1997 年 5 月，因病在广州逝世。

·业 绩·

　　孙大中，1948年进入天津南开中学高中学习，在地理老师和高年级同学影响下逐渐对地质学产生了兴趣。

　　1951年，孙大中考入清华大学地质系，1952年院系调整后成为北京地质学院学生。大学期间，他积极参加野外实习队，前往长江中下游重要矿区采集标本、绘制素描图；参加了马杏垣教授领导的中条山科研队，草测1：5万的前寒武纪地质图；毕业论文《山西省中条山前震旦系地层及构造》被北京地质学院推荐为"毕业论文样板"。

　　大学毕业后，孙大中曾任合肥工业大学地质系地球化学实验室主任。其间，先后在北京地质学院矿物教研室进修地球化学，在中国科学院地质研究所矿物室进修稀有元素矿物地球化学。

　　孙大中长期从事前寒武纪地质、地球化学等研究。在对中条山前寒武纪地和深部地质研究中，用综合年代学方法建立了新型的年代构造格架。在此基础上，他提出地质学、地球物理、地球化学相结合进行深部地质和大陆地壳动力学研究的新思路，并提出火成岩年代——地球化学作为岩石圈"探针"的新方法，建立了年代地壳结构模式，重新解剖了中条山前寒武纪重大地质事件和铜矿成矿历史，建立了一个较完整的冀东早前寒武纪地壳演化模式，对部分麻粒岩成因提出新观点。

　　在担任天津地质矿产研究所同位素地质研究室主任期间，他选派技术人员到国外学习、引进单颗粒锆石UPb稀释法等先进测年方法，对天津地质矿产研究所同位素地质研究室的发展作出重大贡献。

　　在中国科学院广州地球化学研究所工作期间，他努力引进先进的离子探针质谱仪，给予广州地球化学研究所同位素年代学和地球化学研究室以极大支持，并促成该学科青年试验室的建立。

　　孙大中曾任中国地质学会前寒武纪地质专业委员会主任、太平洋科学协会中国委员会委员、国际地科联前寒武纪地层分会投票委员、国际地质对比计划——元古地球化学中国工作组组长、广东省科协副主席、广东省可持续发展研究会第一任会长。九三学社中央委员、九三学社广东省副主任委员、政协广东省第七届常委。曾两次获地质矿产部科技成果奖一等奖，并获国家自然科学奖二等奖。

李元溥

·简 历·

李元溥，1934年9月出生于河南淇县。新华社高级记者，曾任新华社天津分社副社长。

1949年8月，考入天津南开中学高中，学号1988。

1952年2月，南开中学高中毕业前夕，团组织安排到市委党校学习，同年11月学习结束后被分配到《天津日报》社夜班编辑组工作。

1955年，带职考入中国人民大学新闻系学习。

1959年大学毕业，回《天津日报》，做过农村记者、夜班编辑、评论组评论员。

1966年1月，《人民日报》在天津设立记者站，应《天津日报》推荐，到《人民日报》社工作。

1974年，调新华社天津分社，先后任记者、政文组长、采编主任、副社长。高级记者。

1979年10月，李元溥在调查研究的基础上写出调查报告《天津市的一些中学校长为何有"孤掌难鸣"之感——兼谈极左思潮在中学领导体制上的表现》。1979年写出《把教师们的心聚拢到党的教育事业上来——记天津市河北区教育局党委书记文列》《落实政策以后怎么办》等报道，均在《人民日报》显著位置发表。

1980年，写出《他们怎样从狂热到动摇？——兼谈如何帮助大学生树立科学的人生观》的调查报告。

1983年，李元溥写了《大踏步地向党靠拢，向马列主义靠拢——十二大以后在天津大学生中发生的意义深远的变化》，《光明日报》在一版显著位置刊用。

·业绩·

李元溥，天津南开中学 1952 届学生。

1952 年高中毕业前夕，团组织安排他到市委党校学习，后被分配到《天津日报》社工作。就此开始在新闻战线几十年的奋斗生涯。

李元溥长期奋战在党的新闻战线上，始终坚持遵循宣传党的方针路线，尽职尽责，特别是在宣传党的知识分子政策方面，业绩突出。

1979 年 10 月，在贯彻执行党的十一届三中全会提出落实知识分子政策的过程中，李元溥在基层调研中了解到一些中学校长在工作中得不到应有的支持，用他们自己的话说，叫作"孤掌难鸣""有劲儿使不出来"。为什么会出现这种情况呢？通过调查研究，李元溥写出一篇调查报告《天津市的一些中学校长为何有"孤掌难鸣"之感——兼谈极左思潮在中学领导体制上的表现》。中共中央宣传部主办的《宣传动态》1979 年 44 期，以《为什么一些有经验的中学校长有劲使不出来？》为题，全文转载了这篇调查报告，在编者按语中说："这是关于教育战线的一份真正有调查研究的材料，不但提出了问题，而且作了比较深入的分析。"邓小平同志也对这份材料作了批示，批示中说"新党章上面要考虑如何解决这个有普遍性的问题"。1979 年 12 月 13 日，胡耀邦同志在全国地、县宣传工作座谈会上传达了邓小平同志的批示。

1979 年，李元溥顶住压力写了《把教师们的心聚拢到党的教育事业上来——记天津市河北区教育局党委书记文列》《落实政策以后怎么办》等报道，均在《人民日报》显著位置发表。针对著名黄瓜专家侯锋在落实政策中受到了不公正的待遇，李元溥写出《从找不到黄瓜专家谈起》，《天津日报》在一版显著位置刊用。1980 年，李元溥写了题为《他们怎样从狂热到动摇？——兼谈如何帮助大学生树立科学的人生观》的调查报告。1981 年，李元溥写了题为《这样的党委书记得人心》的报告，中央宣传部《宣传动态》转载了这份材料，并配发了按语。

多年来，李元溥还撰写了《大踏步地向党靠拢，向马列主义靠拢——十二大以后在天津大学生中发生的意义深远的变化》等内部材料。很好地发挥了新闻媒体宣传党的方针路线、把握宣传导向的作用。

作为南开中学校友，李元溥多年来积极参加南开校园文化建设，曾参与策划电视纪录片《百年南开》，参与编撰《津门教育家杨坚白》。

王大中

·简历·

1935年2月11日，出生于河北昌黎，自幼就学于天津。

1947年夏，于天津培植小学毕业。入木斋中学读书。

1949年3月，经考试录取，从初二第二学期入南开中学插班就读，学号1660。

1953年6月，在南开中学高中毕业。10月，考入清华大学机械系。

1955年，因品学兼优，被选拔到新兴的尖端专业——工程物理系。

1956年，加入中国共产党。

1958—1964年，毕业留校，随即参加清华大学屏蔽试验核反应堆的建设工程。在此期间，受命筹建反应堆热工水力学实验室，并在实战中完成了研究生学业。

1980年，获德国洪堡奖学金，被派往联邦德国进修。其间，选择了"模块式高温气冷堆的设计研究"，其研究成果获联邦德国专利局批准，并分别在美、英、法、日、意等国专利局进行了登记。

1981年1月—1982年9月，在联邦德国于利希核研究中心从事高温气冷堆研究，获德国亚琛工业大学自然科学博士学位。于1982年10月回国。

1986—1993年，受聘担任国家863高技术计划能源技术领域首届专家委员会主任，先后主持了我国中长期能源需求预测；完成了我国先进核能技术发展战略研究规划；确定了快堆、高温气冷堆和聚变堆等先进堆的研究发展计划。获得国家级有突出贡献的中青年专家、全国优秀科技工作者、北京市劳动模范、全国先进工作者等荣誉称号和全国"五一"劳动奖章。

1992年，主持完成的5兆瓦核供热堆国家重点攻关项目，荣获国家科技进步一等奖。1993年，当选为中科院院士。

1994年1月，正式出任清华大学校长，年届58岁。同年，获得何梁何利基金科技进步奖。

1998年，当选为北京市第十一届人民代表大会常务委员会副主任。

2003年，当选为全国政协第十届委员会常务委员。

2006年，参与领导完成的世界上首座模块式高温气冷堆项目荣获国家科技进步一等奖。

2021年，荣获2020年度国家最高科学技术奖。

·业 绩·

王大中，南开中学1953届校友，南开中学理事会荣誉理事长。中国科学院院士，国家最高科学技术奖获得者。中国核反应堆工程与核安全专家，中国核学会副理事长。清华大学教授、校长、校务委员会名誉主任。曾任清华大学核能技术设计研究院院长，国家863高科技计划能源领域首届专家委员会首席科学家，国务院学位委员会委员，中科院技术科学部主任。德国亚琛工业大学博士，香港大学、香港浸会大学、澳门大学、日本早稻田大学、法国巴黎中央大学名誉博士。

1949—1953年就读于南开中学，是德才兼备的优等生。"允公允能，日新月异"的校训，严谨求真的学风，教师的言传身教，激发了他对物理的浓厚兴趣，为日后与工程物理和核工程结缘留下了伏笔。课余生活中，他喜爱游泳、踢足球、也是大马猴垒球队和舞蹈队的主力，为大学时代的全面发展打下了良好基础。

1953年考入清华大学，就读机械系。在低年级就担任班级、团支部主要干部，转入工物系第二年就被批准加入中国共产党；进入高年级后，选择了反应堆工程专业，繁重的学业之余，还是校体育代表队和文艺社团的活跃成员。

1958年起，参加新中国第一座功率为2000千瓦的屏蔽试验核反应堆的设计、建造和运行。他带领部分学生制作了工程全套模型；建成了国内首座100大气压高压水热工实验台架；开展了燃料组件临界热负荷相关实验研究。六年中，王大中饱尝种种艰辛，在实战中经受了业务能力、组织能力和心理素质的全面锻炼。

1985年，担任国家"七五"重点攻关项目"建造5兆瓦核供热堆"负责人。该项目于1989年首次临界成功。这是世界上首座一体化壳式核供热堆和首次采用新型水利驱动控制棒的反应堆，受到国际核能界高度重视和好评。1995年，任清华大学核研院总工程师，参与领导了世界上首座模块式高温气冷堆建设，该工程于2000年建成临界，2002年并网发电。

王大中于1994—2003年担任清华大学校长。在此期间，他和学校党政领导班子提出并组织实施"综合性、研究型、开放式"的总体办学思路，制定并落实"三个九年，分三步走"，确立了建成"世界一流大学"的总体发展战略和面向21世纪培养"高素质、高层次、多样化、创造性"人才的培养目标，赢得了广大师生员工与校友的广泛认可和赞誉，创造了清华历史上发展最好最快的时期之一。

刘习良
（1936—2018）

·简 历·

刘习良，1936 年生于河北黄骅。

1950 年，进入天津南开中学高一年级读书，学号 2441。

1953 年，从南开中学高中毕业，进入北京外国语学院西班牙语系学习。

1957 年 9 月，参加工作。

1959—1960 年，先后六次为周恩来总理担任翻译。

1960 年，调入中央广播事业局对外部。长期从事口笔译工作。历任中国国际广播电台拉丁美洲部播音员、翻译、记者、编辑、副主任。

1981 年 11 月，加入中国共产党。

1982 年 6 月起，历任中国国际广播电台拉美部副主任、中国国际广播电台副台长、分党组成员、代理台长。

1990 年 7 月，任广播电影电视部党组成员、总编室主任。

1991 年 5 月，任广播电影电视部副部长、党组成员。

1997 年 4 月，任中国广播电视学会常务副会长。

2004—2009 年，任中国翻译协会理事会会长、《中国翻译》杂志主编。

2009 年，任中国翻译协会理事会顾问。

2012 年，被中国翻译协会授予"翻译事业特别贡献奖"。

2018 年 1 月 24 日，因病逝世。

天津南开中学人物志

·业绩·

　　刘习良，历任中国国际广播电台拉美部副主任、中国国际广播电台副台长、代理台长、国家广播电影电视部副部长、中国广播电视学会常务副会长、中华全国新闻工作者协会副主席、中国翻译协会理事会会长等职。曾任中国广播电视协会顾问、中国电视艺术委员会副主任、中国拉丁美洲友好协会副会长、中国传媒大学博士生导师，是政协第九届全国委员会委员。

　　刘习良是中国著名资深翻译家，长期从事口笔译工作，参加过《毛泽东选集》第 1、2、3、4 卷西班牙文版以及党和政府重要文件的翻译和审定稿工作。曾翻译出版过大量西班牙和拉美国家的文学作品，为中国翻译事业和中国与西班牙及拉美文化交流作出了杰出贡献。主要译著有《玉米人》《幽灵之家》《天谴》《枯枝败叶》《恶时辰》等小说、散文、文学评论，约 200 余万字。在担任中国翻译协会会长期间，领导协会完成从学术团体向学术、行业并举的综合型社会团体转变，推动协会工作取得重大拓展；领导编撰出版了我国翻译界首部年鉴《中国翻译年鉴》第一、二卷，填补了翻译年鉴出版的空白；为中国翻译协会、中国翻译事业的改革转型和发展发挥了重要领导作用。

　　1991 年，刘习良同志任广播电影电视部副部长。在任职的 6 年里，主要统管负责我国广播电视的新闻报道、社教节目、对外传播以及业界对外交流等领域的工作。1997 年，退居二线的刘习良就任中国广播电视学会副会长一职，主持广播电视研究工作，先后出版论文集《追求集》《探索集》《冷热集》等；主持编写《改革开放中的广播电视》《中华人民共和国广播电视简史》《中国电视史》《中国广播电视改革发展十年回眸》等重要出版物。

　　刘习良逝世后，中国翻译协会在唁电中高度评价其一生："刘习良同志在中国翻译界享有极其崇高的威望，受到中国翻译界广泛的敬重和爱戴，是我国翻译以及中外文化交流事业的杰出代表。他的逝世是我国翻译界的巨大损失，刘习良同志对中外文化交流事业及中国翻译事业的繁荣和发展、对中国翻译协会的成长与进步所做出的贡献将永远铭记在我们心中。"

张 洽

·简 历·

张洽，1934年生于日本，在家中排行第三，父亲张秋海是台湾最早的留日美术生之一。

1938年，其父到北平师范大学任教。因为日本当局的要求，张洽只能进入日本人办的小学读书。

1945年，张洽父亲应天津台湾同乡会会长吴三连之邀，携全家至天津工作。后接任天津市台湾同乡会会长之职。

1947年，张洽入南开中学读书，学号2465，在校期间成绩优秀。

1953年，入北京矿业学院采矿工程系读书，成绩突出，以优秀毕业生称号毕业。

1957年，大学毕业后到黑龙江鸡西煤矿工作，成为鸡西矿务局恒山煤矿的一名采煤技术员。

1962年，调到河北峰峰矿务局工作，从采煤技术员一路做到工程师、副矿长、矿务局副局长、高级工程师。在煤矿工作的26年中，始终忙碌在第一线，跟工人一起下井，并致力于矿井的技术革新，其成果为其他煤矿所学习。

1976年，出任峰峰矿务局主管基建的副局长。

1983年，出任邯郸市副市长，主管文教。在任上建设成立了邯郸大学，并任首任校长。

1985年，调任中华全国台湾同胞联谊会副会长。

1987年，调任全国政协副秘书长。在能源开发、环境保护等领域提出大量建设性意见，带领无党派人士积极参政议政。曾先后当选为第六、七届全国人大代表，第八、九、十届全国政协常委。

2009年，正式退休。

·业 绩·

张洽，父亲张秋海是 20 世纪二三十年代著名画家，也是台湾最早的留日美术生之一。但当时台湾人是日本殖民者统治下的"二等公民"，所以虽然父亲的画作得到了业界的认可，张洽一家的生活仍然十分艰难。1938 年，张秋海带着妻子儿女回到祖国大陆，在北平师范大学任教。1941 年，张洽到了该上学的年纪。由于日本当局禁止台湾人的孩子接受中国大陆学校的教育，张洽只能就读于日本人办的北平城南日本小学。

1945 年，日本投降。国民党当局发布了《关于朝鲜人和台湾人产业处理办法》，将台胞产业当作敌产收缴。时任天津市台湾同乡会会长吴三连力邀张秋海到天津，与他共同为此事与当局斡旋。张洽跟全家一起随父亲来到天津，随后进入天津南开中学读书。在校期间，他表现十分出色，不仅成绩能在 190 名同学中排进前十，还积极参加学校社团和体育运动，加入了学校的垒球队、棒球队、火棒队等组织。

1953 年，成绩优异的张洽因受家庭出身影响，被分配到北京矿业学院采矿工程系。大学期间他依然保持了优异的学业水平，以优秀毕业生的身份毕业，被分配到黑龙江鸡西矿务局，成为恒山煤矿的一名采煤技术员。1962 年，他调任河北峰峰矿务局，从采煤技术员一路做到高级工程师。在煤矿工作的 26 年中，他始终忙碌在第一线，跟工人一起下井，积累了许多经验，这使他特别关注生产安全和生产效率，致力于矿井的技术革新。因为技术革新领域的突出表现，张洽被任命为峰峰矿务局副局长。

1983 年，张洽出任邯郸市副市长，主管文教工作。在任期间，他为邯郸兴办了这座城市的第一所大学，深受市民爱戴，赢得了"平民市长"的称号。1985 年，他调任中华全国台湾同胞联谊会副会长，以台胞身份致力于两岸和平这项夙愿。

1987 年，张洽出任全国政协副秘书长，开始了在全国政协工作的 22 年生涯。他特别关注能源开发和环境保护问题，提出大量建设性提案，在人口资源环境委员会、港澳台侨委员会等多个专门委员会的工作中都作出了积极的贡献。

2009 年，他作为首个"大陆老台胞返乡谒祖文化参访团"的成员，在年过七旬之际，终于踏上了故乡台湾的土地。

徐大铨

·简 历·

徐大铨，辽宁辽阳人。1935 年出生于北京。

1946 年，随父母迁入陕西，后返回天津。考入天津南开中学初中读书，学号919。

1953 年，从南开中学高中毕业。同年，被保送到苏联第聂伯罗彼得罗夫斯克矿业学院矿山机械系学习。

1959 年，毕业于苏联第聂伯罗彼得罗夫斯克矿业学院。回国后任冶金工业部北京有色金属研究院技术员。

1960 年，加入中国共产党。后历任冶金工业部有色金属研究院广东分院工程师、科研办公室副主任，冶金工业部科技司处长、副司长。

1986 年 2 月，任冶金工业部副部长，后兼任国家黄金管理局局长、党组书记。曾任冶金工业协会第一至第六届理事会名誉会长。

1990 年，国务院黄金工作领导小组调整后任领导小组副组长。

1991 年，任新成立的中国黄金职工思想政治工作研究会会长。

1998 年，从冶金工业部副部长位置上退下来，被任命为上海地区钢铁企业（即宝钢集团）联合筹备组组长。11 月 17 日，担任宝钢集团公司董事长。

2004 年，徐大铨率领宝钢进入世界 500 强。

徐大铨还是中共十三、十四、十五大代表，第七、八届全国政协委员。

·业绩·

徐大铨，天津南开中学1953届学生，曾任冶金工业部副部长、宝钢集团董事长。

徐大铨1959年毕业于苏联第聂伯罗彼得罗夫斯克矿业学院矿山机械系。1960年加入中国共产党。苏联留学回国后，先后在冶金工业部北京有色金属研究院、有色金属研究院广东分院、冶金工业部科技司任职。1986年2月任冶金工业部副部长，在冶金部工作时为我国冶金事业的发展倾注心血，为实现冶金工业"八五""九五"发展目标作出了实实在在的贡献。他注重科技引领和法制保障，对我国地方中小铁矿的发展进行深入调研、始终把"办好群采矿山"作为工作重点，注重地勘经济新发展，坚持挖潜增产，保证冶金矿山稳定发展，注重逐步深化系统改革，坚持走以深化改革为统领的冶金地质工作发展战略之路。徐大铨在担任冶金部副部长期间，还曾兼任国家黄金管理局局长、党组书记和国务院黄金工作领导小组副组长。

1998年7月，刚刚从冶金工业部副部长位置上退下来的徐大铨被任命为上海地区钢铁企业（即宝钢集团）联合筹备组组长。11月17日，被正式任命为宝钢集团公司董事长。

上海宝钢集团公司成立后，为深化钢铁企业改革，做大做强中国国企，徐大铨又开始了新的探索和拼搏。宝钢是中华人民共和国成立以来建成的规模最大的现代化钢铁联合企业，也是徐大铨在中国冶金战线上最精彩的"最后一班岗"。他在总结他的这段工作时认为：新企业首先要组建好坚强的领导集团。这样才能团结一心、励精图治，振奋精神，带领企业创造世界一流水平。宝钢必须立足高起点，坚持高标准。把技术创新作为主旋律。必须培养造就一支适应钢铁工业生产的工程技术专家队伍，一支按国际惯例办事，直接参与国际市场竞争的国际贸易、国际金融人才队伍，一支熟练掌握信息技术、计算机和自动控制技术的现代高新领域的骨干队伍，一支从事设备制造、钢铁深加工、资源综合利用、远洋运输、建筑等多元化产业的专业技术队伍，同时要形成一支思想好、作风硬、技术精的优秀经营管理队伍。宝钢的定位就是要做成中国钢铁的精品基地，生产其他企业难以生产的六大类钢铁精品。经过艰辛的努力，到2004年宝钢已率先进入世界500强。

资华筠

（1936—2014）

·简 历·

资华筠，原籍湖南耒阳，1936年生于天津。

1947—1950年就读于天津南开中学女中部。

1950年，进入中央戏剧学院舞蹈团少年班开始专业舞蹈学习。

1951年，被选入中国青年文工团，随团赴柏林参加第三届世界青年与学生和平友谊联欢节，表演的8人集体舞《西藏舞》荣获第一名，随后在东欧巡演一年。

1952年，调中央歌舞团，成为该团第一代舞蹈演员。

1954年，参加文化部北京舞蹈教员训练班，毕业后任舞蹈学校中国民间舞舞蹈教员，历任校委会委员，学术艺术委员会委员。

1955年，赴波兰华沙参加第五届世界青年联欢节，表演双人舞《飞天》，荣获第三名。

1956年，被选为文化部系统社会主义建设积极分子。

1959年，参加维也纳第七届世界青年联欢节。

1964年，参加大型音乐舞蹈史诗《东方红》的演出。

1977年，排演独舞《长虹颂》，以缅怀周总理。

1979年，出席第四届全国文艺代表大会。

1980年，作为特邀舞蹈家参加第一届全国独舞、双人舞比赛，在观摩演出中表演《飞天》，获优秀表演奖。

1989年，加入中国共产党。

1981年、1983年，两度与王堃、姚珠珠合作举行独舞、双人舞专场演出，在社会上引起强烈反响。

1987—1999年，担任中国艺术研究院舞蹈研究所所长。

2012年，荣获中国舞蹈"荷花奖"中国舞蹈艺术终身成就奖。

历任中国舞蹈家协会理事、北京文化交流中心理事、国家非物质文化遗产保护工作专家委员会副主任等职。

2014年12月9日，在北京去世。

·业绩·

资华筠，1936年出生于天津名门资氏家族，从小受到良好的家庭教育。其父资耀华是中国著名金融家、银行家，中国金融界耆宿，对新中国的金融事业有"襄赞之功"。

资华筠6岁学习钢琴，9岁跟随俄国老师学习芭蕾。1947年考入天津南开中学女中部，入学后成绩优异，考试经常获得第一名。1950年受到革命大歌舞的感召，放弃保送高中的机会，毅然考入中央戏剧学院舞蹈团少年班开始专业舞蹈学习。

资华筠勤奋刻苦，天资卓越，到舞蹈团仅一年就被选入中国青年文工团，1951年随团赴柏林参加第三届世界青年与学生和平友谊联欢节，这是中华人民共和国成立以后的第一次大型对外文化交流活动。表演的8人集体舞《西藏舞》荣获金奖，并在东欧巡演一年。1952年调入中央歌舞团，成为该团第一代舞蹈演员，资华筠在这里一直工作到50岁，整整36年的舞蹈生涯中表演过古今中外各种风格的民族民间舞蹈近百部，在国际、国内的舞蹈比赛中取得了丰硕的奖项，表演风格端庄、典雅、注重神韵，富于艺术的意境美和造型美，代表国家出访过亚、欧、美、澳、非洲50多个国家，以精湛的技艺和唯美的舞姿赢得了国际赞誉。

辉煌的舞者身份之外，资华筠还是一位杰出的学者，20世纪80年代以后，资华筠深耕舞蹈理论研究，1987—1999年担任中国艺术研究院舞蹈研究所所长，写作了大量颇具价值的舞蹈理论著作，她先后参与、主持完成中国舞蹈"八五""九五""十五""十一五"等多项重点研究课题，出版了《舞蹈生态学导论》（合著）、《舞艺舞理》、《中国舞蹈》等十余本著述，在国内外讲学，深得好评，另有随笔集、论文、评论、译作等共计二百余万字。作为舞蹈学博士生导师，她勤恳敬业，言传身教，为人民的艺术事业培养了大量舞蹈人才。曾被选为全国政协委员，全国人大代表、共青团九大主席团成员，五届全国人大一次、二次会议主席团成员，全国人大民族事务委员会委员等。

梁秉彝

（1933—2022）

·简 历·

梁秉彝，1933 年 5 月，生于河北冀县王口镇。

1947 年，从天津第一中心小学毕业后考入南开中学。

1949 年初，加入民青组织。同年 8 月 19 日，加入中国新民主主义青年团。

1953 年，从南开中学高中毕业，以优异成绩考入北京大学，进入西方语言文学系德语专业学习。同年 11 月，学校例行体检后，因肋膜炎休学回津。团组织关系转回南开中学。

1954 年秋，被推荐留在南开中学工作。任侨务干部和住校生管理。

1955 年，担任学校文书工作。

1962 年，到政教处工作，负责组织学生活动、奖惩、毕业生教育、上山下乡等工作。

1966 年，担任部分班级的语文课和数学课。后回政教处工作。

1969 年，到学校图书馆工作。在图书馆任职期间获得市科委颁发的图书馆副研究员职称证书。

1993 年，从南开中学退休后参与办理南开中学校友会社团登记，并担任天津市南开中学校友会第一任秘书长。还曾参加筹备电视片《一代人师》拍摄工作，任电视片筹备组组长。

2022 年 12 月 29 日，因病去世。

·业 绩·

梁秉彝，天津南开中学 1953 届学生，南开中学教师。

1947—1953 年在南开中学读书，在校期间受进步思想影响，积极参加进步社团活动，1949 年春天加入民青组织，同年 8 月加入中国新民主主义青年团，先后担任团小组长、团支部委员、团支部书记、团总支委员会的组织委员和教育委员。

1953 年从北京大学因患肋膜炎休学（保留学籍），回津后被推荐留在南开中学工作，任侨务干部和住校生管理，后又负责学校的文书工作。在南开工作期间，梁秉彝感受到校领导的器重和培养，同时也是怀着对南开母校的深厚感情，决定放弃北大学籍，留在南开中学工作，直至退休。

南开中学从 1953 年开始接收海外华侨学生就学，梁秉彝做侨务干部 30 年，在指导、教育侨生方面做出了突出成绩，获得天津市侨办侨联的表彰，并颁发证书。1964 年前后，梁秉彝被安排到政教处工作，负责组织学生活动、奖惩、毕业生教育、上山下乡等工作，曾和天津市湾兜中学一起组织学生到山西平陆毛家山大队插队。1969 年后到学校图书馆工作，参与了筹建周恩来青年时代纪念馆和组织校庆的活动，在图书馆工作期间被评为市级图书馆工作先进个人，并获得图书馆副研究员职称。

南开中学的校友工作有着久远的优良传统，梁秉彝积极组织参与了中华人民共和国成立后南开中学校友会恢复活动的工作，办理了南开中学校友会社团登记，并担任了校友会第一任秘书长。多年来，校友会在搜集整理杰出校友事迹和持续弘扬南开优良传统方面做了大量有益的工作。

王景愚

（1935—2021）

·简 历·

王景愚，1935 年生于天津。中国国家话剧院一级演员、编剧。中国戏剧家协会、中国作家协会、中国书法家协会、北京书法家协会会员。中共党员。

1948 年，进入天津南开中学初中学习，学号 1011。

1954 年，从南开中学高中毕业，考入中央戏剧学院学习。

1958 年，毕业后到中国青年艺术剧院任演员、编剧。

1977 年初，创作讽刺喜剧《枫叶红了的时候》，入选《中国话剧百年剧作选》。

1979 年，创作演出《撩开你的面纱》（合作）。

1980 年，因在莎士比亚剧作《威尼斯商人》中饰演夏洛克，获文化部颁发的表演一等奖。

1982 年，创作讽刺喜剧《可口可笑》，上演后被译成日文，由日本音乐座剧团演出。还创作发表《特别审讯》等十余部独幕剧。

1983 年，应中央电视台召唤，参加第一届、第二届春节联欢晚会策划并演出。与马季、姜昆、刘晓庆共同担任中央电视台第一届春节联欢晚会的主持人，并在晚会上表演哑剧小品《吃鸡》。

1984 年，开始探索民族哑剧，创作并演出《讽刺与幽默》哑剧晚会 70 场，出版《哑剧艺术漫谈》，同时到各国演出。春节晚会上与李辉合作表演哑剧小品《电视纠纷》。

1999 年，出版散文集《幕后》。

1998 年后，潜心于书画艺术。

2021 年 5 月 3 日，因病去世。

·业绩·

　　王景愚从小就显示出表演天赋，有很强的表演冲动和才能。常在家里或同学面前即兴表演，自我训练对感情的体验和表现，令旁人莫名其妙而又赞叹不已。

　　他的表演到了中学时代得到了进一步升华，就像他自己曾经说过的："我作为一个演员，在多少个舞台上演出过？从北京到全国各地，以至意大利艺术节的舞台、美国洛杉矶的帕萨迪纳的舞台……只要演出过的地方，那个舞台就融进了我的生命。那么生命的起点在哪里？我永远不能忘怀的是母校——南开中学瑞庭礼堂的舞台，那是我一生中登上的第一个舞台。"

　　王景愚选择报考南开中学，是慕名而来，南开中学本来就有演剧的传统，校长张伯苓提倡对学生的美育教育，他的弟弟张彭春就是一位学贯中西的戏剧家，曾是梅兰芳访美、访苏演出的顾问，也在南开任教过。后来成长为大剧作家的曹禺等戏剧名人，很多都毕业于南开中学，周恩来总理在南开求学时也热衷于演剧活动。王景愚进入南开中学，如鱼得水，参加了学校剧社，这为他后来一生从事专业戏剧工作奠定了基础。加入了南开剧社后，演出的第一个独幕剧就是同学们自编自导的讽刺国民党反动派的《抓兵》，王景愚就演那个身躯矮小、骨瘦如柴的被抓来的"兵"。这是他第一次登台演出，在瑞庭礼堂的舞台上，他面对挤满整个礼堂的同学们，感受到舞台上聚光灯的灼热，感受到同学们如海潮般的笑声，感受到每一句台词在打动着同学们年轻火热的心！从那时起，他开始了戏剧生涯。

　　与此同时，他还喜好写作，参加《天津日报》社写作培训班，同班的就有后来赫赫有名的大作家刘绍棠、阿英等人。王景愚虽不像他们成为专业作家，却成了一名剧作家。高中毕业，他如愿以偿，考入培养戏剧人才的最高学府北京中央戏剧学院，在学校是品学兼优的学生。

　　1962年，王景愚刚从中戏毕业分到中国青年艺术剧院不久，受邀到广东演出。在吃罐焖鸡的时候，因为鸡不太烂，吃着有点费劲，激发了灵感，创作了后来家喻户晓的哑剧小品《吃鸡》。1963年《吃鸡》在北京饭店举行的元旦晚会上表演，周恩来和陈毅看时笑得直流眼泪。随着电视的普及，这个小品在中央台一经播出，王景愚和《吃鸡》就立刻被全国观众记住了。

　　王景愚创作和表演的作品众多，脍炙人口，至今为观众所津津乐道。他是人民喜爱的喜剧和哑剧表演艺术家。

王静康

·简 历·

王静康，1938年4月9日出生于河北秦皇岛。中国工程院院士，工业结晶专家。

1952年，毕业于天津南开中学女中部。

1955年9月—1965年7月，就读天津大学化工系，获学士、硕士学位。

1965—1972年，在贵州工学院工作，任助教。

1972—1980年，在天津纺织工学院工作，任讲师。

自1980年起，一直在天津大学工作，被评为副教授、教授。

1984年7月，加入中国共产党。

1993年起，享受政府特殊津贴。

1999年，当选为中国工程院院士。

2002年1月，任中国工程院化工、冶金与材料学部常委会委员、中国化工学会常务理事。

2003年1月，任教育部化学化工教学指导委员会副主任。

2004年1月，任教育部科技委委员。

2007年1月，任化学工程专业认证组组长，主编的教材获第八届中国石油和化学工业协会优秀教材一等奖。

2009年1月，任全国医药创新技术市场协会副理事长，获第六届高等教育国家级教学成果一等奖。

2011年，任天津化工与化学协同创新中心学位委员会主席。

2013年，获第七届高等教育天津市市级教学成果一等奖。

2014年，获第七届高等教育国家级教学成果一等奖。

2021年，被评为全国优秀共产党员。

王静康的父亲王恩明也毕业于天津南开中学，是海归爱国科学家，作为爱国科学家代表出席了开国大典。王静康1955年中学毕业后考入天津大学化工系，1965年天津大学研究生毕业，毕业后先后在贵州工学院、天津纺织工学院、天津大学任教。现任天津大学化工学院教授，兼任我国化学工程与制药工程专业认证委员会主任、天津市科协荣誉主席等职。曾任教育部化学化工教学指导委员会副主任、化学工程分委会主任、天津市科协主席、天津市侨联副主席等职。

　　王静康从1980年参与完成01号国家"六五"攻关项目——"青海盐湖钾盐生产系统工程研究"开始，始终带领她的团队战斗在国家重点攻关项目的第一线。从"七五"到"十二五"，王静康和她的团队着眼于国家需要，承担了多项国家重大科技攻关及支撑计划项目，每次都提前圆满完成。她带领团队用自主创新技术，为大型化工、医药企业设计建成了100余条具有领先水平的新型工业结晶生产线，完成国家及省部级有关医药、材料、生化、化肥等重点项目百余项，成果产业转化均一次成功。

　　王静康及其团队经过多年的探索，开拓了化学工程研究的新领域。她提出并合成了熔融液膜结晶、精馏结晶及反应结晶等新型耦合结晶，建立了中国第一个大型工业结晶实验基地，组建了医药结晶研究中心和国家工业结晶技术研究推广中心，建立了工业结晶与医药结晶方面的"科研、开发、设计、生产"一条龙的研发应用机制，开发了青霉素结晶新工艺与设备，在全国普遍推广，完成反应结晶集成技术与模拟放大，解决了微晶产品大规模生产难题。她的科研成果使中国工业结晶研发进入世界前沿，被誉为"中国工业结晶之母"。

　　王静康带领团队获得国家科技进步二等奖3项，国家技术发明二等奖1项，何梁何利基金科学与技术进步奖等多项奖项。曾荣获全国三八红旗手、全国先进工作者、中国首届"新世纪巾帼发明家"、中国优秀科技工作者、全国创新争先奖、全国教书育人楷模、天津市道德模范、全国优秀共产党员等称号。

王铁冠

·简 历·

王铁冠，广东澄海人，1937年12月出生于上海。

1950年，进入天津南开中学读初中，学号2609。

1953年，天津南开中学毕业。

1953—1956年，在北京石油地质学校石油地质专业学习。

1956—1978年，在北京石油地质学校、大庆石油地质学校及江汉石油地质学校任教。

1978—1994年，在江汉石油学院任副教授、教授。其间，于1983年4月至1986年1月，在美国特拉华大学地质系、俄勒冈州大学海洋学院研修分子有机地球化学。

1994年，到中国石油大学（北京）任教。

2005年，当选中国科学院院士。

现兼任国家自然科学基金委评审专家组成员、教育部石油天然气成藏机理、煤炭资源两个重点实验室的学术委员、中油股份公司油气地球化学重点实验室学术委员会副主任，《地质学报（英文版）》《地质论评》《地球化学》《石油实验地质》《海相油气地质》编委。

·业绩·

　　王铁冠，分子有机地球化学家与石油地质学家，是我国最早研究煤成油的专家之一，中国石油大学（北京）教授，中国科学院院士。

　　王铁冠主要从事生物标志物、油藏地球化学与石油地质学的教学与科研。他对中 - 新元古界潜在油气资源进行长期的基础研究，发现和命名 13α(正烷基)- 三环萜烷等三个新生物标志物系列。阐明低熟油气成因理论，建立生物标志物结合显微组分研究煤系烃源岩的方法。集成包裹体测温、数值模拟与实测镜质组反射率等技术，完善油气成藏期次与时间的厘定方法；论证二苯并噻吩分子示踪油藏充注过程的机理，反演油气充注途径，指示有利勘探方向。

　　王铁冠检测发现了约 100 个新的同系物或异物体化合物，补充、完善了文献中已知的 7 个系列。在理论研究上，他建立了 4 类生物标志的成因演化模式，并总结了有关生物标志的成因、演化和分布规律；首次提出并创建了生物标志物相对定量组合判断生源构成和沉积环境条件的研究方法，还在沉积环境、古植物化学、事件地层学和油气运移等多个方向上，探索了分子生物标志物的研究意义。

　　王铁冠建立起有机地球化学与煤岩学相结合的有效烃源岩研究方法，确证"成煤过程中也可能伴随有'生油'过程"，煤中沥青是"由煤或高等植物成因液态烃类衍生物"；提出煤系烃源岩"分期生油"理念，最早论证渗出沥青体作为石油生成和初次运移的直接标志，为解决煤成油研究的重大争议问题提供了充分依据，推动了煤成油理论的发展；最先从生烃机理、资源分布规律等方面全面系统地研究了低熟油理论问题，创造性地建立五种原始母质早期生烃机理和模式，弥补了国际上"干酪根晚期热降解生烃"理论的缺陷，发展了陆相生油和石油地质理论，开拓了油气勘探领域，出版了世界第一部《低熟油气形成机理与分布》专著。

　　王铁冠曾获得"李四光地质科学奖"（地质研究者奖）、中国科学技术发展基金会"孙越崎能源大奖"、中国石油天然气总公司"铁人科技成就奖"（银奖）、国家自然科学奖（二等奖）和科技进步奖（三等奖）及 10 项部级科技进步奖。

李春岩

·简 历·

李春岩，1938 年 9 月 15 日出生，河北大城人。

1951 年，进入天津南开中学读初中，学号 3391。

1957 年，天津南开中学高中毕业。

1962 年 6 月，河北医学院医疗系毕业。

1962 年 7 月—1988 年 5 月，任河北医科大学第二医院教授。

1988—1990 年，在美国约翰·霍普金斯大学医学院神经内科研修。

1991 年 1 月，任河北医科大学第二医院科主任。

1995 年 1 月，任中华医学会河北省神经科学会主任委员。

1997 年 1 月，任河北医科大学第二医院河北省神经病学实验室主任。

2001 年，当选为中国工程院院士。

2004 年 8 月，当选为河北省政协常委。

2005 年 6 月，任河北医科大学第二医院院长。

2008 年 3 月，当选为全国政协委员。

·业 绩·

　　李春岩，著名神经内科学家，国际神经病学权威组织—— 美国神经病学学会至今唯一的中国会员，国务院政府特殊津贴专家。先后担任河北医科大学第二医院教授、主任医师、博士生导师，河北省心脑血管病研究所副所长，河北省神经病学重点实验室主任，中华医学会神经病学委员会常委，河北省学位委员会委员，《中华神经科杂志》《中华物理学杂志》《脑与神经疾病》等专业杂志的编委或主编。

　　李春岩是国内神经内科专业至今唯一的中国工程院院士，大学毕业后被分配到河北医学院第二医院神经内科从事临床、教学和科研工作。他医术精湛，医德高尚，几十年如一日献身于医疗、教学、科研工作，在神经内科学方面具有很深的造诣。他在国内外首先从病理上发现、报道并命名吉兰—巴雷综合征的新亚型"急性运动性轴索型神经病（AMAN）"，在国内首次从吉兰—巴雷综合症患者粪便中分离培养出空肠弯曲菌，在国际上首先利用空肠弯曲菌成功制成吉兰—巴雷综合征动物模型，证实了空肠弯曲菌是急性运动性轴索型神经病的病因之一，该研究成果达到国际先进水平。

　　李春岩曾获河北省科学技术奖、国家科学技术进步奖、全国"五一"劳动奖章、河北省省长特别奖，并荣获全国卫生系统先进工作者、全国先进科技工作者、河北省省管优秀专家、河北省劳动模范、"燕赵学者"等荣誉称号。

肖振邦

（1937—2013）

·简 历·

肖振邦，1937 年 1 月出生于辽宁沈阳。

1951 年，就读于天津南开中学，学号 3487。

1954 年，在南开中学任少先队大队长。

1955 年，任南开中学学生会主席。同年 12 月，在南开中学加入中国共产党。

1957 年，从南开中学高中毕业。1957—1962 年 8 月，在人民大学哲学系学习。

1962 年 9 月，任北京市委组织部干事、北京市委党校教员、北京市委《前线》编辑部编辑。

1974 年，任北京市委办公厅干事、秘书。

1980 年，任全国总工会办公厅正处级秘书。

1984 年 7 月，任全国总工会办公厅副主任、主任。

1986 年，天津南开中学敬立周恩来总理铜像，5 月 4 日，肖振邦到校参加揭幕仪式，并代表各届校友在铜像揭幕仪式上讲话。

1988 年 10 月，任全国总工会书记处书记兼办公厅主任、书记处书记。

1993 年，任全国总工会第十二届主席团委员、执委。

1998 年 3 月，任第九届全国政协委员。

2003 年 3 月，任第十届全国政协委员。

2009 年 10 月，退休。

2013 年 7 月 26 日，因病在北京逝世。

·业 绩·

　　肖振邦，天津南开中学 1957 届学生，在南开中学学习期间学习刻苦，学习成绩优异，积极参加社会活动，曾担任校学生会主席，并在南开中学加入了中国共产党。

　　在中共北京市委和全国总工会工作时，肖振邦长期从事并主管领导机关办公系统的工作，积极探索中国特色社会主义制度下办公系统的特点和规律，对组织协调、信息反馈、调查研究诸方面工作的特点和规律进行了深入的探讨和实践。在《红旗》《求是》《前线》《工人日报》《中国工运》等报刊上发表过理论文章。主编的书籍有《中国工会年鉴》等。副主编的书籍有《中国工会百科全书》《中国工人阶级和中国工会》（向国外发行）等。

　　在全国总工会工作期间，肖振邦重视职工队伍的建设和稳定。从政策等方面妥善安排，切实保障职工合法权益。2001 年，肖振邦在全国政协九届四次会议第四次全体会议上提出，在推动国有企业下岗职工基本生活保障向失业保险并轨中，必须高度重视并妥善解决国有企业下岗职工与企业解除劳动关系问题，切实维护职工队伍和社会政治稳定。他说，在国有企业下岗职工与企业解除劳动关系进入失业保险过程中，要充分认识妥善解决国有企业下岗职工与企业解除劳动关系问题的重要性。要区别情况、分类处理下岗职工的劳动关系。要出台相关政策，多方筹措资金，妥善解决经济补偿和所欠债务。做好下岗职工解除劳动关系后的社会保险关系衔接工作。加强社区对下岗职工的组织管理服务工作。

　　多年来，肖振邦对母校南开中学一直怀有深厚的感情。1986 年，南开中学在校园内敬立周恩来总理铜像，当时在全国总工会任职的肖振邦代表母校多方联系协调，并邀请领导同志到校参加周恩来总理铜像揭幕仪式，肖振邦还代表各届校友在铜像揭幕仪式上讲话。

赵启正

·简 历·

赵启正，1940年1月出生，1963年9月参加工作，1979年5月加入中国共产党，中国科技大学近代物理系核物理专业毕业。

1955年9月—1958年7月，在南开中学学习，学号5374。

1958年9月—1963年7月，在中国科学技术大学近代物理系核物理专业学习。

1963年9月—1969年5月，任第二机械工业部（核工业部）第二研究设计院技术员。

1969年5月—1971年12月，在第二机械工业部湖北"五七"干校劳动。

1971年12月—1975年1月，任第二机械工业部第二研究设计院技术员。

1975年1月—1982年12月，任航天部上海广播器材厂工程师、车间副主任、设计科副科长、高级工程师、研究员级高级工程师。

1982年12月—1984年5月，任航天部上海广播器材厂副厂长。

1984年5月—1984年11月，任上海市工业工作委员会党委副书记。

1984年11月—1986年10月，任中共上海市委组织部副部长、部长。

1986年10月—1991年6月，任中共上海市委常委、组织部部长。

1991年6月—1992年12月，任中共上海市委常委、副市长，浦东新区（筹）工委书记、筹委会主任。

1992年12月—1998年1月，任中共上海市委常委、副市长，浦东新区工作委员会党委书记、管理委员会主任。

1998年1月—2005年8月，任中共中央对外宣传办公室副主任、主任、国务院新闻办公室副主任、主任。

2005年2月，增补为政协第十届全国委员会委员。

2006年9月，兼任中国人民大学新闻学院院长、教授、博士生导师。

2008年3月，任第十一届全国政协常委、外事委员会主任。同年6月，兼任南开大学滨海研究院院长、博士生导师。

2009年4月，当选为第三届中国经济社会理事会副主席。

·业 绩·

赵启正，中央对外宣传办公室和国务院新闻办公室原主任，第十一届全国政协外事委员会原主任、新闻发言人。

1940年生于北京，1958年毕业于天津南开中学，1963年毕业于中国科学技术大学核物理专业。曾在核工业部第二研究设计院和航天部上海广播器材厂从事科研、设计工作20年，教授级高级工程师。

1984年起，历任中共上海市工业工委副书记，中共上海市委常委、组织部部长、副市长兼浦东新区工委书记和管委会主任。

1998年任中央对外宣传办公室和国务院新闻办公室主任。中共第十六届中央委员，第十届全国政协委员，第十一届全国政协常委、外事委员会主任、新闻发言人。2006年兼任中国人民大学新闻学院院长、博士生导师。2008年兼任南开大学滨海研究院院长。2009年被选为第三届中国经济社会理事会副主席。2010年聘为西南政法大学世界与中国议程研究院名誉院长。

主要著作有《向世界说明中国——赵启正演讲谈话录》、《江边对话——一位无神论者和一位基督徒的友好对话》（与路易·帕罗博士合著）、《浦东逻辑——浦东开发和经济全球化》、《浦东奇迹》、《在同一世界——面对外国人101题》、《对话：中国模式》（与奈斯比特夫妇合著）、《公共外交与跨文化交流》、《跨国对话——公共外交智慧》、《向世界说明中国（续编）——赵启正的沟通艺术》、《中国人眼中的美国和美国人》等。

温家宝

·简 历·

温家宝，1942 年 9 月生，天津市人，1965 年 4 月加入中国共产党，1967 年 9 月参加工作，北京地质学院地质构造专业毕业，研究生学历，工程师。

1960—1965 年，在北京地质学院地质矿产一系地质测量及找矿专业学习。

1965—1968 年，就读北京地质学院地质构造专业研究生。

1968—1978 年，任甘肃省地质局地质力学队技术员、政治干事、队政治处负责人。

1978—1979 年，任甘肃省地质局地质力学队党委常委、副队长。

1979—1981 年，任甘肃省地质局副处长、工程师。

1981—1982 年，任甘肃省地质局副局长。

1982—1983 年，任地质矿产部政策法规研究室主任、党组成员。

1983—1985 年，任地质矿产部副部长、党组成员、党组副书记兼政治部主任。

1985—1986 年，任中央办公厅副主任。

1986—1987 年，任中央办公厅主任。

1987—1992 年，任中央书记处候补书记兼中央办公厅主任，中央直属机关工委书记。

1992—1993 年，任中央政治局候补委员、中央书记处书记，中央办公厅主任，中央直属机关工委书记。

1993—1997 年，任中央政治局候补委员、中央书记处书记。

1997—1998 年，任中央政治局委员、中央书记处书记。

1998—2002 年，任中央政治局委员、中央书记处书记，国务院副总理、党组成员，中央金融工委书记。

2002—2003 年，任中央政治局常委，国务院副总理、党组成员，中央金融工委书记。

2003—2013 年，任中央政治局常委（至 2012 年 11 月），国务院总理、党组书记。

中共第十三、十四、十五、十六、十七届中央委员，十三届中央书记处候补书记，十四届中央政治局候补委员、中央书记处书记，十五届中央政治局委员、中央书记处书记，十六、十七届中央政治局委员、常委。

张大宁

·简 历·

张大宁，1944 年，农历 9 月 11 日生于天津。

1949 年 9 月，进入天津市和平区陞安街小学读书。

1955 年 9 月，升入天津市第四十三中学初中读书。

1958 年 9 月，考入天津市南开中学读高中。

1961 年 9 月，考入天津中医学院（后改名天津中医药大学）读本科。

1966 年 9 月，从天津中医学院毕业，到天津市和平区工农卫生院中医科任医师。

1971 年 7 月，在天津市和平区卫生局任主治医师。

1978 年 2 月，任天津中医学院研究生教研室副主任，先后任讲师、副教授。

1983 年 12 月开始，先后任天津中医学院副院长、院长，主任医师、教授。

1990 年，开始担任中央领导保健医生。

1997 年，当选为中国农工民主党第十二届中央副主席，后连任第十三届、第十四届中央副主席。

1998 年，任天津市中医药研究院院长、教授、博导。同年，经中国科学院提名，国际天文学会批准，将中国科学院发现的 8311 号小行星命名为"张大宁星"。

2008 年 1 月，当选为天津市第十二届政协副主席。

2011 年 12 月，担任欧亚科学院院士。

现任天津市中医药研究院名誉院长、首席专家、博导、博士后导师，国医大师，中央文史馆馆员，国际欧亚科学院院士，中央保健医生。

·业 绩·

张大宁，国医大师，中央文史馆馆员，国际欧亚科学院院士，中医肾病学的奠基人，中央领导保健医生。

1990年8月，张大宁作为大陆杰出学者首次赴台湾讲学会诊，受到台湾中西医学术界及广大民众的热烈欢迎，被称为破冰之旅，架起海峡两岸的第一座桥梁，受到中央领导的表扬。

1998年，经中国科学院提名，国际天文学会批准，将中国科学院发现的8311号小行星命名为"张大宁星"，这是世界上第一颗以医学家命名的小行星，中国集邮总公司为此特别发行了首日封，全国人大副委员长、医学泰斗吴阶平特别题字，以示祝贺。

张大宁作为中医肾病学的奠基人，于20世纪80年代编著了我国第一部《实用中医肾病学》和《中医肾病学大辞典》，科学、详尽地规范了"中医肾病"的概念和范畴，以及临床常见病症的辨证论治规律，为日后中医肾病学的发展奠定了有力的基础，他所提出的"肾为人体生命之本""心—肾轴心系统学说""补肾活血法"等理论已为中西医学术界所公认。

从1990年开始，张大宁连续五届担任中央领导的保健医生至今，并被评为优秀中央保健医生。

几十年来，张大宁一直致力于中医肾病学的医教研工作，取得很好成绩，大大提高了治疗效果，曾获国家各种奖励，在国内外广受赞誉。

张大宁曾任第七、八届全国政协委员，第九、十、十一届全国政协常委，第十一届全国政协教科文卫体委员会副主任。中国农工民主党第十二、十三、十四届中央副主席。天津市第十二届政协副主席。现任天津市中医药研究院名誉院长、中国中医药研究促进会会长、全国中医肾病学会终身荣誉主任委员。

董 灏

·简历·

董灏，河北沧县人。1944 年 11 月生于河北沧县。曾任黑龙江省人大常委会副主任。

1956 年，考入天津南开中学初中读书，学号 5942。

1962 年，在天津南开中学高中毕业，同年考入哈尔滨军事工程学院电子系雷达专业。

1968 年，在黑龙江省军区军直五七干校劳动锻炼。

1970 年 4 月，任鹤岗市生产指挥部工作人员。同年 12 月，到哈尔滨船舶工程学院工作，历任助教、讲师。

1977 年 3 月，加入中国共产党。

1980 年，到美国斯坦福大学做访问学者。

1982 年，任哈尔滨船舶工程学院 402 教研室主任。

1984 年，任哈尔滨船舶工程学院副院长。

1987 年，任黑龙江省教委副主任。

1993 年，兼任黑龙江省高校工委副书记。

1998 年，任黑龙江省高等教育学会第四届理事会常务理事、会长。

1999 年，任黑龙江省教育厅厅长、省委高校工委书记、中国高等教育学会常务理事。

2003 年，任黑龙江省人大常委会副主任。

2004 年，参加中央党校培训，同年任黑龙江省高等教育学会第五届理事会常务理事、会长。

2008 年，任黑龙江省欧美同学会、黑龙江省留学人员联谊会会长。

2014 年，任欧美同学会、中国留学人员联谊会副会长，继续担任黑龙江省欧美同学会、黑龙江省留学人员联谊会会长。

·业 绩·

　　董灏，1962年毕业于天津南开中学。在校期间，学习成绩优秀，政治要求进步，曾连续两次被南开中学团委表彰为优秀共青团员。

　　1962年，从南开中学毕业后考入哈尔滨军事工程学院电子系雷达专业。

　　从哈军工毕业以后，经过五七干校等处的劳动锻炼，1970年进入哈尔滨船舶工程学院工作，而哈尔滨船舶工程学院正是在哈军工原址以海军工程系为主体组建的。董灏在船舶工程学院从助教做起，经过讲师、教研室主任，直至担任学院副院长，在哈军工以及后来的船舶工程学院学习和工作的20多年里，兢兢业业，一步一个脚印，逐渐成为军工领域的专家和军工教育的领导者之一。

　　凭借优异的工作业绩及其展现出来的领导能力和才华，1987年董灏升任黑龙江省教委副主任，1993年开始兼任黑龙江省高校工委副书记，1999年开始又先后担任了黑龙江省教委主任、高校工委书记和黑龙江省教育厅厅长、省高校工委书记。

　　2003年担任了黑龙江省人大常委会副主任。

谷明杰

·简 历·

谷明杰，1945 年 11 月 8 日出生，籍贯河北衡水。

1951 年 8 月—1957 年 8 月，在天津市大费家胡同小学读书。

1957 年 9 月—1960 年 8 月，在天津市三十一中读书。

1960 年 9 月—1963 年 8 月，在天津市南开中学读书。

1963 年 9 月—1967 年 7 月，在天津师范学院物理系读书。

1967 年 8 月—1968 年 8 月，在校待分配。

1968 年 9 月—1970 年 2 月，在 4800 部队十一连接受再教育。

1970 年 3 月—1979 年 7 月，在石家庄灵寿县青铜高中任教。

1979 年 9 月起，在天津市南开中学任教。

1995 年，被天津市科委、市教育局授予"播种太阳奖"。

1997 年，获天津市总工会九五立功个人奖章。

1998 年，被教育部评为全国优秀教师。

2005 年，从南开中学退休。

·业 绩·

　　谷明杰，天津南开中学物理特级教师，天津市物理学会副理事长，天津师范大学兼职教授，获得国务院授予的政府特殊津贴，曾被评为全国优秀教师、天津市"九五"立功先进个人、"南开名师"，获得天津市"播种太阳奖""优秀科技园丁奖"。

　　1979 年回到母校南开中学任教前，谷明杰一直在河北省灵寿县教书，当地生活的贫困以及学生求学的艰难，让他深深感到"唯有知识才能改变命运"，于是他立志把学生培养成才，他会常常用大山里的孩子孜孜不倦的求学精神来激励学生。

　　举重若轻、化繁为简，这是谷明杰在教学上的鲜明特色。用朴素的语言，讲解神奇的物理世界，引发学生对物理的兴趣。谷明杰为自己提出"基本概念要准，典型问题要精，热点问题要熟，重点要吃透"的要求，并总结出行之有效的教学方法："新授课，慢起步，厚积淀，巧过渡，新视角，细导入"。

　　早在 1985 年，谷明杰已经开始探索理科特长生的培养，他把中午的时间都用在帮助学生提高物理水平上。过去，物理竞赛提高班还只是一种兴趣小组式的课外活动。1995 年后，谷明杰厚积薄发，开始收获一项又一项的成绩。特别是 1997 年南开中学设立了高中理科实验班后，谷明杰如鱼得水，他所带的几届理科实验班学生，在全国中学生物理竞赛中，获得天津市一等奖的有近 50 人，有 14 人曾参加全国决赛并获一、二等奖。其中王晨扬获得全国一等奖第一名，并获第 27 届国际物理奥林匹克金牌；刘媛获得第 29 届国际中学生物理奥林匹克金牌；吕莹在第 30 届国际物理奥林匹克中力摘金牌。

　　谷明杰被誉为南开中学"金牌教师"，但他认为，金牌、成绩固然对学生是一种激励，但是物理竞赛对学生来说重要的是一种难得的经历，是一种宝贵的财富，培养了他们科学求知和奋斗拼搏的精神，这才是最重要的。

　　谷明杰在总结自己的教学经验时说，方法的传授远比知识的传授要重要得多。他还常说："相对于我们的全部教学生涯，讲一节课是轻而又轻的，但由于我们面对的是学生，是祖国的未来，因而又重而又重。"谷明杰精心设计准备，上好每一节课，虽然教了几十年物理，教学内容早已烂熟于胸，但他还是坚持每节课都要重新准备，教学上常教常新。

孟宪刚

·简 历·

孟宪刚，1947年5月20日出生于天津。

1960年，进入天津南开中学读初中，学号63126。

1966年，天津南开中学高中毕业。

1968年后，在工厂做过工人、副科长，在工业管理部门做过干部。

1977年，考入南开大学经济系。

1979年，考入中国人民大学读研究生，1982年获经济学硕士学位。

1982—1986年，在国务院经济研究中心任高级研究人员、办公厅主任。

1987—1992年，在对外贸易经济合作部任司长，驻南斯拉夫大使馆商务参赞。

1992年，任国务院经济贸易委员会对外经贸司司长、副秘书长。

1998年，被任命为国务院稽察特派员（副部长级）、国有重点大型企业监事会主席、中国产业发展促进会副会长等职。

还曾担任中国社会科学院对外经贸国际金融研究中心学术委员，中国政策科学研究会行政科学学会理事，中国社会科学院APEC政策研究中心顾问，中国企业家调查系统专家指导委员会委员，赓扬集京剧联谊会名誉会长等。

·业 绩·

孟宪刚，1947 年出生于天津市。1960—1966 年，在天津南开中学完成了从初一至高三的学业。

在南开中学求学期间，孟宪刚以文笔好而著称，主编过《南中周报》。《南中周报》是由学校政教处领导，完全由学生承办的南开中学的校报，除了寒暑假休刊，周报每逢周一出刊一期。

1966 年，孟宪刚在天津南开中学高中毕业，正当他准备参加高考时，"文化大革命"开始了，一直到 1968 年，孟宪刚才离开南开校园，被分配到一个街道办的集体小厂——战斗温度计厂去做电工。因为他有在南开中学学得的物理基础，车间里照明、动力的活很快就掌握了。在工厂里，他刻苦钻研电工技术，还经常和其他工种的师傅们接触，虚心向他们学习，受到厂领导的多次表扬并被推荐到上级公司大会上介绍经验。此次亮相之后，他很快就从一名电工走上了工业管理部门的领导岗位。

1977 年恢复高考以后，孟宪刚考入南开大学经济系。1979 年，考入中国人民大学读研究生，1982 年获经济学硕士学位，被分配到国务院经济研究中心工作。在工作中，他踏实肯干，认真钻研业务，从高级研究人员做到了办公厅主任。1987 年，孟宪刚到对外贸易经济合作部任司长，1990 年，被派往中国驻南斯拉夫大使馆商务处工作。1992 年，在国务院经济贸易委员会对外经贸司任司长、副秘书长。1998 年，被任命为国务院稽察特派员、国有重点大型企业监事会主席、中国产业发展促进会副会长等。

曾撰写、发表了数十篇关于经济体制改革、对外经济贸易方面的论文和调查报告，负责或参与起草过重要的政策性文件，参加过中国加入关贸总协定、加入世界贸易组织、加入 APEC 的重要谈判，曾率团或随同国家领导人出访世界数十个国家，进行工作访问、考察和调研。

周鸿飞

·简 历·

周鸿飞，1946年9月出生于天津。

1960年，考入南开中学初中。

1964年7月，自南开中学高中一年级辍学赴新疆参加工作。曾任自治区畜牧厅团委干事，自治区革委会农牧组、农业局秘书，自治区农委干部。

1972—1975年，在新疆大学求学三年，毕业于新疆大学中文系。

1975—1976年，在新疆新源县农牧区参加普及大寨县工作。

1979年，选调国家农委和农业部所属农村工作通讯杂志社（后更名为中国农村杂志社），历任常驻乌鲁木齐记者、总编室编辑、通联处负责人、副总编辑、总编辑。

1983—1985年，在农业部农经干部学院工作两年，曾任学院党委委员、党委办公室主任。

1999年，调入中国农业出版社，正局级待遇。

2006年，退休。

1993—2019年，在孙海麟同志领导下，参与南开题材电视片和图书编辑工作。

·业 绩·

周鸿飞，资深记者、编辑、作家。

1960—1964年就读天津南开中学，其间曾连续两年被评为优秀共青团员。

1964年赴新疆农牧系统参加工作。1979年调入国家部委媒体，荣获首届国家期刊奖，荣膺有突出贡献的中青年专家称号。曾任中华全国新闻工作者协会理事、中国农业记者协会常务理事、中国期刊协会常务理事、中国科普作家协会专业委员会委员，并在中央党校地厅班、北京大学研究生课程班进修。

2010年起，被聘为南开校史研究中心副理事长、理事长，南开中学校友会副理事长、南开中学理事会理事，主持编纂《天津南开中学志》《南开校史研究丛书》《周恩来南开中学作文笺评》等，创编南开中学题材作品数百万字。

蔡 燕

·简 历·

蔡燕，1946 年生，天津人。

1963 年南开中学初中毕业，考入南开中学高中。

1964 年赴新疆支援边疆建设，先后在伊犁畜牧学校会训班、伊犁哈萨克自治州人委机关学习、工作。

1975—2001 年，在新疆警官高等专科学校工作，讲授逻辑学、法律文书等课程。曾任政法成人高校语文教学学会常务理事、中国写作学会司法行政文书研究会理事。

·业 绩·

　　蔡燕，20 世纪 60 年代南开中学务农支边代表性人物之一。1963 年从南开中学初中毕业，同年考入南开中学高中。1964 年 7 月 2 日，积极响应国家号召，满腔热血，毅然辍学，奔赴新疆参加社会主义建设。在伊犁畜牧学校会训班学习期间，被选调到伊犁哈萨克自治州人委机关工作。1975 年起到新疆警官高等专科学校（后为新疆警察学院）工作。实践使她深感书到用时方恨少，为提高自身素质，坚持在岗自学。1985 年从新疆广播电视大学汉语言文学专业毕业后，走上教学岗位，讲授逻辑学、法律文书等课程。1996 年晋升为语言学副教授。1999 年在中国人民公安大学培训后晋升为三级警监。曾任政法成人高校语文教学学会常务理事、中国写作学会司法行政文书研究会理事。

　　在职期间，恪守职业道德，教书育人，严谨治学，热爱学生，尊重学生，学生中有很多是公检法机关的骨干，实践经验丰富，她虚心向学生学习，理论联系实际，使教学过程成为师生共同参与的、教学相长的过程，曾多次被评为教书育人先进个人，2000 年新疆警察学院建校 50 周年时被评为优秀教师，受到新疆维吾尔自治区公安厅政治部嘉奖。她的论文《刑事裁判文书应真正成为展示司法公正形象的载体》获中国写作学会司法行政文书研究会第八届年会论文一等奖。2001 年退休后，受聘于新疆大学培训学院、新疆科信学院等高校。2007 年在新疆科信学院被学生投票评为"最受本科生欢迎的任课教师"。经历过诸多人生磨难，她不负母校教诲、不忘初心，仍把扎根边疆、教书育人的过程视为人生最美丽的风景，感到实实在在的幸福。

孙海麟

·简 历·

孙海麟，1946年8月生，天津人，1968年8月参加工作，天津师范学院数学系大学普通班毕业，天津大学工商管理专业毕业，在职研究生学历，清华大学高级管理人员工商管理硕士。党的十五大代表，第十一届全国人大代表。

1961年8月—1968年8月，为天津市南开中学学生。

1968年8月—1972年8月，为内蒙古呼伦贝尔盟新巴尔虎右旗知青。

1972年8月—1975年8月，为天津师范学院数学系学生。

1975年8月—1981年12月，任天津市河西区教育局办公室干部、副主任。

1981年12月—1983年9月，任共青团天津市委学校部部长。

1983年9月—1986年4月，任共青团天津市委副书记、市青联主席。

1986年4月—1991年2月，任天津市体委副主任、党委常委。

1991年2月—1995年5月，任天津市旅游局党委书记、局长。

1995年5月—1998年5月，任天津市塘沽区委副书记、区长、区委书记。

1998年5月—2003年1月，任天津市副市长、市委政法委副书记。

2003年1月—2004年12月，任天津市副市长、市政府党组副书记，市委政法委副书记。

2004年12月—2007年2月，任天津市委常委，副市长、市政府党组副书记，市委政法委副书记。

2007年2月—2007年6月，任天津市委常委，市人大常委会副主任、党组副书记，市委政法委副书记。

2007年6月—2010年1月，任天津市人大常委会副主任、党组副书记。

2010年1月—2010年3月，离任。

2010年3月—2011年6月，任天津市南开中学党总支书记、理事会理事长。

2011年6月—2016年10月，任天津市南开中学党委书记、理事会理事长。

2016年10月起，任天津市南开中学理事会理事长。

·业 绩·

孙海麟，1973年4月加入中国共产党，曾任天津市委常委、副市长，天津市人大常委会副主任、党组副书记等职。现任天津市南开中学理事会理事长。

1961—1968年在天津市南开中学就读，任校学生会主席。1968年8月下乡到内蒙古呼伦贝尔草原，创办乌兰生产队。

大学毕业后分配到河西区教育局工作。1981年12月调任共青团天津市委常委、学校部部长。1983年9月任共青团天津市委副书记、市青联主席，主持团市委工作。1986年4月调任天津市体委副主任。

1991年2月任天津市旅游局党委书记、局长。1995年5月任天津市塘沽区委副书记、区长，塘沽区委书记兼区长，其间，经济发展、社会安定。

1998年5月至2007年2月任天津市副市长。其间区县经济、公安司法、水利建设等工作均有成效；四次引黄济津，开启南水北调中线工程；着力打造"天津女排精神"。担任第29届奥组委委员、天津赛区领导小组组长，为办好奥运会作出了贡献。2007年2月任天津市人大常委会副主任，依法履行职责，加强立法监督等工作。

2010年3月起，任天津南开中学党委书记、理事长。约请教育专家、杰出校友组成理事会。健全校友会，创建基金会，成立学习研究周恩来小组。创办南开公能讲坛，十年开讲120次。组织编著出版《天津南开中学志》。健全南开中学校史馆，创建周恩来中学时代纪念馆。组建南开中学体验创意中心。先后组织编著《周恩来南开中学论说文集》《周恩来南开中学岁月》等周恩来中学时代书籍多部。组织绘制大型油画《使命》，敬立南开中学英烈纪念碑。主持创办南开中学滨海生态城学校、海河教育园区南开学校。

陈 洪

·简 历·

陈洪，山东栖霞人，1948 年 7 月出生于天津。

1961 年，进入天津市南开中学，南开中学 1967 届高中毕业生。在校期间，学习成绩优异，数学、物理、写作、演讲等成绩格外突出。

1968 年 10 月，到山东省栖霞县参加生产劳动。

1978 年 10 月，考入南开大学读研，师从王达津先生攻读"中国文学批评史"专业。

1981 年，研究生毕业，获硕士学位。学位论文题目是《金圣叹小说理论研究》，后留校任教。

1985 年，任南开大学中国古代文学教研室主任。

1988 年，晋升副教授，1991 年升为教授。

2000 年 11 月，任南开大学文学院院长。

2006 年 5 月，任南开大学常务副校长。

2014 年 1 月，当选为天津市文联第四届委员会主席。

·业绩·

陈洪，天津市文联主席、南开大学讲席教授、原南开大学常务副校长。曾任南开大学校学术委员会副主任、南开大学跨文化交流研究院院长、教育部中文专业教学指导委员会主任，教育部学科发展与专业设置专家委员会副主任，教育部文化素质教育指导委员会副主任。曾兼任中国古代文论学会副会长、中国明代文学学会副会长、中国西游记文化研究会副会长、天津市文学学会会长等职务。兼任北京理工大学、华东师范大学、哈尔滨工业大学等校兼职教授，复旦大学古代文学思想史研究基地学术委员，中国人民大学国学院学术委员。曾担任《文学与文化》主编，《文学遗产》《天津社会科学》等报刊编委。

在南开大学任教期间，先后开设"中国文学批评史""中国古代文学""中国思想史""中国小说理论史"等课程。指导"明清文学""中国文学批评史""明清小说与小说理论批评"方向的硕士、博士研究生60余名。

主要研究范围包括中国文学批评史、中国古代小说理论、明清小说、文学与宗教及传统文化诸多方面。个人著作丰富，主要有《结缘：文学与宗教》《中国小说理论史》《金圣叹传》《中国小说通史》《佛教与中国古典文学》《李贽》《漫说水浒》《画龙点睛》《浅俗之下的厚重》《沧海蠡得》《中国古代小说艺术论发微》等。主编有《中国小说通史》《中国古代文学发展史》《中国古代文学作品选》，高教社版"十一五"规划教材《大学语文》（第二版）、"十二五"规划教材《大学语文》（第三版），主编全国高自考指定教材《中国文化导论》（2007）。其著作先后获天津市社科成果一等奖、教育部社科成果二等奖多次。

陈洪撰写的《天津赋》《南开百年纪念碑记》《大健康赋》《盘山警世钟铭》等文章广为流传，均产生了较大影响。曾获国家级教学名师奖，国家级教学成果一、二等奖，宝钢奖，国务院授衔专家等荣誉，入选首批"国家高层次人才特殊支持计划"。

张元龙

·简 历·

张元龙，1948 年 6 月生于天津。

1961 年，入天津南开中学读书。

1968 年 10 月—1971 年 10 月，为内蒙古通辽知青。

1971 年 10 月—1976 年 8 月，为吉林通化云峰电厂工人。

1976 年 8 月—1978 年 2 月，为天津电力局工人。

1978 年 2 月—1982 年 2 月，为天津大学学生。

1982 年 2 月—1997 年 6 月，为天津电力局干部。

1997 年 6 月—2003 年 1 月，任天津市工商联副会长、会长。

2003 年 1 月—2009 年 7 月，任天津市人大副主任，全国工商联常委、副主席、天津市工商联会长、主席，天津市侨联主席。

2009 年 7 月—2012 年 9 月，任天津市人大副主任、全国工商联副主席、中国侨联副主席、天津市工商联主席、天津市侨联主席。

2012 年 9 月—2012 年 12 月，任天津市人大副主任、全国工商联副主席、中国侨联副主席、天津市侨联主席。

2012 年 12 月—2013 年 1 月，任天津市人大副主任、中国侨联副主席、天津市侨联主席。

2013 年 1 月—2013 年 3 月，任中国侨联副主席、天津市侨联主席。

2013 年 3 月—2013 年 11 月，任中国侨联副主席、天津市侨联主席、十二届全国政协常委。

2013 年 11 月—2013 年 12 月，任中国侨联副主席、第十二届全国政协常委。

2013 年 12 月—2018 年 3 月，任第十二届全国政协常委。

2018 年 3 月—2018 年 7 月，离任。

2018 年 7 月，退休。

·业绩·

张元龙，大学学历，高级工程师，民建成员，1985年8月加入中国共产党。现任中华红丝带基金理事长、天津基督教青年会（YMCA）理事长。

1968年在内蒙古自治区哲里木盟插队，后分别在吉林省通化地区云峰电厂、天津市电力局中心试验所工作。1978年考入天津大学电力自动化系，专业为发电厂及电力系统。

1982年起，先后任天津市电力局电研所高压室干部、副主任、主任，市区供电公司经营办公室主任、副总经济师，市热电公司副经理，市第二热电厂第一副厂长，三源电力总公司副总经理、三源电力集团副总经理。

1997年，任天津市工商联副会长。2002年任天津市工商联会长。2007年11月当选为全国工商联副主席。2009年当选为全国侨联副主席、天津市侨联主席。任职期间，他认真履行党的统一战线政策，为促进天津市非公有制经济健康发展作出积极努力。

曾任天津市第十四届、十五届人大常委会副主任，第九届全国人大代表，第十届全国政协委员，第十一、十二届全国政协常委。任职期间，他解放思想、扎实工作，认真履行宪法和法律赋予的职责，为发挥人民代表大会国家权力机关作用、发挥人民政协多党合作和政治协商作用做出了积极贡献。

现任张伯苓研究会及严修研究会顾问。

龙以明

·简 历·

龙以明,1948 年 10 月 14 日生于重庆。

1964 年 8 月—1968 年 8 月, 在天津市南开中学高中学习。

1968 年 8 月—1972 年 10 月, 在内蒙呼伦贝尔盟新巴尔虎右旗克尔伦公社插队。

1972 年加入中国共产党。

1972 年 10 月—1973 年 8 月, 在天津师范学院 (现天津师范大学) 数学系学习。

1973 年 8 月—1978 年 10 月, 在天津师范学院 (现天津师范大学) 数学系任教。

1978 年 10 月—1981 年 8 月, 在南开大学数学系研究生学习, 获硕士学位。

1981 年 8 月—1983 年 8 月, 任南开大学数学系助教、讲师。

1983 年 8 月—1987 年 12 月, 在美国威斯康星大学 (麦迪逊) 数学系学习, 获博士学位。

1988 年 1 月—1988 年 10 月, 在瑞士苏黎世联邦高等理工学院从事博士后研究。

1988 年 10 月—1990 年 11 月, 任南开大学南开数学研究所副教授。

1990 年 12 月开始, 任南开大学南开数学研究所教授, 1992 年起任博士生导师。

1998 年 1 月—2003 年 6 月, 任南开大学数学学院院长。

2000 年 9 月, 被聘为教育部长江学者奖励计划特聘教授。

2002 年 5 月—2010 年 9 月, 任天津市数学会理事长。

2004 年 1 月—2011 年 12 月, 任中国数学会副理事长。

2007 年 11 月, 当选为中国科学院院士。

2008 年 1 月—2012 年 6 月, 任陈省身数学研究所所长。

2008 年 11 月, 当选发展中国家科学院 (TWAS) 院士。

2009 年 12 月起, 任南开大学学术委员会副主任。

2009 年 1 月—2013 年 10 月, 任天津市科学技术协会副主席。

2011 年 1 月—2014 年 12 月, 任国际数学联盟 (IMU) 执行委员会委员。

2012 年 12 月, 当选美国数学会首届会士。

从 1999 年起先后担任国内外学术期刊编委, 如《数学年刊 (英文版)》《数学学报 (英文版)》《数学物理学报 (英文版)》等。

·业 绩·

龙以明，曾任国际数学联盟执行委员、中国数学会副理事长、国务院学位委员会学科评议组成员、天津市科协副主席、天津市数学会理事长、陈省身数学研究所所长、南开大学数学学院院长等职务。是中共十五大、十六大、十九大代表。

龙以明在科研、教学工作中，孜孜不倦，屡创佳绩。1987年获美国威斯康星大学Sigma-Xi研究会优秀博士论文奖；1991年获国家教委科技进步二等奖；获1996年香港求是科技基金会杰出青年学者奖；获1997—1998年度中国数学会陈省身数学奖；获2003年度教育部自然科学奖一等奖；获2004年度国家自然科学二等奖；获2017年度中国数学会华罗庚数学奖。

龙以明勤恳工作，多次获得荣誉称号。1994年获天津市特等劳动模范称号；1995年获全国教育系统劳动模范称号；2004年获全国模范教师称号；2005年获全国优秀科技工作者称号；2006年、2010年，两次获全国五一劳动奖章。

龙以明长期主要从事国际数学界传统主流数学学科动力系统与非线性分析领域中的哈密顿动力系统与辛几何的研究。迄今已出版专著2册，发表学术论文100多篇（其中包括在SCI杂志发表论文70余篇），建立了一套独立于国外的原创性思想方法和理论，被国际同行应用和进一步研究，得到了国际数学界的高度评价，产生了广泛的影响。他提出并系统地建立了辛道路的指标迭代理论，在紧凸超曲面上闭特征研究上取得突破性进展，在闭测地线研究中取得突破性进展，在N体问题周期解的稳定性研究中取得突破性进展。由于这些研究成果，龙以明多次应邀在国际学术会议上做学术报告，特别应邀在2002年国际数学家大会上做了45分钟特邀报告。其两篇代表性论文被美国《数学评论》重点评论，占1995—2007年中国大陆数学家被重点评论的五篇论文之二。据美国数学会MathSciNet的统计，到2019年12月4日，其115篇论著已被535位作者引用1935次。先后当选中国科学院院士(2007)、发展中国家科学院院士(2008)和美国数学会首届会士(2013)。

龙以明教授学风严谨正派、严于律己、视野开阔，获得了系统的原创性科研成果，得到了国际数学界的高度评价。他是一位全身心致力于数学研究和祖国数学教育事业的学者，为我国数学事业的发展作出了重要贡献。

程津培

·简 历·

程津培，1948年6月1日生于天津，祖籍江苏连云港板浦镇。

1964年9月—1968年12月，在天津南开中学高中就读。毕业后赴山西平陆县插队落户。

1972年9月—1975年8月，在天津师范学院化学系学习。1975年9月至1978年9月，任天津塘沽师范学校教师和化学班班主任、数学化学外语教研室负责人。

1978年，考入南开大学，随高振衡院士攻读硕士。毕业后留校任教。

1982年12月，赴美国西北大学随物理有机化学大师Bordwell教授攻读博士，曾任该校中国留美学生联谊会主席，1987年获博士学位。

1987年3月—1988年8月，在美国杜克大学随Arnett院士做博士后。

1988年9月，到南开大学工作，历任讲师、副教授、教授、物理有机化学教研室主任等，1993年被聘为博士生导师，1995年12月—2000年4月任南开大学副校长。

2000年4月—2008年3月，任国家科技部副部长，分管基础研究和科技奖励等工作；2002年9月—12月和2007年3月—5月，曾到中央党校省部级干部培训班学习。

2001年，当选为发展中国家科学院院士和中国科学院院士，曾任学部主席团成员和化学部常委，2007年入选英国化学会会士(Fellow)。

2012年创建清华大学基础分子科学中心，任主任、荣誉主任和化学系教授。

1989年5月加入致公党，曾任致公党天津市委委员、副主任委员、主任委员和第十二、十三、十四届中央副主席。

1991年4月—1993年3月任天津市政协委员，1998年5月—2003年1月任天津市政协副主席；1993年3月—2008年3月任第八届全国政协委员和第九、十届全国政协常委；2008年3月—2013年3月任第十一届全国人大常委和教科文卫委员会副主任；2013年3月—2018年3月任第十二届全国政协常委和教科文卫委员会副主任。曾任国家科技奖励委员会委员和国家教育咨询专家委员会委员等。

现兼任欧美同学会·中国留学人员联谊会副会长，国家科技图书文献中心理事长，中科院陈嘉庚科学奖基金会理事，天津南开中学理事会副理事长等。

·业绩·

程津培，1964年考入南开中学。南开的爱国传统、"公能"校训和周恩来等杰出学长的榜样，使他的家国情怀和独立思考得以孕育。

到山西插队后，被选作村干部，还选入县工作队派驻外村独立开展工作。就读天津师范学院化学系期间，曾任校学生会文艺部长，积极组织活动，活跃特殊年代的校园生活。任职于塘沽师范学校三年中，担任该校唯一的化学专业课教师和化学师资速成班班主任，独自承担无机和有机化学两门大专课程的讲授和部分实验。

1982年，到美国 Northwestern University，随国际物理有机大师 Bordwell 教授攻读博士，他完成的"阳离子自由基酸度的系统研究"开辟了领域先河，以学生第一作者在顶级刊物《美国化学会志》连发7篇论文，至今仍被视作经典。1988年，他无惧当时国内生活和科研条件与美国的巨大反差，谢绝挽留，举家回国。

到南开大学后，他从一张实验台和讲师艰难起步，历任副教授、教授、博士生导师和副校长。他系统研究了"O 类"自由基的结构效应，首次阐明"O"和"S 类"分型的原理，修正了自由基稳定性理论；还开辟新领域，系统研究了与 NO 信使分子相关的化学键能，为解读其生理功能提供理论依据；创建了多类极难测定的活性中间体的键能序列，为研究惰性键的活化奠定了热力学定量基础；等等。这些原创性工作产生了重要国际影响，是南开在《美国化学会志》和《有机化学杂志》这两个本学科最权威刊物发表论文最早的课题组。2001年，入选第三世界科学院院士和中科院院士。

2000—2008年，他调任科技部副部长，为我国基础研究和科技奖励与评价制度的改革发展殚精竭虑，为广大科技人员所称道。

在所任各种党派和政协、人大职务中，恪尽职守。如，任全国人大常委和教科文卫委副主任期间，极力促成了将《中医药法》的立法和《科技进步法》的修订列为第十二届人大立法计划最优先项目；任全国政协常委和教科文卫委副主任期间，以他为主推动的"国家实验室建设"和"科技评价制度改革"两项议题，经全国政协"双周协商会"，引起习近平总书记高度关注，目前各部门正积极落实。

2012年，他创建清华大学基础分子科学中心，被国际同行称作物理有机的"世界中心"。他率领团队创建的 iBonD 化学键能大数据平台，得到全球学界普遍赞誉。他领导的各类有突出特色优势的键能研究，为我国学界赢得国际尊重。

何荣林

·简 历·

何荣林，1949 年 8 月生，天津人，1969 年 4 月参加工作，1972 年 1 月加入中国共产党，河北水利水电学院水工系水利工程建筑专业大学普通班毕业，在职研究生学历，经济学硕士。第九届全国人大代表。

1965 年 9 月—1969 年 4 月，为天津市南开中学高中学生，学号 65174。

1969 年 4 月—1972 年 3 月，在天津市武清县后巷乡小官城村插队。

1972 年 3 月—1975 年 7 月，在河北水电学院水利工程建筑专业学习。

1975 年 7 月—1984 年 1 月，任天津市武清县公安局、天津市农委农业食品委员会生产处干部。

1984 年 1 月—1986 年 6 月，任天津市农委计划处副处长。

1986 年 6 月—1989 年 11 月，任天津市人民政府办公厅六处副处长、处长。

1989 年 11 月—1992 年 12 月，任中共天津市蓟县县委副书记、副县长、县长。

1992 年 12 月—1993 年 8 月，任中共天津市蓟县县委书记、县长。

1993 年 8 月—1995 年 2 月，任中共天津市津南区委副书记、副区长、区长。

1995 年 2 月—1996 年 9 月，任中共天津市津南区委书记、区长。

1996 年 9 月—2000 年 12 月，任中共天津市津南区委书记。

2000 年 12 月—2003 年 1 月，任天津市人民政府副秘书长（正局级）。

2003 年 1 月—2008 年 1 月，任天津市人民政府秘书长。

2008 年 1 月—2013 年 1 月，任天津市第十二届政协副主席、党组成员。

2013 年 5 月—2018 年 12 月，任天津市关心下一代工作委员会常务副主任。

2018 年 12 月起，任天津市关心下一代工作委员会常务副主任，天津市老区建设促进会会长。

·业 绩·

何荣林，在天津市农委和市政府办公厅工作期间，主要跟随市政府分管农业、农村工作的领导，在推动粮食生产的同时，重点组织推动肉、菜、蛋、鱼等副食品的生产。

1989年11月调到天津市蓟县任县委副书记，县长。1992年12月担任县委书记。在蓟县工作期间组织推动了自行车、服装等行业的乡镇企业发展。组织了于桥水库库区和北部山区的扶贫工作，推动乡村公路，人畜饮水等基础设施的建设。大力做好蓟县青山绿水的保护工程，开展植树造林的"大绿工程"，与市旅游局合作，组织了一年一度的蓟县山货节。推动蓟县经济开发区的基础设施建设，使蓟县开发区成为经市政府批准的十二个开发区中，第一个进入招商引资阶段的开发区。

1993年8月调任津南区区长。1995年初任区委书记兼区长，后只任区委书记。在津南工作期间，认真研究津南的区情、民情，有针对性地开展工作。认真抓党的组织建设，努力在全区上下形成了"风清、气正、团结、协作、干事、创业"的良好氛围。下力量推动环保产业的发展，形成了一批环保型企业群。在全市率先提出"三个一"工程，每个乡镇建设一个工业园区，把工业项目集中摆放，不再占用基本农田；每个乡镇建设一片高标准农田，积极发展设施农业；每个乡镇建设一片新型农民住宅小区，推进农村城镇化，并腾出宅基地复垦。推动民营经济发展，形成了一批实力较强的民营企业。谋划并推动了津南水库建设，推动了恢复"小站稻"生产，规划开发了全市首个农业科技园区。

2001年初，调动到市政府工作，任副秘书长，2003年初，任市政府秘书长。期间参与了政府领导班子的主要活动。

2008年1月当选为天津市第十二届政协副主席。2008年3月主持筹备首届天津夏季达沃斯论坛。2010年9月在第二届天津夏季达沃斯论坛期间成功筹备举办了首届"中国·天津国际友好城市圆桌会议"，此后又成功举办了三次。2011年底，任天津公共外交协会常务副会长。2012年组织举办了首届"东北亚和平与发展国际会议"，此后又连续举办了四届会议。

武佩铃

·简 历·

武佩铃，1948 年 4 月 22 日出生于天津。

1956 年，入读天津市中营小学。

1961 年，到天津南开中学读初中、高中，学号 64199。

1969 年，到内蒙古哲里木盟开鲁县麦新公社工农大队一队插队。

1972 年，在山东冶金学校工民建专业读中专。

1975 年，中专毕业后在天津冶金建设公司实习。

1976 年，到天津冶金规划设计院工作，先后任土建技术员、工程师、高级工程师、副院长。在天津冶金规划设计院工作期间获得大学本科学历。

1982 年，在天津冶金规划设计院工作期间加入中国共产党。

1991 年，到天津钢铁有限公司工作，曾任技改处副处长、外经处处长。

1996 年开始，资助山西革命老区家庭困难学生医治眼疾，资助云南省普洱市墨江哈尼族自治县家庭困难学生完成学业，开启"爱心助学"之路。

2008 年，从天津钢铁有限公司退休。

2011 年，捐款 20 万元建立兴隆县婉哲希望小学，同年被兴隆县教育局聘为婉哲希望小学名誉校长。

2014 年，被评为天津市慈善之星。

2015 年，被授予河北省捐资助学先进个人称号。

2016 年，被天津市委宣传部等 11 单位授予优秀志愿者荣誉称号。

2017 年，被天津市文明办评为 2016 年度"天津好人"。同年，被全国文明办评为 2016 年度"中国好人"。被中央宣传部、中央文明办、中央军委政治工作部、全国总工会、共青团中央、全国妇联授予"全国道德模范提名奖"。2017 年还经全市人民投票评为"真情天津人物"，被评为河西区"热心慈善老人"、优秀"五老"志愿者。

2018 年，被天津市委宣传部、市文明办、市总工会、团市委、市妇联评为"天津市道德模范"。

2020 年，武佩铃一家被评为"全国最美家庭"。

·业绩·

武佩铃，天津南开中学1967届学生，天津市道德模范，曾获全国道德模范提名。

1961年，武佩铃入学天津南开中学。在学期间品学兼优，积极参加社团活动，热心为同学服务，主动承担为教学楼教室生炉子等公益劳动。

从南开中学毕业后，在内蒙古哲里木盟开鲁县麦新公社插队，后在天津冶金规划设计院、天津钢铁有限公司工作，插队和工作期间兢兢业业，成绩突出，特别是担任企业领导工作以后，勇于改革创新，在干部职工中口碑极佳。

作为"中国好人"和道德模范，武佩铃的"爱心助学"之路始于1996年，那一年武佩铃在走访山西革命老区时，与一个叫白春莲的小姑娘结下长达20多年的"父女之缘"。在走访过程中，发现白春莲先天弱视，严重影响学习，且家庭条件非常困难，武佩铃当即提出带孩子来天津检查治疗，经过诊治配镜，小春莲终于可以看清这个世界。20多年来武佩玲一直给予白春莲各方面的资助，"父女之缘"一直延续。在此以后，武佩铃还曾对云南普洱市墨江哈尼族自治县家庭困难的3名高中学生给予资助。

2010年从企业退休后，得知河北省革命老区兴隆县南天门满族乡有3个村的孩子上学困难，武佩铃立即赶了过去，看到那个"小学"比想象的还破旧，教室摇摇欲坠，抬头就能望见天。听乡团委书记说"乡里的一幢旧楼可改造成学校，但至少需要20万元"，武佩铃不假思索脱口而出"我来想办法"。回津之后，他与老伴"清点"了家里的几个存折，凑齐20万元汇给了南天门满族乡团委，这是他当时的大部分积蓄。兴隆县婉哲希望小学建成以后，了解到乡里还有一半学生是贫困生，武佩铃发动了40多位亲朋一起加入他的助学行列，"承包"了53名贫困学生。除了为贫困学生提供学费，他还出资8万元，先后为200多名孩子统一购置了校服，更换了200多套课桌椅，为学校购置了电脑等教学设备。为了鼓励优秀学生，从2012年开始，武佩铃每年都自己出资组织优秀学生来天津开展夏令营活动。从"武爸爸"到"武爷爷"，武佩铃的头发白了，面容苍老了，可只要助学，他还是有使不完的劲。"孩子们开心上学，就是我最大的快乐。只要我的头脑还清醒，只要我的眼睛还看得见，只要我还能走路，我就要把爱心助学活动干下去。"这是武佩铃的承诺。

从帮扶山西弱视儿童，到资助云南少数民族少年，再到为河北省兴隆县建起希望小学，20多年来，武佩铃先后资助学生几百名，捐资近百万元。多年来武佩铃先后荣获天津市慈善之星，荣登"中国好人榜"，荣获天津市道德模范称号，还被推荐为第六届全国道德模范候选人，武佩铃一家被评为2020年"全国最美家庭"。

励小捷

·简 历·

励小捷，1955 年 6 月生，浙江鄞县人。天津市南开中学 1971 届毕业生。1977 年 2 月加入中国共产党，中央党校研究生学历，法学专业。

1971 年 11 月，在天津市南开中学任教。

1973 年 3 月，为天津市南开区团委干部。

1974 年 7 月，在天津市打火机厂劳动。

1976 年 5 月，任天津市南开区团委干部。

1979 年 10 月，为中央团校理论班学员。

1980 年 11 月，任天津市南开区团委宣传部部长。

1982 年 3 月，任天津市南开区委宣传部秘书。

1983 年 1 月，任天津市委办公厅教科文卫工作调研处干部。

1985 年 12 月，任天津市委办公厅党群工作调研处、党群工作综合处副处长。

1988 年 12 月，任天津市委办公厅党群工作综合处处长。

1993 年 11 月，任天津市委办公厅副主任。

1996 年 9 月，任天津市津南区委副书记、代区长、区长。

1997 年 8 月，任天津市委副秘书长。

1998 年 2 月，任陕西省委副秘书长。

2000 年 7 月，任陕西省委副秘书长、办公厅主任。其间，2000 年 3 月—2001 年 1 月，在中央党校一年制中青班学习。

2002 年 6 月，任陕西省委秘书长、办公厅主任。

2004 年 12 月，任甘肃省委常委、宣传部部长。

2011 年 10 月，任文化部党组成员、副部长。

2012 年 1 月—2015 年 10 月，任文化部党组成员、副部长，国家文物局局长、党组书记。

2016 年 1 月，当选为中国文物保护基金会理事长。

天津南开中学人物志

·业 绩·

　　励小捷任职甘肃省委常委、宣传部部长期间，主抓全省宣传思想文化、意识形态工作。他坚持解放思想、实事求是、与时俱进，在服务全省加快发展、深化改革，统一思想、凝聚力量，维护稳定、促进和谐等各项工作上作出重要贡献。在此期间，甘肃省委宣传部着力发展壮大积极健康向上的主流舆论，不断加强传播能力建设，扎实开展社会主义核心价值体系的教育实践活动，深化文化体制改革、推动文化产业发展，不断提升对外宣传工作水平。

　　励小捷在国家文物局工作期间，领导班子团结带领广大干部职工，在加强文物保护利用、制定文物和博物馆事业发展规划、世界文化遗产申报和保护管理、文物行业标准体系建设、推动文物保护项目评审制度改革、完善文物和博物馆公共服务体系建设等方面做了大量工作，取得了显著成绩，为繁荣发展社会主义文化作出了重要贡献，有力地服务了党和国家工作大局。

马　骅

（1972—2004）

·简 历·

马骅，1972 年生于天津。

1985—1991 年，就读于天津市南开中学。初中学号 85003，高中 88187。

1991—1996 年，就读于复旦大学国际政治系，大学期间开始创作诗歌、戏剧和小说，是复旦诗社的中坚力量，组织过多场大型诗歌朗诵会，并担任燕园剧社社长、编剧、导演并主演了多部戏剧。

1996 年，大学毕业后，先后在上海、厦门、北京等地工作。曾就职于 Eland 公司，后就任总经理助理。

1999 年，创作自印诗集《九歌及其他》。

2000 年，参加成立北大在线，任北大在线的频道经理，在北京的三年间，和朋友一起策划、编撰了"藏羚羊"自助旅游书籍。同年，自印诗集《迈克的真实生活》，另有部分翻译作品，包括美国女诗人伊丽莎白·毕肖普和英国诗人特德·修斯的诗歌，还有一些短篇小说发表。

2002 年，担任《诗生活月刊》主编。

2003 年 2 月，放弃优越的城市生活，远赴云南省德钦县梅里雪山下的藏区，在明永村做免费乡村教师，教书写作之余在文化、宗教、环境保护等方面尽其所能，受到藏民爱戴。

2004 年 6 月 20 日，在为学校购买文教用品的途中，因交通事故坠落澜沧江，不幸牺牲。

·业 绩·

马骅，福建人，诗人，支教志愿者。

马骅 1985 年 8 月考入天津南开中学，1991 年高中毕业。在南开中学学习期间学习成绩优异，尤其喜欢诗歌、戏剧和小说，是多个文艺社团的学生骨干。

中学毕业以后进入复旦大学国际政治系，是复旦诗社的中坚力量，组织过多场大型诗歌朗诵会，并担任燕园剧社社长、编剧、导演并主演了多部戏剧。

2003 年 2 月底，马骅毅然放弃兴趣驳杂、交游甚欢的都市生活，以编外志愿者身份远赴云南省德钦县梅里雪山下的藏区，在明永小学做免费乡村教师，一边支教，一边从事学术研究，教书、写作之余在文化、宗教、环境保护等方面尽其所能，为藏民服务。他积极为明永村各项建设献计献策，不计名利和任何报酬，靠为报刊杂志写稿挣得的稿费养活自己，并把他自己平时积攒的稿费和朋友资助的钱全部用于学校建设，在不到两年的时间里不仅义务承担了明永小学 20 多名学生的语文课程，而且还积极组织当地村民和学生学习外语和普通话。他关注并身体力行积极保护当地自然资源和人文环境，积极研究藏文化，在重要刊物上发表文章。他克服工作和生活上的诸多困难，用渊博的学识启迪山村孩童，用辛勤的汗水滋润莘莘学子，用爱心与当地群众结下了深厚的友谊，用生命谱写了青年志愿者献身教育、忘我付出的一曲颂歌，实践了当代大学生"以我所能、奉献社会"的崇高人生追求。

2004 年 6 月 20 日，马骅去县城为学校购买文教用品，在明永冰川公路因交通事故坠落澜沧江中，不幸牺牲。马骅的不幸遇难引起了省、州、县各级领导的高度重视和全国各大新闻媒体的关注。以马骅事迹为题材的系列节目在中央电视台几个主要频道播出，云南省、迪庆州和德钦县先后发布《关于向马骅同志学习的决定》，号召在全省开展弘扬马骅精神，缅怀马骅同志的业绩、学习马骅同志情系边疆、无私奉献、不畏艰难、献身教育的精神。2004 年第 14 期《中国青年》刊登了关于马骅事迹的长篇报道，共青团中央还追授马骅同志中国青年志愿服务金奖奖章。

天津南开中学 中国科学院院士 中国工程院院士 名录

1 **陶孟和**
（1887—1960）

天津人。著名社会学家。1906 年南开中学第一届师范生班毕业，南开学校董事。1948 年当选中央研究院社会学组院士 。1955 年当选为中国科学院（哲学）学部委员。曾任中国科学院副院长。

2 **杨石先**
（1897—1985）

杭州人。著名化学家、化学教育家。1910 年在南开中学读书。1923 年始在南开中学执教化学课。1955 当选为中科院化学部学部委员。1957 年任南开大学校长。

3 **石志仁**
（1897—1972）

河北乐亭人。机械工程专家。1909—1915 年，就读于南开中学。1949 年 10 月，被任命为铁道部副部长。1955 年选聘为中国科学院学部委员。

4 **江泽涵**
（1902—1994）

安徽旌德人。数学家、教育家。南开中学 1922 年第 16 次毕业生，1930 年获得哈佛大学博士学位。回国后任教于北京大学。中国拓扑学奠基人。1955 年当选为中国科学院数理学部学部委员。

5 **殷宏章**
（1908—1992）

山东兖州人。植物生物化学家。1922 年考入南开中学，读初中二年级。曾执教于南开中学、大学。1948 年当选中央研究院院士、1955 年当选中国科学院学部委员。

6 **吴大猷**
（1907—2000）

广东高要人。著名物理学家、教育家，被誉为中国物理学之父。1921 年至 1924 年就读于南开中学。1948 年被选为中央研究院第一届院士；1983 年当选为中国科学院生物学学部委员。

⑦ 黄家驷
(1906—1984)

江西玉山人。胸外科专家和医学教育家。1921—1924 年就读于南开中学。1955 年当选为中国科学院生物学部委员。

⑧ 蔡方荫
(1901—1963)

江西南昌人。中国土木建筑结构专家、力学专家、教育家。1926 年由南开中学毕业考入清华大学。1955 年当选为中国科学院技术科学部学部委员。

⑨ 李文采
(1906—2000)

湖南永顺人。著名钢铁冶金学家。1921 年考入南开中学，1927 年第 20 次毕业生。1955 年当选为中国科学院技术科学部学部委员，1998 年被国务院授予中国科学院资深院士称号。

⑩ 胡世华
(1912—1998)

上海人。数理逻辑学家、计算机科学家。中国数理逻辑研究的代表。1926 年至 1928 年在天津南开中学就读。1980 年当选为中国科学院学部委员。

⑪ 梁守槃
(1916—2009)

福建闽侯人。导弹总体和发动机技术专家，中国导弹与航天技术的重要开拓者之一。1929 年在南开中学就读。1980 年当选为中科院科学技术部学部委员、1985 年当选为国际宇航科学院院士。

⑫ 张文佑
(1909—1985)

河北滦县人。大地构造学家、中国"断块构造学说"创始人之一。南开中学 1930 年第 23 次毕业生。1955 年当选为中国科学院学部委员。因大庆油田发现过程中的突出工作，1982 年获国家自然科学一等奖。

罗沛霖
(1913—2011)

　　天津人。电子学与信息学家。南开中学 1931 年第 24 次毕业生。1980 年当选为中国科学院学部委员，1994 年作为中国工程院创议人当选首批院士。

陈新民
(1912—1992)

　　河北保定人。冶金过程物理化学家。天津南开中学 1931 年第 24 次毕业生。1935 年毕业于清华大学。1945 年获美国麻省理工学院博士学位。1980 当选为中国科学院学部委员。

吴阶平
(1917—2011)

　　江苏常州人。著名医学科学家、教育家；泌尿外科开拓和奠基者、社会活动家。天津南开中学 1932 年第 25 次毕业生。1980 年当选为中国科学院学部委员，1992 年当选为第三世界科学院院士，1995 年当选为中国工程院院士。1993、1998 年连任两届全国人大常委会副委员长。

陶亨咸
(1914—2003)

　　天津人。机械工程专家。天津南开中学 1933 年第 26 次毕业生。1955 年当选为中国科学院学部委员。1980 年任第一机械工业部副部长兼部技术委员会主任。中共第十二次全国代表大会代表。

关士聪
(1918—2004)

　　广东南海人。区域地质学家、油气地质学家。天津南开中学 1935 年第 28 次毕业生。曾任地质部石油地质局总工程师，1955 年当选为中科院地学部学部委员。

申泮文
(1916—2017)

　　吉林人。无机化学家 、化学教育家。天津南开中学 1935 年第 28 次毕业生 。1980 年当选为中科院化学学部委员。获评为高等学校国家级教学名师。曾任南开中学理事会荣誉理事。

19 叶笃正
(1916—2013)

天津人。气象学家，中国现代气象学主要奠基人之一、中国大气物理学创始人。天津南开中学 1935 年第 28 次毕业生。1980 年当选为中国科学院学部委员，1981 年任中国科学院副院长，2006 年获 2005 年度国家最高科学技术奖。

20 卞学鐄
(1919—2009)

天津人。航空航天学家、固体力学和结构力学专家、美国阿波罗计划专家。天津南开中学 1936 年第 29 次毕业生。1988 年当选为美国国家工程院院士，1990 年当选为"中研院"院士，2002 年当选为中国科学院外籍院士。

21 刘东生
(1917—2008)

辽宁沈阳人。地质学地球环境学专家、被誉为"黄土之父"。1937 毕业于天津南开中学。1980 年当选为中科院学部委员，1991 年当选为第三世界科学院院士，1996 年当选为欧亚科学院院士。2003 年获国家最高科学技术奖。

22 涂光炽
(1920—2007)

北京人。中国地质学、矿床学家。1937 年毕业于天津南开中学。1949 年获美国明尼苏达大学博士学位。1980 年当选为中国科学院学部委员。1993 年当选为第三世界科学院院士。

23 翁心植
(1919—2012)

浙江宁波人。内科学专家。被誉为"中国控烟之父"。天津南开中学 1937 届毕业生。1945 年毕业于成都华西协合大学获博士学位。1997 年当选为中国工程院院士。

24 张滂
(1917—2011)

江苏南京人。有机化学家、教育家。1937 年毕业于天津南开中学。1942 年毕业于西南联大化学系。1949 年获英国剑桥大学博士学位，后回国任教于北京大学。1991 年当选为中国科学院化学部学部委员。

马杏垣
(1919—2001)

吉林长春人。构造地质、地震地质学家。1932年进入天津南开中学，1937年转读南开学校重庆南开中学高三年级。1938年考入西南联大。1948年在爱丁堡大学获博士学位。回国后在北京大学地质学系任教。1980年当选为中国科学院学部委员。

梁思礼
(1924—2016)

广东新会人。导弹控制专家，火箭系统控制专家，中国导弹控制系统研制创始人之一。1935年考入天津南开中学。1987年当选为国际宇航科学院院士，1993年当选为中国科学院院士，1994年当选为国际宇航联合会副主席。

郭可信
(1923—2006)

北京人。物理冶金和晶体专家。1935年考入天津南开中学，1937年转入南开学校重庆南开中学。1980年当选为中国科学院技术科学部学部委员和瑞典皇家工程科学院外籍院士。

刘宝珺
(生于1931年)

天津人。沉积地质学家。1950年毕业于天津南开中学，后考入清华大学地质系。1989年获第一届李四光地质科学奖，1991年当选为中国科学院学部委员。

孙大中
(1932—1997)

山东威海人。前寒武纪地质学家、地球化学学家。1951年毕业于天津南开中学，毕业后考入清华大学地质系。1991年当选为中国科学院学部委员。

王大中
(生于1935年)

河北昌黎人。核反应堆工程与核安全专家。天津南开中学1953届毕业生，1958年毕业于清华大学工程物理系核反应堆专业，后在西德亚琛大学获自然科学博士学位。1986—1993年先后任863高技术计划能源所所长，清华大学核能技术设计研究院院长，1994年至2003年任清华大学校长。1993年当选为中国科学院院士。2021年获国家最高科学技术奖。

31 王铁冠
（生于1937年）

上海人。分子有机地球化学家与石油地质学家。1953 年毕业于天津南开中学。是我国最早研究煤成油的专家之一。主要从事生物标志物、油藏地球化学与石油地质学的教学与科研。2005 年当选为中国科学院院士。

32 王静康
（生于1938年）

河北秦皇岛人。化学工业结晶专家。1952 年就读于天津南开中学女中部。曾先后在天津大学等高校任教。天津大学化工学院国家工业结晶技术研究推广中心主任。1999 年，当选为中国工程院院士。

33 李春岩
（生于1938年）

河北大城人。神经内科专家。1957 年毕业于天津南开中学。后曾任职于河北医科大学第二医院神经内科，任主任医师、教授，博士生导师。2001 年当选为中国工程院院士。

34 刘树成
（生于1945年）

上海人。宏观经济学家。1962 年毕业于天津南开中学。曾任中国社会科学院经济研究所所长、《经济研究》主编。2006 年当选为中国社科院首批学部委员。

35 程津培
（生于1948年）

天津人。著名有机化学家。1967 年毕业于天津南开中学。1987 年获美国西北大学有机化学博士学位，1988 年在美国杜克大学进行博士后研究。回国后曾任南开大学副校长、国家科技部副部长、天津市政协副主席。2001 年当选为中国科学院院士，同年当选为第三世界科学院院士。

36 龙以明
（生于1948年）

重庆人。著名数学家。"长江学者"奖励计划特聘教授。1967 年毕业于天津南开中学。1998 年至 2003 年任南开大学数学院院长，2008 年任陈省身数学研究所所长。2001 年当选为第三世界科学院院士，2007 年当选为中国科学院院士。2012 年当选为美国数学协会首届会士。

(37) **姜立夫**
(1890—1978)

温州龙港人。数学家、数学教育家。曾任南开中学算学主任，后创办南开大学数学系。从事圆素和球素几何学的研究，对中国现代数学教学与研究的发展有重要贡献。1948 年当选为中研院数理学组院士。

(38) **罗常培**
(1899—1958)

北京人。语言学家、教育家。1921 年始执教南开中学国文课。曾任北京大学等校教授。1950 年负责筹建中国科学院语言研究所，任第一任所长。1955 年当选中科院哲学社会科学学部委员。

(39) **范文澜**
(1893—1969)

浙江绍兴人。著名历史学家。1922 年在天津南开中学执教国文课。1950 年开始任中国科学院副院长等职务。1955 年当选为中科院哲学社会科学学部委员。曾任中国科学院近代史研究所所长。

(40) **何其芳**
(1912—1977)

重庆万州人。现代诗人、散文家、文学评论家。1935 年始在天津南开中学执教国文课。曾任中国作家协会理事和书记处书记，中国社会科学院文学研究所所长等职。1955 年当选为中科院哲学社会科学学部委员。

(41) **林同骥**
(1918—1993)

北京人。流体力学家。1937 年转校至南开学校重庆南开中学就读，1938 年毕业。1948 年获得伦敦大学博士学位，1955 年回国后创建中国科学院力学研究所，任副所长。1980 年当选为中国科学院学部委员。

(42) **钱 宁**
(1922—1986)

浙江杭州人。泥沙运动及河床演变专家。1939 年南开学校重庆南开中学毕业。1951 年获加利福尼亚大学博士学位。回国后，曾任清华大学水利系教授。1980 年当选为中国科学院学部委员。

天津南开中学中国科学院院士、中国工程院院士名录

徐 僖
(1921—2013)

江苏南京人。高分子材料学家、高分子材料学科的开拓者和奠基人之一、被誉为"中国塑料之父"。1940年毕业于南开学校重庆南开中学。1991年当选为中国科学院院士，曾任英国皇家化学学会会士。

夏培肃
(1923—2014)

重庆人。电子计算机专家。1940年毕业于南开学校重庆南开中学。20世纪50年代设计试制成功中国第一台自行设计的通用电子数字计算机，被誉为"中国计算机之母"。1991年当选为中国科学院学部委员。

朱光亚
(1924—2011)

湖北宜昌人。中国核科学事业的主要开拓者之一，"两弹一星功勋奖章"获得者。1941年毕业于南开学校重庆南开中学。1980年当选为中国科学院学部委员，1994年被选聘为首批中国工程院院士，并任中国工程院院长。1994年、1998年先后任第八届、第九届全国政协副主席。

邹承鲁
(1923—2006)

山东青岛人。生物化学家，人工合成胰岛素重要贡献者。1941年毕业于南开学校重庆南开中学。1980年当选为中国科学院学部委员，1992年当选为第三世界科学院院士。曾多次获国家自然科学一、二、三等奖。

侯虞钧
(1922—2001)

福建福州人。化工热力学状态方程与平衡工程专家。1941年毕业于南开学校重庆南开中学。1997年当选为中国科学院院士。

楼南泉
(1922—2008)

浙江杭州人。物理化学家。1942年毕业于南开学校重庆南开中学。1983年参与组建并领导了中国第一个分子反应动力学实验室。1991年当选为中国科学院学部委员。

49 陆婉珍
(1924—2015)

　　天津塘沽人。分析化学与石油化学家。1942年毕业于南开学校重庆南开中学。1955年完成博士后研究，由美国回国后历任石油工业部炼制研究所总工程师等职。1991年当选为中国科学院学部委员。

50 任继周
(生于1924年)

　　山东平原人。草地农业科学家，现代草原科学奠基人。1944年毕业于南开学校重庆南开中学。建立了中国第一个高山草原定位试验站。1995年当选为中国工程院院士。

51 张存浩
(生于1928年)

　　天津人。物理化学家和激光化学家、中国高能化学激光奠基人、分子反应动力学奠基人之一。1944年毕业于南开学校重庆南开中学。1980年当选为中国科学院学部委员，2013年获国家最高科学技术奖。

52 李　坪
(生于1924年)

　　湖北大悟人。地震构造研究的地球科学家。1944年毕业于南开学校重庆南开中学。曾任国家地震局地质研究所活动构造研究室主任、深圳大亚湾核电站技术顾问。1999年当选为中国工程院院士。

53 杨士莪
(生于1931年)

　　天津人。水声工程学专家。1946年毕业于南开学校重庆南开中学。1959年始先后任职哈尔滨船舶工程学院水声工程系主任、研究所所长；哈尔滨船舶工程学院副院长、水声所所长；1995年当选为中国工程院院士。

54 陆钟武
(1929—2017)

　　天津人。冶金热能工程和工业生态学专家、教育家。1946年毕业于南开学校重庆南开中学。1984年任东北工学院院长。1997年当选为中国工程院院士。

55　**周光召**
（生于1929年）

湖南长沙人。理论物理、粒子物理学家。1946 年毕业于南开学校重庆南开中学。中国科学院学部委员、第三世界科学院院士、多个国家科学院外籍院士。曾任中科院院长、中国科协主席、全国人大常委会副委员长。1999 年被授予"两弹一星功勋奖章"。

 56　**王方定**
（生于1928年）

辽宁沈阳人。核化学家。曾在南开学校重庆南开中学读书。1959 年开始参加提取钋的化学实验、氚和氢化铀的试制工作。1991 年当选为中国科学院学部委员。

57　**周　恒**
（生于1929年）

上海人。流体力学专家。1947 年毕业于南开学校重庆南开中学。曾任天津大学研究生院院长、亚洲流体力学委员会副主席。1981 年被聘为英国帝国理工学院工程（研究）教授。1993 年当选为中国科学院院士。

58　**章　综**
（1929—2019）

宜兴宜城人。物理学（晶体学、磁学）家。1948 年毕业于南开学校重庆南开中学。1952 年到中国科学院物理研究所工作。1980 年当选为中国科学院学部委员，1984 年担任中国科学院数学物理学部主任。

 59　**林华宝**
（1931—2003）

福建莆田人。空间返回技术专家。1949 年毕业于南开学校重庆南开中学。1983 年后任中国空间技术研究院摄影定位卫星和新型返回式卫星总设计师。国际宇航科学院通讯院院士。1997 年当选为中国工程院院士。

 60　**魏荣爵**
（1916—2010）

湖南邵阳人。著名声学家。1938 年任南开学校重庆南开中学物理教师。1945 年赴美留学。1954 年在南京大学创建中国第一个声学专业，曾任南京大学声学研究所所长，1980 年当选为中国科学院学部委员。

61 **冯元桢**
（美籍）
（1919—2019）

江苏武进人。著名生物工程学家、生物力学家。1941 年任南开学校重庆南开中学生物教师。1946 年赴美留学。曾当选为美国国家科学院、工程院、医学院院士，1994 年当选为中国科学院外籍院士。

天津南开中学革命英烈名录

1 陶尚钊
(1905—1924)

　　浙江绍兴人，1917 年考入南开中学，在学期间积极参加五四运动，是觉悟社成员，担任《天津学生联合会报》记者。和周恩来一起赴法国参加革命活动期间，于1924 年因意外爆炸事故，不幸去世。

2 阮　章
(1902—1926)

　　广东中山人，字炳文，又名阮济，1915—1919 年在南开中学读书。1922 年 4 月加入中国共产党。曾任中共唐山地委书记，中共四大代表。因积劳成疾，于1926 年 3 月 16 日病逝，被追认为革命烈士。

3 魏士毅
(1904—1926)

　　天津人，原名魏士娟 。严氏女学（后为南开学校女中部）学生。1926 年在三一八惨案中牺牲 。

4 张仲超
(1904—1926)

　　陕西三原人，又名根泉，1920 年考入南开中学，1924 年毕业，同年加入中国共产党。1926 年在三一八惨案中牺牲 。

5 吴鸿举
（？—1927）

　　天津人，南开中学 1927 届学生。1927 年 12 月 11 日参加广州起义时牺牲在广州街头。

6 高仁山
(1904—1928)

　　江苏江阴人，南开中学 1922 届学生。1928 年 1 月 15 日被奉系军阀杀害于北京天桥。

7
马 骏
（1895—1928）

黑龙江宁安人，回族，南开中学 1919 届学生。1921 年 7 月加入中国共产党。曾任中共北平市委书记兼组织部长，1927 年 12 月被捕，1928 年 2 月 15 日被奉系军阀杀害。

8
张仲苍
（1901—1928）

陕西三原人，1920 年考入南开中学，在校名张宝泉。1925 年 6 月加入中国共产党。1927 年任中共中央交通处内交主任，是中央特科成员。1928 年 4 月 16 日被捕，在上海龙华监狱壮烈牺牲。

9
许邦和
（？—1928）

浙江吴兴人，南开中学 1928 届学生。曾任中共交大支部书记，1928 年病逝于国民党当局狱中。

10
邹 遵
（1900—1930）

陕西富平人，1922 年从南开中学毕业，在校名邹均。曾任中共河南省委军委书记，1930 年 9 月被捕牺牲。

11
张采真
（1905—1930）

河北霸县人，原名张士隽，南开中学 1922 届学生。曾任中共中央长江局秘书长，1930 年 11 月在武汉被捕，12 月 27 日牺牲。

12
邓 鋬
（1900—1931）

陕西三原人，南开中学 1925 届学生。因从事革命活动被捕，1931 年 5 月 18 日病逝于国民党漕河泾陆军监狱。

13 武止戈
(1902—1933)

陕西渭南人，1922 年 6 月毕业于南开中学，在校名武熹祖。曾担任抗日同盟军骑兵第五十六师参谋长，1933 年 10 月 13 日在顺义县对日作战时牺牲。

14 程让泉
(1904—1934)

四川长寿人，1923 年转入南开中学读书。曾任中共江苏省委军事委员会上海市外兵工委书记，1934 年被捕，1934 年 7 月 13 日在上海提篮桥监狱牺牲。

15 陈黄光
(1904—1935)

浙江平阳人，号再华，中央特科成员，1924 年入南开中学读书。中共党员，著名作家、剧作家，1934 年 11 月被捕，1935 年 1 月被反动当局杀害于广州黄花岗。

16 郭宗鉴
(1906—1935)

四川长寿人，字鑑秋。南开中学 1926 届学生，在校名郭中鑑。在黄埔军校期间参加了北伐战争，曾担任中共顺直省委秘书长，因枪杀叛徒而被捕，1935 年春牺牲于国民党当局狱中。

17 张 璋
(1905—1936)

合肥西乡人，原名张鼎和，南开中学 1925 届学生。中共党员，曾任北方左联执委，中共地下组织《动向》杂志编辑。1936 年夏在安庆被捕，10 月牺牲。

18 张永兴
(1896—1937)

山东蓬莱人，又名张惠民，南开中学 1918 届学生。1932 年加入中国共产党，共产国际情报员，1936 年底被日本宪兵逮捕，1937 年 1 月 5 日牺牲于齐齐哈尔市郊。

天津南开中学革命英烈名录

447

19 刘启文
(1898—1937)

河南南阳人，1912 年至 1915 年在南开中学读书。国民革命军抗日爱国将领，曾任东北军 115 师少将师长，1937 年对日作战中壮烈殉国。

20 刘维权
(1915—1937)

河北武清人，南开中学 1935 届学生。1937 年 8 月 14 日，在浙江曹娥上空对日作战中，身负重伤迫降海宁路冲，光荣殉国。

21 张锡祜
(1912—1937)

天津人，南开中学 1932 届学生，张伯苓校长之四子。1937 年 8 月 14 日，驾机由吉安赴南京对日作战，飞至江西上空遇雷雨不幸失事殉国。

22 沈崇诲
(1911—1937)

江苏江宁人，南开中学 1929 届学生。1937 年 8 月 19 日驾机在白龙港上空发现日本军舰，直冲"出云舰"火药库，轰炸敌舰后壮烈殉国。

23 乔倜
(1914—1937)

山西祁县乔家堡人，字子超，南开中学 1935 届学生。1937 年 10 月 6 日，对日作战中驾机飞至定县上空，遭敌高炮射击，不幸牺牲。

24 刘福庚
(1916—1937)

天津人，南开中学 1937 届学生。抗日杀奸团成员，1937 年冬，在家里研制用以破坏日军仓库的燃烧弹时，因弹药爆燃，当场牺牲。

25
田文莼
(1914—1938)

河南新乡人，南开中学 1936 届学生。曾任中共稷山县工委书记，稷山县人民武装部自卫纵队指导员，1938 年 2 月 1 日，为掩护被日寇包围的战友转移，不幸牺牲。

26
王廷扬
(1913—1939)

天津人，南开中学 1934 届学生。空军军官学校第八期毕业，1939 年 3 月 21 日，在与日机空战中不幸阵亡。

27
岳 岱
(1917—1939)

河北静海人，南开中学 1936 届学生。1937 年参加新军"决死队"，并加入中国共产党，1939 年 5 月，日寇围攻长治，在狙击敌人的战斗中，不幸牺牲。

28
莫镛新
(1916—1939)

广东南海人，南开中学 1936 届学生。中央航校第九期毕业。1939 年 5 月 12 日，驾机飞行返场在云南昆明机场降落时失事殉职。

29
张炳元
(1916—1939)

河北文安人，南开中学 1936 届学生。曾任中共莘县县委书记，中共鲁西北地委书记，1939 年 7 月，被国民党顽固分子暗杀。

30
杨十三
(1889—1939)

河北迁安人，南开中学 1916 届学生，在校名杨彦伦。1939 年 7 月 21 日，在对日作战转移至山西黎城时，因重病积痾，牺牲在担架上。

31 梁继尧
(1919—1939)
辽宁人，南开中学 1936 届学生。1939 年在云南对日作战中飞机失事，不幸牺牲。

32 刘守惕
（？—1939）
山东掖县人，南开中学 1937 届学生。曾任八路军鲁南四支队政治部主任，抗日战争时期牺牲于沂蒙山区。

33 周　坚
(1914—1940)
浙江宁波镇海人，又名周启多，南开中学 1936 届学生。1940 年元旦，日机袭击昆明，他随队驾机升空，在驱逐日机时牺牲。

34 袁永懿
(1911—1940)
贵州修文人，又名袁永辉、于公，1935 年至 1936 年在南开中学任教。曾任鲁南人民抗日义勇队第一总队第二大队队长、山东纵队参谋处作战科科长，1940 年 4 月在沂南县牺牲。

35 李如鹏
(1916—1940)
河北汉沽人，南开中学 1937 届学生。抗日杀奸团成员，1940 年 6 月，在海光寺日本宪兵队后院被残忍杀害。

36 冯运修
(1919—1940)
河南开封人，1933—1934 年在南开中学就读。"抗日杀奸团"成员。1940 年 8 月 6 日，在家中被日本宪兵包围，壮烈牺牲。

37 杨春瑞
(1914—1940)

天津人，又名杨梦青，南开中学 1933 届学生。中央航校第四期毕业，1940 年 9 月 13 日，在碧山对日空战中壮烈牺牲。

38 张焕晨
(1913—1940)

辽宁建平人，南开中学 1930 年高级二年甲一组在学，在校名张焕辰。1940 年在对日作战中牺牲。

39 朱鸿勋
(1899—1941)

吉林农安人，字伯廷，1917 年就读于南开中学。曾任国民革命军陆军第 53 军副军长兼第 130 师师长，1941 年在对日作战中牺牲，1941 年 3 月追晋陆军中将。

40 周恩硕
(1902—1941)

浙江绍兴人，1921 年进南开中学读书。曾担任淮安抗日民主政府参议员，1941 年夏在淮安乡下，因禁烟被杀害并毁尸灭迹。

41 柳东辉
(? —1942)

河北唐山人，南开中学 1935 届学生。1942 年 3 月 17 日下午由重庆飞浙江衢县对日作战，返航涪陵山中不幸失事，以身殉国。

42 马克昌
(1913—1942)

陕西米脂县人，字建宏，1930 年转入南开中学。曾任冀南军区政治部民运科科长等职，1942 年 5 月，在河北饶阳遭遇日寇扫荡部队，突围中牺牲。

阎 雷
(1918—1942)

辽宁桓仁人，1934 年至 1935 年在南开中学读书，在校名阎承志。1942 年 6 月对日作战中奉命炸毁保山惠通桥时，以身殉国。

袁汉俊
(1919—1943)

浙江诸暨人，南开中学 1937 届学生。抗日杀奸团成员，1943 年被叛徒出卖遭逮捕，在敌人酷刑下宁死不屈，慷慨就义。

吴树德
(1899—1944)

上海人，字仲滋，南开中学 1917 届学生。华北水利委员会工程师、测候室主任，1944 年 4 月 15 日因传送气象情报遭日本宪兵队逮捕，惨遭杀害。

杨大章
(1909—1944)

天津人，南开中学 1928 届学生。曾任昌宛县长、冀热边行署第一地区专署专员，1944 年 5 月 19 日在团子山战斗中，不幸牺牲。

杨天雄
(1918—1944)

江苏金山人，南开中学 1937 届学生。1944 年 6 月 7 日，带领中美混合空军团飞机编队完成轰炸任务返航四川长寿时撞山不幸牺牲。

彭雪枫
(1907—1944)

河南镇平人，1921 年考入南开中学，在校名彭修道。工农红军长征时任总部作战局长，后任新四军第四师师长兼政委，1944 年 9 月 11 日，在夏邑东八里庄战斗中牺牲。

梁镜尧
(1899—1945)

广东番禺人，南开中学 1917 届学生。1945 年 1 月 24 日兼任广东省立仲元中学校长时，率师生与来犯日军展开血战，击毙日军多名，梁镜尧、梁铁父子与近 30 名师生为国捐躯。

张敬载
(1910—1946)

黑龙江巴彦县人，又名罗云鹏，南开中学 1932 届学生。曾任中共甘肃省工委书记，1940 年被捕，1946 年 2 月 25 日，在兰州大沙坪被国民党反动派活埋。

吴祖贻
(1916—1946)

河南开封人，南开中学 1936 届学生。曾任中共河南省委青年部部长、鄂豫皖湘赣边区委员会民运部部长，1946 年 8 月英勇就义。

马洪滨
(1928—1947)

天津人，回族，1945 年考入天津南开中学。中共地下党员，1947 年在解放张家口战役中，为掩护大部队，被敌人包围，壮烈牺牲。

梁 波
(1909—1947)

天津人，南开中学 1930 届学生，在校名杨思忠。曾任中共昌宛县委书记、平西情报联络站站长。1947 年 9 月，为传送党的机密情报壮烈牺牲。

魏戈的
(1913—1947)

河南博爱人，1930 年在南开中学就读，在校名魏荣震。曾任二纵队司令部队列科科长，1947 年随刘邓大军南下山东，在老羊山战斗中牺牲。

天津南开中学人物志

 安立元
（? —1948）　　天津人，南开中学 1928 届学生，曾任南开中学地下党支部组织委员。天津解放前夕，被国民党反动派杀害，壮烈牺牲。

 白涤心
（1921—1949）　　河北南宫人，1936 年就读于南开中学。1938 年加入中国共产党。1949 年 1 月 6 日，在解放天津的战斗中牺牲。

 王延淮
（1930—1953）　　天津人，天津南开中学 1949 届学生。朝鲜战争爆发后参加中国人民志愿军，1953 年牺牲于抗美援朝前线。

 王守民
（1916—1957）　　山东昌邑人，天津南开中学 1937 届学生。1957 年在建设双江县大桥时，因操劳过度而病故。

 马　骅
（1972—2004）　　福建人，天津南开中学 1991 届学生。以编外志愿者身份到云南农村履行职责，2004 年 6 月 20 日不幸遇难。

454

编 后 记

在很多人的心中，南开中学是教育的一片圣地。百余年来，学校矢志"创办模范中学""为中国的革命事业和建设事业，为科学技术进步培养了大批优秀人才，英雄辈出，功不可没"。

今日南开中学，继续高举南开精神的旗帜，积极投身教育改革创新，落实立德树人的根本任务，努力使南开学子具有公能教育的文化烙印。在校党委和理事会的带领下，学校近年来深入挖掘校史教育资源，搜集整理南开人的奋斗足迹，先后提升改造了南开中学校史馆，修建了周恩来中学时代纪念馆，建设了纪念严修、张伯苓、梅贻琦、曹禺、吴阶平、叶笃正、彭雪枫等人的10间纪念室，建立了南开中学英烈纪念碑，绘制了大型油画《使命》等，使南开学子每天浸润在南开中学深厚的历史底蕴中，仿佛随时能与这些南开楷模对话，每时每刻都接受着南开精神的洗礼。

伴随着对南开中学育人成果的深入总结和梳理，愈发感受到一代代南开人，为国家和民族做出了突出的贡献。因此，在学校理事会的策划下，学校开始着手编写一本全面反映优秀南开人成长业绩的权威书籍《天津南开中学人物志》。为了做好此项工作，我们进行了广泛的调研，许多校友反馈了很多很好的建议。在南开中学教育基金会、校友会、理事会办公室等部门的共同努力下，经过近两年的辛苦工作，该书终于呈现在我们的面前。

本书选取了200余位代表性人物，其中包括南开中学的创办人、办学人、教师、毕业生等。通过呈现每个人物的简历和业绩，帮助读者快速准确地了解南开人的精神风貌。从这些南开人物的奋斗经历中，我们可以更深刻地感受南开精神的内核，这本书是传承南开文化的新载体。

本书的编写汇集了各方面的智慧。孙海麟理事长亲力亲为，不仅做好全书编写的顶层设计，还亲自走访并撰写人物资料。基金会武佩铃理事长统筹协调，保证了编辑工作的顺利推进。校史馆杨乃东馆长、校友会副秘书长姚珪老师为编写此书，多方走访查询，考证了很多新的校史资料。理事会办公室崔勇锐主任组织协调老师们在工作之余参加编写工作，柴慈瑾、左轶凡、李德志、张楠、王帅、梅宏柱、朱思远、韩天璞、林秋莎、赵洪宇等老师均高质量地完成编写任务。此外，李峰、肖冰、李小明等老师也为本书编写贡献智慧。社会各界也关注和支持本书的编写，中国书法家协会主席、名誉主席沈鹏先生为本书题写书名；人民出版社为本书编辑出版提供了大量专业指导；1953届毕业生、清华大学原校长、中国科学院院士、国家最高科学技术奖获得者、南开中学理事会荣誉理事长王大中先生为本书题写序言；1958届毕业生，原上海市委常委、副市长，浦东新区首任管委会主任，南开中学理事会荣誉顾问赵启正先生，以及张国贤等资深校友，多次为本书提出编写建议。

借此机会，向所有为本书付出辛劳的社会各界人士表示感谢，对于本书人物介绍中可能出现的遗漏，敬请指教。同时，谨以此书迎接天津南开中学建校120周年，向新时代奋斗在中国特色社会主义基础教育战线新征程上的全体教育工作者致敬！

责任编辑：贺　畅

文字编辑：周文婷　周　颖

图书在版编目（CIP）数据

天津南开中学人物志/天津南开中学编 . —北京：
　人民出版社，2024.6
　ISBN 978 - 7 - 01 - 023342 - 0

Ⅰ.①天…　Ⅱ.①天…　Ⅲ.①天津市南开中学—校友—人物志　Ⅳ.① K820

中国版本图书馆 CIP 数据核字（2021）第 065932 号

天津南开中学人物志

TIANJIN NANKAI ZHONGXUE RENWUZHI

天津南开中学　编

人 民 出 版 社 出版发行

（100706　北京市东城区隆福寺街 99 号）

北京联合互通彩色印刷有限公司　新华书店经销

2024 年 6 月第 1 版　2024 年 6 月北京第 1 次印刷

开本：710 毫米 × 1000 毫米 1/16　印张：29.5　插页：2

字数：612 千字

ISBN 978 - 7 - 01 - 023342 - 0　定价：99.00 元

邮购地址 100706　北京市东城区隆福寺街 99 号

人民东方图书销售中心　电话（010）65250042　65289539